MANUEL
DE L'EXPLOIT.

Les exemplaires d'usage ont été déposés. Tout exemplaire sera censé contrefait s'il ne porte pas le cachet ci-dessous ou la signature de l'auteur.

PARIS, IMPRIMERIE DE E. POCHARD,
RUE DU POT-DE-FER, N° 14.

MANUEL

DE

L'EXPLOIT

PAR M. A. CHAUVEAU,

Avocat à la Cour royale de Paris, Rédacteur du Journal des Avoués, Auteur d'un Code Forestier expliqué, d'un Manuel de la Contrainte par Corps, etc., etc.

A PARIS,

AU BUREAU DU JOURNAL DES AVOUÉS,

RUE DE CONDÉ, N° 28.

ET CHEZ CHARLES-BÉCHET, LIB.-COMMISSIONNAIRE,

QUAI DES AUGUSTINS, N°ˢ 57-59.

1829

EXPLICATION

Des principales abréviations qui peuvent se rencontrer dans le Manuel.

C. C.	Code civil.
C. P. C.	Code de procédure civile.
C. com.	Code de commerce.
C. I. C.	Code d'instruction criminelle.
C. P.	Code pénal.
M. ou Rép.	Répertoire de Merlin
M. Q. D.	Merlin, Questions de droit.
F. L.	Répertoire de Favart de Langlade.
B. S. P.	Berriat Saint-Prix.
Pig.	Pigeau (*Procédure civile*).
Pig. Comm.	Pigeau (*Commentaire, ouvrage posthume,* 1827).
Carr. Comp.	Carré (*Lois de la compétence*).
Carr.	Carré (*Lois de la Procédure civile*).
Pr. Fr.	Le Praticien français.
Lep.	Lepage (*questions*).
D. C.	Demiau-Crouzilhac.
Haut.	Hautefeuille.
Th. Desm.	Thomine-Desmazures.
Comm.	Commailles.
J. A., t. 27, p. 64.	Journal des Avoués, tome 27, page 64.
Duv.	Duvergier (*Collection des Lois*).
Coff.	Passage textuellement extrait de M. Coffinières.
Col. Delan.	Extrait textuel de l'ouvrage de M. Colas Delanoue d'Orléans.
Besanç.	Extrait textuel du recueil d'arrêts de la Cour de Besançon.

AVERTISSEMENT

DE L'ÉDITEUR.

Le plan de la nouvelle édition du Journal des Avoués consiste à grouper, sous chaque mot, les arrêts rendus par les cours de cassation et les cours royales, les lois et ordonnances y relatives, l'opinion de tous les auteurs citée et discutée, et de faire précéder ces divers documens d'un sommaire logique à l'aide duquel on puisse trouver, à l'instant même, ce dont on a besoin.

Les abonnés du Journal des Avoués profitaient seuls d'un travail aussi étendu, et comme on ne vend point séparément la nouvelle édition du Journal, et que d'ailleurs plusieurs mots ne peuvent offrir le même intérêt à tous les praticiens et aux jurisconsultes, on a engagé M. Chauveau à détacher de sa collection les mots les plus importans, *Contrainte par corps,*

Emprisonnement, Exploit et Saisie-immobilière,
sous le titre de **MANUELS.**

Telle a été la cause de ce livre que M. Chauveau a dû soigner comme étant la clef de toute la procédure.

Sur l'Exploit.

L'assignation, ou ajournement, est l'acte par lequel une partie est sommée de comparaître devant le juge, pour défendre à la demande formée contre elle.

Cette définition peut également convenir à la *citation;* mais ce dernier terme est spécialement consacré à désiguer le premier acte de la procédure devant les justices de paix.

Le mot *exploit* a une acception bien plus étendue, puisqu'on appelle ainsi presque tous les actes du ministère des huissiers : l'assignation et la citation ne sont qu'une espèce particulière d'exploit.

A Rome, on distinguait l'appel en jugement (*vocatio in jus*) de la citation.

Chaque citoyen avait le droit d'appeler lui-même en jugement celui qui se trouvait obligé envers lui, ou contre lequel il avait une demande légitime à former : pour cela il suffisait de lui adresser ces paroles, *ambula in jus;* et, sur son refus de se présenter devant le juge, il pouvait y être amené malgré lui.

On sent qu'un moyen aussi rigoureux ne pouvait être employé dans toutes les circonstances et contre toutes sortes de personnes. Ainsi les lois 18 et 21, au digeste, tit. *de in jus voc.* défendaient de tirer quelqu'un de sa maison pour le conduire devant le juge. D'après la loi 2 au même titre, il était également défendu d'appeler en jugement les premiers magistrats de la république, tels que le préteur, le consul, le préfet, etc. Enfin, aux termes de la loi 4, un affranchi ne pouvait appeler en jugement son patron, ni un enfant ses père et mère ou quelqu'autre de ses ascendans, sans en avoir obtenu la permission du préteur.

La citation était l'acte par lequel on sommait celui qui avait comparu une première fois devant le juge, de s'y représenter ; de sorte que, dans le cours d'une contestation, on *citait* la partie adverse autant de fois qu'elle devait se présenter au tribunal : au lieu qu'on ne *l'appelait en jugement* qu'une seule fois, au commencement de la contestation.

Ces actes étaient indispensables ; car puisque l'instruction de la procédure était suivie par les parties elles-mêmes, les exploits d'ajournement tenaient lieu des sommations d'audience, ou *avenirs*, à la suite desquels les avoués se présentent aujourd'hui devant les tribunaux, autant de fois que l'intérêt de leurs clients l'exige.

Du reste, comme c'était au juge à déterminer les cas dans lesquels il y avait lieu à une nouvelle comparution des parties, la citation était donnée d'après son ordre, par le ministère d'un homme public, qui ne la signifiait pas au défendeur, mais se contentait de l'afficher ou de la publier.

Ce ne fut que sous l'empereur Justinien que l'on vit s'introduire à Rome l'usage de notifier les exploits d'assignation, après leur inscription préalable sur des registres publics. Celui qui recevait l'exploit était obligé de le signer et de donner caution de se présenter devant le juge, au jour fixé. De son côté, le demandeur devait poursuivre le jugement dans l'espace de deux mois, sous peine du double de la somme qu'il réclamait. On peut consulter à cet égard, les Novelles 53, 96 et 112.

En France, les exploits d'ajournement ont toujours été faits par le ministère d'un huissier ou sergent ; mais autrefois, on n'était pas dans l'usage comme aujourd'hui de dresser un acte écrit de l'ajournement ; et l'assignation était donnée de vive voix par l'officier ministériel, en vertu d'un mandement qu'il avait aussi reçu de vive voix

L'ordonnance de 1667, qui a fixé la marche de la procédure, a déterminé aussi invariablement la manière dont les exploits d'ajournement doivent être donnés et les diverses formalités auxquelles ils sont soumis. Cependant, quelque différence qu'on remarque entre les dispositions de cette ordonnance et celles du droit romain sur le même objet, il est plusieurs principes généraux qu'elle a consacrés après lui. Tels sont les suivans : —*Actor sequitur forum rei* (l. 2, § 4, *ff. de judiciis et ubi quisque, etc.*)—*Conveniri quis possit, ubi contraxit (ibid.*). Le demandeur doit assigner devant le juge du domicile du défendeur, et non devant celui dans la juridiction duquel son garant est domicilié (l. 49, *ibid.*) Le tribunal de la situation des biens est seul compétent, s'il s'agit d'un action réelle dirigée contre le tiers détenteur (l. 3. Cod. *ubi in rem. act. exerc. deb*). Le juge du lieu de l'ouverture de la succession doit connaître des demandes en délivrance des legs et fidéicommis, formées contre l'héritier (*t. unic. Cod. ubi fideic. pet. oport.*)

Sous plusieurs rapports, les principes consacrés par les lois romaines différaient des principes reçus dans notre législation. A cet égard, il nous suffira de faire les rapprochemens suivans :

Il n'était pas nécessaire, à Rome, que les exploits d'ajournement fussent libellés. Une assignation donnée devant le juge, sans aucune désignation, suffisait pour toutes les demandes sur lesquelles il devait statuer. Justinien parle de cet usage dans le chap. 3ᵉ de la Novelle 53. Parmi nous, au contraire, et d'après la disposition formelle de l'art. 1ᵉʳ, tit. 2 de l'ordonnance, on a toujours exigé que l'exploit d'ajournement contînt l'exposé sommaire de la demande.

Ainsi qu'on l'a observé, l'assigné devait donner caution de se présenter, et le demandeur devait lui-même donner caution de poursuivre le jugement, dans un certain délai. Cet usage n'a jamais été reçu en France.

Enfin, le défaillant devait être assigné quatre fois de suite, et il devait être rendu contre lui un nombre égal de jugemens avant le jugement définitif; tandis que, d'après l'ordonnance, le jugement par défaut devient lui-même définitif, si le défaillant laisse expirer le délai qui lui est accordé, sans y former opposition.

Il serait trop long d'indiquer toutes les dispositions puisées par les rédacteurs du nouveau Code de procédure, dans l'ordonnance de 1667, sur la forme des exploits d'ajournement. On doit se borner à remarquer, qu'excepté la formalité de l'assistance et de la signature de deux recors dans les exploits (formalité abrogée d'ailleurs, presque aussitôt après la publication de l'ordonnance, par un édit du mois d'août 1669), toutes les formalités exigées dans les exploits d'ajournement, par le titre 2 de l'ordonnance, sont aussi exigées par les art. 61, 68 et 69 du nouveau code. Il faut aussi consulter les art. 1 à 7 qui règlent les formalités des citations. (1)

Seulement le Code a introduit quelque légère différence, sur la manière dont la notification doit être faite dans certains cas : ainsi par exemple, lorsque l'huissier ne trouve personne au domicile de l'assigné (2), il lui suffit de remettre la

____

(1) 1° La distance dont il s'agit en l'art. 5 est toujours celle qui se trouve entre le domicile du défendeur et le lieu de la comparution. — MM. CARR., t. 1, p. 12, n° 20; et F. L., t. 1, p. 496, 1re col., disent que la distance qui règle l'augmentation du délai est toujours celle du domicile réel de la personne citée au lieu fixé pour la comparution; de sorte que, si la citation était donnée pour comparaître sur le lieu contentieux, la distance à calculer serait celle qui se trouverait entre ce lieu et le domicile du défendeur.

Nous pensons en effet que le vœu du législateur ayant été de donner à la partie le temps d'arriver au lieu où elle est citée, il serait injuste d'observer les distances du lieu de l'audience lorsqu'il faudrait se trouver sur les lieux contentieux qui seraient beaucoup plus éloignés. — 2° Les cédules en abréviation de délai peuvent être écrites par le greffier, par la partie même, ou d'une main quelconque, pourvu qu'elles soient signées du juge de paix, et qu'elles remplissent l'objet pour lequel la loi exige qu'elles soient données, aucune loi n'impose au juge de paix l'obligation de les écrire lui-même. (CARR., t. 1, p. 14, n° 23.)

(2) L'huissier ne doit remettre la copie à une personne trouvée hors du domicile, et qui se dirait, ou qu'on lui aurait dit être celle à laquelle l'ex-

copie à un voisin, ou au maire de la commune (1); tandis que l'art. 4, tit. 2 de l'ordonnance, exigeait, dans le même cas, que l'huissier attachât son exploit à la porte. De même l'art. 9 de l'ordonnance, au titre cité, conforme à cet égard aux dispositions des lois romaines, porte que « ceux qui n'ont eu aucun domicile connu, seront assignés par un seul cri public au principal marché du lieu de l'établissement du siége où l'assignation sera donnée. » Au lieu que d'après le n° 8 de l'art. 69 du Code de procédure, il faut aujourd'hui, dans ce cas, afficher une copie de l'exploit à la principale porte de l'auditoire du tribunal où la demande est portée, et remettre une seconde copie au procureur du roi. (2 et 3.)

Aux termes de l'art. 1er de la loi du 13 brumaire an 7, la copie et l'original de tout exploit doivent être écrits sur papier timbré. Cette disposition n'est pas nouvelle, car, depuis 1674, que le papier timbré a été introduit en France, les exploits ont dû être écrits sur du papier de cette espèce, à peine de

---

ploit s'adresse, qu'autant qu'il la connaît lui-même, et alors il doit mentionner que cette personne lui est réellement connue pour être celle assignée, autrement il pourrait risquer d'être trompé et de voir annuler son exploit par suite d'une inscription de faux, dont l'instruction apprendrait qu'il n'aurait pas remis la copie à l'assigné (Carr., t. 1, p. 179, n° 348, et D. C., p. 62, dernier alinéa).

(1) Les auteurs du *Praticien français*, t. 1, p. 124, pensent qu'il n'y a aucune peine à requérir contre le maire ou l'adjoint qui ne remettent pas la copie. Nous avons dit, pour le voisin, qu'en cas de négligence, il devait craindre une condamnation à des dommages-intérêts, et il nous paraît qu'à plus forte raison, la négligence d'un fonctionnaire public doit être punie plus sévèrement. Les préposés légaux pour recevoir certains exploits doivent justifier qu'ils ont fait les démarches nécessaires pour remplir le mandat honorable que leur confiait la loi.

(2) La remise doit être faite au procureur du roi du tribunal civil, dans le ressort duquel se trouve le juge de paix, ou le tribunal de commerce qui doit connaître de la contestation, lorsqu'il s'agit d'une citation devant le juge de paix, ou d'une assignation devant le tribunal de commerce. (Carr., t. 1, p. 197, n° 574.)

(3) La prolongation de délai dont parle l'art. 74 ne peut être obtenue avant d'avoir lié l'instance par la constitution d'avoué. (Carr., t. 1, p. 201, n° 580.)

nullité. Il n'est pas même permis d'employer une feuille qui a déjà servi à un autre acte. (Arrêt de la cour de cassation, du 1er frimaire an 10.)

L'art. 20 de la loi du 22 frimaire an 7 veut que les exploits soient enregistrés dans le délai de quatre jours (1et 2).(COFF.)

Sommaire

DES QUESTIONS.

---

(1) Les auteurs du *Praticien français*, t. 1, p. 113 et 114, pensent que le défaut d'enregistrement serait une cause de nullité de l'exploit.

(2) Si l'huissier a excédé la taxe, le coût sera réduit lors du réglement, et répétition de l'excédant pourra être faite contre cet officier ministériel, mais l'exploit n'en sera pas moins valable. (CARR., t. 1, p. 175, n° 345, DELAP., t. 1, p. 75, 4e alin.)

signification, qui donne la permission de la faire un jour de fête légale, 325.
—Un exploit pourrait-il être donné la nuit avec permission du juge? 330,
à la note. — L'appel d'un jugement correctionnel peut être signifié un
jour férié, 93.

Chap. iii. Noms, prénoms, qualités et domicile du demandeur. — L'exploit
d'appel est valable, quoiqu'il ne contienne pas le nom de l'appelant, si l'intimé n'a pu se méprendre, 374. —L'erreur sur les noms et qualités de l'appelant n'est pas non plus une nullité, 357. — L'assignation pour une commune peut être donnée à la requête du maire, sans désignation de son
nom, 132. —...Il en est de même d'un agent du trésor, 138. — L'exploit
est nul lorsque le prénom du demandeur n'est qu'en lettres initiales, 313.
— Le défaut de prénom du demandeur n'est pas une nullité, 263 *bis.* —
L'acte d'appel peut ne donner aucune profession à l'appelant, 123, 291.—
La qualité de propriétaire prise dans l'exploit, suffit, 158.—...Quoique le
requérant soit cultivateur, 201. — L'exploit doit énoncer le domicile de
la partie à la requête de laquelle il est signifié, 117, 126. — La mention
de la demeure équivaut-elle à celle du domicile? 111, 113, 201.—... En
est-il ainsi de la résidence? 341. — *Quid* pour le défendeur? 113, *à la
note.* — L'exploit fait à la requête d'un tel de telle commune n'indique
pas suffisamment le domicile du demandeur, 172. — Le domicile de la
partie est suffisamment indiqué par la désignation d'une profession qui ne
peut être exercée qu'en un lieu déterminé, 109. — La qualification donnée à l'appelant de *marchand patenté par acte délivré à ......,* n'indique
pas suffisamment le domicile, 320. — L'exploit peut ne pas contenir la
demeure du requérant, lorsque le procès-verbal de non-conciliation, copié
en tête, le contient, 216. — Le domicile du requérant, officier de santé,
n'est pas assez indiqué par ces mots: *actuellement à la grande armée,* 74.
— Le domicile de l'appelant n'est pas suffisamment indiqué par ces
mots : *employé dans les hôpitaux militaires de la Martinique,* 317. —
Celui qui est employé dans les armées n'a pas de domicile actuel, et peut
alors indiquer dans un exploit la demeure d'un tiers chargé de le représenter, 165. — Il suffit que la femme demanderesse indique dans l'exploit
le domicile de son mari, 115. — Dans les assignations pour divorce, il
suffit d'énoncer la résidence de fait de la femme, 26. — Il n'y a pas nullité de la signification d'un jugement encore que le domicile du requérant
ne se trouve indiqué ni par la rue, ni par le numéro, 108. — Un acte
d'appel n'est pas nul parce que l'appelant s'est trompé dans l'indication
du numéro de la maison, 171. — L'exploit donné par le commis d'une
maison de commerce doit énoncer la patente, sous peine d'amende, 84.

Chap. IV. Au nom de qui les exploits doivent-ils être faits?—L'acte d'appel dans lequel l'appelant déclare agir tant pour lui que pour son frère,
n'est pas valable pour celui-ci, 283. — Est-il nécessaire pour la validité

d'un exploit que le nom des mandans, parties au procès, précède celui du procurateur ? 310. — Le consignataire d'un bâtiment peut assigner en son nom, sans désigner ses commettans, 299. — Il en est de même des syndics d'une communauté, 259. — Quand la partie adverse a formé une demande réconventionnelle, contre le consignataire personnellement, un tribunal ne peut déclarer le consignataire non-recevable dans sa demande principale sur le fondement de la maxime, *nul en France ne plaide par procureur*, 300. — L'assignation donnée par un mandataire, à la requête d'une personne qui était décédée ne peut être annulée lorsque l'affaire a déjà parcouru les deux degrés, 75. — Mais en règle générale l'exploit d'appel fait au nom d'une personne décédée est nul, 240. — L'appel interjeté par une femme autorisée postérieurement est valable, 337. — L'acte d'appel, à la requête d'un maire non autorisé, est valable si l'autorisation a été donnée postérieurement, 274 et 275.

CHAP. V. CONSTITUTION D'AVOUÉ ET ÉLECTION DE DOMICILE. — L'acte d'appel qui ne contient pas constitution d'avoué est nul, 81. — ... Il en est autrement pour les affaires de la régie, 338. — Il n'y a pas nullité si l'avoué est décédé, 262. — ... Si l'avoué y est désigné comme avocat, 225. — L'exploit d'appel est valable, quoique l'avoué constitué ait cessé ses fonctions, 112. — Le demandeur qui élit un autre domicile que celui de l'avoué constitué, peut-il choisir ce domicile hors du lieu où siège le tribunal? 381. — S'il y a plusieurs demandeurs, comment doivent-ils constituer avoué et élire domicile? 382. — L'acte d'appel est nul par cela seul que, dans la copie, l'appelant a déclaré élire domicile dans sa maison d'habitation sans désigner le lieu où cette maison est située, 120. — L'élection de domicile, chez un avoué, ne vaut pas constitution, 260. — ... Il en est autrement lorsqu'il est dit que tel avoué conclura, 249. — Lorsqu'il y a contestation sur le fond du droit, la régie des domaines doit constituer avoué dans son assignation, 281. — Dans les affaires où il s'agit des domaines de l'état, la déclaration faite par l'exploit d'appel que le procureur général y soutiendra les intérêts du gouvernement, équivaut à une constitution, 350. — L'élection de domicile pour les domaines de l'état au parquet du procureur général est de droit, 351.

CHAP. VI. NOMS, DEMEURE ET IMMATRICULE DE L'HUISSIER. — Les énonciations sur l'immatricule de l'huissier peuvent ne pas être écrites par lui, 238. — L'immatricule de l'huissier est suffisamment énoncée par l'indication du tribunal près lequel il exerce, 235. — La mention de l'immatricule peut être faite par abréviation, 301. — Une fausse énonciation dans l'immatricule et le défaut du visa sont des nullités, 163. — ... Il faut à peine de nullité que l'énonciation de la qualité d'huissier s'y trouve, 139. — L'omission de la demeure de l'huissier n'est pas une nullité, lorsque le domicile est indiqué, 243. — ... L'indication de la demeure réelle suffit, 323.

mari et à la femme lorsqu'ils ont procédé conjointement en première instance, 367. — ...Lorsqu'il renferme une signification d'arrêt d'admission
faite à la femme qui n'a pas figuré dans l'instance, 34. — ..... Au
mineur non pourvu d'un curateur, 228. — ...... Au receveur et non
au bureau de l'hospice, 555. — ..... A une personne faussement qualifiée procurateur de l'intimé ou à l'ancien avoué des créanciers d'une succession bénéficiaire, 346. — ..... Lorsqu'il est donné au maire et non à
la commune en la personne de ce fonctionnaire, 209. — Peut-on signifier
un exploit à la prison où l'assigné est détenu? 385. — Sous le statut de
Namur la femme devait être assignée personnellement pour une action
immobilière, 181. — La mère tutrice ne doit pas être intimée sur l'appel,
si sa fille mineure s'est mariée, 329. — L'assignation pour être présent à
une enquête doit être donnée au domicile de l'avoué, en la personne de
la partie elle-même, 229. — L'assignation donnée aux saisis par les préposés de la douane, ne peut être déclarée nulle pour l'avoir été dans les
vingt-quatre heures qui suivent la clôture du procès-verbal, 61.

Chap. IX. Comment l'exploit peut et doit être signifié au défendeur. —
Un exploit d'appel qui n'a été signifié ni à personne ni à domicile est nul
quoiqu'il ait été fait un procès-verbal de perquisition, 304. — Un exploit d'ajournement peut-il être valablement signifié à la personne en quelque lieu qu'on la trouve? 583. — Celui qui habite le territoire français hors
du continent est valablement assigné à sa personne et à domicile, 153.
— L'exploit peut être signifié à la personne, encore qu'un jugement ordonne d'assigner au domicile, 114. — L'exploit signifié à un avoué, curateur à une succession vacante, est valablement délaissé à son domicile,
en parlant à son clerc, 197. — L'assignation faite en parlant au propriétaire de la maison dont l'assigné est locataire, est nulle, 302. — L'acte
d'appel peut être signifié en parlant à un individu qui a figuré en première instance comme l'homme d'affaires de l'intimé, 279. — L'exploit
est-il nul s'il est remis à une femme qui s'est dite servante de l'assigné, quoiqu'il n'ait pas de servante? 187 — .... ou qui s'est dite son épouse
quoiqu'il ne soit pas marié, 267 et 354; — ...... ou qui s'est faussement
qualifiée de sa sœur, 345. — .... ou à un individu qui s'est dit le fils de
l'assigné, quand celui-ci n'en a pas, 200; — ...ou à un employé de l'assigné, 347. — L'exploit peut être signifié en parlant à la maîtresse de l'hôtel garni où loge l'assigné, encore que celui-ci soit détenu à Sainte-Pélagie, 232 et 233. — Lorsque l'huissier déclare avoir laissé la copie en parlant à *un tel*, ces mots indiquent suffisamment qu'il la lui a remise, la
manière dont il l'a laissée étant indifférente, et la loi n'exigeant pas une
remise matérielle dans les mains de la personne nommée, 154. — ...Il ne
peut l'être au receveur ou à l'agent de la partie, 3. — L'art. 68 déroge-
t-il aux lois commerciales sur la forme à observer pour les protêts? 591. —

L'acte d'appel signifié dans le cas du numéro 8 (art. 69 , C. P. C.)
doit être affiché à la principale porte de la cour et remis au procureur général, 223. — L'acte respectueux peut être laissé à domicile à d'autres
que celui à qui il s'adresse, 319. — Un acte d'appel dirigé contre une fabrique ne peut être signifié à la maison de son trésorier, 256. — Un exploit est valable lorsque l'huissier fait mention de la personne à laquelle
la copie a été laissée sans désigner celle à laquelle il a parlé, 353.

Chap. X. Remise des exploits.

§. 1. A quel domicile ? — L'élection de domicile dans un acte n'empêche
pas de signifier l'exploit au domicile réel, 20. — Dans les exploits signifiés au domicile élu, il faut se conformer à l'art. 68, C. P. C., 174. — Un
acte d'appel n'est pas valablement signifié au domicile élu devant un tribunal de commerce, dans le cas de l'art. 422, C. P. C., 306. Lorsqu'une personne a pouvoir d'élire domicile pour une autre , toutes assignations données au mandant sont valablement faites au domicile du
mandataire, 62. — Un jugement définitif ne peut être signifié au greffe,
lorsqu'il est rendu par le tribunal de commerce à la première audience,
170. — L'assignation à bref délai doit-elle être signifiée à personne ou
domicile ? 177 — Une demande en lief de comminatoire doit être notifiée
à personne ou à domicile, 189. — L'assignation à domicile élu doit-elle
indiquer le domicile réel à peine de nullité ? 83 et 293. — L'exploit doit
énoncer qu'il est laissé au domicile, lorsqu'il n'est pas signifié à la personne, 40. — Est il des cas où une personne puisse être indifféremment
citée, dans un lieu ou dans un autre, parce qu'elle serait censée avoir deux
domiciles ? 384. — Les significations dans le cours d'une instance peuvent
être faites à l'ancien domicile , tant que le changement intervenu n'a pas
été notifié à la partie, 49. — Lorsque l'élection de domicile a été faite au
lieu de la résidence des parties, à l'époque de l'acte, cette élection doit
produire son effet postérieurement au changement de domicile, 90. — L'assignation est valablement donnée au domicile élu dans un acte, quoique
l'élection de domicile ait été faite dans un hôtel garni, et que la partie
demanderesse en ait, en quelque sorte, précédemment reconnu l'insuffisance , en faisant signifier un exploit d'ajournement, tant au domicile
élu , qu'au domicile réel des parties, 145. — L'assignation peut être
donnée au domicile qu'une partie a pris dans plusieurs actes judiciaires , encore qu'elle ait résidé ailleurs , 85 et 270. — Lorsqu'il y a
changement légal de domicile , l'assignation ne peut être donnée à l'ancien, 101. — La signification faite à l'ancien domicile est valable , lorsque celui qui en a légalement changé a continué à l'indiquer dans ses
actes, 284. — ... Ou qu'il a continué à y résider, 236. — La manifestation
de l'intention de changer de domicile , consignée dans des actes écrits,

ne suffit pas, 327. — Le changement de domicile s'opére, quel que soit le tems de la nouvelle résidence, 245. — La notification pour parvenir à la contrainte par corps faite à un domicile que le débiteur justifie avoir quitté depuis long-tems est nulle, 66. — Les significations à un percepteur à vie peuvent être faites à son ancien domicile, ses fonctions étant révocables, 193. —... Et n'emportant point de plein droit changement de domicile, 159. — L'exploit peut être signifié au domicile d'un fondé de pouvoirs, lorsque ce dernier a été le tuteur du mandant, 192. — Le capitaine du navire peut être valablement assigné à bord de son bâtiment, 265. — Un exploit d'appel contre un militaire en activité doit être notifié au dernier domicile et non au parquet, 218. — L'assignation au déporté doit être signifiée au domicile qu'il avait avant la déportation, 32. — L'étranger peut être assigné à son domicile actuel en France, 131. — Ou à celui de son mandataire spécial, 315. —... Un étranger n'est pas valablement assigné en France au domicile de sa caution, 87. — L'acte d'appel peut être signifié au domicile d'un fondé de pouvoirs, chargé d'exécuter tous jugemens, d'en appeler, d'élire domicile, 106. — L'exploit pour une demande reconventionnelle peut être signifié au domicile élu dans la demande principale, 144. — Les significations faites au domicile élu sont valables, quoique ce fût la demeure de l'assigné et qu'il en ait changé, 175. — Des créanciers de l'un des contractans peuvent signifier des actes au domicile élu, 175 *bis*. — L'assignation à bref délai peut être signifiée au domicile élu, avec protestation de nullité des exploits qui seraient signifiés ailleurs, 43. —... Celle par suite d'offres réelles au domicile élu par l'acte d'offres, 38. — L'assignation sur contestation d'inscription hypothécaire peut être donnée au domicile réel du créancier, 213. — L'appel peut-il être signifié au domicile élu dans l'inscription ? 257. — En matière de lettres de change, l'assignation peut être donnée à l'établissement commercial du défendeur, quoiqu'il soit domicilié ailleurs, 206. — L'assignation peut être donnée au domicile indiqué pour le paiement d'une lettre de change, 154. — La partie peut être assignée, depuis la publication du Code civil, à son domicile élu dans un acte avant ce Code, 54. — La signification d'un arrêt d'admission peut être faite au domicile élu en première instance, si la partie n'a pas fait connaître son véritable domicile, 39. — L'assignation pour procéder sur l'appel ne peut être donnée au domicile élu que lorsque la partie a manifesté l'intention d'élire à cet effet, 176. — Elle ne peut être signifiée au domicile élu dans la saisie faite en vertu de permission du président du tribunal de commerce, 285. —... Lors même que le jugement porte condamnation aux intérêts échus et à échoir, 368. — L'appel d'un jugement qui a prononcé la validité d'une saisie-arrêt, ne peut être signifié avec assignation au domicile élu dans l'exploit d'opposition, 196. — L'assignation pour procéder sur l'appel, peut-elle être donnée à un domicile élu? 96, 97, 220 et 269. — ....Elle peut l'être au domicile élu en première instance et conservé en appel, 57. — .... Elle peut l'être au domicile élu dans le commandement de saisie, 316. — Toutes significations relatives à l'instance peuvent-elles être faites au domicile élu dans l'acte d'appel? 47. — L'assignation, afin de nomination d'arbitres, ne pouvait, avant le Code, être signifiée au domicile élu pour l'appel, 8. — Lorsqu'il a été rendu sur le même objet du litige, un jugement sur la compétence, et un autre par défaut sur le fond, l'appel dirigé contre le premier ne peut être signifié au domicile qui a été élu dans la signification, avec commandement, du second, 364.

§ 2. A QUELLES PERSONNES PEUT-IL ÊTRE REMIS? — 1o AUX PARENS OU SERVITEURS DU DÉFENDEUR. — L'exploit ne peut être laissé à un parent de l'assigné trouvé accidentellement dans son domicile, 95. — Lorsque deux personnes habitent ensemble, la copie laissée au domestique de l'une d'elles suffit, 91. — La copie d'une signification ne peut être remise à celui qui a un intérêt opposé à celui de l'assigné, 325 *bis*. — Il n'est pas nécessaire que l'exploit remis à un serviteur indique son nom, 141. — La signification du jugement en appointement de preuves peut être remise au clerc de l'avoué, 207. — L'exploit est nul, s'il ne mentionne pas que le domestique de l'assigné a été trouvé à son domicile, 102 et 150.

2o A UN VOISIN. — L'huissier qui déclare avoir remis la copie au voisin, doit, à peine de nullité de l'exploit, énoncer qu'il s'est présenté au domicile de la partie, et qu'il n'y a trouvé ni celle-ci, ni aucun de ses parens ou serviteurs, 194. — Il n'y a pas nullité si, l'exploit étant remis à un voisin, la copie énonce qu'on s'est transporté au domicile de l'assigné, et si l'original porte qu'on n'a trouvé ni parent, ni serviteur, 227. — L'exploit ne peut être remis au domestique du voisin, 59. — Si la copie est laissée au locataire de l'assigné, ou à celui qui habite la même maison, faut-il remplir les formalités des copies laissées à un voisin? 104. — La copie ne peut être laissée à un voisin, lorsqu'il déclare ne savoir signer, 318 — Avant de remettre l'exploit au maire, il faut dire s'il a été présenté à un voisin, et pourquoi il a été refusé, 88. — Il faut aussi dire la demeure du voisin, 152, —.... Ou qu'il n'y avait aucun voisin, 214. — Il est inutile de dire le nom du voisin, 254.

3o AU MAIRE OU A L'ADJOINT. — L'exploit d'appel peut être remis au maire, lorsque la personne n'est pas trouvée au domicile indiqué, 78, —... ou à l'adjoint du maire, lorsque l'huissier n'a pas trouvé de voisin, 343. — La copie peut être laissée à un employé de la mairie, après que l'original a été visé par le maire, 255. — L'exploit peut ne pas indique le nom du maire à qui il est remis, 88 *bis.* — En cas d'absence du maire ou de l'adjoint ou du refus de leur part de viser l'original que doit faire l'huissier ? 390.

§. 3. PARLANT A. ... — L'exploit doit-il, à peine de nullité, indiquer les rapports qui existent entre la personne assignée et celle à qui la copie est remise, 12...., et y a-t-il nullité, s'il y est dit : 1° *En parlant à un citoyen qui s'est chargé de faire parvenir et qui n'a dit son nom de ce interpellé; 2° à une femme aux injonctions de droit ; 3° a une femme qui n'a voulu dire son nom de ce enquise ; 4° a une femme ; 5° à un commis ou au portier de la partie ; 6° à son salarié ; 7° a une servante domestique ; 8° à une fille ou à des filles de confiance ; 9° à un domestique; 10° à un tel qui s'est chargé de remettre la copie ; 11° à ses domestiques,* 12. — L'indication du nom de la personne à qui l'huissier a parlé n'est pas nécessaire, 141. — Le *parlant à* rempli au crayon est une nullité, 76. —.... Il en est de même, s'il n'est pas rempli du tout, 137. — Le défaut de *parlant à* sur la copie d'appel rend cet acte nul, 348. — La mention de la personne à qui la copie a été laissée, doit être après *le parlant à*, 82. — Est nul l'exploit donné à tel ou à son épouse, parlant *à sa personne*, 263. — L'exploit est valable si l'huissier dit avoir parlé à la partie assignée sans faire mention de la personne à laquelle la copie a été remise, 363. — L'huissier n'est pas tenu d'énoncer la réponse de celui à qui il remet la copie, 146.

CHAP. XI. OBJET DE LA DEMANDE; EXPOSÉ DES MOYENS. — L'assignation, pour se présenter aux fins de plaider sur la compétence, n'est pas suffisamment libellée, 41. — L'exploit est valable quoiqu'il ne contienne pas l'exposé sommaire des moyens, lorsque le procès-verbal de non conciliation copié en tête, indique l'objet, la nature et les moyens de la demande, 328. — L'exploit d'ajournement indique suffisamment l'objet de la demande, lorsqu'il est donné afin de voir adjuger les fins d'une requête dont copie est donnée en tête, 199. — L'acte d'appel est suffisamment libellé par ces mots : Pour les torts et griefs que l'on déduira en cause d'appel, 273, —L'état d'une cause est absolument fixé par les termes de l'acte d'appel, et on ne peut suppléer à l'insuffisance des termes par l'intention présumée de la partie, 286. — L'exploit d'appel énonce suffisamment l'objet de la demande, lorsqu'il porte des conclusions tendantes *à ce que l'appellation et ce dont est appel soient mis au néant*, 366. — L'assignation est suffisamment motivée lorsque l'objet de la réclamation a été précédemment débattu devant l'autorité administrative, 280. — L'appel en matière d'ordre peut ne pas énoncer les griefs sur lesquels il est fondé, 125. — L'exploit par lequel on demande à un colon les arrérages d'une rente convenancière est suffisamment libellé par l'énonciation de la demande et la désignation de la rente, 156. — L'assignation en partage peut ne pas contenir les moyens à l'appui de la demande, la copie des titres, les tenans, aboutissans , 129. — Il en est de même en matière réelle, s'il a été donné copie du titre où ces indications se trouvent, 362 ; — ... ou si le défendeur n'a pu ignorer de quels biens il s'agissait, 64 et 356. — L'exploit d'appel est-il nul lorsqu'il y a erreur sur la date du jugemet attaqué ? 29 et 344. — Le citation en simple police est suffisamment libellée par l'indication du réglement auquel on a contrevenu , 99.

Chap. XII. Délais. — Un délai plus long que celui de la loi n'entraîne pas nullité, 1. — Lorsqu'on assigne *dans les délais de la loi*, il n'y a pas nullité, 142 et 190. — ... De même , dans les délais ordinaires, sans augmentation de distance , 210 —.... Et si on n'a pris jugement qu'après les délais , 231. —.... Ou à huitaine, outre un jour par trois myriamètres, 160. — L'exploit est nul s'il porte assignation à un délai plus court que celui fixé par l'ordonnance du juge, 46. — ... Ou s'il dit de comparaître *après les délais expirés* , 164. — .... Quid , si le délai indiqué est plus court que celui de la loi ? 211 et 221. — L'assignation donnée pour la première audience des vacations est nulle, si l'audience est au lendemain , 191. — Elle est valable, si elle est donnée pour comparaître après vacations , 247. — Lorsque le changement de domicile n'est pas légal, il n'est pas nécessaire, eu assignant à l'ancien domicile d'observer les délais à l'égard du nouveau, 48. — Une assignation peut être donnée dans les délais ordinaires à celui qui a été désigné dans plusieurs actes comme domicilié dans le siége du tribunal, sans réclamation, 44. — Il y a attribution de juridiction par l'élection de domicile ; mais faut-il observer les distances du domicile réel ? 21. — L'exploit d'appel signifié au domicile élu dans le commandement, doit observer le délai à raison du domicile réel, 271. — Le délai, à raison des distances , ne se calcule que du domicile de l'appelant à celui des divers intimés, sans avoir égard à la distance qui sépare entre eux les domiciles de ceux-ci, 370. — Les délais de l'assignation afin de radiation d'inscription ne doivent pas se calculer d'après le domicile réel du créancier, 153. — Y a-t-il lieu à augmentation de délai lorsque l'assignation est donnée à personne, loin de son domicile ? 380. — L'assignation en nullité d'emprisonnement peut être donneé à bref délai, au domicile élu par le créancier, sans observer les distances à raison du domicile réel, 65. — Des étrangers peuvent être assignés au domicile élu, sans qu'il soit nécessaire d'observer les délais fixés par l'art. 75 C. P. C. , 221 *bis*. — Dans les assignations à bref délai on doit observer les augmentations, à raison des distances. 42. — Il n'y a lieu à augmentation de délai, à raison des distances, que lorsqu'il y a déjà une première distance de trois myriamètres, 204. — Il n'y a lieu à augmentation de distance que lorsqu'il y a trois myriamètres entiers, 371. — Sous l'ordonnance de

1667, les assignations pour les étrangers devaient contenir le délai à raison des distances, 10. —... Il en est autrement sous le Code de procédure, 215. — Lorsque l'appel est interjeté contre un étranger, il faut observer le délai prescrit par l'art. 73, C. P. C., 272. — Les délais, à raison des distances, ne doivent plus se calculer, comme sous l'ordonnance, pour ceux qui demeurent hors du ressort, mais d'après les distances effectives, 58. — Le président n'a pas besoin de commettre un huissier pour les assignations à bref délai, 203. — Les assignations à bref délai au provisoire peuvent être données sans permission de juge, 205. — L'assignation doit être à bref délai lorsqu'elle est après jugement de profit joint, 79. — Les juges peuvent annuler l'ordonnance qui a permis d'assigner à bref délai, et l'assignation, 173. — Il n'est pas nécessaire, à peine de nullité, que l'exploit d'assignation indique l'heure de la comparution, 35. — L'acte d'appel est nul lorsqu'il contient assignation pour un jour férié, 119 et 372. — En matière de droits réunis, l'assignation doit être donnée dans la huitaine du procès-verbal, 56. — En matière de douanes, l'assignation peut être donnée dans les vingt-quatre heures de la clôture du procès--verbal, 61. — Est-ce le juge de paix compétent pour connaître de la contestation ou celui dans le ressort duquel la citation est donnée, qui doit délivrer la cédule pour abréger les délais, 378.—...Ou qui doit commettre l'huissier en remplacement de celui qui est empêché, 379.— Une citation, en police correctionnelle, pour comparaître après trois jours francs, et successivement aux audiences suivantes, est valable, 98.

Chap. XIII. Indication du tribunal. —Est nul l'acte d'appel qui ne désigne pas la Cour devant laquelle l'assignation est donnée, 127. — Cependant l'exploit d'appel peut ne pas indiquer la Cour, lorsque celle du ressort ne peut en connaître, et que la Cour de cassation doit en désigner une, 198. — Si c'est un *tribunal*, faut-il indiquer *tribunal civil* ou *tribunal de commerce?* 127, *à la note.*

Chap. XIV. En combien de copies l'exploit doit-il être signifié ? — Le mineur et le curateur ayant le même domicile, une seule copie suffit, 53. — Lorsqu'il y a séparation de biens, faut-il copie séparée au mari et à la femme ? 14 et 118. —...Quand il y a communauté, une seule copie suffit, 195. —... Il en faut deux lorsqu'il y a intérêt distinct, 276 et 277. — L'assignation donnée à la femme seule est valable si le mari est assigné ensuite pour l'autoriser, 217. — L'exploit d'appel doit être signifié à toutes les parties individuellement, 226. — Cette règle peut-elle être suivie sous le Code de procédure civile ? 268. — L'assignation à des héritiers doit-elle être signifiée par copie séparée à chacun ? 219. — Une seule copie suffit à celui qui agit, tant en son nom personnel que comme représentant une autre personne, 287. — Un seul acte d'appel suffit pour plusieurs intimés lorsqu'il a été notifié à chacun, 321. — Le fils et le père, civilement responsa-

d'un jugement par défaut est nulle si elle n'est faite par huissier commis, 135. — Lorsque, dans l'exploit signifié à une maison de commerce, l'huissier déclare avoir remis la copie à un individu qu'il désigne comme *associé de cette maison*, sa déclaration fait foi jusqu'à ce qu'on ait prouvé que cet individu n'a pas une telle qualité, 168. — Un exploit d'appel régulier ne peut valider ceux précédemment signifiés qui ne le sont pas, 309. — Est nulle, et empêche de courir le délai d'appel, la signification d'un jugement surchargé dans une partie essentielle, telle que le nom de l'avoué auquel elle est faite, 124. — Un premier acte d'appel nul ne peut servir à réparer des omissions contenues dans le second, 128. — La signification d'un jugement doit contenir copie de la formule exécutoire qui le termine, 143. — La nullité d'une signification oblige à mettre hors de cause celui qui avait été valablement assigné pour être condamné solidairement, 303. — Une assignation non suivie de jugement fait courir les intérêts, 94. — L'assignation devant un tribunal incompétent fait courir les intérêts, 278. — L'exploit contenant opposition, nul comme assignation, peut valoir comme opposition, 11. — L'exploit en police correctionnelle peut ne pas contenir les formalités des autres exploits ordinaires, 246. — La citation en police correctionnelle ou simple police peut être annulée, même lorsque le prévenu fait défaut, si elle n'est pas conforme aux articles 146 et 184, C. I. C., 188. — Lorsqu'en matière correctionnelle le jugement est annulé parce qu'il n'y a pas eu trois jours entre la citation et le jugement, la citation n'est pas nulle, 324.

Questions étrangères a l'article. — Les tribunaux peuvent statuer sur le mérite d'une inscription hypothécaire, quoique la contestation dérive d'un acte administratif, 184. — Le tribunal du lieu où le navire est amarré est compétent pour connaître des contestations entre le capitaine et les propriétaires du navire, 266. — On ne peut prononcer la nullité d'un jugement pour incompétence à raison d'un conflit négatif, lorsque l'autorité judiciaire a été saisie par les deux parties, postérieurement à la décision administrative de laquelle résulte le conflit, 282. — Lorsqu'une partie a agi sous deux qualités, et que l'arrêt d'admission ne porte qu'une qualité, on ne peut prétendre que l'arrêt a acquis chose jugée à l'égard de la qualité omise, 288. —On ne peut faire résulter un acquiescement d'une lettre écrite par le fils et non de l'appelant et avouée par celui ci, 252. — L'exécution d'un jugement exécutoire par provision n'est pas un acquiescement, 250. — On ne peut faire résulter un moyen de non-recevoir contre l'appel de ce que le jugement a été exécuté par la radiation d'une inscription dont il ordonnait la main levée, 185. — On ne peut appeler d'un acte de partage fait en vertu d'un jugement dont on interjette appel, 31. — La contrainte pour le paiement d'une amende doit être décernée au nom du procureur du roi, 340. — La prescription en matière

criminelle n'est pas interrompue par une contrainte, 339. — Si la demande
est de 1000 fr., le jugement est en dernier ressort, lorsqu'elle repose sur
plusieurs titres chacun d'une somme inférieure, 244. — L'appel d'un
jugement qui inflige une peine pour injures contre un membre du tribunal doit être porté à la cour royale et non au tribunal correctionnel du
chef-lieu, 68. — La nullité de l'acte d'appel ne peut être prononcée par
le tribunal qui a rendu le jugement attaqué, 73. — Un jugement de justice de paix rendu en l'absence du ministère public demandeur est par
défaut, 6. — Une demande en paiement des arrérages d'une rente convenancière est dispensée du préliminaire de conciliation, 157. — Les avoués
peuvent plaider dans une cause où il s'agit de domaines et droits domai-
niaux, 253. — Un jugement n'est pas nul, s'il ne contient pas explicitement
les noms, professions et demeures de toutes les parties, 305. — Est nul
le jugement qui ne contient pas de motifs, 307. — Un arrêt est suffisamment motivé lorsqu'en rejetant un moyen de nullité, *il le déclare mal
fondé*, 375 *bis*. — L'opposition formée par le garant doit être signifiée au
demandeur en garantie, 360. — Il n'est pas nécessaire que la signification d'un jugement par défaut profit joint contienne élection de domicile
dans le lieu où elle se fait, 352. — L'opposition non renouvelée dans la
huitaine est nulle, et l'appel court de l'expiration de la huitaine, 149. —
L'opposition à un jugement par défaut faute de plaider doit être signifiée
à la partie également condamnée, mais contradictoirement, 359. —
L'opposant à un jugement par défaut est recevable à proposer à l'audience de nouveaux moyens, quand il a inséré dans sa requête des réserves générales, 15. — L'opposition à un jugement par défaut est suffisamment motivée lorsqu'il est dit que c'est pour nullité de l'ajournement,
314. — Un mandataire *ad negotia* qui agit en même temps comme avoué
de son mandant peut être contraint par corps au paiement de la somme
qu'il doit, 312. — Le jugement doit être notifié dans les affaires du domaine de l'état au préfet et non au procureur du roi, 352. — La comparution de la partie à l'enquête avec des réserves ne couvre pas la nullité
de l'exploit, 355. — Des exceptions qui se rattachent au fond même,
peuvent y être jointes, 322. — Tant qu'un écrit sous seing privé n'est
pas denié, il n'est pas nécessaire d'en provoquer la vérification, 63. —
La nullité d'une demande en péremption à l'égard de l'une des parties empêche la péremption d'avoir lieu à l'égard des autres, 182. —
Les tribunaux de commerce peuvent rendre des jugemens de défaut,
profit joint, 331. — L'incompétence des tribunaux de commerce pour
les matières civiles peut être proposée en tout état de cause, 308. —
Le jugement qui condamne même civilement à un emprisonnement
est toujours susceptible d'appel, 69. — Le jugement qui décharge
une partie est définitif quoiqu'il lui impose une condition, 169. —

28.—On peut appeler de l'ordonnance du président qui décide qu'un acte qualifié jugement arbitral n'en est pas un, 239.—La signification du jugement qui a prononcé la contrainte par corps ne doit pas nécessairement avoir lieu en même temps que le commandement de payer fait au débiteur, 16.—Il suffit que l'élection de domicile ait été faite lors de la signification du paiement qui précède la contrainte par corps, sans qu'il soit nécessaire de le rappeler dans le commandement, 17. — Dans un procès-verbal d'emprisonnement, il n'est pas nécessaire d'énoncer la profession des recors, 18.

Procédure, — Formule d'exploit annotée, 392.

Autorités, — Auteurs qui ont parlé des exploits, 393.

1. *Une assignation n'est pas nulle pour avoir été donnée à un délai plus long que celui que la loi détermine.*

La solution de cette question se lie à quelques observations préalables. *La première*, c'est que la loi détermine le délai de l'ajournement dans l'intérêt du défendeur; et que, par conséquent, il n'est pas permis au demandeur d'abréger ce délai. *La seconde*, c'est que l'intérêt est toujours la mesure des actions ; que si une partie est fondée à se plaindre de ce qu'on ne lui accorde pas ce que la loi elle-même lui accorde, elle n'est pas recevable à se plaindre de ce qu'on ajoute, en sa faveur, aux dispositions de la loi, ou de ce qu'on adoucit la rigueur des dispositions qui lui sont contraires; qu'ainsi, par exemple, quoique le demandeur fût autorisé à assigner le défendeur à comparaître dans un certain délai, celui-ci ne peut que trouver de l'avantage à avoir un plus long délai pour se présenter. *La troisième*, c'est qu'on ne doit jamais créer des nullités, et que dès-lors qu'aucune loi ne déclare nulles, les assignations données à un plus long délai, il n'est pas permis aux tribunaux d'ajouter au vœu du législateur, en annulant de telles assignations. Cette dernière observation est d'autant plus décisive que, dans certains cas, les exploits sont déclarés nuls, pour ne pas contenir assignation dans les délais déterminés. Le Code civil renferme une telle disposition pour la procédure relative au divorce, et le Code de procédure dispose aussi de même, relativement aux poursuites de l'ordre et de l'adjudication sur saisie immobilière. (Coff.)

Première espèce. — La régie des douanes se pourvut contre un jugement du tribunal de Rocroy, qui avait annulé un procès-verbal de saisie, attendu que l'assignation à elle faite de ce procès-verbal, au lieu d'être donnée le lendemain, suivant le vœu de l'art. 17, tit. 10, de la loi du 22 août 1791, n'avait été donnée qu'à trois jours. — La Cour de cassation adopta ses conclusions, et, le 13 prairial an 2, rendit l'arrêt suivant : « — La Cour ; vu l'art. 17 du tit. 10 de la loi du 22 août 1791 ; considérant que le délai de l'assignation est en faveur du défendeur, que le défendeur ne peut se plaindre de ce qu'on lui donne, pour préparer ses défenses, un délai plus long que celui indiqué par la loi, qu'il eût d'ailleurs pu abréger, en se présentant dans le délai de la loi. — Casse.»

DEUXIÈME ESPÈCE. — La régie des droits réunis avait appelé d'un jugement du tribunal d'Anous qui ordonnait la main-levée sans saisie ; mais son appel fut annulé par le motif que l'assignation avait été donnée à quatre jours francs et non à trois jours, suivant l'art. 32 du décret du 1er germinal an 13. Sur son pourvoi, la Cour de cassation, section criminelle, rendit l'arrêt suivant, en date du 15 décembre 1808 : — « LA COUR ; vu l'art. 32 du décret du 1er germinal an 13 ; et considérant que les délais de trois jours, et d'un jour de plus, par chaque myriamètre de distance du domicile de l'intimé, au lieu où siége la Cour d'appel de justice criminelle, n'ont été ainsi fixés par ledit art. 32, qu'en faveur du même intimé, et afin qu'il ait le temps nécessaire et convenable pour préparer ses moyens de défense; qu'il résulte de là que l'intimé serait bien fondé à se plaindre, si le délai entre l'assignation et la comparution sur l'appel, était plus court que celui fixé par ledit article ; mais qu'il n'est pas recevable à se plaindre d'un délai plus long, qu'il peut, d'ailleurs, abréger par la voie de l'anticipation sur l'appel ; que néanmoins, dans l'espèce, la Cour de justice criminelle du département des Deux-Nèthes a déclaré l'appel de la régie nul, sur le seul motif que le délai de l'assignation sur l'appel, donné par la régie à François Buklaw excédait d'un jour celui fixé par l'art. 32 du décret du 1er germinal an 13 ; qu'en cela, la Cour de justice criminelle du département des Deux-Nèthes a faussement appliqué et violé cet article ; — Casse. »

Nota. Ces décisions sont conformes à l'opinion des auteurs. Voy. MM. CARR., t. 1, p. 164, n° 322 ; PIG. COMM., t. 1, p. 202 ; MERL., *Rép.*, v° *Délai*, t. 3, p. 412, n° 7 ; F. L., t. 1, p. 146, 1re col., 3e alin., et B S. P., p. 208, note 48, n° 2. Voy. aussi J. A., v° *Appel*, n° 148, deux arrêts analogues des 8 août 1810 et 9 janvier 1811.

Quant aux citations devant le juge de paix, on peut voir MM. CARR., t. 1, p. 12, n° 17, et PIG , COMM., t. 1, p. 141.

2. *Lorsque, dans le cours d'une instance, des mineurs ont été émancipés, l'exploit en reprise d'instance et tous les actes de procédure signifiés au tuteur postérieurement à l'émancipation sont nuls.* (1)

Une instance avait été introduite en 1782 par le sieur Duchesne contre les mineurs Grimarey en la personne de leur tuteur. En 1786, les mineurs sont émancipés ; le sieur Duchesne a connaissance de ce changement d'état et cependant il reprend ses poursuites contre le tuteur, et obtient un ju-

____

(1) Voy., J. A., t. 27, p. 87, un arrêt du 5 juin 1824 et *infrà*, n° 329, l'arrêt du 25 mai 1819.

gement qui est confirmé en appel. Sur le pourvoi en cassation, arrêt de la section civile du 23 fructidor an 3, ainsi conçu : — « La Cour, attendu 1° que, suivant les principes élémentaires de l'ordre judiciaire, nul ne peut être légitimement condamné sans avoir été préalablement cité dans la forme légale ; — Attendu 2° que le titre entier des ajournemens de l'ordonnance de 1667 suppose et emporte, par l'ensemble de ses dispositions, la nécessité des citations dûment libellées, pour commencer les instances ou procès ; — Attendu 3° que tout jugement rendu contre un individu quelconque non assigné est par la même radicalement nul, parce que l'assignation est le premier acte introductif de l'instance, comme le jugement définitif en est le complément; d'où il suit que tout jugement non précédé de citation dans les formes légales doit être déclaré nul, aux termes de l'art. 8, tit. 1er de l'ordonnance : — Casse. »

3. *Un exploit non signifié à la partie, mais à la personne de son receveur ou de son agent, est nul* (1).

C'est ce qui a été décidé sur le pourvoi en cassation de la veuve Custine, le 4 thermidor an 5, par arrêt de la section civile : — « La Cour, vu l'art. 3 du tit. 2 de l'ordonnance de 1667 et l'art. 5 du tit. 1er de la loi du 26 octobre 1790, et attendu que par la cédule du 21 septembre 1793, Custine n'a pas été cité en sa personne, mais en celle d'un individu qu'on qualifiait son agent; que cette cédule n'a pas été signifiée non plus à Custine, mais seulement à ce prétendu agent; qu'il en est résulté une nullité qui vicie la nomination des arbitres, qui a été faite d'office pour Custine et conséquemment le jugement arbitral qui a été rendu par défaut contre lui le 8 nivose an 2 ; — Casse. »

4. *Les mineurs doivent être assignés au domicile de leur père décédé.*

Le sieur Lafargue voulant faire déclarer nulle une transaction consentie avec le sieur Descayras qui était décédé, assigne le mineur à Lautières où le père avait un château ; mais la succession s'était ouverte à Paris, c'était là qu'un tuteur avait été nommé au mineur; la nullité de l'assignation fut demandée. Le tribunal du Lot et Garonne ne l'ayant pas accueillie, la cour de cassation a rendu l'arrêt suivant le 16 pluviose an 7. — « La Cour, vu l'art. 3, tit 2, ordonnance de 1667, attendu qu'il résulte de différentes pièces du procès, notamment de la transaction du 27 décembre 1786 que le domicile de feu Descayras était à Paris; qu'il n'était pas contesté devant le tribunal du départem nt de Lot-et-Garonne; que la succession Descayras s'était ouverte a Paris où il avait été procédé le 19 février 1791 à la nomination d'un tuteur aux mineurs Descayras devant le juge de paix de la

---

(2) Telle est aussi l'opinion de M. Carr., t. 1, p. 186, note 1re. *in fine.*

section de la Croix-Rouge, et attendu que les mineurs suivent le domicile de leur père, d'où il suit, qu'ils n'ont pu être valablement assignés à Lautières — Casse. »

5. *Lorsqu'il s'agit, non de la régularité d'un exploit, mais de la foi que peuvent mériter les énonciations qu'il contient, s'il se trouve des différences entre l'original et la copie, les énonciations contraires se détruisent mutuellement, et si les tribunaux donnent effet à celles qui se rencontrent en l'original, il y a lieu de casser leurs jugemens (1).*

6. *Un jugement de justice de paix prononcé en l'absence du ministère public, demandeur, doit être regardé comme rendu par défaut; en conséquence, un tribunal de district, aux termes de l'art. 4, tit. 3 de la loi du 26 octobre 1790, ne pouvait en recevoir l'appel.*

C'est ce qui résulte de l'arrêt suivant de la Cour de cassation, sect. civ., rendu le 7 ventose an 7. — « La Cour; Vu les dispositions de l'article 4 du titre 3 de la loi du 26 octobre 1790, vu aussi l'article 17 de la loi du 6 fructidor an 4; — Attendu 1° que le jugement rendu le 27 thermidor an 5, par le juge de paix de la commune de Limoges, porte : Ainsi jugé et prononcé en l'absence du commissaire du directoire, près l'administration municipale de la commune de Limoges, et que bien que ce commissaire eût paru au commencement de l'audience, le même jugement annonce qu'il s'est retiré avant que l'huissier Senecque eût été entendu; et par conséquent avant la fin de l'instruction ; d'où il suit que le tribunal du département de la Haute-Vienne n'a pu, sans violer la loi, se dispenser de déclarer non-recevable l'appel de ce jugement, conformément à la demande qui lui en a été faite; — Attendu 2° que le même tribunal du département de la Haute-Vienne, pour regarder comme constant que la vente des tabacs dont il s'agissait avait été faite en l'an 5, s'est uniquement fondé sur l'énonciation insérée dans l'original d'un exploit signé par l'huissier Senecque, quoique la copie de cet exploit, signée par le même huissier, énonçât au contraire, que la vente avait été faite en l'an 4, énonciations qui, se détruisant mutuellement, ne méritaient pas plus de confiance l'une que l'autre, et que les juges du tribunal civil du département de la Haute-Vienne ont écarté d'autres preuves offertes, sous prétexte qu'on ne pouvait pas les admettre contre ce qui était énoncé dans un acte authen-

____

(1) Voy. *infrà*, n° 9, l'arrêt du 2 nivose an 9; voy. aussi Merl. Rép. v° *copie*, p. 223, n° 4.

tique, en quoi ils ont violé notamment l'art. 17 de la loi du 6 fructidor
an 4 ; — Casse. »

7. *Un exploit n'est pas nul pour le défaut de mention à
la copie de l'enregistrement.*

Ainsi jugé le 26 vendémiaire an 8, par arrêt de la cour de cassation section civile conçu en ces termes : — « LA COUR, Attendu que d'après l'art. 3
de la loi du 19 décembre 1790, il est évident que le défaut de mention
d'enregistrement sur la copie d'un exploit ne peut en opérer la nullité ; par
ces motifs donne défaut et pour le profit, — Casse, et annule, etc. »

Nota. L'exploit est il nul pour défaut d'enregistrement, sous l'empire du
code ? voy. *suprà*, pag. 10, not. 1, et notre mot *jugement,*

8. *L'assignation afin de nomination d'arbitres dans les
affaires de commerce, ne pouvait pas être donnée au
domicile élu pour l'appel* (1).

Ainsi jugé le 21 prairial an 8, par arrêt de la Cour de cassation, conçu
en ces termes : — « LA COUR; Considérant que la citation pour nommer arbitres, a été donnée au domicile de Chevalier ; que cette citation, qui avait
pour objet la formation d'un tribunal particulier, composé de deux personnes au choix des parties, était, sous ce rapport, une action principale
bien distincte de l'objet d'appel ; que rien ne justifie que les pouvoirs donnés
à Chevalier pour appeler, se soient étendus à la faculté spéciale de nommer
des arbitres, et que Dumouchet ait voulu élire domicile pour autre acte
judiciaire que l'appel qui en faisait le sujet ; qu'il y a conséquemment nullité dans les significations de la cédule, comme n'étant donnée ni à la personne de Dumouchet, ni à son domicile, ce qui est une contravention à
l'art. 5, de la loi du 14 octobre 1790, et a entraîné la nullité de ce qui a
suivi ; — Considérant d'un autre côté que la signification n'a été donnée et
signifiée que le 17 brumaire, pour comparaître au 19, ce qui ne fait que
deux jours de délai, à partir de la signification, lorsqu'il en aurait fallu
sept dans l'espèce, puisque la loi accorde un jour par dix lieues, pour les domiciliés hors la distance de quatre, et que ledit Dumouchet, demeurant à Paris, était distant de plus de cinquante lieues des juges de la
situation de l'objet litigieux, ce qui opère une double contravention, 1° à
la loi du 10 juin 1793, 2° à l'art. 7 de la loi du 14 octobre 1790. — Casse. »

9. *Les imperfections de la copie de l'exploit entraînent-
elles nullité ?*

La solution de cette question dépend de la nature des imperfections que présente la copie ; les exemples qui se trou-

---

(1) Voyez *suprà*, n° 47, l'arrêt du 13 germinal an 12.

vent dans les espèces que nous allons rapporter indiqueront les distinctions qu'il faut faire à cet égard. Voy. aussi sur cette question, *infrà*, n°s 33, 167, 230, 235, 241, 290 et 348, les arrêts des 8 nivose an 11, 27 février 1811, 8 avril et 21 mai 1813, 29 janvier 1817 et 14 mars 1820. Voy. aussi J. A., t. 28, p. 187, un arrêt du 13 janvier 1825; t. 28, p. 26, un autre de la même date; t. 31, p. 100, un autre du 9 novembre 1826, et t. 34, p. 197, un dernier du 20 février 1828.

§ 1. *L'exploit n'est pas nul lorsque la copie au lieu de ces mots :* ayant patente *de l'original, contient seulement le mot* ayant (1).

Un exploit signifié à la requête de la dame Corbin, portait pour toute énonciation de l'immatricule de l'huissier, ces mots : *ayant patente*, et la copie ne contenait même que le mot *ayant*. — Néanmoins, l'exploit fut déclaré régulier en première instance et en appel; sur le pourvoi en cassation, arrêt de la section des requêtes du 2 nivose an 9, ainsi conçu : — « Considérant que la mention de la patente de l'huissier instrumentaire se trouvant dans l'original de l'exploit du 22 nivose an 6, le défaut de cette énonciation dans la copie de la signification, n'est évidemment qu'une erreur de copiste qui ne peut vicier l'acte en lui-même. — Rejette. »

§ 2. *Un exploit de signification est-il nul par cela seul que l'huissier a commis sur la copie une erreur sur la date à laquelle l'exploit a été signifié ?*

PREMIÈRE ESPÈCE. — Gabriel Fredfond fit signifier à Joseph Billaud un arrêt d'admission, rendu en thermidor an 8. L'original de la signification était daté du 3 brumaire an 9; mais dans la copie, on lisait ces mots : *l'an neuf et le 3....*; le mot *brumaire* ni le nom d'aucun mois n'y était exprimé. — Le défendeur avait reçu *lui-même* la copie de cette signification, aucun inconvénient n'était résulté de cette signification. Cependant il demande la nullité de la signification, et le 4 brumaire an 10, ses conclusions furent accueillies par la section civile, en ces termes : — « Le tribunal.... Attendu que la copie de l'acte de signification du jugement d'admission n'indique pas le mois de sa date; — Attendu que, d'après cette omission, il

______

(1) Voy. M. CARR. t. 1, p. 166, qui pense, d'après cet arrêt, que, lorsque l'imperfection d'un acte dérive d'une simple erreur de copiste, cette imperfection n'opère pas nullité de cet acte, encore bien qu'elle présente l'inobservation d'une formalité prescrite sous cette peine.

ne peut être suffisamment constaté que la signification du jugement d'admission ait été faite dans les délais du réglement ; — Déclare l'exploit et le demandeur déchus. »

DEUXIÈME ESPÈCE. — Un pourvoi avait été admis en faveur des héritiers Luciot, contre un arrêt de la Cour d'appel de Paris, rendu en faveur de la dame Mérenger. — L'original de l'exploit de signification de cet arrêt portait la date du 21 floréal an 9 ; mais le mot *floréal* avait été omis dans la copie. — La dame Mérenger demanda la nullité de cet exploit, et la déchéance du pourvoi ; et ses conclusions furent admises par la Cour de cassation, par arrêt du 21 floréal an 10, ainsi motivé : — « LA COUR ; Vu l'art. 30 du tit. 4, du réglement de 1758, qui ordonne de signifier le jugement d'admission, dans les trois mois, à peine de déchéance ; — Et, considérant que, dans l'espèce, la copie de la signification faite à la défenderesse, du jugement d'admission, ne prouve point qu'elle lui eut été faite dans les trois mois de sa date, puisqu'il n'y est pas fait mention du mois, mais seulement du jour et de l'année ; et que la copie d'un exploit tient lieu d'original à celui contre lequel on veut en faire usage : d'où il suit, qu'il y a lieu de prononcer la déchéance, aux termes de l'art. 30 précité ; — Déclare les demandeurs déchus de leur pourvoi. »

TROISIÈME ESPÈCE. — La Cour de Bourges a décidé la négative le 16 messidor an 13, en ces termes : — « LA COUR ; Considérant que les nullités n'ont pas été établies pour devenir dans la main des parties un moyen de vexation, mais pour assurer de plus en plus l'exécution des règles, et prévenir l'abus qu'on pourrait en faire ; qu'à la vérité, l'huissier a oublié d'écrire sur la copie le nom du mois ; mais que la date des actes n'a d'autre objet que d'assurer le moment où ils ont été faits, et que toutes les circonstances de la cause se réunissent pour l'établir ; qu'en effet, cette saisie a eu lieu en parlant à la femme Bureau, que le gardien a été fourni par elle, la copie de l'acte remise à elle-même ; que l'original est bien en règle ; que, dans les actes postérieurs, la date des jours, mois et an de l'exploit de saisie, a été notifiée à ladite femme Bureau ; que toutes ces circonstances attestent bien hautement la date de l'exploit, et suppléent le léger oubli qui se trouve sur la copie, et qu'on ne peut voir dans la conduite des appelans qu'un moyen imaginé pour tourmenter leur créancier et tâcher d'échapper à des poursuites légitimes ; — Déboute les appelans de leur opposition à l'arrêt par défaut du 1er pluviose dernier ; ordonne que ledit arrêt sera exécuté selon sa forme et teneur. »

QUATRIÈME ESPÈCE. — Un arrêt de la Cour de Bruxelles du 30 avril 1807 est ainsi conçu : — « LA COUR ; Attendu que l'art. 157 du Code de procédure civile déclare que l'opposition ne sera recevable que pendant la huitaine, à partir de la signification du jugement, qu'il est donc de l'essence de l'exploit d'opposition, qu'il y soit fait mention du jour où il a été signifié ; — Attendu que l'exploit d'opposition remis à l'intimé, et qui doit être considéré à son égard comme original, ne parle point de date ; — Déclare nul l'exploit d'opposition dont s'agit, et condamne l'appelant aux dépens. »

Cinquième espèce. — Par exploit du 29 thermidor an 13, les héritiers du sieur Haudoire d'Hégreville ont fait signifier à la demoiselle Manchouart un arrêt du 24 thermidor précédent ; mais au lieu de la date du 29 thermidor, la copie de l'exploit portait celle du 29 messidor. — La demoiselle Manchouart n'a formé son pourvoi en cassation que le 25 frimaire an 14, prétendant qu'il n'avait pu courir aucun délai à son préjudice, puisque la copie qu'elle avait entre les mains énonçait une date qui ne pouvait être celle de la signification. — Les héritiers d'Hégreville ont soutenu, au contraire, que le pourvoi était non-recevable, comme ayant été formé tardivement. — Le 5 août 1807, arrêt de la section civile, au rapport de M. *Schwendt*, par lequel, — « La Cour ; Considérant que les copies de l'exploit, laissées aux parties assignées, sont leurs titres, et qu'aucun délai fatal ne peut courir contre une partie qui reçoit la copie d'un exploit de signification d'un jugement, qui porte une date antérieure à ce même jugement ; — Rejette la fin de non-recevoir. »

Sixième espèce. — Un arrêt de la cour de cassation, du 5 juillet 1808, avait admis le pourvoi formé par la régie de l'enregistrement, contre un jugement du tribunal civil d'Alençon, rendu au profit du sieur Guerin de Beaupré.

Cet arrêt fut signifié au sieur Guerin de Beaupré ; mais quoique l'original de l'exploit de signification fût daté du 8 août, la copie portait une date antérieure à l'expédition de l'arrêt d'admission, celle du 8 juillet, de sorte que le sieur Guerin de Beaupré demanda que la régie fût déclarée déchue de son pourvoi, par le motif que l'arrêt d'admission ne lui avait pas été valablement signifié, dans les trois mois, ne pouvant penser que la signification du 8 juillet fût celle de cet arrêt.

Arrêt de la section civile, du 8 février 1809, au rapport de M. *Genevois*, qui prononce, en ces termes, la déchéance demandée : — « La Cour ; Attendu que les copies d'exploit laissées aux parties, sont leur titre et leur tiennent lieu d'original, et que les mêmes vices de forme, qui auraient pu annuler l'exploit, s'ils avaient été dans l'original, l'annulent incontestablement, quoiqu'ils ne se trouvent que dans la copie ; — Attendu que la signification faite à François Guerin porte la date du 8 juillet 1808, sur la copie d'exploit, qui lui a été signifiée, et qu'une telle signification ne peut s'appliquer à l'arrêt d'admission obtenu par la régie, lequel n'a été expédié que le 14 du même mois de juillet ; que, par conséquent, il n'y a eu aucune signification de cet arrêt, dans les délais fixés par le réglement déclare la régie déchue de son pourvoi.»

SIXIÈME ESPÈCE *bis*. — Il s'agissait d'une signification d'arrêt d'admission dont la copie portait *l'an mil cent neuf* au lieu de *l'an mil huit cent neuf,* le 15 janvier 1810, arrêt de la Cour de cassation, section civile, contre Brouvet et Deschuytarer ainsi conçu : — «LA COUR ; attendu qu'il résulte suffisamment des énonciations consignées dans l'exploit de signification de l'arrêt d'admission et des pièces qui l'ont accompagnée, que ladite signification a été faite dans le délai de la loi.—Rejette le moyen de nullité. (1)»

SEPTIÈME ESPÈCE. — Le 29 mars 1806, Thévenin de Taulay fit assigner les sieur et dame Hugot devant le tribunal de Tonnerre, pour y faire ordonner le bornage de leurs propriétés contiguës. L'original de l'exploit, enregistré le 30 mars 1806, était daté du 29 ; mais la copie qui contenait en même temps celle du procès verbal de non conciliation, fut datée du 19 de mars au lieu du 29. — Les sieur et dame Hugot demandèrent la nullité de l'exploit, sous prétexte que la copie signifiée étant datée du 19, l'enregistrement qui était du 30 n'avait pas eu lieu dans les quatre jours fixés par la loi. —Mais le 6 avril 1809, un jugement de 1ʳᵉ instance rejeta la nullité proposée, et ce jugement fut confirmé purement et simplement par arrêt de la Cour d'appel de Paris du 24 août 1810. Voici les motifs du jugement: «— Attendu que pour juger de la régularité d'un exploit d'ajournement on ne doit pas s'attacher aux formes extérieures de l'acte, mais aux élémens qui le composent et aux circonstances qui l'ont accompagné ;— Et attendu dans l'espèce que l'huissier instrumentaire, en laissant copie aux sieur et dame Hugot de l'exploit d'ajournement dont il s'agit daté dans la copie du 19 mars 1806, et dans l'original du 29 mars même année, leur a, dans le même cahier, donné copie du procès-verbal du bureau de paix du 24 mars de ladite année 1806; d'où il suit que, quoique la copie dudit exploit d'ajournement contînt la date du 19 mars, les parties de Mᵉ *Grisard Dubreuil* (Louis Hugot et veuve Hugot) n'ont pu méconnaître qu'il y avait erreur dans la date de cette copie, laquelle date devant être postérieure à la comparution des parties au bureau de paix, ne pouvait être que celle du 29 mars au lieu du 19;— Attendu enfin que l'original d'exploit d'ajournement dont il s'agit est à la date du 29 mars 1806, et a été enregistré le 30 du même mois, par conséquent dans un délai utile. »

HUITIÈME ESP.CE. — La dame Tauriac, créancière du sieur Gourgas, lui adressa un commandement tendant à saisie-immobilière. L'original de cet acte portait la date du 15 mars 1810; mais dans la copie la date de l'année

---

(1) Le 8 novembre 1820, la Cour de cassation a rendu un arrêt semblable qui sera rapporté, vᵒ *Huissier.*

fut ainsi énoncée : *L'an dix-huit dix* : Gourgas en demanda la nullité. On lui opposa que copie d'un acte du 19 février 1810, se trouvant en tête de la copie du commandement qui lui avait été donné, il ne pouvait réclamer contre l'inexactitude de la date de l'exploit. Ce moyen prévalut, en effet, devant la Cour de Nismes, qui, le 29 décembre 1810, rendit l'arrêt suivant : — « La Cour ; Considérant que lorsque, dans un exploit, il est intervenu non une omission de la date des jour, mois et an, prescrite par l'art. 61 du Code judiciaire, mais une simple erreur qui l'a laissée imparfaite , on distingue si cette imperfection a rendu incertaine l'époque véritable à laquelle l'exploit a été signifié, ou si, au contraire, celui qui en a reçu la copie y en a trouvé la preuve indubitable ; qu'au premier cas , il a été jugé que le vœu de la loi n'était point rempli, et par suite, la nullité prononcée ; qu'au second , l'exploit a été déclaré valable ; que c'est sur cette distinction qu'a été fondée la jurisprudence de la cour suprême, attestée par les arrêts des 4 brumaire an 10, 9 novembre 1808 et 8 février 1809 ; — Considérant, en fait , que l'original du commandement attaqué énonce en toutes lettres la date du *quinze mars dix-huit cent dix*, et que, si sa copie présente dans celle de l'année l'omission du mot *cent*, ce mot s'y trouve suffisamment suppléé par l'énonciation d'un acte du 19 *février dernier*, transcrit tout au long en tête de la même copie, et portant la date de *dix-neuf février dix-huit cent dix*, parce que le mois de mars , auquel était donné pour antécédent celui de *février dix-huit cent dix*, était nécessairement et ne pouvait être autre que le mois de mars *dix-huit cent dix*.... Dit mal jugé, etc. »

Nota. La distinction établie par cet arrêt paraît très sage ; mais, il faut en convenir, elle n'est basée ni sur la lettre de la loi, ni sur la jurisprudence de la cour régulatrice.

L'article 61 veut, à *peine de nullité*, qu'un exploit contienne la date des *jour, mois* et *an ;* c'est donc encourir la peine qu'il prononce, que d'*omettre,* ou d'*énoncer, d'une manière erronée* dans un exploit, soit le jour, soit le mois, soit l'année de la signification.

Parmi les trois arrêts que cite la Cour d'appel de Nismes, il en est deux qui ont prononcé la nullité de l'exploit : l'autre, celui du 9 novembre 1808 , a déclaré la date suffisante ; mais voici dans quelle circonstance. L'exploit avait été fait en 1808, la copie portait distinctement ces mots, *l'an dix-huit cent* et une tache d'encre ou rature se trouvait sur le mot *huit.* La Cour devait supposer que cette altération , peut-être involontaire, était postérieure à la remise de la copie ; dans le doute, la présomption était en faveur de la régularité de l'acte. — Ainsi la jurisprudence de la Cour suprême a toujours été très rigoureuse sur ce point ; et on ne saurait trop engager les avoués et les huissiers à se conformer scrupuleusement à l'art. 61 du Code dans la rédaction des exploits. (Coff.)

NEUVIÈME ESPÈCE. — Quoique la copie d'un exploit soit le seul régulateur de celui qui est assigné, si elle contient une erreur de date dans le jour du mois (le 20 août, par exemple, lorsqu'il y a le 21 août sur l'original), ce n'est point pour cela une cause de nullité, lorsque le jour de la semaine se trouve annexé à la date erronée, et que le jour correspond à sa véritable date énoncée sur l'original. Il n'est pas permis de supposer que l'huissier ait commis une erreur dans l'intention de porter préjudice à la partie pour laquelle il instrumente; et il est évident que le jour de la semaine, réguliè-rement énoncé, empêche qu'on ne puisse se méprendre sur la véritable date de l'assignation. Ainsi jugé par la Cour d'Orléans le 8 juillet 1812. (Col. Delan.)

DIXIÈME ESPÈCE. — Le sieur Maux, porteur d'une lettre de change tirée sur le sieur Avignon Pigné, la fit protester faute de paiement, le 1er janvier 1815. — Le 13 janvier suivant, ce protêt fut signifié au tireur, avec assignation devant le tribunal de commerce de Carcassonne. Pareille signification fut faite au sieur Avignon Pigné, mais la copie qui lui fut remise portait la date du 13 janvier 1814 au lieu du 13 janvier 1815 : cependant on trouvait dans l'exploit l'énonciation du protêt, dont la copie était signifiée et qui portait la date du 1er janvier 1815. Le sieur Avignon Pigné, après s'être laissé condamner par défaut avec les tireurs, forma opposition au jugement en se fondant sur la nullité de l'assignation qui lui avait été don-née. Un jugement contradictoire du 20 février 1816 déboute le sieur Avignon Pigné de son opposition. Il appelle de ce jugement, et persiste à soutenir devant la Cour de Montpellier la nullité de l'assignation qui lui avait été donnée en première instance.— Le 24 juillet 1816, arrêt par lequel : — « La Cour...; Attendu que l'exploit d'ajournement dont il s'agit, quoique daté sur la copie du 13 janvier 1814, a néanmoins été signifié le 13 janvier 1815, date de l'original ; que ce qui prouve que la date de la copie est er-ronée, c'est qu'il a été en même temps baillé copie du protêt de la lettre de change en question, daté du 2 janvier 1815, d'où il faut conclure qu'il y a erreur sur la date de l'année, et qu'au lieu d'avoir été signifié le 13 janvier 1814, l'exploit dont il est ici question l'a été le 13 janvier 1815 ; — Attendu en droit, qu'une erreur de date intervenue sur la copie d'un exploit lorsqu'elle n'est point préjudiciable et qu'elle peut être facilement reconnue par les énonciations contenues dans l'exploit, ne saurait le vicier et en entraîner la nullité; sans avoir égard à l'opposition formée par le sieur Avignon Pigné envers l'arrêt du 14 mai 1816, et déboutant, ordonne que ledit arrêt sortira son plein et entier effet. »

ONZIÈME ESPÈCE. — Arrêt de la Cour de Besançon du 12 août 1816 qui décide que d'après l'art. 61, C. P. C., la copie d'un acte d'appel donnée à l'intimé, qui ne fait pas mention du mois où elle a été rédigée, est nulle. (Besanç.)

Nota. Il faut consulter J. A., t. 3, p. 295, v° *Appel*, n° 156. — Tous les auteurs reconnaissent ce principe établi par la plupart des arrêts qui précèdent, que la copie tient lieu de l'original à la partie assignée. Cependant on peut aussi dire avec les arrêts des 6 messidor an 13, 24 août et 29 décembre 1810, 8 juillet 1812, et 24 juillet 1816, que lorsque la partie a pu savoir quelle était la date de l'exploit, elle ne serait pas admise à en demander la nullité. C'est ce qu'enseignent M. F. L., v° *Ajournement*, § 2; et M. Carr., t. 1, p. 147, note 1, qui, en citant l'arrêt de Lyon du 28 décembre 1810, dit que l'on ne doit pas tenir à sa décision, et que « décider « en thèse générale, comme cet arrêt paraît le faire, que la date d'un exploit doit être tellement claire et précise, qu'on n'ait pas besoin, pour « la connaître, de recourir à des conjectures; c'est trop accorder à la ri- « gueur des formes, et c'est s'exposer à favoriser la chicane. Le défendeur, « dans l'espèce, ne pouvait, avec bonne foi, douter que l'exploit lui avait « été notifié en *mil huit cent huit.* »

Voy. sur les erreurs de la copie, MM. Carr., t. 1, p. 146; Pr. Fr., t. 1, p. 294, 2° alin.; Pig. Comm., t. 1, p. 178, 6° alin.; D. C., p. 63, dern. alin.; Delap., t. 1, p. 69, 2° alin., Merl., *Rép.*, v° *Copie*, § 2, n° 2, p. 222; et F. L., *Loc. cit.*

§ **3.** *Le défaut de désignation dans la copie du tribunal dans le ressort duquel l'huissier a le droit d'exercer ses fonctions, suffit pour annuler l'exploit, quoique cette énonciation se trouve dans l'original.*

Un arrêt de cassation du 1 brumaire an 13 décide cette question en ces termes : — « La Cour; Attendu que dans la copie fournie au défendeur à la cassation, le 26 floréal an 8, de l'exploit de signification de l'arrêt de la section des requêtes du 3 germinal précédent, portant admission du pourvoi formé par les demandeurs en cassation, l'huissier exploitant n'a pas énoncé le tribunal dans le ressort duquel il avait le droit d'exercer ses fonctions; Attendu que l'observation de cette formalité dans l'original du même exploit, ne peut couvrir le vice résultant de son inobservation dans la copie, laquelle tient lieu d'original dans l'intérêt du défendeur à la cassation, et qu'ainsi, la signification dont il s'agit, doit être réputée nulle, à l'égard de ce dernier; — Déclare nulle la signification, etc. »

Nota. La solution de la question serait aujourd'hui motivée sur la disposition de l'art. 61, n° 2, C. P. C., qui veut, à peine de nullité, que l'exploit contienne les noms, demeure et immatricule de l'huissier. — Voy. J. A., t. 12, p. 466, v° *Exception*, n° 45, un arrêt du 29 avril 1809.

10. *Sous l'empire de l'ordonnance de 1667, on devait, dans les assignations données à des étrangers au domicile du ministère public, augmenter le délai en raison de la distance du domicile réel au lieu où siégeait le tribunal* (1).

Renson, domicilié à Anvers, avait fait une saisie-arrêt entre les mains de Vanderkun, demeurant à Rotterdam, sur quelques effets appartenant à la veuve Devinter. Celle-ci fit assigner, en main-levée, devant le tribunal des Deux-Nèthes, Renson et Vanderkun. Vanderkun, en sa qualité d'étranger, fut assigné au domicile du commissaire du gouvernement, et l'assignation fut seulement donnée à huitaine, malgré l'augmentation de délai que nécessitait la distance de Rotterdam à Anvers ; il en demanda la nullité, mais un jugement déclaré *rendu en dernier ressort*, rejeta les conclusions. — Sur son pourvoi, la Cour de cassation, section civile, rendit, le 22 prairial an 9, l'arrêt suivant : — « La Cour ; Vu l'article 3 du titre 3 de l'ordonn. de 1667, et l'art. 5 du titre 4 de la loi du 24 août 1790, et considérant qu'il résulte du procès-verbal du jugement attaqué, que les demandeurs ont été assignés par exploit du 13 frimaire an 8, à comparoir le 22 du même mois à l'audience du tribunal civil des Deux-Nèthes, tandis que l'article ci-dessus, transcrit de l'ordonnance de 1667, voulait que le délai fût au moins de quinzaine, à l'égard d'Antoine-Pierre Vanderkun, domicilié en la commune de Rotterdam, distante de plus de quinze lieues de celle d'Anvers où le tribunal des Deux-Nèthes était établi ; — Casse et annule. »

11. *De ce qu'un exploit contenant opposition est nul comme assignation, il ne s'ensuit pas qu'il soit également nul comme opposition.*

Debarges avait, par le même acte, formé opposition à un jugement rendu par défaut contre lui et donné assignation à Duval, son adversaire. Aucune des parties ne s'étant présentée sur cette assignation, elle fut déclarée non avenue. Duval, regardant Debarges comme débouté de son opposition, continua ses poursuites et fit saisir les meubles de Debarges. Celui-ci fit de nouveau citer Duval et demanda des dommages-intérêts pour les exécutions faites au préjudice de son opposition. — Un jugement du tribunal du département de Jemmapes, et, sur l'appel, un jugement du tribunal civil du département du Nord, déclarèrent Debarges non-recevable, se fondant sur l'art. 13 de l'arrêté des représentans du peuple, commissaires du gouvernement dans les départemens réunis, du 24 frimaire an 4. — Pourvoi en cassation pour fausse application de cet arrêté, et, le 12 messidor an 9, arrêt de cassation, section civile, qui l'accueille en ces termes : — « La Cour ; Vu...

---

(1) Voy. *infra*, nos 215 et 221 ; les arrêts des 1 août et 22 octobre 1812.

Considérant qu'en déclarant une assignation non avenue et en biffant le nom des parties du rôle de l'audience, en exécution de l'article 13, on ne juge rien sur le fond de la contestation qui y était pendante, et qu'une pareille décision peut d'autant moins avoir l'effet d'un jugement rendu sur le litige, qu'elle n'est pas rédigée dans la forme des jugemens, et signée par le président, mais seulement constatée par une note mise par le greffier en marge du rôle d'audience; — Considérant que Debarges avait, par son exploit du 7 fructidor an 6, notifié son opposition au jugement rendu contre lui le 6 prairial an 6, et de suite donné assignation à Duval pour faire statuer sur cette opposition; que ce sont là deux actes différens, quoique contenus dans un seul exploit, et qu'après que son assignation a été déclarée non avenue par le défaut de comparution des deux parties, il est demeuré en l'état de son opposition, du bénéfice de laquelle il ne pouvait être dépouillé que par un jugement contradictoire ou par défaut qui l'en aurait débouté; — Considérant que le tribunal civil du département du Nord en déclarant, par son jugement du 14 messidor an 7, que l'opposition formée par De-barges avait été anéantie le 2 vendémiaire an 7, lorsque l'assignation a été déclarée non avenue, a fait produire à cette décision l'effet d'un jugement de débouté d'opposition, ce qui est contraire à la disposition de l'arrêté ci-dessus rapporté; — Casse et annule le jugement rendu par le tribunal civil du département du Nord, le 14 messidor an 7, pour fausse application de l'art. 13 de l'arrêté des représentans du peuple. »

12. *L'exploit doit-il, à peine de nullité, indiquer les rapports qui existent entre la personne assignée et celle à qui la copie est remise ?*

13. *La nullité d'un exploit n'est pas couverte par une constitution pure et simple d'avoué, mais elle l'est après une discussion au fond.*

14. *Il faut une signification par copie séparée à la femme non commune* (1).

15. *L'opposant à un jugement par défaut est recevable à proposer à l'audience de nouveaux moyens quand il a inséré dans sa requête des réserves générales.*

16. *La signification du jugement qui a prononcé la con-*

----

(1) Cette question n'a été décidée que par l'arrêt du 13 juin 1807, p. 43, la suivante, par l'arrêt du 25 mai 1816, et les n°s 16, 17 et 18, par l'arrêt du 18 août 1810, p. 49.

*trainte par corps ne doit pas nécessairement avoir lieu
en même temps que le commandement de payer fait au
débiteur.*

17. *Il suffit que l'élection de domicile ait été faite lors de
la signification du jugement, sans qu'il soit nécessaire
de le rappeler dans le commandement.*

18 et 19. *Il n'est pas nécessaire d'énoncer la profession
des recors.*

C'est un principe bien constant qu'il faut que l'exploit indique les rapports qui existent entre l'assigné et celui qui reçoit la copie; l'art. 61, C. P. C , en disant de mentionner la
personne à laquelle copie est laissée, et l'art. 68, même Code,
en voulant que la copie soit remise à un voisin, si l'huissier
ne trouve au domicile ni la personne de l'assigné, ni aucun
de ses parens ou serviteurs, ne laissent aucun doute sur la
nécessité de faire mention de la qualité de la personne qui se
charge de la copie, et cette qualité doit être celle indiquée
par l'art. 68; le législateur a trouvé en elle la garantie que la
copie serait fidèlement donnée à l'assigné. Mais des difficultés se sont élevées sur les diverses désignations qui peuvent
indiquer les rapports avec l'assigné; de là les nombreux arrêts que nous allons rapporter sur cette question, et qui présenteront à nos lecteurs les exemples qui doivent être suivis
et ceux qui doivent être soigneusement évités.

§ 1. *Un exploit est nul lorsqu'il y est dit* en parlant à un
citoyen qui s'est chargé de faire parvenir et qui n'a dit
son nom, de ce interpellé.

PREMIERE ESPÈCE. — Arrêt de la Cour de cassation, section civile, en date
du 25 brumaire an 10.

DEUXIÈME ESPÈCE. — Le sieur Pluvinet fit signifier un jugement par défaut
au sieur Prunet défaillant. Dans l'exploit, en date du 9 nivose an 5, l'huissier déclara avoir laissé la copie *à une citoyenne*, en son domicile. Ce ne fut
qu'en 1812, que Pluvinet reprit ses poursuites, par une assignation à Prunet, afin de voir nommer un nouvel arbitre, pour procéder au compte que

le jugement de l'an 5 avait ordonné. — Prunet s'y oppose, attendu qu'il ne devait rien au demandeur, lui ayant, de son consentement, remis les objets par lui réclamés. Cependant un jugement du 29 avril 1812 accueillit la demande de Pluvinet. — Son adversaire crut devoir prendre alors la voie de l'opposition contre le jugement de l'an 5 ; mais il en fut débouté par jugement du 3 juin 1812, qui déclara la signification de l'an 5 bonne et valable ; — « Attendu que le *parlant à* de cette signification, se trouvait conforme « au style alors usité pour désigner les personnes attachées au service. » — Sur l'appel de Prunet contre ces deux jugemens, intervint l'arrêt suivant de la Cour de Paris, en date du 25 novembre 1812. — «La Cour; faisant droit sur l'appel interjeté par Prunet, des jugemens rendus au tribunal de commerce de Paris, les 28 frimaire an 5, 29 avril 1812 et 3 juin 1812; en ce qui touche le jugement contradictoire du 3 juin 1812; attendu que la signification faite à Prunet, le 9 nivose an 5, du jugement par défaut du 28 frimaire précédent, est nulle, comme n'énonçant pas la qualité de la personne à laquelle la copie avait été laissée, ou sa relation avec Prunet, à qui ladite copie devait être transmise; que dès-lors la signification n'a pas pu produire d'effet, ni faire courir le délai de l'opposition, non plus que de l'appel; — En ce qui touche le jugement du 29 avril 1812, attendu qu'il se borne à nommer un arbitre pour faire le compte ordonné par le jugement du 28 frimaire an 5 ; et que son sort est subordonné à celui de ce jugement.... Sans s'arrêter à la fin de non-recevoir proposée par Pluvinet, met l'appellation et les jugemens dont est appel au néant. »

§ 2. *Il y a nullité dans le* parlant à une femme, aux injonctions de droit.

Par exploit du 2 prairial an 10, le sieur Froin a signifié aux sieurs Binaud, père et fils, l'arrêt d'admission d'un pourvoi qu'il avait formé contre un arrêt de la Cour d'appel de Bordeaux.

Cet exploit contenait, en outre, assignation dans les délais du réglement, devant la section civile de la Cour, et avait été signifié au domicile des sieurs Binaud, *en parlant à une femme, aux injonctions de droit.*

Devant la Cour de cassation, les défendeurs ont demandé la nullité de cet exploit, comme fait en contravention aux dispositions de l'article 3 du titre 2 de l'ordonnance de 1667.

Le 24 ventose an 11, arrêt de la section civile, au rapport de M. Audier-Massillon, par lequel, — « La Cour; vu l'art. 3, tit. 2 de l'ordonnance de 1667 ; — Et attendu que dans l'exploit de signification d'admission, en date du 2 prairial an 10, il n'est pas fait mention de la personne à qui l'exploit a été remis ; que ces mots, *parlant à une femme, aux injonctions de droit*, qui se trouvent dans l'exploit, ne contiennent pas une désignation suffisante, et ne peuvent pas remplir le but ou l'objet de la loi; qu'il faut que la personne à qui l'exploit a été remis, soit indiquée, ou par son nom, ou par sa qualité, ou par ses rapports avec la partie assignée; ou du moins, qu'il y soit fait mention de l'interpellation qui lui a été faite, ainsi que de sa réponse et de ses refus; que l'énonciation vague et générale, *parlant à une femme*, ne donne aucune désignation, et que ces mots insignifians *aux injonctions de droit*, ne peuvent pas suppléer aux interpellations nécessaires, pour faire connaître que l'huissier a cherché à remplir ce qui est prescrit par la loi; — Déclare nul l'exploit de signification du jugement d'admission. »

§ 3. *Il en est de même du* parlant à une femme qui n'a voulu dire son nom, de ce enquise.

Premiere espèce. — C'est ce qu'a décidé la Cour de Grenoble, par arrêt du 29 frimaire an 12.

Deuxieme espèce. — Les époux Floirat avaient été condamnés au paiement de plusieurs billets à ordre, par sentence du 12 septembre 1783. Le 20 mars 1786, séparation de corps est prononcée entre eux, et exécutée par une vente publique de meubles. — Le 15 novembre 1788, Huart le Testre, leur créancier, fait signifier aux deux époux, à leur domicile, par un seul et même exploit, la sentence de 1783, *en parlant à une fille ou femme qui n'a dit son nom, de ce sommée.* En 1806, appel de cette sentence par la dame Floirat; et sur ce qu'on la repoussait par une fin de non-recevoir, résultant du long délai qui s'était écoulé depuis la signification; elle la soutient nulle, comme ne lui ayant pas été faite par copie séparée, et comme ne faisant pas mention de la personne qui avait reçu la copie. Ses prétentions sont en effet accueillies, en ces termes, par la Cour de Paris, le 15 juin 1807. — « La Cour, en ce qui touche la fin de non-recevoir proposée contre l'appel; — Attendu que la femme Floirat étant séparée de biens d'avec son mari, dès 1786, par sentence dûment insinuée, lue et publiée à l'audience, et exécutée par procès-verbal de vente, la sentence de 1783 devait lui être signifiée à elle particulièrement, par exploit séparé; — Attendu que l'exploit que l'on rapporte ne fait pas mention, ainsi que l'exigeait l'ordonnance de 1667, de la personne à qui la copie a été laissée, mais dit seulement, d'une manière vague, qu'elle a été laissée à une femme ou fille; d'où il résulte que la signification de la sentence de 1783 est nulle, et n'a pu faire courir le délai pour appeler : — sans s'arrêter à la fin de non-recevoir, faisant droit sur l'appel, etc. »

Troisieme espèce. — Un jugement du tribunal de Pont-Audemer, et un arrêt confirmatif de la Cour d'appel de Rouen avaient déclaré valable un exploit de notification de surenchère, ainsi conçu. « Avons signifié et déclaré au sieur Louis Delamarre...., *en parlant à une femme, qui n'a dit son nom, de se sommée...,* et lui ai, en son domicile, *parlant comme dessus,* laissé copie, etc. »

Le sieur Delamarre, acquéreur du bien surenchéri, se pourvoit en cassation, pour fausse application des articles 22 de l'ordonnance de 1539, et 3 du titre 2 de l'ordonnance de 1667. Et le 20 juin 1808, un arrêt de la section civile prononce en ces termes la cassation demandée : « — La Cour; Vu l'article 22 de l'ordonnance de 1539, qui enjoint expressément aux huissiers de laisser la copie de leurs exploits aux ajournés, ou à leurs gens et serviteurs, et l'article 3 du titre 2 de l'ordonnance de 1667, qui porte : « Tous exploits d'ajournement seront faits à personne ou domicile, et sera fait mention en l'original et en la copie des personnes auxquelles ils auront été laissés; » — Attendu que cette disposition, loin d'avoir aboli celle de l'art. 22 de l'ordonnance de 1539, a été rédigée dans le même esprit; que c'est ainsi qu'elle a été entendue par les jurisconsultes les plus estimés, qui tous ont pensé que les copies des exploits doivent être laissées, soit à la personne elle-même si elle est présente, soit, en son absence, à quelqu'un de sa famille, serviteurs ou domestiques, *alicui ex familiâ;* que les termes des deux ordonnances précitées sont encore rappelés par les articles 61 et 68 du nouveau C. P. C., dont le dernier prescrit, que si l'huissier ne trouve ni la partie ni aucun de ses parens ou serviteurs, il remettra, etc. ; — Attendu que dans l'espèce l'huissier qui a signifié la surenchère dont il s'agit, s'étant borné à faire mention qu'il a laissé la copie de ses exploits à une femme qui n'a dit son nom de ce sommée, sans l'interpeller, ni sur sa qualité, ni sur ses rapports avec les personnes auxquelles les significations étaient faites, n'a point rempli le vœu de l'ordonnance, et qu'en validant ces exploits, la Cour d'appel de Rouen est contrevenue à cette loi ; — Casse. »

Quatrième espèce. — Arrêt de la Cour d'appel de Paris du 24 juillet 1812 ainsi conçu : — « La Cour; Considérant qu'au termes de l'art. 3, du titre 2, de l'ordonnance de 1667, et du paragraphe 2, de l'article 61 C. P. C., l'huissier instrumentant est tenu, à peine de nullité, de signaler la personne à laquelle il en laisse la copie; et que les significations dont il s'agit, portent que les copies ont été laissées à une femme qui n'a dit son nom, sans expression des qualités de cette femme, et de ses rapports avec les personnes à qui elle devait remettre les copies; — Déclare ces significations nulles, etc. »

Nota. M. F. L. t. 1, p. 138, s'élève contre l'usage qu'adoptent quelques huissiers d'exprimer qu'ils ont remis la copie à une personne trouvée au domicile de l'assigné, laquelle n'a voulu dire son nom de ce enquise; il soutient que cet acte est nul d'après l'art. 63 C. P. C ; et il pense que l'huissier doit dans ce cas s'adresser au voisin ou à son défaut au maire. M. Carr.,

t. 1 , p. 158, après avoir rapporté l'opinion de M. Lep., *questions*, p. 110,
qui est conforme à celle de M. F. L., combat l'opinion contraire des auteurs du Pr. Fr., qui sont d'avis que l'interpellation de l'huissier suffit
pour valider l'exploit , et que l'huissier doit seulement alors désigner le
sexe de la personne et son état apparent. M. Cabr. soutient, comme M. F.
L., que l'exploit serait déclaré nul, parce qu'il n'offrirait pas la preuve
que la copie eût été remise à une personne ayant qualité pour la recevoir.
Il convient cependant qu'on peut opposer à cette opinion le considérant
de l'arrêt de la Cour de cassation du 24 ventose an 11 *supra* 2° qui dit que
l'huissier doit du moins faire mention de l'interpellation qui a été faite à la
personne, ainsi que de sa réponse et de ses refus.

§ 4. *Il en est de même du parlant à* une femme.

Première espèce. — Un jugement rendu en dernier ressort par le tribunal
d'arrondissement de Jonzac avait déclaré nul un exploit signifié au domicile
de la partie assignée, *parlant à une femme.*

Le sieur Moreau, contre lequel avait été rendu ce jugement , se pourvut
en cassation, pour fausse application de l'art. 3 du titre 2 de l'ordonnance
de 1667.

Le 5 thermidor an 13, arrêt de la section des requêtes, qui prononça,
en ces termes, le rejet de son pourvoi : — « La Cour; Attendu que, pour
qu'un exploit de signification soit valable, il faut qu'il y soit fait mention,
aux termes de l'article 3 , du titre 2 de l'ordonnance de 1667. qu'il a été
laissé au domicile de la partie, et que la personne à laquelle il a été remis,
y soit désignée; que dans l'espèce, l'exploit fait mention que la copie a
été remise au domicile de Roullet; mais que la personne à laquelle il a été
remis, n'y est désignée que sous l'expression vague et générique *d'une
femme*, sans autre désignation; que, dès-lors, le tribunal, en déclarant
nul cet exploit, s'est conformé aux dispositions de la loi ; — Rejette, etc. »

Deuxieme espèce. — Arrêt du 4 avril 1807, rendu par la cour de Bruxelles, en ces termes : — « La Cour ; Attendu que l'exploit d'appel dont s'agit
porte qu'il a été fait au domicile de Martens, en parlant à *une femme,* ce
qui ne contient pas une mention suffisante de la personne à laquelle il a été
remis ; qu'il est par conséquent nul aux termes de l'art. 3, tit. 2 de l'ordonnance de 1667 ; — Attendu que cette nullité n'a pas été couverte par la
constitution d'avoué faite par ledit Martens, puisque cette constitution
n'indique pas que c'est par les voies légales que Martens aurait eu connaissance de l'exploit d'appel, et qu'elle contient d'ailleurs une réserve expresse de tous ses droits; déclare nul l'exploit d'appel à l'égard de Martens, etc. »

Troisième espèce.—Arrêt de la cour de cassation, section civile du 7 août

1809, conçu en ces termes : — «La Cour; Attendu que la copie de l'exploit de signification de l'arrêt d'admission, et de l'assignation laissée au domicile de la veuve Duval, porte seulement ces mots, *laissé* (la copie), parlant à une femme trouvée au domicile de ladite Duval, sans énonciation des qualités ou des rapports de cette femme relativement à la personne citée ; que cette omission, également contraire aux dispositions tant des lois anciennes que du nouveau code judiciaire a vicié l'exploit et l'a rendu nul à l'égard de ladite dame ; par ces motifs, déclare Bouvier déchu de son pourvoi, en ce qui concerne seulement ladite dame Duval et le condamne aux dépens de ce chef. »

Nota. Toutes ces diverses désignations *à une femme*, *à une fille*, *à un citoyen*, sont évidemment vicieuses, parce qu'elles n'indiquent aucun rapport avec l'assigné ; voy M. B. S. P., p. 202, not. 33, n° 2, F. L., t. 1, p. 138. On peut voir un arrêt fort important du 26 juillet 1809, J. A., t. 12, p. 469, v° *exceptions*, n° 51.

§ 5. *Est-il valable le parlant à* un commis *ou au portier de la partie?*

Première espèce. — Le sieur Maury appelle d'un jugement rendu par le tribunal de commerce de Lyon, en faveur de Duval jeune ; l'acte d'appel est signifié à ce dernier, *en parlant dans son domicile, à Montpellier, à un commis.* Devant la cour de Lyon, Duval demande la nullité de l'exploit, parce qu'on avait négligé d'énoncer si le commis était le sien. Ce moyen fut accueilli, et plus tard, le 15 février 1810, confirmé par un arrêt de rejet de la cour de cassation, section des requêtes. — «La Cour; Attendu qu'aux termes des art. 61 et 68, C. P. C., mention doit être faite de la personne à laquelle copie de l'exploit sera laissée, et que si l'huissier ne trouve au domicile de la partie aucun de ses parens ou serviteurs, il remettra la copie à un voisin ; — que dans l'exploit dont il s'agit, l'huissier n'a point fait mention de la personne à laquelle la copie a été laissée, ni qu'elle l'ait été au propre commis de la partie, et qu'ainsi, en annulant ledit exploit, la cour d'appel de Lyon n'a fait que se conformer strictement et littéralement à la disposition de la loi. — Rejette. »

Deuxieme espèce. — Le sieur *Lambert* actionna les syndics de la faillite du sieur *Thouin* en paiement de quelques billets à ordre que ce dernier avait souscrits.

Ces syndics contestèrent la créance du sieur Lambert, sur le fondement que la mention faite par l'huissier sur les protêts, que copie de l'exploit avait été laissée, l'une au commis de la maison du sieur...., l'autre au portier, était insuffisante ; qu'il pouvait se trouver plusieurs commis dans la maison ; que le nom du portier n'étant pas exprimé, la personne à qui l'exploit avait été remis devenait incertaine; ils ajoutaient qu'aux termes des art. 61 et 68 du code de procédure, il fallait, d'une part, que l'exploit énonçât et indiquât bien clairement à qui la copie avait été laissée ; et, d'un autre côté, qu'en l'absence de la partie assignée, elle ne pouvait être remise qu'à un serviteur ou à un voisin ; qu'un commis, un portier, ne pouvaient être placés dans cette catégorie.

Le tribunal de première instance ayant rejeté le moyen de nullité, les syndics se sont pourvus en appel devant la cour de Rouen. Le 5 janvier 1814 la cour rendit l'arrêt suivant : — « LA COUR, attendu que les divers protêts dont il s'agit ont été faits au domicile où les effets étaient payables; que dans quelques uns de ces protêts, le parlant à un commis et la réponse de ce commis établissent qu'ils ont été délivrés à un commis de la maison de commerce indiquée pour le paiement ; qu'à l'égard des autres....., ils constatent qu'ils ont été faits pareillement aux domiciles désignés à l'effet du paiement, en parlant au portier, suivant l'un, et à la portière de la maison, suivant l'autre; que le portier d'une maison est le serviteur spécialement chargé de recevoir les actes, avis, adresses concernant les personnes qui habitent ladite maison; qu'ainsi le vœu des art. 61 et 68 du code de procédure civile se trouve rempli dans les protêts ci-devant énoncés, met l'appellation au néant, etc. »

TROISIÈME ESPÈCE. — Ainsi jugé par arrêt de la cour de Lyon du 25 mai 1816. — « LA COUR, considérant sur *la fin de non-recevoir* que la requête d'opposition de la partie de Passet (le sieur Chevelu) contenant des réserves générales, tant pour nullité qu'autrement, la fin de non-recevoir qu'on lui oppose n'est pas fondée; — Considérant, sur les nullités, que le protêt énonce que les huissiers se sont présentés au domicile de Meyvre, où ils ont parlé au portier de la maison, qui leur a annoncé l'absence dudit Meyvre et auquel ils ont laissé une copie ; — Considérant que, dans la véritable acception de sa qualité et de la nature de ses fonctions, le portier d'une maison est préposé au service de tous les locataires qui l'habitent ; d'où il suit que lorsqu'il est trouvé, comme dans l'espèce, au domicile de l'un d'eux il existe entre lui et ce dernier des relations suffisantes de maître et de serviteur, dans le sens de l'article 68 C. P. C.; — Considérant que la circonstance que le portier de la maison de Meyvre est une femme, et que le protêt n'énonce pas son sexe, est indifférente, parce que la loi n'ayant dans cette matière d'autre objet que de fixer les relations de la personne trouvée au domicile, avec le propriétaire de ce domicile, son but se trouve suffisamment rempli, lorsque cet individu dont on ne conteste pas la qualité de portier, est indiqué au protêt pour cette qualification de portier, quel que soit d'ailleurs le sexe auquel il appartienne; — Considérant que les huissiers ne se sont pas bornés à se présenter au domicile de Meyvre, mai que, sur la déclaration du portier que les frères Boret étaient chargés de sa procuration, ils se sont également présentés chez ces derniers qui leur ont attesté de nouveau l'absence de Meyvre, son état de déconfiture, et son impuissance de payer; et que, sur cette nouvelle assertion, ils ont également ment remis copie du protêt aux frères Boret, chez lesquels la procuration de Meyvre, qui n'est pas désavouée, était une indication de domicile; d'où il suit que le vœu de la loi pour la validité des protêts a été non-seulement rempli, mais encore que les précautions ont été multipliées et se sont étendues au-delà de ces dispositions; — Par ces motifs déboute de l'opposition à l'arrêt par défaut. »

§ 6. *Un exploit n'est pas nul pour avoir été laissé à l'assigné en parlant* à son salarié.

PREMIÈRE ESPÈCE. — La Cour de cassation, section civile, l'a ainsi décidé le 11 messidor an 11. Son arrêt est fondé sur ce que l'art. 22 de l'ordonnance de 1539 permettait de laisser copie en parlant *à des gens de journée*; et que l'art. 3, tit 2 de l'ordon. de 1667 n'y est pas contraire.

DEUXIÈME ESPÈCE. — Le 18 nivose an 12, arrêt de la section civile, par lequel, — « LA COUR... Considérant que, par les mots *parlant à sa salariée*, employés dans l'exploit de signification du jugement d'admission, le vœu de l'ordonnance de 1667, titre 2, art. 3, a été suffisamment rempli, puisque l'art. 32 de l'ordonnance de 1539, qui permettait de donner les exploits de signification à des *gens de journée ou serviteurs* de la personne à qui on signifiait, n'a pas été révoqué par l'ordonnance de 1667; — Rejette la fin de non-recevoir. »

Nota. Les auteurs du *Praticien français*, t. 1, p. 304, MM. MERL., Q. D., t. 3, p. 57, et PIG. COMM., pensent que c'est surtout par sa qualité qu'il faut désigner la partie qui reçoit la copie plutôt que par son nom. Sans doute si la personne nommée était reconnue pour être un parent habitant avec l'assigné, la désignation du nom pourrait suffire, parce qu'il servirait à faire connaître la qualité, mais la qualité seule suffit pour remplir le vœu de la loi. Voy. *infra*, n° 10, deux arrêts qui annulent un exploit dans lequel la personne avait seulement été nommée. Voy. aussi M. B. S. P., p. 202, note 33, n° 1.

§ 7. *L'exploit n'est pas nul en parlant à* une servante domestique au domicile de l'assigné.

Le sieur Bondroit et la demoiselle Brassard, firent signifier un arrêt d'admission de pourvoi à l'une des servantes du sieur Ponthaye, la veuve Chalonge; l'huissier déclara dans son exploit avoir laissé la copie à une *servante-domestique, ainsi qu'elle s'est dit être aux injonctions de droit.* — La dame Chalonge demanda la nullité de cette signification, comme n'étant pas faite conformément aux art. 61 et 68, C. P. C. Mais la Cour de cassation rejeta ses conclusions par arrêt du 22 janvier 1810; — « La Cour ; Attendu que dans la signification particulièrement faite à la dame Chalonge, le vœu de l'art. 61, C. P. C., a été suffisamment rempli par l'énonciation, que copie en a été laissée à *une servante-domestique, au domicile* de cette dame, partie assignée; — Rejette l'exception. »

§ 8. *Y a-t-il nullité lorsque la copie est laissée à une fille ou à des filles de confiance trouvées au domicile de l'assigné ?*

Première espèce. — Le 18 août 1810, arrêt de la Cour de Rennes, confirmatif d'un jugement du tribunal de Quimper, dont voici les motifs : — « Considérant que le demandeur n'a pas contesté demeurer à Quimper, chez la dame Guérin, dont il était le commensal ; qu'il n'avait pas allégué avoir des domestiques à son service particulier, et que, dans l'espèce, la copie du commandement avait été laissée à *une fille de confiance* trouvée au domicile du demandeur, à Quimper. — Sur le second moyen de nullité, que l'art. 783, C. P. C., n'exige pas, à peine de nullité, que la profession des recors soit indiquée... Sur le cinquième, que l'exécution de la contrainte par corps avait été précédée de la signification du jugement faite à Paris, le 29 frimaire an 11, *et qu'une seconde notification n'était pas nécessaire.* Sur le sixième, qu'antérieurement au commandement du 20 janvier 1809, on avait notifié au demandeur le jugement de contrainte par corps, avec élection de domicile à *Paris*, où siége le tribunal qui a rendu ce jugement ; qu'en donnant, par surabondance, avec le commandement dont il s'agit, copie de la signification faite à Paris, le 29 frimaire an 11, le sieur Offenn avait mentionné aussi l'élection de domicile qui avait accompagné cette signification. »

Deuxième espèce. — Arrêt de la section civile de la Cour de cassation du 4 novembre 1811, ainsi conçu : — « La Cour ; Vu les articles 61 et 68, C. P. C. ; et attendu que l'assignation donnée au défendeur, à la requête de l'administration de l'enregistrement, lui ayant été signifiée à son domicile, *en parlant à une fille de confiance, ainsi qu'elle m'a dit être, trouvée a domicile, sommée de faire savoir, a promis,* ne remplit ni le vœu, ni la lettre desdits articles, puisqu'elle laisse ignorer si la fille de confiance est étrangère au défendeur, ou si, au contraire, elle est à son service, d'où il suit qu'une pareille signification est en contravention formelle, soit avec ledit article 61, qui exige impérieusement que la copie soit donnée à personne ou domicile, soit avec ledit article 68, qui veut qu'elle soit délivrée à un parent ou à un serviteur de la partie assignée : — Déclare nulle ladite signification, et par suite l'administration de l'enregistrement déchue de son pourvoi. »

§ 9. *La signification d'un exploit est-elle valablement faite au domicile de l'assigné,* parlant à un domestique? (Art. 61 et 68.)

PREMIÈRE ESPÈCE. — Le 24 janvier 1809, la dame Lorieux fait signifier au sieur Roy-Garnier un arrêt d'admission rendu par la section des requêtes, sur le pourvoi par elle dirigé contre un arrêt de la Cour d'appel d'Orléans.

Cet exploit de signification, contenant en même temps assignation au sieur Roy-Garnier pour comparaître devant la section civile de la Cour, lui est notifié à son domicile, *parlant à* une domestique pour lui faire savoir, de ce sommée.

Le défendeur s'est présenté devant la Cour, pour demander la nullité de l'exploit, et par suite, la déchéance du pourvoi, attendu que rien n'indiquait si le domestique auquel la copie avait été laissée était le sien.

Le 28 août 1810, arrêt de la section civile ainsi conçu : — « LA COUR ; contre les conclusions de M. Daniels, avocat général, après un partage d'opinions et un délibéré en la chambre du conseil ; vu les articles 61 et 68 du Code de procédure civile, et attendu que la citation signifiée au défendeur, à la requête de la demanderesse, lui ayant été notifiée en son domicile, en *parlant à* une domestique, pour lui faire savoir, de ce sommée, ainsi conçue, ne remplit ni le vœu, ni l'esprit, ni la lettre desdits articles, puisqu'elle laisse ignorer si la domestique est étrangère au défendeur, ou si, au contraire, elle est à son service ; d'où il suit, qu'une pareille signification est en contravention formelle, soit avec ledit article 61, qui exige impérieusement que la copie soit donnée à personne ou domicile, soit avec ledit article 68, qui veut qu'elle soit délivrée à un parent ou à un serviteur de la partie assignée ; — Déclare nul l'exploit d'assignation. »

DEUXIÈME ESPÈCE. — La Cour de Rennes a rendu, le 18 décembre 1811, un arrêt conçu en ces termes : — « LA COUR ; Considérant 1° que l'huissier qui a signifié l'acte d'appel du 30 avril 1810, a satisfait au vœu de la loi, en désignant, autant qu'il était en sa puissance, la personne à qui il en a laissé la copie ; que cette personne ayant refusé de se nommer, l'huissier n'a pu articuler son nom ; que la qualification de domestique dont l'étymologie est *domi stans*, indique suffisamment les rapports de la personne trouvée avec la partie assignée, surtout lorsqu'on voit, dans le procès-verbal même de l'huissier, qu'elle a été trouvée à domicile ; que, d'ailleurs, la prétendue nullité se trouve couverte, n'ayant été proposée que depuis la discussion commencée sur le fond du procès, à l'audience même et par écrit ; qu'il ne suffit pas que la partie qui s'en prévaut n'eût encore rien dit sur le fond; qu'il fallait, dans l'esprit de l'article 173 C. P. C., qu'il n'eût pas volontairement souffert que la discussion du fond eût été entamée; — Déclare l'exploit valable, etc. »

TROISIÈME ESPÈCE. — Par acte du 29 septembre 1792, les sieur et dame Delort constituèrent, au profit de la veuve Lullier, une rente de 450 fr., moyennant une somme de 9000 fr. par eux reçue de ladite dame. Ils déclarèrent que, sur cette somme, 8,300 fr. étaient destinés à rembourser d'autant le prix d'une maison par eux acquise et vouloir subroger la dame Lullier au privilége du vendeur. En effet, dans deux quittances successivement délivrées, il fut fait mention de l'emploi des sommes pour effectuer la subrogation promise. Lors de l'inscription prise par la dame Lullier, l'acte du 29 septembre 1792, fut seul produit; aussi lui contesta-t-on le privilége, par le motif que l'acte originaire de vente aurait dû être joint au bordereau; on arguait aussi de nullité un commandement fait au nom de ladite dame, parce qu'il avait été remis *à une femme domestique*, et que l'huissier n'avait pas indiqué si cette femme était au service de la partie à qui le commandement avait été fait. — Un jugement du 8 juillet 1813, prononça en ces termes sur cette question :— « Le tribunal, en ce qui touche le commandement, attendu qu'il est fait mention dans l'exploit, que l'huissier, s'adressant au domicile élu en la demeure du sieur Pointard, a parlé à une femme domestique, à laquelle il a laissé la copie, et qu'ainsi il a rempli le vœu de la loi. » Appel de ce jugement, interjeté par la demoiselle Delort; et le 5 mai 1814, arrêt confirmatif de la Cour de Paris.

La demoiselle Delort se pourvut vainement en cassation; un arrêt de la section des requêtes, du 26 novembre 1816, rejeta par le motif suivant : — « Attendu que le commandement remplit tout ce qui est exigé par le Code de procédure pour la validité des exploits. »

§ 10. *Est nul le parlant à* un tel qui s'est chargé de remettre la copie (1).

PREMIÈRE ESPÈCE. — Ainsi décidé par arrêt de la Cour de Montpellier, le 6 février 1811, rendu dans les termes suivans : — « LA COUR; Attendu que la ci-

---

(1) Voy. les observations qui se trouvent *suprà* sous le n° 6. Voy. aussi B. S. P., p. 202, note 33 n° 3; il cite un arrêt du 23 janvier 1810, que nous avons rapporté v° *Appel*, p. 134, n° 55, et qui décide qu'il est inutile de désigner les rapports de la personne avec l'assigné, lorsque cette personne est réellement parente ou domestique. M. F. L., t. 1, p. 138, dit que cet arrêt n'a été ainsi rendu que parce qu'il était reconnu au procès que la personne était parente de l'assigné. M. MERL., Q. D., t. 3, p. 6, rapporte également cet arrêt.

tation signifiée au sieur Bouscayrol, à la requête de Rouzet, y ayant été laissée dans son domicile, en parlant à demoiselle Marie-Jeanne Madamont, qui a reçu copie pour la lui remettre, ne remplit ni le vœu, ni l'esprit, ni la lettre de la loi, puisque cette énonciation n'indique pas les rapports qui existent entre Bouscayrol et ladite Madamont à qui la copie a été laissée ; — Attendu d'ailleurs, que cette citation ne peut pas valoir, sous le rapport que la copie en a été laissée à la demoiselle Madamont, comme voisine de Bouscayrol, puisqu'elle n'a pas signé l'original , tandis que cette formalité est prescrite par l'art. 68 C. P. C. ; — Déclare nulle la citation en appel, etc.... »

Deuxième espèce. — Le 13 mai 1814, arrêt de la Cour de Rennes rendu en ces termes : — « La Cour ; Considérant que l'exploit du 11 avril 1812 n'indique par les rapports de la personne à qui la copie a été laissée, avec l'appelante assignée au tribunal de commerce de Rennes ; qu'il n'est pas prouvé que l'appelante ait élu domicile à Rouen, rue Grand-Pont n° 50; que l'indication de ce domicile comme adresse de l'appelante dans la confection de la lettre de change dont il s'agit, n'est pas une élection de domicile ; que la femme Thomas, à qui l'exploit a été laissé, n'a ni signé, ni été interpellée de signer l'original ; — Considérant que l'article 68 C.P.C. prescrit la signification de tous exploits à personne ou domicile ; que, si l'huissier ne trouve pas au domicile, ni la partie, ni aucun de ses parens ou *serviteurs*, il doit remettre de suite la copie à un voisin, qui signera l'original, le tout à peine de nullité (article 70); que la femme Thomas n'a été reconnue ni parente, ni domestique de l'appelante; qu'en la regardant comme *voisine*, qualification qui n'est point énoncée dans l'exploit, l'huissier devait lui faire signer l'original; que rien de tout cela n'a été fait, omission dont la nullité de l'exploit est le résultat inévitable; nullité qui entraîne celle du jugement appelé. — Dit qu'il a été mal et nullement jugé par le jugement du tribunal de commerce de Rennes du 26 mai 1812; émendant, déclare nulle l'assignation signifiée à l'appelante, le 11 avril même année, et tout ce qui s'en est suivi; décharge l'appelante des condamnations prononcées contre elle. »

§ 11. *Un exploit laissé au domicile de la partie en parlant à ses domestiques n'est pas nul pour insuffisance de désignation dans le parlant à.... (1)*

Le 29 avril 1814, la régie de l'enregistrement forma des saisies arrêts sur le sieur de Perrochel, entre les mains de ses fermiers. Le 6 mai suivant, la dénonciation des saisies fut faite au sieur de Perrochel, en parlant à *ses domestiques*, avec assignation en validité. Celui-ci soutint la dénon-

____

(1) Voy. *infra*, n° 154, l'arrêt du 2 juillet 1810.

ciation *nulle* , pour défaut de désignation des personnes qui avaient reçu la copie, et, par suite, la saisie sans effet. — Le 23 décembre 1814 , un jugement du tribunal de Mamers déclara l'exploit de dénonciation valable , attendu qu'il était régulier, qu'en tous cas il n'était pas formellement annulé par la loi. — Le sieur Perrochel s'est pourvu en cassation, pour violation des articles 61 , 68 et 70 du Code de procédure civile. — Il a prétendu que l'art. 68 permettant à l'huissier de laisser l'exploit au *serviteur* en l'absence du maître, et l'art. 61 exigeant la mention de la *personne* à laquelle la copie est laissée, il résultait de ces deux dispositions la nécessité d'une indication *individuelle* et *nominale*, d'une distinction de sexe , et que ces dispositions étaient surtout exclusives de la remise de l'exploit à *plusieurs* personnes collectivement. — Le demandeur invoquait à ce sujet l'autorité de *Jousse* et de *Pothier*. — Le 14 décembre 1815, arrêt de la section des requêtes, ainsi conçu : — « La Cour ; Attendu que tout le mérite des moyens de cassation indiqués par le demandeur, tient uniquement à la question de savoir, si l'exploit d'assignation en validité de saisie, du 6 mai 1814, est nul, parce que l'huissier a déclaré en avoir laissé copie *aux domestiques* du demandeur au nombre pluriel, et non pas à *un domestique*, comme cela se pratique ordinairement; — Attendu que le juge ne doit accueillir que les nullités prononcées par la loi, et que celle dont il s'agit ne résulte ni de la lettre ni de l'esprit de l'article 68 du Code de procédure civile; — Rejette, etc. »

Nota. M. Carr., t. 1, p. 188, et M. F. L., t. 1, p. 158, pensent qu'il ne suffit pas de désigner la personne à qui la copie est remise par ces mots *parent, serviteur, fille* ou *garçon de confiance, commis; employé salarié, aide de travail, bonne, femme de chambre*, et que ces mots doivent être suivis de ceux-ci : *de l'assigné,* ou qu'il doit y être suppléé par le pronom *son, sa.* Ils disent que la jurisprudence paraît fixée sur ce point; M. B. S. P. , p. 202, note 33, n° 4, dit aussi que, d'après l'expression vague *une* servante, *un* domestique , on ne peut savoir si la servante ou le domestique appartiennent à l'ajourné, sont en un mot *ex familiâ suâ;* cependant l'arrêt du 26 novembre 1816, que nous venons de rapporter p. 51, décide que l'arrêt qui validerait un exploit avec un *parlant à* semblable ne pourrait pas être cassé.

M. Carr. ne voit pas une nullité dans le parlant *au portier de la maison*, si l'huissier déclare s'être transporté au domicile de l'assigné, parce que le portier de la maison est le serviteur de tous ceux qui l'habitent. Voy. J. A. , t. 24, p. 91 , un arrêt du 26 mars 1822, qui décide que le *parlant au jardinier* de la terre de l'assigné où la signification est faite est valable M. Carr. examine ensuite l'arrêt du 23 janvier 1810 , qui déclare valable le parlant à *une servante domestique*, et il soutient que cet arrêt n'est pas en opposition avec les autres, parce que ces mots *servante domestique* sont synonymes de ceux-ci *servante de la même maison.* Cependant ne pourrait-on pas'dire que même ces mots *servante de la même maison* ne désignent pas des rapports suffisans avec l'assigné? M. Carr. répond que, dans le doute, il faut suivre les règles communes, qui ne s'appliquent pas moins, dit-il, aux actes judiciaires qu'à des conventions, et d'après lesquelles il convient d'entendre les expressions qui seraient susceptibles de deux sens de manière à faire produire effet à l'acte. —Voy., J. A., t. 29, p. 119 et 120, deux arrêts des 22 janvier 1824 et 30 juin 1825 qui décident diversement à l'égard du parlant à une *servante domestique.*

20. *L'élection de domicile dans un acte n'empêche pas qu'un exploit ne soit valablement signifié au domicile réel.*

Dans une obligation consentie par les sieur et dame Brancas au profit du sieur Lefèvre, élection de domicile avait été faite pour l'exécution dans la commune de Saint-Maur. Cependant Lefèvre assigne les débiteurs en paiement à leur domicile réel de Paris, rue des Minimes, n° 1. —Un jugement confirmé en appel déclare l'assignation valable. Sur le pourvoi en cassation, arrêt de la section des requêtes, du 23 ventose an 10, par lequel : — «La Cour; attendu que le jugement attaqué établit en fait que le sieur de Brancas et son épouse avaient, à l'époque du 4 mai 1791, un domicile réel dans la rue des Minimes, n° 1, à Paris ; que ce fait ne paraît pas avoir légalement été contredit; d'où il résulte que l'assignation à eux donnée le même jour audit domicile doit être regardée comme régulière, et qu'ainsi le jugement attaqué ne présente aucune fausse application de l'art. 3, du titre II, de l'ordonnance de 1667. — Rejette.»

Nota. Le 25 germinal an 10 la Cour de cassation, section civile, a décidé que la citation en conciliation pouvait être valablement signifiée au domicile élu dans un acte à l'occasion duquel s'élevait la contestation ; ce qui résulte formellement de l'art. 111 C. C. ; la signification peut même avoir lieu à un domicile élu, quoique ensuite une des parties ait déclaré vouloir changer ce domicile. (Arrêt du 27 août 1812 , *infrà* n° 220.)

21. *Lorsqu'il y a domicile élu pour le paiement d'une lettre de change, il y a attribution de juridiction ; mais le délai de l'assignation doit-il être fixé d'après le domicile réel ou d'après le domicile élu ?*

22. *Une demande en garantie ne peut pas être formée en cause d'appel* (1).

______

(1) Cette question est jugée par l'arrêt du 26 novembre 1808.

PREMIÈRE ESPÈCE. — Les sieurs Befort et Magnet, négocians à Al-kirch, souscrivent, au profit des sieurs Coeillères et Dubal, quatorze billets payables à Béfort au domicile du sieur Gasner ; et, à l'échéance, les souscripteurs sont assignés au domicile élu ; un jugement par défaut les condamne ; ils forment opposition et soutiennent l'assignation nulle pour n'avoir pas observé les délais à raison des distances du domicile réel ; ils sont déboutés et le jugement est confirmé par l'appel. Ils se pourvoient en cassation, et, le 1er prairial an 10, arrêt de la section des requêtes par lequel : — « LA COUR ; Attendu que, suivant l'article 17, titre XII, de l'ordonnance du commerce, le créancier peut assigner son débiteur à son domicile ou au lieu où le paiement devait être effectué ; que, dans l'espèce, le paiement des billets devait être fait à Béfort chez Gasner, ce qui comporte implicitement l'élection de domicile au même lieu ; que, par conséquent, l'assignation a pu y être légalement donnée, et pour comparaître dans le délai qui suffisait pour Béfort. — Rejette. »

DEUXIÈME ESPÈCE. — Durand Lafeuillade avait déclaré dans une lettre de change tirée par lui, de Brie, payable à Sarlat au domicile de Duclau-, élire ce dernier domicile. — Assignation lui fut donnée devant le tribu-nal de commerce de Sarlat, pour comparaître le surlendemain ; condamné par défaut, il opposa devant la Cour d'appel la nullité de l'assignation pour brièveté de délai en raison de la distance de son domicile réel. — Le 3 mars 1806, arrêt qui prononce la nullité, attendu que l'assignation n'a pas accordé pour comparaître un délai suffisant. — Le 1er avril 1807, la Cour de cassation a rejetté le pourvoi dirigé contre cet arrêt.

TROISIÈME ESPÈCE. — Le sieur Mariette de Valogne accepte une traite de 5250 fr., tirée sur lui, par la veuve Liais et fils, de Cherbourg. — Aux termes de l'acceptation, le paiement devait être effectué chez le sieur Lagreca, banquier, à Paris. Les sieurs Lachenaye, Eudes et compagnie, porteurs de cette traite, la font protester au domicile indiqué pour le remboursement. Le 4 brumaire an 12, ils assignent le sieur Mariette à ce même domicile, et obtiennent dès le lendemain, du tribunal de com-merce de Paris, un jugement qui le condamne à payer la somme de 5250 fr., montant de la traite. Mariette forme opposition, et demande la nullité du jugement, attendu 1° que l'assignation n'a pas été donnée à son domicile réel ; 2° qu'en admettant même qu'on pût le réputer pré-sent au domicile d'élection pour le paiement de la traite, le délai de l'as-signation devait être augmenté en raison de l'éloignement de son domicile réel. Ces deux moyens furent rejetés en première instance, mais le deuxième ayant été accueilli en appel , l'arrêt fut confirmé par la section civile de la Cour de cassation, le 4 juin 1806, et en ces termes : — « La Cour ; Considérant que l'arrêt de la Cour d'appel de Paris , du 3 fructidor an 12 , n'a violé aucune loi , en prononçant qu'au premier délai de l'assignation donnée devant le tribunal de commerce, au sieur Mariette , receveur des domaines à Valogne, au domicile du sieur Lagreca , banquier , rue Cadet , à Paris , chez lequel le paiement de la lettre de change devait être fait , a dû être ajouté un délai d'un jour par cinq myriamètres de distance de la ville de Paris, au domicile du sieur Mariette à Valogne, bien connu des porteurs de la lettre de change ; — Rejette , etc. »

Nota. La question, formellement résolue par la Cour de cassation , serait résolue de la même manière aujourd'hui. L'augmentation progressive du délai des ajournemens doit toujours avoir lieu, en raison de la distance du domicile réel, lorsque la signification est faite à un domicile élu par les parties. Car outre que la disposition générale de l'art. 1033,C.P.C., doit s'appliquer à tous les cas, ce Code prévoit souvent le cas où la signification est faite ailleurs qu'au domicile réel de la partie; et il n'en fait pas moins alors l'application de la règle générale , relative à l'augmentation des délais. Ainsi , par exemple , dans l'art. 763 (au titre de l'ordre) il veut que l'appel du jugement d'ordre soit interjeté , dans les dix jours de sa signification à avoué , *outre un jour par trois myriamètres de distance du domicile réel de chaque partie.* Dans les poursuites de cette espèce, le domicile de l'avoué est élu par les parties et indiqué par la loi ; la marche de la procédure est d'ailleurs extrêmement rapide , puisque tous les délais sont moins longs que dans les affaires ordinaires ; et cependant l'augmentation d'un jour par trois myriamètres de distance a lieu, pour les significations faites à ce domicile."

On ne doit donc pas hésiter de conclure , qu'en thèse générale, la distance du domicile réel doit toujours être prise en considération , pour déterminer les délais de l'ajournement (Coff.).

Quatrième espèce. — L'arrêt que nous allons rapporter a été rendu entre les mêmes parties et dans la même affaire que l'arrêt du 4 juin 1806. Ainsi , il suffira d'ajouter ici qu'en 1807 les porteurs de la traite, ayant assigné de nouveau le sieur Mariette devant le tribunal de commerce de Paris , et celui-ci n'ayant pas comparu sur une première assignation donnée dans les délais ordinaires , il fut réassigné pour le lendemain ; et qu'un jugement par défaut prononça contre lui la condamnation demandée.

Sur l'appel de ce jugement, le sieur Mariette soutint, 1° qu'il n'avait pu être assigné ailleurs qu'à son véritable domicile ; 2° que le délai proportionné à la distance de son domicile réel n'avait pas été observé dans la réassignation. La Cour d'appel de Paris rejeta ce double moyen de nullité; — « Attendu qu'un négociant qui accepte un effet de commerce, pour être payé en un lieu indiqué, constitue en ce même lieu, pour raison de cet effet, son domicile commercial, et peut y être assigné, dans les mêmes délais, que s'il y avait son véritable domicile. »

Ainsi la Cour d'appel de Paris manifestait une opinion formellement contraire à celle qu'elle avait déjà manifestée : mais c'est en vain que le sieur Mariette s'est flatté d'en obtenir la cassation. La Cour suprême a confirmé son arrêt, sans en adopter les motifs, par un arrêt de la section des requêtes, rendu le 4 février 1808. — « La Cour ; Attendu sur le premier moyen qu'en décidant qu'un négociant qui accepte un effet de commerce, pour être payé en un lieu indiqué, constitue en ce même lieu, pour raison de cet effet, son domicile commercial, et peut y être assigné, l'arrêt attaqué n'a violé aucune loi ; — Et attendu sur le deuxième moyen, que la première assignation n'étant point arguée de défaut de délai, il ne peut résulter un moyen de cassation, de ce que les juges n'ont eu aucun égard au reproche d'insuffisance de délai, fait à la seconde, qu'ils ont pu regarder comme surérogatoire ; — rejette, etc. »

Cinquième espèce. — Arrêt semblable de la Cour d'appel de Paris, du 26 février 1808, dans la cause du sieur Grammont-Chegaray, de Bordeaux.

Sixième espèce. — Des lettres de change avaient été tirées de Strasbourg par Froidot, à l'ordre de Pothier et compagnie, sur Commerson et Raviret, qui les avaient acceptées, pour être payées à Paris, au domicile du sieur Amiet, agent d'affaires. Commerson était domicilié à Bozzé-la-Ville, département de Saône et Loire ; assignation lui fut donnée au domicile du sieur Amiet, sans observer le délai à raison du domicile réel ; un jugement du tribunal de comm. de Paris débouta Commerson de la nullité opposée par lui :—« Attendu que les titres sont lettres de change ; qu'elles étaient payables au domicile indiqué par elles ; que c'est à ce domicile qu'elles ont dû être protestées, et les assignations données, et qu'il n'était pas besoin, à cause de la nature des titres, d'observer dans la citation, un délai plus long, pour raison de l'éloignement du domicile du defendeur. »—En appel, Amiet fut appelé en garantie par Commerson et Froidot. — Le 26 novembre 1808, arrêt de la Cour de Paris qui confirme, et, en ce qui touche la demande en garantie,—«Attendu qu'il s'agit d'une

demande principale et nouvelle , laquelle ne pouvait être formée que de
vant les premiers juges , déclare la procédure nulle. »

Nota. M. MERL. RÉP. v° *Consul*, p. 20 , rapporte les deux arrêts du
1er prairial an 10 , et du 4 juin 1806 ; il fait remarquer que lors de la seconde affaire il n'a pas été dit un mot de la première , et il ajoute : « Au
surplus , il y a entre le premier arrêt et le second cette différence que
le premier déclare en termes exprès que l'assignation a pu être donnée
au domicile où devait se faire le paiement , pour comparaître dans le délai
qui suffisait , eu égard à ce domicile , tandis que le second décide seulement qu'en jugeant le contraire la Cour d'appel de Paris n'a violé aucune
loi. Et , en effet , la loi ne s'explique point positivement sur ce point, et
dès lors il était impossible de casser l'arrêt de la Cour d'appel de Paris. »
MM. CARR. t. 1 , p. 165 , n° 326 , et F. L. t. 1 , p. 140 , après avoir cité
ce passage de M. MERL., en tirent cette conséquence que ce savant magistrat inclinait pour l'opinion adoptée par l'arrêt du 1er prairial. *Voy.*
M. B. S. P., p. 212 , note 13. et *infra* , n° 133 , 134 et 271 , les arrêts
des 25 et 29 novembre 1809 , 29 décembre 1815. *Voy.* aussi J. A.,
t. 11 , p. 46 , v° *Enquête* , n° 20.

Pour la question de garantie, on peut voir J. A. , v *Demandes nouvelles*
n° 10.

23. *La qualification d'officier ministériel près les tribu-*
    naux de Paris , prise par un huissier dans un exploit ,
    satisfait à la loi (1).

C'est ce qui a été décidé , le 6 floréal an 10 , par arrêt de la Cour de
cassation , conçu en ces termes entre le sieur Darneville et sa femme : —
« La Cour ; Attendu que la qualité d'officier ministériel indiquait suffisamment celle d'huissier, surtout dans un exploit de signification, et à une
époque antérieure à la réorganisation des avoués ; que la désignation du
tribunal près duquel cet huissier exerçait ses fonctions a pu être jugée
suffisante, sans violer la loi ; — Rejette. »

24. *Il n'est pas nécessaire de donner, en tête de l'exploit*
    introductif d'instance , copie entière , mais seulement
    copie par extrait du procès-verbal de non-conciliation.
    (Art. 65 , C. P. C. Art. 2 , *tit.* 1er *de la loi du* 24
    août 1790.)

25. *Une consignation faite à la suite d'offres réelles est*
    suffisante, quoiqu'elle ne comprenne pas les intérêts

---

(1) Voy. *infra* , n° 139, l'arrêt du 7 février 1810.

jusqu'au jour de la consignation mais seulement jus-
qu'au jour des offres , si la consignation a été retardée
par le fait du créancier. (Art. 1259 , C. C. et 816 , C.
P. C.)

Ainsi jugé, le 27 floréal an 10, au rapport de M. Audier-Massillon, par l'arrêt de la Cour de cassation , section civile, dont voici la teneur : — « La Cour ; Considérant que la loi n'exige pas qu'en tête de la demande principale, il soit donné copie du procès-verbal de conciliation , mais seulement une copie du certificat du bureau de paix, que la partie a été inutilement appelée à ce bureau, ou qu'il a employé sans fruit sa médiation ; — Qu'on voit en tête de la demande principale copie d'une pièce qui constate que Natey a été cité au bureau de paix, et que les parties n'ont pu s'y concilier ; — Considérant qu'il a été constaté que le retard qui avait eu lieu depuis les offres jusqu'à la consignation, ne provenait pas du fait de la veuve Pregermais , et avait été occasionné par Natey et autres créanciers qui s'étaient opposés à la consignation, et qu'il n'y a aucune loi qui prohibe aux juges de faire supporter les intérêts du retard à ceux qui y ont donné lieu ; — Rejette. »

OBSERVATIONS.

MM. Carré, t. 1 , p. 170, n° 335, et les auteurs du Pr. Fr., t. 1, p. 310, sont d'une opinion contraire à l'arrêt ci-dessus ; ils pensent qu'on ne peut donner copie par extrait du procès-verbal du juge de p ix, par le motif que la loi ne permet de donner par extrait que la copie des pièces qui seraient trop longues ; or elle en eût dit autant du procès-verbal , si elle avait entendu permettre qu'on en fournît aussi la copie par extrait.

Cette doctrine nous paraît exacte en thèse générale ; cependant il serait trop rigoureux de prononcer la nullité de l'exploit, si l'extrait donné par le requérant reproduisait fidèlement et même plus correctement la séance du juge de paix , et si on avait seulement retranché les inutilités d'une rédaction vicieuse et prolixe.

Ces auteurs pensent aussi qu'il est indifférent de donner la copie en tête de l'exploit, ou à la fin ; il suffit de la donner avec l'exploit , on ne pourrait la donner séparément. MM. B. S. P. , p. 201, note 31, Comm., t. 1, p. 131 , et F. L., t. 1, p. 139, partagent cette opinion.

M. Carr., n° 334, examine ensuite la question de savoir si mention doit être faite que copie du procès-verbal a été donnée, et il cite l'opinion de M. Delap., t. 1, p. 72, qui pense que cette mention est requise à

peine de nullité. « Le défendeur ne montrant point sa copie, dit
M. Carr., il n'y aurait pas de preuve que la formalité eût été observée.»
Mais, si le défendeur ne montrait point sa copie, il ne serait pas admis à
soutenir que la copie du procès-verbal n'était pas en tête, ce serait à lui
à prouver ce fait. D'ailleurs, l'art. 65, C. P. C., n'exige pas cette mention. On ne pourrait donc prouver la nullité d'un exploit pour défaut
d'une formalité qu'il peut être prudent d'observer, mais qui n'est pas
requise par la loi.

    Voy. *infrà*, n° 167, l'arrêt du 27 février 1811.

26. *Dans les assignations pour divorce, données au
mari, le domicile de la femme est suffisamment indiqué par l'énoncé de sa résidence de fait (1).*

27. *La section des vacations peut statuer sur le mérite
d'une opposition formée au divorce, si les juges pensent que l'affaire requiert célérité.*

28. *La femme n'a pas besoin d'être autorisée pour ester
en jugement sur sa propre demande en divorce.*

    Un jugement du tribunal de la Seine, section des vacations, avait dé-
bouté le sieur Danneville de son opposition à la demande en divorce
formée par sa femme. Sur l'appel, Danneville propose trois moyens de
nullité que rejette, en ces termes, le tribunal d'appel de la Seine, par jugement du 6 germinal an 10. — « Le tribunal; Attendu que la loi du
20 septembre 1792 donne à chacun des époux le libre exercice de leur
action en divorce ; — Attendu qu'en notifiant à son mari le lieu de sa
résidence de fait, la dame Danneville a suffisamment rempli le vœu de
l'ordonnance ; — Attendu que la section des vacations n'a prononcé que
sur des nullités de procédure, et qu'il appartenait à elle seule de juger et
décider quelles étaient les affaires qui requéraient célérité, — Dit qu'il a
été bien jugé, mal appelé, condamne l'appelant à l'amende,—Compense
les dépens.» — Le sieur Danneville se pourvoit en cassation, mais le 9
frimaire an 11, arrêt de la section des requêtes par lequel: —« La Cour;
Attendu que nulle loi n'assujettit la femme qui poursuit son divorce, de
déclarer au mari un domicile de droit, dans la maison de ce dernier ;
que la dame Scolt Danneville a suffisamment indiqué sa vraie demeure,
en désignant son domicile de fait chez la dame sa mère; que l'esprit et

---

    (1) Voy. M. Carr., t. 1, p. 152, note 1, n° 2, et J. A., t. 12, p. 467,
v° *Exceptions*, n° 48.

la lettre des lois sur le divorce, dérogent en ce point aux lois et ordonnances antérieures, sur le domicile de droit de la femme, pour une poursuite qui tend à faire prononcer la dissolution du mariage...— Rejette, etc.»

29. *L'erreur sur la date du jugement attaqué annulle-t-elle l'acte d'appel ?* (1).

30. *Si la copie de l'exploit ne porte pas la signature de l'huissier, l'exploit est-il nul ?* (2).

31. *On ne peut appeler d'un acte de partage fait en vertu d'un jugement dont on interjette appel.*

PREMIÈRE ESPÈCE. — Les 13 frimaire an 11 et 16 décembre 1813, arrêts de la Cour de Grenoble qui décident la première question : « Attendu qu'il n'y avait point eu d'autre jugement entre les parties.»

DEUXIÈME ESPÈCE. — Le contraire a été jugé le 25 janvier 1810, par arrêt de la Cour de Besançon, qui annulle en même temps l'exploit d'appel, parce que la copie signifiée à l'intimé n'était pas revêtue de la signature de l'huissier.

TROISIÈME ESPÈCE. — 26 mai 1809, jugement par défaut qui entérine un rapport d'experts déterminant des lots, et ordonne qu'il sera procédé à leur tirage au sort. Ce jugement est signifié au défaillant avec assignation à comparaître à un jour indiqué devant un notaire, pour procéder au tirage des lots. Le 20 juillet il leur est signifié procès-verbal de l'opération à laquelle il avait été procédé à leur défaut. Le 11 novembre Laurent, défaillant jusqu'à ce moment, interjette appel du jugement du 26 mai 1809 et en outre d'un autre jugement du 3o *juin dernier* (1809), et même de l'acte de partage, du 17 juin 1807, qu'un jugement du 3o juin 1808 avait déclaré nul. L'appel était en même temps dirigé contre un individu qui avait été partie dans ce dernier jugement. Le 13 février 1811, la Cour de Rennes rend l'arrêt suivant : — « LA COUR; Considérant au fond, premièrement en ce qui touche l'appel interjeté d'un jugement du 3o juin 1809, que ce jugement n'existe pas ; qu'il n'en a pas été rendu, sous cette date, par le tribunal de Châteaubriand, dans l'instance dont il s'agit ;

Considérant, deuxièmement, en ce qui touche l'appel du jugement par défaut du 26 mai 1809, que ce jugement est désormais passé en force de chose jugée, et ne peut plus, par conséquent, être l'objet d'un

---

(1) Voy. J. A., t. 3, p. 218—224, et 404, v° *Appel*, nᵒˢ 102 et 243.

(2) Voy. *infrà*, n° 334, l'arrêt du 13 août 1819.

appel, soit parce qu'ayant été exécuté dès le 19 juin suivant, par le tirage au sort des lots qu'il avait ordonné, le sieur Jean Laurent, instruit de cette exécution par la signification du 20 juillet, n'a fait aucune protestation de se pourvoir contre, ni former aucune opposition, ce qui constitue un acquiescement, soit parce que le délai de trois mois pour appeler ayant commencé à courir de l'époque du 20 juillet, temps auquel l'opposition n'était plus valable, ledit Jean Laurent n'a interjeté appel qu'après ce délai expiré, c'est-à-dire le 11 novembre; —Considérant, troisièmement, sur l'appel de l'acte de partage du 17 juin 1807, que la voie d'appel n'est permise que pour faire réformer les actes qui ont le caractère de jugement et qui sont émanés de l'autorité des tribunaux.

Par tous ces motifs reçoit, dans la forme, l'opposition à l'arrêt du 17 janvier dernier, et, y faisant droit, déclare Jean Laurent mal fondé dans ses moyens d'opposition ; ordonne, en conséquence, que ledit arrêt sortira sa pleine et entière exécution, et condamne l'opposant aux nouveaux dépens, etc. «

32. *L'assignation donnée à un déporté peut l'être au domicile qu'il avait avant la déportation.*

Le sieur Doumerc, de Montauban, frappé de déportation, se relégua à Oleron ; sa femme quitta Montauban, et fixa sa résidence à Stain. La veuve Donault assigna le sieur Doumerc en rescision pour lésion dans la vente d'une maison. L'exploit fut signifié à Montauban. Un jugement du 7 ventose an 9 déclara l'assignation nulle, attendu 1° que le lieu de la relégation était le seul domicile du relégué ; que le sieur Doumerc, depuis la loi du 19 fructidor an 5, n'avait eu d'autre domicile que l'île d'Oléron ; que le domicile de droit avait été légalement changé, tant pour le mari que pour la femme, par la notification juridique que celle-ci avait fait faire de ce changement à la commune de Montauban, le 22 messidor an 6. Un arrêt du tribunal d'Agen infirma ; « Attendu que le déporté, même à perpétuité, conserve son domicile de *droit*, et son domicile de fait dans le lieu où il demeurait avant la déportation ; que la notification faite par la dame Doumerc, le 22 messidor an 6, n'a pu changer le domicile du mari, ni même le sien propre, parce qu'une femme en puissance de mari ne peut avoir d'autre domicile que celui de son mari.»

Pourvoi en cassation, et, le 16 frimaire an 11, arrêt de la section civile ainsi conçu : — « La Cour ; Attendu que la loi du 19 fructidor an 5, en frappant le sieur Doumerc de la peine de déportation, ne lui avait point fait encourir la mort civile, mais l'avait seulement privé de l'administration de ses biens, jusqu'à ce que la déportation eût été effectuée.—Que cela résulte plus évidemment encore de la disposition de la loi du 19 brumaire an 7, qui n'assimile les déportés proscrits aux émigrés, que dans le cas où ils n'auraient pas fait la déclaration qu'elle leur prescrivait dans le délai de deux mois, à partir du jour de la publication; — Que le demandeur avait fait cette déclaration, et s'étant rendu à l'île d'Oléron, en exécution de l'arrêté du directoire exécutif du 28 nivose suivant, il avait, dès le 4 germinal de la même année, obtenu la main levée du sequestre apposé sur ses biens; d'où il suit qu'à compter au moins de cette époque, il avait été réintégré dans l'exercice de tous ses droits civils, et que n'ayant point changé jusqu'alors le lieu de son domicile légal, qui était la commune de Montauban, il a pu, le 14 floréal suivant, être cité valablement en conciliation devant le juge de paix du canton de ce domicile, et, par suite, devant le tribunal de première instance, séant en cette commune.— Que si la dame Doumerc, son épouse, a, dès le 21 messidor précédent, signifié à l'administration municipale de Montauban, qu'elle entendait aller résider à Stain, canton de Pierre-Fitte, département de la Seine, il est évident qu'étant toujours restée sous la puissance de son mari, malgré la déportation contre lui prononcée, elle n'a pu lui acquérir un nouveau domicile, sans un pouvoir spécial de sa part, dont elle n'a jamais justifié, ni en première instance, ni en cause d'appel. — Rejette. »

Nota. MM. Carr., t. 1, p. 184, Delap., t. 1, p. 58, les auteurs du Pr. Fr., t. 1, p. 286, et Comm., t. 1, p. 143, sont d'un avis conforme à cet arrêt; ce dernier auteur pense qu'il faudrait aussi signifier l'ajournement au curateur du condamné, qui se trouve pendant la durée de sa peine en interdiction légale. —Voy. aussi J. A., t. 12, p. 505, v°. *Exceptions* n° 102.

33. *Un exploit n'est pas nul, par cela seul que la date de l'année est omise ou inexacte, si d'ailleurs la partie a pu connaître cette date au moyen des actes signifiés et des énonciations renfermées dans l'exploit.*

Première espèce. — Le 21 thermidor an 10, un jugement du tribunal de cassation admit une requête en cassation. — Le demandeur fit signifier ce jugement, et il fut dans l'exploit transcrit en entier avec les dates des jour, mois et an. L'exploit portait en outre : Donné copie d'un jugement rendu par le tribunal de cassation, section des requêtes, le 21 thermidor an 10. — Il était lui-même daté du 16 fructidor; mais la date de l'année y était omise. Le défendeur en demanda la nullité; mais ce fut en vain. Le 8 nivose an 11, la Cour de cassation, section civile, rendit l'arrêt suivant : — « La Cour; Considérant qu'en tête de l'exploit de signification dont il s'agit, est donnée copie entière de l'arrêt d'admission du 4 messidor an 10, et que ledit exploit de signification d'icelui, daté du 18, énonce ledit jugement du 4 messidor, sous la date du *quatre du présent*, ce qui réfère nécessairement et évidemment la date de l'exploit du 18, ou 18 messidor an 10; sans avoir égard a la demande en nullité dudit exploit, et en déchéance du pourvoi, etc., etc. »

Deuxième espèce. — Le sieur Bousquet fit signifier à sa femme un arrêt d'admission de pourvoi obtenu contre elle. La signification eut lieu le 11 février 1808; mais l'huissier écrivit 1800. Du reste, la date de l'arrêt d'admission était relatée en toutes lettres dans l'exploit. — La dame Bousquet soutint la signification nulle; mais un arrêt de la section civile en jugea autrement. Voici l'arrêt du 8 novembre 1808 : — La Cour; Attendu que la date de l'exploit de signification de l'arrêt d'admission est suffisamment énoncée. — Rejette la fin de non-recevoir. »

Troisième espèce. — La dame Jemma se rend appelante d'un jugement rendu par le tribunal de Prade en faveur du sieur Joffre. — Dans son acte d'appel, le date est énoncée en ces termes : —«L'an mil huit onze, et le vingt-deuxième jour du mois de février. » — L'intimé conclut à la nullité de l'acte d'appel, attendu que sa date étant incomplète, on devait le considérer comme n'étant pas daté. Mais le 28 juillet 1812, la Cour de Montpellier rendit un arrêt ainsi conçu : — « La Cour; Attendu que l'acte d'appel dont il s'agit, renferme dans sa contexture des indications suffisantes pour faire connaître qu'il est daté de 1811 ; — Démet l'intimé de sa demande en nullité. »

Nota. MM. Pig. comm., t. 1er, p. 390, 4e alinéa. Carr., t. 1, p. 146. n° 284, et F. L., t. 1, p. 135, professent sur cette question les mêmes principes qu'ils tirent des considérans, d'un arrêt du 29 décembre 1810, que nous avons rapporté *suprà* n° 9, il en résulte que si l'assigné a pu connaître la date, il n'y a pas nullité. Voy. J. A., t. 34, p. 75, un arrêt du 21 mai 1827, qui décide qu'il ne peut être suppléé au défaut de date d'un acte d'appel par aucune présomption. Voy. aussi *suprà* n° 9, l'arrêt du 2 nivose an 9, et J. A., t. 3, p. 218 et 404, v°, *appel*, n° 102 et 243; on peut invoquer l'opinion du célèbre *Toullier*, qui s'exprime en ces termes t. 8, p. 153, sur les actes notariés : « N'oublions pas que les erreurs ou

» omissions qui se glissent par l'inadvertance du notaire, dans les actes ou
» même dans la date des actes, ne sont pas le plus souvent suffisantes pour
» annuler les actes, lorsqu'on peut facilement les réparer ou les suppléer.
» Par exemple s'il avait écrit : *l'an huit cent dix-sept, l'an mil cent dix-sept,*
» *le mardi premier janvier*, quoique ce fût un *mercredi*, etc., la règle est que
» les erreurs ou omissions de plume ne nuisent point : *Error librarii in*
» *transcribendis verbis non nocet.* »

34. *La signification de l'arrêt d'admission faite à la
femme et au mari, lorsque ce dernier avait seul figuré
jusques là dans l'instance, est nulle à l'égard de la
femme.*

Le sieur Jean Pelleton, exerçant les droits de Marguerite Longuet, sa
femme, avait obtenu jugement en sa faveur contre une action réelle du sieur
Lervoire. — Sur le pourvoi en cassation, celui-ci signifie l'arrêt d'admission,
tant à la femme qu'au mari.—Le 4 ventose an 11, arrêt de la section civile,
par lequel : « — La Cour; Attendu que Marguerite Longuet n'était pas
personnellement en qualité dans l'instance pendante au tribunal de Jonsac,
et dans laquelle est intervenu le jugement attaqué; et qu'ainsi elle a été inutilement appelée devant la Cour de cassation, renvoie ladite dame Longuet de l'assignation à elle donnée, etc. »

35. *Il n'est pas nécessaire, à peine de nullité, que l'exploit d'assignation indique l'heure de la comparution.*

36. *Il n'est pas nécessaire qu'il fasse mention de l'enregistrement des pièces signifiées au demandeur par le
même exploit.*

C'est ce qui résulte d'un arrêt de la Cour de Turin, du 20 floréal an 11; —
« La Cour; Vu l'art. 47 de la loi du 22 frimaire an 7; — Attendu que cet
article n'est pas applicable au défaut de mention de l'enregistrement, sur la
copie des pièces; — Attendu que l'heure des audiences publiques des tribunaux de première instance est notoire, et ne peut surtout être ignorée de
l'avoué, dont le nom doit être coté dans le registre à ce destiné, dans le
terme fixé par l'exploit d'assignation; que l'exploit dont il s'agit porte les
expressions, *à comparaître à l'audience, le sixième jour non férié;* que ces
expressions, dans l'espèce actuelle, peuvent assez désigner, par équivalent,
l'heure de l'assignation, et par là, suffisamment remplir le vœu de la loi;
— Rejette les moyens de nullité, etc. »

Nota. La décision de cet arrêt est d'autant plus remarquable, que la Cour
avait à faire l'application de l'art. 4 des instructions générales pour le Pié-
mont, conçu en ces termes : «L'exploit doit contenir les conclusions, et

sommairement les moyens de la demande ; *il doit désigner* le tribunal, le jour et *l'heure de la comparution.* » (Coff.)

L'art. 61 exigeant seulement l'indication du délai pour comparaître, la nullité ne pouvait être prononcée pour le défaut d'indication de l'heure; mais en serait-il de même dans une citation devant le juge de paix ? L'art. 1, C. P. C., exige que l'heure de la comparution soit indiquée; ce n'est pas là une formalité substantielle de l'acte; on peut concevoir, en effet, que l'indication du jour suffise : ce sera à la partie à connaître l'heure de l'audience du juge de paix, qui est une chose notoire. Dès lors le défendeur étant suffisamment averti, on ne concevrait pas pourquoi le juge de paix ne donnerait pas défaut contre la partie qui ne comparaîtrait pas. Cependant M. Carr., t. 1, p. 5, n° 3, dit que le défaut ne pourrait être prononcé, parce que la loi exige *la mention de l'heure* ; les auteurs du Pr. Fr., t. 1, p. 114, 7°, semblent partager cette opinion ; mais M. Delap., t. 1, p. 5, est d'un avis contraire.— Voy. ce que nous avons dit, J. A., t. 3, p. 485, v° *Appel*, *à la note.*

37. *Lorsqu'une société a été assignée en première instance sous sa raison sociale, les associés peuvent être assignés en appel sous leur nom personnel* (1).

Le sieur Jean Bart, chargé de la fourniture des viandes, s'associe avec Pardaillant, Desgrais et Tillement. Des effets, souscrits Jean Bart et compagnie, ayant été protestés, le sieur Lenoble, porteur, assigne la société Jean Bart et compagnie devant le tribunal de commerce. — Jugement qui condamne. — Appel. — Le sieur Lenoble, anticipant, assigne personnellement Jean Bart, Pardaillant, Desgrais et Tillement. — Ils soutiennent l'assignation nulle. — Le 29 floréal an 10, arrêt de la Cour de Paris, par lequel, — « La Cour; Attendu que le jugement dont est appel, étant rendu contre Jean Bart et compagnie, était nécessairement réputé contre chacun des membres de la société; d'où il suivait que Pardaillant et autres avaient épuisé le premier degré de juridiction, les déclare non-recevables.» — Sur le pourvoi en cassation, arrêt de la section civile du 27 germinal an 11, qui rejette, « attendu que les associés n'étant connus d'abord que sous la raison sociale, ils n'avaient pu être assignés que collectivement en première instance. »

38. *Celui qui a fait des offres réelles peut être valablement assigné au domicile élu dans l'exploit* (2).

Le 12 pluviose an 11, jugement du tribunal de commerce de Paris, par

---

(1) Voy. *infra*, n° 121, l'arrêt du 21 novembre 1808.

(2) Voy. M. Carr., t. 1, p. 177, note 1, n° 9.

lequel : « Attendu que la veuve Baudrier avait élu son domicile chez Cousin, avoué, par son exploit d'offres réelles, et qu'une demande relative auxdites offres a été valablement formée à ce domicile élu, déboute la veuve Baudrier de sa demande en nullité, et ordonne qu'elle défendra au fond. » — Sur l'appel, arrêt du 7 messidor an 11, par lequel, la Cour d'appel de Paris adoptant les motifs des premiers juges, dit bien jugé.

39. *La signification d'un arrêt d'admission peut être faite au domicile élu en première instance , si la partie n'a pas fait connaître son véritable domicile* (1).

Arrêt de la Cour de cassation, sect. civ., en date du 16 messidor an 11. — « La Cour ; Attendu, 1° que dans la citation du 8 messidor an 5, à fin de conciliation, la dame Voyer, alors veuve Broglie, a déclaré faire son élection de domicile en celui de François-Thibault Gast, à Bolviller, et que cette élection de domicile a été répétée dans l'exploit introductif de demande, sans que l'un ni l'autre de ces actes ait fait mention du lieu où cette dame était réellement domiciliée ; 2° que dans le jugement de première instance du 26 nivose an 7, les défendeurs à la cassation ont été simplement dénommés Marc-René Voyer, et Sophie Rosen, son épouse, ci-devant veuve Broglie, sans nulle indication de leur demeure ; que ce jugement leur a été signifié de même sans désignation de leur domicile, en ces termes : « en parlant pour eux au domicile du sieur Gast, leur receveur, parlant à sa servante, » et que rien ne justifie qu'ils s'en soient plaints, encore que, selon le certificat par eux produit à la Cour de cassation seulement, ils fussent alors domiciliés aux Ormes ; 3° que, loin d'avoir élevé une question de domicile, soit devant les premiers juges, soit sur l'appel, ils ont souffert qu'on les qualifiât dans le jugement même du tribunal des Vosges, du 5 floréal an 8, dans les termes suivans : Marc-René Voyer, demeurant à Boulogne, et Sophie Rosen, son épouse, appelans, sans que rien même indiquât quel était le Boulogne où ils demeuraient, et que cette indication de demeure à Boulogne était de nature à éloigner toute idée qu'ils fussent néanmoins domiciliés aux Ormes ; de tout quoi il résulte que c'est à eux à s'imputer l'incertitude dans laquelle Hasenforder a dû être sur leur vrai domicile ; ce qui a suffi pour valider les exploits qu'il leur a fait notifier au domicile élu, et non révoqué, chez le sieur Gast ; ce qui a suffi aussi pour qu'ils ne soient point recevables à se plaindre de ce que l'arrêt d'admission qui leur a été notifié comme demeurant à Bolviller, en parlant au sieur Gast, receveur du sieur Voyer, demeurant au domicile du sieur Voyer » (ce sont les termes de l'exploit), ne leur ait pas été notifié en la commune des

____

(1) Voy. *infra*, n° 284, l'arrêt du 27 juillet 1816.

Ormes; — Sans avoir égard à la fin de non-recevoir proposée par le sieur Voyer et son épouse, passe à l'examen de la demande en cassation.»

40. *Un exploit de signification doit , à peine de nullité, énoncer que la copie a été laissée au domi ile de la partie assignée, lorsque la signification n'a pas été faite en parlant à sa personne* (1).

Première espèce.— Une signification faite à la veuve Laland : par la régie de l'enregistrement, était ainsi conçue : « Laissé à la veuve Lalande, habitante de la mairie de Bordeaux, rue Rouffart, parlant à sa domestique.» Cet exploit fut déclaré nul le 26 fructidor an 11 par arrêt de la section civile , conçu en ces termes : —« La Cour; vu l'art. 3 du titre 2 de l'ordonnance de 1667, qui veut , à peine de nullité, que tous exploits d'ajournement soient faits à personne ou domicile; et attendu que l'exploit de signification du jugement d'admission du mémoire de la régie à la dame Lalande, n'énonce point qu'elle ait été faite à sa personne ou domicile, mais seulement à un domestique , sans désigner si c'est au domicile de la dame Lalande que ce domestique a été trouvé; d'où il suit que le vœu de la loi n'a pas été rempli, quoiqu'elle l'exige cependant à peine de nullité; — Déclare en conséquence ladite signification nulle , etc. »

Deuxième espèce. — Arrêt de la Cour d'appel de Montpellier du 3 décembre 1810, rendu en ces termes entre le sieur Riboux et le sieur Descoins : « — La Cour ; Attendu que l'art. 68, C. P. C., prescrit que l'assignation soit donnée à personne ou domicile; que l'art. 70 prononce la peine de nullité en cas de contravention, et que dans l'espèce, la copie de l'exploit dont s'agit , a été laissée en parlant à la femme de l'intimé , sans dire dans quel domicile...; annule l'assignation en appel dont il s'agit. »

41. *L'assignation donnée aux fins de plaider la cause sur la compétence d'un tribunal, sans rapporter les moyens et conclusions du fond , n'est pas suffisamment libellée* (2).

Un jugement du tribunal d'appel de Liége avait annulé un exploit comme n'étant pas suffisamment libellé. L'assignation était ainsi conçue : — « Pour « voir plaider la cause sur la compétence du tribunal, au sujet du pourvoi « en requête civile dont il s'agit ; pour après cette détermination, être pris

---

(1) Les auteurs du Pr. Fr., t. 1, p. 304, MM. B. S. P., p. 202, note 33, n° 3, et Carr., t. 1, p. 176, note 1, n° 1, partagent cette opinion qui est, selon M. Carré, la conséquence immédiate des termes dans lesquels l'art. 61 est conçu.

(2) Voy. M. Carr., t. 1, p. 160, qui cite cet arrêt en l'approuvant.

« devant qui il appartiendra telles conclusions que de droit. » — Un pourvoi fut formé contre ce jugement, mais la section civile de la Cour le rejeta par arrêt du 27 fructidor an 11.

42. *Les assignations à bref délai sont susceptibles d'une augmentation de délai proportionnée à l'éloignement du domicile de l'assigné.*

Première espèce. — Un arrêt de cassation du 25 vendémaire an 12, l'a ainsi décidé, dans l'affaire des sieurs Jouin et Limoges ; — « La Cour ; Considérant que les assignations, pour plaider devant les Cours d'appel, doivent être données à huitaine ; et que, si la nature de l'affaire permettait, dans l'espèce, de réduire le délai de huitaine à trois jours, du moins l'assigné domicilié à Rennes devait-il avoir autant de jours de délai au-delà du premier, qu'il y a de fois cinq myriamètres de distance entre Paris et Rennes ; et qu'il n'a pu être jugé le 6 germinal, sur une assignation du 2, sans une précipitation évidente et une violation formelle de l'ordonnance de 1667 ; — Casse, etc. »

Deuxième espèce. — Une ordonnance du président du tribunal de Furnes, autorisa le sieur Monaut à assigner à trois jours la demoiselle Lehouc. Cette ordonnance lui fut signifiée le 2 novembre 1808, avec assignation, pour comparaître le 5 du même mois devant le tribunal. La défenderesse ne se présenta que pour demander la nullité de l'assignation, mais le tribunal, sans s'arrêter à ce moyen, la condamna au fond par défaut ; elle en appela, et la Cour de Bruxelles rendit en sa faveur l'arrêt suivant, sous la date du 12 juillet 1809 ; — « La Cour ; Attendu que la permission de citer à bref délai ne contient pas le jour fixe de la comparution, mais porte simplement l'autorisation d'assigner à trois jours ; — Qu'aux termes de l'art. 1033, C. P. C., le délai ne comprend ni le jour de l'assignation, ni le jour de l'échéance ; qu'ainsi, suivant cet article, les trois jours devaient être francs ; d'où il suit, que l'assignation donnée pour le quatrième est nulle, de même que le jugement intervenu sur cette assignation, et que le premier juge aurait dû accueillir cette nullité, d'après l'art. 61 du même Code, qui, en prescrivant l'obligation d'indiquer le délai, doit s'entendre du délai réglé par la loi... Met l'appellation et ce dont est appel au néant ; — Déclare nul l'exploit d'ajournement du 2 novembre 1808, ainsi que le jugement par défaut qui s'en est suivi le 5 du même mois. »

Nota. MM. B. S. P., p. 148 et 384, Pig. Comm., t. 1, p. 202, et F. L., t. 1, p. 146, professent une opinion conforme à ces arrêts. M. Pig. objecte que l'art. 1033 semble ne parler que du délai général ; mais le droit de la défense exige d'étendre sa disposition au bref délai. M. F. L. fait observer qu'il faut distinguer entre le cas où l'ordonnance du juge permet d'assigner à

jour fixe, et celui où l'assignation doit être donnée à trois jours, par
exemple ; dans le premier cas, il ne peut pas y avoir lieu à augmentation
de délai. Voy. aussi M. LEP., p. 117. Voy. *infra*, n° 271, les arrêts de délai pour assignation à domicile élu.

43. *Est valable l'assignation à bref délai donnée par l'in-*
   timé, au domicile élu par l'appelant, avec protestation
   de nullité des exploits qui lui seraient donnés ailleurs.
   (Art. 68, C. P. C.)

44. *Lorsque dans plusieurs actes de procédure un indi-*
   vidu a été annoncé comme domicilié au lieu où siége le
   tribunal, sans aucune réclamation de sa part, une as-
   signation lui est valablement donnée dans les délais
   ordinaires (1).

C'est ce qu'a décidé la Cour de Paris, le 24 brumaire an 12, par l'arrêt
suivant : — « LA COUR ; Attendu qu'il s'agit de récusation ; que la citation
a pu être donnée à bref délai ; qu'elle l'a été régulièrement au domicile in-
définiment élu par *Simon*, chez *Hocmel*, par acte des 9 et 13 fructidor,
avec réquisition que tous actes et exploits de justice lui fussent signifiés à ce
domicile, et non ailleurs, à peine de nullité ; — Attendu que dans divers
jugemens contradictoires du tribunal de commerce et d'appel, *Simon* a été
qualifié habitant de *Paris*, sans avoir réclamé contre cette indication de
domicile ; d'où il suit qu'il est non-recevable à proposer aucun moyen de
nullité, de ce que dans l'ajournement, on n'a pas ajouté de jours, à raison
des distances ; déboute *Simon* de ses moyens de nullité ; ordonne que les
parties plaideront au fond ; le condamne aux dépens de l'incident, etc. »

45. *Un exploit n'est pas nul, parce que le nom de la*
   personne à laquelle il est signifié, n'est pas écrit de la
   main de l'huissier (Art. 61.) (2).

Quoiqu'elle se soit présentée long-temps avant l'émission du Code de procédure, je pense que cette question serait résolue de la même manière aujourd'hui, parce que l'art. 61 de ce Code ne paraît pas exiger que les énonciations renfermées dans un exploit, soient écrites de la main de l'huissier
lui-même. (COFF.)

Le sieur Colombo s'est pourvu devant la Cour d'appel de Turin, en nullité de deux jugemens par défaut rendus contre lui par le tribunal de pre-

____

(1) Voy. *infra*, n° 177, les arrêts des 5 juin 1811, et 9 septembre 1820.

(2) C'est aussi l'opinion de M. PIG. COMM., t. 1, p. 178. Voy. *infra*,
n°s 76, 137 et 238, les arrêts des 25 avril 1807, 22 décembre 1809, et 13
mai 1813.

mière instance d'Alexandrie. — Il a fait résulter un de ses moyens de nullité, de ce que, dans l'exploit introductif d'instance, ses nom et prénoms n'étaient pas écrits de la main de l'huissier. — Mais un arrêt de la 2ᵉ section de cette Cour, sous la date du 24 germinal an 12, a déclaré l'exploit valable ; — « Attendu que l'irrégularité commise par l'huissier, n'ayant pas écrit de sa main les nom et prénoms du susdit Colombo, dans l'exploit du 17 fructidor an 10, n'était pas un motif de nullité. »

46. *Une assignation donnée à un délai plus court que celui fixé par l'ordonnance obtenue du président, est nulle, et de nul effet* (1).

La Cour de cassation, section civile, l'a ainsi décidé le 3 prairial an 12 : — « LA COUR , vu l'art. 1ᵉʳ du tit. 2 de l'ordonnance de 1667, vu aussi l'ordonnance rendue le 25 thermidor an 10 par le tribunal de Dijon ; et attendu que, régulièrement, Courdier ne pouvait être assigné à comparaître sur son appel que dans le délai fixé par l'art. 1ᵉʳ du tit. 2 ci-dessus cité ; que le tribunal d'appel de Dijon n'avait abrégé ce délai , qu'à la charge de faire donner l'assignation à Courdier, dix jours avant le 21 fructidor an 10 que l'assignation n'avait été donnée que le 14 pour le 21, et que ce tribunal, au lieu d'annuler une semblable assignation, comme donnée à un délai plus court que celui prescrit par sa propre ordonnance, a condamné , ledit jour 21 fructidor, Courdier sans l'entendre, encore bien qu'il n'eût été cité que sept jours avant celui auquel l'audience avait été indiquée. — Par ces motifs casse et annule. »

47. *Toutes significations , poursuites et demandes relatives à l'instance engagée , peuvent être faites au domicile élu dans l'acte d'appel, encore qu'il y soit dit que l'élection est faite sans aucune autre attribution.* (2)

48. *Lorsque dans le cours d'une instance une partie change de domicile sans remplir les formalités voulues par l'art. 104, C. C., l'assignation peut être donnée à l'ancien domicile, sans observer les délais à l'égard du nouveau* (3).

Des arbitres nommés par le tribunal de commerce de Paris avaient été chargés de juger un procès en reddition de comptes entre Simons et Tort-Delasonde. Il fallut revenir devant le tribunal pour nommer un tiers arbitre.

------

(1) Voy. M. CARR. , t. 1, p. 199, not. 1.

(2) Voy. *infra*, n° 144, l'arrêt du 21 février 1810, et *supra*, n° 8, celui du 21 prairial an 8.

(3) Voy. *infra* , n° 284, l'arrêt du 27 juillet 1816.

Le sieur Legras fut choisi d'office par le tribunal; le sieur Simons éleva contre lui une récusation péremptoire. Le tribunal ordonna qu'il serait passé outre: appel de la part de Simons, qui, demeurant d'abord à Paris et depuis à Anvers, fait élection de domicile chez Hocmelle, avoué à Paris, *sans aucune autre attribution.* Tort-Delasonde assigne à ce domicile à bref délai. — Arrêt de la cour de Paris qui confirme le jugement de première instance; pourvoi en cassation, et, le 13 germinal an 12, arrêt de la section des requêtes, par lequel: — « La Cour, vu, sur le 1er moyen, l'art. 111, C.C.; Attendu que par l'acte d'appel du 25 vendémiaire an 12, en suite duquel les jugemens attaqués ont été prononcés, le demandeur avait élu son domicile chez l'avoué Hocmelle; — qu'il résulte de l'art. ci-dessus cité qu'on pouvait faire chez Hocmelle, au demandeur, les significations, poursuites et demandes relatives à ce même acte d'appel du 25 ventôse an 12; et qu'ainsi l'élection de domicile chez Hocmelle doit être considérée comme un mandat donné pendant le cours de cette instance d'appel; — Attendu que les mots *sans aucune autre attribution,* qui sont insérés dans le même exploit, ne signifient autre chose sinon qu'Hocmelle n'avait de mandat que pour recevoir valablement les exploits qui seraient donnés au demandeur dans ladite instance; — D'où il suit que la cour de Paris a pu, sans violer l'art. 3 du tit. 2 de l'ordonnance de 1667, et qu'elle a même dû déclarer valable l'ajournement sur appel donné au demandeur, de la part du sieur Tort-Delasonde au domicile que lui demandeur avait élu chez Hocmelle; — Vu, sur le second moyen, les art. 103 et 104, C. C.; — Attendu que le demandeur avait son domicile à Paris lorsqu'a commencé le procès qui existe entre lui et Tort-Delasonde; Que dans les divers jugemens prononcés dans cette affaire, le demandeur a été qualifié d'habitant à Paris, sans qu'il ait formé aucune réclamation contre cette indication de domicile; que s'il a voulu réellement changer de domicile pendant le cours de la procédure, la preuve de son intention à cet égard devait résulter, selon l'art. 104 C. C., d'une déclaration expresse faite tant à la municipalité du lieu qu'il quittait qu'à celle du lieu où il avait transféré son domicile; que rien n'annonce qu'il ait produit cette preuve à la Cour de Paris, laquelle a pu dès-lors, sans violer l'art. 1 de l'ordonnance de 1667, le faire assigner dans le même délai dans lequel elle aurait pu faire assigner tout autre individu vraiment domicilié à Paris, malgré son changement de domicile; changement dont la preuve n'existait pas au désir de la loi. — Rejette, etc. »

49. *Les significations peuvent être faites à l'ancien domicile tant que le changement intervenu n'a pas été notifié à la partie.*

Première Espèce. — Le sieur Perard s'était dit, dans un acte d'appel, domicilié à Dijon ; pendant l'instruction , il changea de domicile, mais sans le notifier à la commune de Brognon, contre qui il plaidait ; aussi celui-ci lui fait signifier à l'ancien domicile à Dijon une sentence arbitrale ; le sieur Perard s'est pourvu en cassation plusieurs années après prétendant être encore dans les délais utiles, attendu que la signification n'avait pas été faite à son domicile. Mais la Cour de cassation, par arrêt de la section civile du 16 fructidor an 12, a déclaré le pourvoi non-recevable.

DEUXIÈME ESPÈCE. — Le sieur Ponte Sombriasco était domicilié à Turin ; dans un acte d'appel d'un jugement obtenu contre lui par le sieur Seyssel , il avait indiqué ce domicile ; depuis nommé chambellan de Bonaparte, il transporta son domicile à Paris , et en fit la déclaration à la mairie de Turin, dans quelques actes de la procédure d'appel il se dit même domicilié à Paris. Cependant l'arrêt rendu en appel lui fut signifié par Seyssel à son ancien domicile à Turin ; il forma opposition à l'exécution et demanda la nullité de la signification ; mais le 19 mai 1807, arrêt de la Cour d'appel de Turin, ainsi conçu :—« Attendu, 1° que l'acte de déclaration fait par le sieur Ponte, le 17 brumaire an 14, d'être appelant du jugement du tribunal de première instance, porte expressément qu'il était domicilié à Turin ; 2° que quoiqu'en plusieurs écritures qui ont précédé l'arrêt du 28 février, ainsi que dans l'énonciation de ce même arrêt, le défendeur y soit qualifié domicilié à Paris, il n'est pas moins vrai que les déclarations faites auxdites municipalités de Turin et de Paris n'ont pas été notifiées au sieur Seyssel, qui auparavant n'en avait aucune connaissance, puisque ce n'est qu'à l'audience et au moment que la cause se plaidait, qu'elles furent exhibées ; 3° qu'une telle notification serait d'un préalable nécessaire aux fins d'opérer vis-à-vis d'un tiers les effets d'un changement de domicile différent de celui établi dans l'acte introductif de l'instance ; c'est là une formalité qui ne saurait être remplacée par la simple énonciation d'un autre domicile, qui ait pu se glisser dans le cours de la procédure. Car, à défaut d'une telle notification, un tiers intéressé n'a dû y voir que des qualifications indifférentes , et dont les effets qui pouvaient en dériver ne devaient pas se rapporter à lui ; 4° qu'en conséquence, le sieur Seyssel qui n'avait aucun motif de soupçonner qu'il fût dans l'intention du sieur Ponte de faire valoir dans le cours de cette instance les effets du prétendu changement de son domicile, ne s'en occupa pas davantage , et l'huissier se borna à le qualifier comme demeurant nouvellement à Turin ; ce n'est donc qu'après le moyen de nullité proposé contre lesdites significations , que la question sur le point si Ponte a changé son principal établissement, peut présenter au sieur Seyssel un intérêt à discuter ; 5° dans la déclaration faite à la mairie de Turin, le sieur Ponte, en la personne de son secrétaire fondé de pouvoir *ad hoc*, y fixa son domicile de droit à Paris ; c'est là une phrase fort équivoque, puisque ces expressions qui, dans la même déclaration, se trouvent placées après que l'on y avait énoncé l'emploi de chambellan de S. M. l'empereur et roi, que le sieur Ponte avait obtenu, paraissent vouloir plutôt indiquer que Ponte se regardait domicilié à Paris, à cause de son emploi, ce qui se rapporterait à un domicile de dignité ; mais on ne peut pas confondre des fonctions temporaires avec le domicile civil, à moins qu'il ne s'agisse des droits ayant rapport au même titre et office. (Rodier, quest. 5, art. 3, tit. 2 de l'ordonnance de 1667), et ce d'autant plus dans l'espèce, qu'il s'agit des fonctions qui n'exigent la présence de la personne qui en est revêtu, que pour un bref espace de temps ; 6° qu'à supposer que la déclaration dont il s'agit dût ainsi être prise dans le sens qui se présente d'abord, elle prêterait matière à de nouvelles questions ; car tandis qu'on déclare à Turin que le domicile du sieur Ponte est un domicile de droit, l'esprit de litige pourrait, d'un autre côté, faire soutenir devant les tribunaux de Paris qu'un domicile de droit ne constitue pas le véritable domicile, si le fait de l'habitation réelle cesse d'y concourir ; 7° que le sieur Ponte, en personne de ses défenseurs, n'a su ni pu contester à l'audience les faits et les circonstances qui lui ont été allégués par le sieur Seyssel ; savoir, que lui Ponte n'a jamais cessé, même pendant son service, de tenir habitation à Turin pour les gens de sa maison, où, après son retour, il demeure constamment, sauf quelques semaines qu'il passe dans ses terres, qui sont sises, ainsi que son très considérable patrimoine, au département du Pô ; que c'est à Turin qu'est le centre de ses affaires, et entr'autres pour tout ce qui a rapport à sa liquidation passive avec ses sous-traitans, dépendamment à ses entreprises de fourniture aux armées française et piémontaise en l'année 1810 ; 8° que ces allégations coïncideraient en effet, soit avec la déclaration sus-énoncée faite à la municipalité de Turin, d'où il résulte qu'elle y a été faite par le secrétaire du sieur Ponte qui s'y est qualifié domicilié à Turin, soit avec les affaires des fournitures et entreprises susdites dont font foi plusieurs arrêts de la Cour, soit avec la rémission des deux exploits dont il s'agit, copie desquels a été laissée par l'huissier, à la maison propre du sieur Ponte et à un de ses domestiques même, soit enfin l'opposition qu'au moyen d'un huissier, il a d'abord fait contre l'acte susdit de commandement ; 9.° que dût-on même faire abstraction des autres moyens ci-dessus énoncés qui excluent en droit les conditions nécessaires pour opérer vis-à-vis d'un tiers, et surtout dans le cours d'une instance, les effets du changement de domicile, il deviendrait toujours constant que dans l'ensemble des faits et des circonstances susdites on ne pourrait pas, en l'état, reconnaître assez sincère la déclaration du sieur Ponte d'avoir changé son principal établissement; qu'au contraire, tout porte à la conviction qu'elle paraît plutôt dirigée à éluder la juridiction de ses juges naturels, et à dérouter les poursuites de ses créanciers; qu'il est ainsi du devoir des juges d'écarter de pareils moyens frustratoires; — Par ces considérations, sans s'arrêter ni avoir égard aux oppositions faites par le sieur Ponte à l'acte de signification de l'arrêt de la Cour du 28 du même mois de février dernier, ni à celui de commandement du 11 courant, en ce qui concerne le prétendu défaut de signification, déclare ces actes valables et dûment signifiés.»

Troisième espèce. — A suite d'une demande par elle formée contre le sieur Houbé, la dame Elleviou obtient du tribunal de Versailles un jugement par défaut qui lui adjuge ses conclusions.—Elle le fait signifier au défaillant, au même domicile, où tous les actes de la procédure lui avaient été signifiés. — Houbé se rend opposant au jugement et excipe de la nullité de la signification, en alléguant qu'il avait acquis un nouveau domicile. — Mais un jugement contradictoire, sous la date du 1er mars 1810, rejette le moyen de nullité..... « Attendu que la signification a été faite au domicile du sieur Houbé, et qu'il a à s'imputer de n'avoir pas fait notifier un changement de domicile. » — Appel. — Et le 30 janvier 1811 arrêt de la Cour d'appel de Paris, par lequel — « La Cour... par les motifs qui ont déterminé les premiers juges, déboute Houbé de l'opposition par lui formée à l'exécution de l'arrêt rendu contre lui par défaut, le 17 novembre dernier; ordonne que ledit arrêt sera exécuté selon sa forme et teneur.»

OBSERVATIONS.

M. Carr., t. 1, p. 182, n° 355, examinant cette question, rapporte l'opinion de Rodier, qui pense qu'il faut distinguer le cas où l'assignation était affichée à la porte, conformément à l'ordonnance de 1667, et celui où elle est remise à quelqu'un dans l'ancien domicile; dans le premier cas, l'assignation est valable, dans le second elle est nulle. Assimilant l'affiche à la porte à la remise au voisin ou au maire, M. Carr. se demande si l'assignation ainsi accompagnée des formalités de l'art. 68, C.P.C.,

serait valable; il objecte que le voisin a dû avertir l'huissier du changement de domicile, et que l'habitation de personnes étrangères dans
l'ancien domicile de l'assigné ont dû faire supposer ce changement ; ces
circonstances diverses, dit-il, doivent laisser la solution de la question
à la conscience des magistrats ; mais dans le cas où la copie a été laissée
à quelqu'un, à l'ancien domicile, M. Carr. pense, comme Rodier, que
l'exploit est nul, à moins que cette personne ne se soit dite parent ou
serviteur de l'assigné. M. Pig., Comm., t. 1, p. 192, pense également que
la copie peut être laissée à l'ancien domicile quand le nouveau n'est
prouvé ni par une déclaration ni par des circonstances. — Voy. *infrà*,
n° 106, l'arrêt du 3 mai 1808. Voy. aussi J. A., t. 25, p. 95, un arrêt du
15 mars 1823, qui décide que, lorsque le changement de domicile a été
notifié, la signification faite à l'ancien est nulle, sans qu'on soit admis à
prouver que l'assigné continuait d'y demeurer. — Cependant M. Pig.
Comm. enseigne, t. 1, p. 192, que « relativement aux significations,
l'usage est de considérer la personne comme domiciliée au lieu où elle
habite réellement, et invoque un arrêt du 27 août 1827, J.A., v° *Exceptions*,
n° 29 ; mais dans l'espèce de cet arrêt, le domicile de droit n'était pas
connu.

50. *La signification d'un arrêt d'admission doit être faite*
à chacun des héritiers, à personne ou domicile : la
sommation faite à celui qui reçoit une signification d'a-
vertir les autres, ne suffit pas (1).

La veuve Avelin était décédée après l'arrêt d'admission qui permettait
de l'assigner. — La signification de cet arrêt est faite à l'un des héritiers,
avec sommation d'avertir les autres. — Le 23 fructidor an 12, arrêt de
la section civile, qui statue en ces termes : — « La Cour, vu les art. 28
et 30, tit. 1er Régl. du Cons. du 28 juin 1738 ;—Considérant que de toutes
les parties défenderesses à la cassation dans la présente affaire, il n'en est
qu'une seule à laquelle la signification de l'arrêt d'admission du 27 vendémiaire an 11, ait été faite régulièrement, et dans le délai voulu par
l'art 30 du tit. 1er du réglement de 1738, et qu'à l'égard des autres défendeurs, la signification dudit arrêt d'admission n'a été faite ni à personne,
ni à domicile ; —Déclare le demandeur déchu à l'égard de ces derniers. »

____

(1) Voy. *infrà*, n° 258, l'arrêt du 6 septembre 1814.

51. *Peut-il être suppléé au défaut de représentation d'un exploit de signification ?*

52. *On peut joindre l'appel d'un jugement sur une demande qui requiert célérité avec l'appel d'un autre jugement qui ne paraît pas avoir le même caractère* (1).

Sans doute plusieurs circonstances peuvent se réunir pour prouver, d'une manière non équivoque, qu'une signification a eu véritablement lieu ; mais peut-on établir une preuve complète de la validité de cette même signification ? Non, sans doute : il est évident qu'une telle preuve ne peut résulter que de la représentation de l'exploit lui-même, et que, par conséquent, rien ne peut suppléer au défaut de représentation de cet acte. (Coff.)

Première espèce. — La commune d'Ansouis a soutenu le pourvoi du sieur Portalis non recevable, comme ayant été formé tardivement. Elle a fondé sa fin de non-recevoir sur une prétendue signification du jugement attaqué, dont elle ne représentait point l'original, qui, disait-elle, avait été égaré ; mais elle a cru y suppléer par plusieurs actes et extraits de registres desquels paraissait résulter la preuve certaine que la signification du jugement attaqué avait eu lieu à la date qu'elle lui indiquait.

Cette preuve a cependant paru insuffisante à la cour, qui a rendu, le 7 brumaire an 13, l'arrêt suivant : — « La Cour; Attendu que la commune d'Ansouis ne justifie pas d'une signification du jugement attaqué, faite à personne ou à domicile, conformément à l'art. 14 de la loi du 1er décembre 1790 ; et que, lors même qu'on pourrait induire des pièces produites par la commune, que ce jugement a été signifié, rien ne prouve que cette signification ait été régulière et légale; ce qui était nécessaire pour opérer la déchéance du pourvoi en cassation ; — Rejette la fin de non-recevoir, etc. »

Deuxième espèce.—Arrêt de la Cour de Riom, du 28 décembre 1808, ainsi rendu : — « La Cour ; Attendu qu'il résulte de l'extrait délivré par le receveur de l'enregistrement de Cunlhat, que, postérieurement à ladite sentence, il a été enregistré un acte de signification, qui, à défaut de preuve contraire, ne peut se rapporter qu'à cette même sentence ; lequel acte de signification étant sous la date du 14 août 1778, il en résulte aussi que l'appel de la sentence du 9 juillet 1778 n'est pas venu dans le délai ;

---

(1) Cette question est jugée à la quatrième espèce.

— Déclare les parties de Pagès non-recevables dans leur appel de la sentence du 9 juillet 1778.

TROISIÈME ESPÈCE. — En l'an 9, le sieur Bellanger dirigea une poursuite en expropriation forcée contre la demoiselle Lallemand; un jugement d'adjudication fut rendu par défaut, contre la partie saisie, qui ne fut représentée que par le ministère public. — Après un silence de plus de 10 ans, au mois de mai 1812, elle voulut attaquer, par la voie de la tierce opposition, le jugement par lequel Bellanger s'était rendu lui-même adjudicataire de ses biens. — Elle s'appuyait sur ce qu'elle n'avait pas été appelée dans l'instance, ou qu'elle n'y avait été appelée que par des actes irréguliers et nuls. Bellanger n'avait conservé de la procédure que le commandement et le jugement d'adjudication; il crut pouvoir établir l'existence et la régularité des actes par lesquels la demoiselle Lallemand avait été appelée, en présentant des extraits de l'enregistrement de ces actes. Il succomba en première instance, mais ses conclusions furent accueillies en appel, par l'arrêt suivant de la Cour de Nancy, en date du 23 novembre 1812. — « LA COUR; Attendu que le commandement prescrit par l'art. 2 de la loi de brumaire an 7, a été fait le 16 prairial an 9 à Urville, au domicile de la demoiselle Lallemand, commandement qu'elle a avoué, puisqu'elle a écrit de Paris le 26 du même mois, à Bellanger, que sa sœur l'en avait informée; que si, après un laps de plus de 10 ans, les procès-verbaux d'apposition d'affiches, et de leur notification à la partie saisie, voulus par les art. 5 et 6 de la même loi, ne sont point représentés, le poursuivant, qui ne se croyait pas sans doute dans la nécessité de conserver si long-temps ces pièces, y supplée aujourd'hui autant qu'il est en lui; qu'à cet effet, il produit un premier extrait du registre du bureau des hypothèques de Neuf-Château, du 12 thermidor an 9, constatant l'inscription de deux procès-verbaux d'affiches, à fin de saisie et expropriation des immeubles de la demoiselle Lallemand, demeurant à Urville, et conséquemment la rédaction effective de ces procès-verbaux, avec l'apposition des affiches faite à Urville, le 10 thermidor, puisque la demoiselle Lallemand est indiquée comme résidant dans cette commune; le tout à la réquisition de Claude Bellanger, dont la mise à prix est dite être de 1000 francs; que Bellanger produit aussi un extrait du même bureau, du 16 dudit mois, justifiant l'inscription d'un exploit de notification, fait à la demoiselle Lallemand, demeurant à Urville, ainsi qu'à ses créanciers hypothécaires, des procès-verbaux d'affiches à fin de saisie expropriation des immeubles de la demoiselle Lallemand, à la requête de

Bellanger ; qu'il conste de ces deux extraits, non-seulement que cette dernière a été introduite au procès comme partie saisie, mais encore qu'elle a été touchée de tous les actes de procédure à Urville, lieu qu'elle n'a jamais prétendu ne pas être celui de son domicile de droit ; que ce qui achève de démontrer la vérité de ce qui précède, c'est que le jugement d'adjudication du 8 fructidor a aussi été notifié à la partie saisie, en son domicile à Urville, par affiche à la porte de sa maison ; qu'en vain, pour atténuer cette preuve, la demoiselle Lallemand objecte que c'est le commissaire du gouvernement près le tribunal de Neuf-Château qui l'a représentée indûment au procès, quoique non réputée absente, comme on le voit dans les conclusions qu'il a prises au jugement d'adjudication, lorsque d'ailleurs le contraire est démontré. Malgré cette irrégulière représentation, dont le fait est étranger au poursuivant, et, par conséquent, ne peut nuire à ses droits, dès l'instant que l'existence des actes de la procédure est démontrée par la représentation des extraits dont il vient d'être parlé, on doit présumer, après plus de 10 ans, qu'ils sont réguliers, d'autant plus que la demoiselle Lallemand ne prouve pas le contraire par la représentation des copies qui lui ont été données ; que, d'après tout ce qui précède, il est incontestable que ladite demoiselle Lallemand a été appelée à la procédure d'adjudication de ses immeubles, et, par conséquent, ne peut être considérée comme une personne tierce à l'égard de ce jugement ; — Attendu que la tierce-opposition est une action extraordinaire, introduite seulement par l'ancienne jurisprudence et les lois actuelles en faveur d'une personne étrangère à un procès, contre un jugement rendu sans y avoir été partie ou dénommée, mais qui nuirait à ses droits ; que, d'après ce principe consacré par tous les auteurs, la demoiselle Lallemand ne peut dire qu'elle n'a pas été partie ni dénommée dans le jugement d'adjudication de ses immeubles ; qu'en admettant, pour un moment, que les actes de la procédure qui ont précédé l'adjudication, ne lui auraient pas été valablement notifiés, ce qui lui aurait fourni prétexte de ne pas comparaître d'abord en justice pour les attaquer comme nuls, il n'en serait pas moins vrai que l'expropriation aurait été formalisée contre elle, et que c'est sur elle-même que la vente de ses immeubles aurait été poursuivie, et non sur une autre personne ; que dans ce cas, et ayant fait défaut jusqu'alors, la voie qui lui était ouverte contre le jugement qui la dépouillait, mais qui lui avait été signifié à son domicile, était celle de l'opposition ou de l'appel, par où elle pouvait faire réformer les irrégularités commises à son égard ; que loin de là, elle a laissé écouler dans un silence de plus de 10 ans, tous les délais que la loi lui avait réservés pour se pourvoir ; que ce n'est qu'après leur expiration qu'elle tente aujourd'hui un moyen qui ne peut lui appartenir ; que si son système pouvait prévaloir contre les principes reçus, aucun arrêt ou jugement rendu en dernier ressort, ou acquiescé tacitement par l'expiration des délais pour le faire réformer, ne serait à l'abri de la tierce-opposition, sous le prétexte de prétendues nullités de pièces de procédure que le laps de temps ne permettrait plus de présenter, et en l'absence desquelles une partie soutiendrait qu'ayant été mal assignée, c'est comme si elle ne l'avait pas été ; qu'ainsi, on ne pouvait pas la réputer partie dans le jugement; par ces motifs, émendant le jugement dont est appel, déclare la demoiselle Lallemand non-recevable dans sa tierce-opposition, et la condamne aux dépens. »

Quatrieme espèce. — Ainsi jugé le 22 avril 1814, par arrêt de la Cour d'appel de Rennes, conçu en ces termes : — « La Cour ; Considérant qu'en règle générale, l'extrait d'enregistrement d'un exploit ne constate que l'existence matérielle de l'exploit, et non pas son existence légale ; que, pour prononcer la déchéance d'un appel, il faudrait s'assurer si la notification du jugement a été régulièrement faite, ce qui ne peut être vérifié par le seul enregistrement ; que d'ailleurs, l'extrait représenté ne fait pas même mention de la date du jugement notifié, de sorte que l'identité du jugement n'est pas même prouvée ; mais que l'intimée pouvant, de moment à autre, représenter l'original même de l'exploit, il n'y a pas lieu de la débouter irrévocablement de la fin de non-recevoir proposée.

« Considérant que les jugements des 13 septembre et 24 mai 1813 ne sont pas représentés ; que, par conséquent la connexité de l'appel de ces jugements avec celui du jugement du 6 décembre 1811, n'est pas vérifiée ; que d'ailleurs, la jonction ne pourrait être prononcée que contradictoirement avec toutes les parties qui ont figuré dans ces jugements ; qu'enfin, la célérité de la matière, par rapport à l'appel du jugement du 6 décembre 1811, s'oppose à la demande de sanction des appels d'autres jugements qui ne paraissent pas avoir le même caractère ; — Déboute l'intimée de sa demande en nullité de l'acte d'appel du 5 mars 1813 ; la déboute aussi, en l'état seulement de la fin de non-recevoir par elle proposée contre l'appel du jugement du 6 décembre 1811 ; déboute pareillement l'appelant de sa demande en jonction des appels respectifs ; ordonne aux parties de plaider au fond sur l'appel du 5 mars 1813. »

Nota. M. Carr., tom. 1, p. 166, pense que nonobstant l'arrêt de la Cour d'appel de Riom, il ne peut être suppléé au défaut de représentation d'un exploit. — « Ce qui lui paraît, dit-il, devoir déterminer en faveur de la jurisprudence de cassation, c'est que l'exploit peut seul prouver si la signification a été *régulière*. » Voy. J. A., v° *Appel*, n° 262, un arrêt conforme du 7 décembre 1816, et v° *Avoué*, n° 44, un autre du 1er août 1810, qui juge dans le même sens.

53. *Au cas d'une action immobilière dirigée contre un mineur émancipé, le mineur et le curateur,* ayant le même domicile, *sont valablement assignés par un seul exploit signifié au mineur, dans la personne et au domicile de son curateur* (1).

Une assignation sur admission de pourvoi avait été donnée à *Joseph-Philippe Richon, en la personne et au domicile du sieur Ducouineau, son curateur, en parlant audit sieur Ducouineau;* Richon en demanda la nullité, mais la Cour de cassation, section civile, ne crut pas devoir accueillir ses conclusions. Voici son arrêt en date du 17 floréal an 13. — « La Cour, vu les articles 28 et 30 du titre 4, part. 1 du réglement du 28 juin 1738, relatifs à la signification des arrêts d'admission de requêtes en cassation ;

Considérant que le vœu de ces articles a été suffisamment rempli à l'égard du sieur Ducouineau, comme il est reconnu et avoué par les parties qu'il l'a été à l'égard du mineur Joseph-Philippe Richon, par les termes dans lesquels l'arrêt d'admission, du 3 fructidor an 12, a été signifié par l'huissier Jaumard, le 18 du même mois, d'où il suit que cette signification ne renferme ni nullité, ni principe de déchéance de la demande en cassation ;

Sans s'arrêter à la fin de non-recevoir et de déchéance proposée, ordonne qu'il sera passé à l'examen du fond, etc. »

----

(1) Voy. M. Pig. Comm., t. 1, p. 178, et Merl. Rép., t. 1, p. 180. — M. Pig. dit que si l'assignation est donnée à un émancipé et à son curateur, il faut copie aux deux; que dans les affaires où il faut l'assistance du curateur, la copie à un seul rendrait l'assignation nulle à l'égard des deux, puisqu'ils ne peuvent procéder l'un sans l'autre. Dans l'arrêt que nous venons de rapporter, il y a cette circonstance particulière que le curateur et le mineur avaient le même domicile, et qu'on avait parlé à la personne du curateur, ce qui, d'après l'opinion de M. Merl., lui fai-

54. *La partie peut être assignée depuis la publication de l'art. 111, C. C., à un domicile élu dans un acte avant ce code (1).*

En l'an 9, Broens souscrit plusieurs billets, affecte à leur paiement plusieurs immeubles, par acte sous signature privée, et pour l'exécution de cet acte, fait élection de domicile à Gand; assigné à ce domicile, il décline le tribunal de Gand, se fondant sur ce que l'élection qu'il avait faite, n'avait pas pour effet de le distraire du juge de son domicile, à l'époque où elle avait été consentie. Le 3 fructidor an 13, la Cour de Bruxelles a rejeté le déclinatoire en ces termes : — « LA COUR ; Considérant que Broens avait élu domicile chez Louis Devolder, pour le paiement des effets dont il s'agit; que l'art. 111, C. C., attribue à cette élection le droit d'y faire citer le débiteur ; — Que cette disposition du Code, relative à l'instruction judiciaire, est applicable au cas, et n'a aucun effet rétroactif ; — Que les délais voulus par la loi ont été observés ; met l'appellation au néant, avec amende et dépens. »

55. *Une assignation ne peut être donnée au domicile de l'avoué chargé de gérer, et de représenter en justice; la partie doit être assignée à son domicile réel (2).*

Le 6 fructidor an 13, arrêt de la Cour d'appel de Turin, par lequel— « La Cour, vu l'art. 111 C. C., attendu 1° que la procuration passée par la dame Rocro-Blacardi-Sellon, à l'avoué Grosso, ne contient pas une mention formelle du domicile par elle élu, d'où il suit que l'on ne pourrait pas y appliquer la disposition du même article... Mande à l'appelant de faire assigner la partie devant la Cour, par exploit, qui devra être signifié à personne ou domicile, aux termes des lois et réglemens. »

56. *En matière de droits réunis, l'assignation aux contrevenans doit être donnée dans la huitaine de la date du procès-verbal; mais il n'y a pas nullité ni déchéance, si elle est donnée plus tard. (Art. 28, décret de l'an 10.)*

Un arrêt de la section criminelle de la Cour de cassation l'a ainsi décidé le 4 brumaire an 14. (Extrait du Bulletin Crim., t. 10, p. 415.)

---

sait suffisamment connaître l'action et l'appelait pour y défendre. Voy. *infrà*, n° 130, l'arrêt du 26 juin 1809..

(1) Voy, *infrà*, n° 134, l'arrêt du 29 novembre 1809.

(2) M. CARR., t. 1, p. 177, note 1, n° 10, partage cette opinion.

57. *L'exploit d'appel peut être signifié au domicile élu en première instance et conservé en appel par l'intime.*

58. *Les délais à raison des distances ne doivent plus se calculer comme sous l'ordonnance de 1667 pour ceux qui demeuraient hors du ressort, mais d'après les distances effectives* (1).

Le sieur Ymminck signifie l'appel d'un jugement que le sieur Laforest avait obtenu contre lui au domicile élu par celui-ci dans l'exploit introductif d'instance. Un arrêt par défaut adjuge au sieur Ymminck ses conclusions ; opposition de la part du sieur Laforest, qui soutient que l'appel n'a pas été signifié à son véritable domicile, et qu'enfin, étant domicilié hors du ressort de la Cour d'appel, il fallait observer les délais prescrits par l'ordonnance, pour le cas où l'intimé était domicilié hors du ressort du parlement. — Le 9 janvier 1806, arrêt de la Cour d'appel d'Orléans, par lequel ; — « La Cour ; Considérant que le sieur Laforest a fait élection de domicile pour le procès d'entre lui et le sieur Ymminck ; que l'instance d'appel est une suite de ce procès ; que le sieur Laforest a persisté à cette élection de domicile, et depuis le jugement de première instance, et même depuis l'appel ; 3° que l'art. 4 du tit. 5, ordonnance de 1667, cité par l'intimé, était basé sur une démarcation de territoire qui n'existe plus ; et que, dans l'état actuel, les délais ne peuvent être calculés que d'après les distances effectives ; sans s'arrêter à la demande en nullité proposée par le sieur Laforest, dont il est débouté, ordonne, etc. »

59. *La copie d'un exploit ne peut être remise au domestique du voisin* (2).

Première espèce. — Ainsi l'a décidé un arrêt de la Cour de Bruxelles, en date du 19 février 1806. Le domestique, dans l'espèce, avait signé aux termes de la loi.

Deuxième espèce. — Le 4 mai 1811, arrêt de la même Cour ainsi conçu : — « La Cour ; Attendu, en ce qui concerne Moris, l'un des intimés, que, si l'appel était valable, il serait nul pour vice de forme, parce que l'art. 68 C. P. C., qui autorise la remise de l'exploit à un voisin ne s'étend pas aux parens ou serviteurs de ce voisin ; et que, dans l'espèce, outre que l'assignation a été remise au domestique d'un voisin, la copie ne fait pas mention de la signature de ce domestique ; — Qu'au surplus, l'examen de la validité de cet exploit n'a plus d'intérêt réel, d'après les motifs qui déterminent le rejet de l'appel même..... ; sans s'arrêter à la nullité proposée contre l'exploit si-

---

(1) Voy. *infra*, n° 96, l'arrêt du 26 décembre 1807.
(2) Voy. *infra*, n° 91, l'arrêt du 15 août 1807.

6.

gnifié audit Moris, déclare non-recevable l'appel interjeté contre l'un et l'autre des intimés. »

OBSERVATIONS.

M. D. C., p. 63, 6ᵉ alin., donne pour motif de cette décision que le maître étant étranger à la chose, et le domestique n'ayant aucun rapport d'intérêt ou d'affection avec la partie, il n'y a aucun motif qui puisse les porter à remettre la copie à sa destination. M. Carr., t. 1, p. 192, not. 1, ajoute que le domestique n'est pas un voisin, puisqu'il n'a pas d'établissement fixe, et qu'il n'est là qu'accidentellement; mais M. Carr., demande ensuite si la même décision devrait être portée à l'égard du commis, du fils, de la femme du voisin; il résout la question pour le commis, comme pour le domestique; il regarde la difficulté comme plus sérieuse à l'égard du fils et de la femme, à cause de leur habitation fixe et des rapports de voisinage, qu'ils peuvent avoir avec l'assigné. « Cependant, dit-il, il semble que la loi n'a voulu parler que d'un maître de maison, d'un chef de famille, et que toutes les fois que l'huissier ne trouve pas dans le voisinage un individu qu'il puisse ainsi qualifier, il est du moins prudent qu'il s'adresse à un autre voisin, ou, s'il n'en trouve pas, qu'il constate ce fait, et remette la copie au maire ou à l'adjoint. » M. Pig. Com., t. 1, p. 193, 2ᵉ alin., tranche la difficulté en disant que l'exploit serait nul parce que l'art. 68, qui dit que l'exploit pourra être remis aux parens ou serviteurs de la partie, ne dit pas qu'il pourra l'être à ceux du voisin.

Quant à nous, nous serions assez d'avis que la copie pourrait être remise au fils, à la femme, à un parent habitant avec le chef de famille; ce sont là des voisins; la loi ne spécifie pas tels ou tels voisins, et au lieu d'adopter le motif de M. Pigeau, ne pourrait-on pas dire que la loi n'ayant pas exclu les parens, il faut les comprendre, ce qui nous porterait à le décider ainsi pour les serviteurs. Tous les jours ne voit-on pas remettre des objets importans, et des lettres aux serviteurs des voisins, parce qu'ils se chargent officieusement de les faire tenir à leurs adresses; il faut bien se pénétrer aussi, de la peine de droit qui serait requise contre le voisin, son parent, son fils, sa femme, son serviteur, qui n'auraient pas remis l'exploit à eux délaissé; et le voisin serait responsable pour lui et ceux dont il doit répondre; ainsi la même garantie existerait donc pour l'assigné; mais il faut, dans tous les cas, que celui à qui l'exploit est délaissé, signe l'original. — Un arrêt du 21 août 1820, de la Cour de Rennes, l'a expressément décidé, et elle n'a fait qu'expliquer une disposition précise de la loi. Voici les motifs de cet arrêt qui juge aussi qu'avant de remettre la copie au maire, il faut que le refus d'un voisin soit constaté. — « La Cour; vu les art. 68 et 70 C. P. C., considérant qu'en signifiant l'appel du 1ᵉʳ décembre 1819 dont il s'agit, on n'a point rempli les formalités prescrites par ces deux articles à peine de nullité;

—Qu'au contraire on s'est seulement borné à remettre la copie de cet appel à une femme, se disant la domestique d'un voisin, qui n'a point signé l'original, ni déclaré ne pouvoir le faire; —Considérant que les dispositions desdits deux articles n'ont pas été plus exactement remplies dans la signification du second appel, puisque ne trouvant pas la partie sur les lieux, l'huissier devait s'adressser préalablement à un voisin, et faire mention de son refus de signer, avant de remettre la copie de l'appel à l'adjoint de Taonet; ce qu'il n'a pas fait; —Par ces motifs, annulle les deux exploits d'appel, etc.»

60. *Celui à la requête de qui se font les exploits et autres actes de procédure, est responsable des fautes que commet l'huissier qui les a faits.*

Cette difficulté s'est présentée devant la Cour d'appel de Bruxelles, avant et depuis la mise en activité du Code de procédure, et a été résolue de la même manière sous l'empire des deux législations. —C'est sur des procédures de saisie-arrêt que la question s'est présentée; les saisissans prétendaient qu'ils ne devaient pas être tenus à des dommages-intérêts; que les principes, en matière de mandat, ne leur étaient pas applicables; mais la Cour proscrivit leur système de défense, dans deux arrêts rendus en ces termes, le 2 juin 1806 et le 10 mars 1808 : « LA COUR; Attendu que tout mandant doit répondre de son mandataire, sauf son recours en garantie contre celui-ci, condamne le saisir-faisant, etc.; — Attendu que les saisissans sont responsables de la gestion des officiers ministériels par eux employés, condamne, etc. »

Nota. MM. CARR., t. 1, p. 198, et B. S. P., p. 81, not. 58, font observer que cet arrêt est la conséquence de cette maxime *factum procuratoris factum partis;* ce même principe a été consacré à l'égard d'un emprisonnement nul. Voy. J. A., v° *Contrainte par corps*, n° 76.

61. *L'assignation donnée aux saisis par les préposés de la douane ne peut être déclarée nulle pour l'avoir été dans les vingt-quatre heures qui suivent la clôture du procès-verbal.*

Le tribunal d'Alexandrie avait annulé un procès-verbal dressé par les préposés de la douane, sous prétexte que l'art. 6 du tit. 4 de la loi du 9 floréal an 7, exigeait un délai de vingt-quatre heures entre la clôture du procès-verbal et la comparution à l'audience.—Le 5 juin 1806, arrêt de la Cour de cassation section civile ainsi conçu : — « LA COUR; Attendu que le procès-verbal dont il s'agit, clos le 28 frimaire an 13 à midi, contient assignation à comparaître le lendemain à neuf heures du matin; que l'assignation ayant été ainsi donnée à comparaître dans les vingt-quatre heures, les préposés, loin d'avoir violé la loi citée, s'y sont au contraire formellement assujettis, et que le tribunal de l'arrondissement d'Alexandrie en annulant le procès-verbal, sous prétexte que le délai de vingt-quatre heures ne peut être abrégé, a lui-même violé cette loi; — Casse. »

62. *Lorsqu'une personne a pouvoir d'élire domicile pour une autre, toutes assignations données au mandant sont valablement faites au domicile du mandataire, encore que ce dernier n'ait élu domicile chez lui pour son mandant, par aucun acte où l'auteur des poursuites ait été partie, ou qui lui ait été signifié.*

63. *Tant qu'un écrit sous seing-privé n'est pas dénié, il n'est pas nécessaire d'en provoquer la vérification.*

Vanolmen, mandataire, à cet effet des sieur et dame d'Hanyns, achète aux sieur et dame Vander-Hagen l'hôtel de Londres, par acte sous seing-privé. La régie en ayant connaissance, décerne une contrainte qu'elle signifie au domicile de Vanolmen. — Les sieur et dame d'Hanyns y forment opposition, et se fondent sur ce qu'elle aurait dû être signifiée à leur domicile; — Un jugement du tribunal civil de Bruxelles, les condamne à payer, et, le 24 juin 1806, arrêt de la Cour de cassation, section des requêtes, qui rejette le pourvoi, — « Attendu que le tribunal civil de Bruxelles a constaté en point de fait, qu'Auguste d'Hanyns avait donné pouvoir à Vanolmen d'élire pour lui un domicile judiciaire. » Les sieur et dame d'Hanyns attaquaient aussi le jugement, parce qu'il s'était fondé sur un écrit sous seing-privé, avant de l'avoir fait reconnaître; mais, sur ce moyen, il y a eu également rejet, — « Attendu que la signature n'avait pas été déniée. »

64. *Il n'est pas nécessaire que l'exploit contienne la désignation des biens sur lesquels porte la demande, avec les tenans et aboutissans, lorsque les défendeurs, détenteurs à titre universel de ces biens, ne peuvent ignorer à raison de quoi ils sont cités.*

Le sieur François Alexandre Maupin devait au sieur Ranchon une somme de 2,000 f., au paiement de laquelle il s'obligea solidairement avec sa femme, sous l'hypothèque de tous leurs biens. Le 25 mars 1792, à son décès, le sieur Ranchon fit citer la femme Gasset, fille de son débiteur Maupin, tant comme héritière de son père que comme *bien-tenant*. Un premier jugement condamna les époux Gasset à payer la créance, si mieux ils n'aimaient délaisser les biens hypothéqués. — Sur l'appel, les époux Gasset soutinrent que l'exploit d'ajournement ne contenant que l'indication vague des biens provenant de la succession de leur père, il n'avait point été satisfait au vœu de l'art. 3 du tit. 9 de l'ordonnance de 1667. Ce moyen fut accueilli ; mais le 10 décembre 1806, la Cour de cassation, section civile, cassa l'arrêt par les motifs suivans : — « La Cour ; Attendu que s'agissant, dans l'espèce, d'une généralité de biens soumis à l'hypothèque, et les mariés Gasset, actionnés comme détenteurs de ces biens à titre universel, ne pouvant ignorer à raison de quoi ils étaient cités, il a été fait une fausse application des dispositions de l'art. 3 du tit. 9 de l'ordonnance de 1667. —Casse. »

Nota. MM. Carr. t. 1, pag. 168, n° 331 ; D. C., pag. 61, 1ᵉʳ alin. ; Delap., t. 1, p. 72, 2ᵉ alin. ; F. L., t. 1, p. 139, 1ʳᵉ col., 2ᵉ alin. et B. S. P., p, 201, not. 27, pensent aussi que la disposition de l'art. 64 C. P. C., peut être suppléée par des équivalens ; cet article n'est que la répétition de l'art. 3, tit. 9 de l'ordonnance de 1667, de sorte que l'arrêt ci-dessus, qui a fait l'application de cet article, serait le même sous le Code actuel. » Mais, ajoute M. F. L., sous l'empire de l'ordonnance, lorsqu'un exploit ne contenait pas les désignations prescrites en matières réelles ou mixtes, il était admis, dans la jurisprudence, qu'on pouvait les donner par un acte postérieur, notifié à partie ou à avoué. Il ne paraît pas qu'aujourd'hui cette jurisprudence puisse être suivie, parce que l'art. 64 du Code dit positivement que l'exploit doit contenir ces désignations. » M. Carr. dit que si l'ancienne jurisprudence sur ce point pouvait être suivie, ce ne serait que tout autant que les désignations seraient données avant l'expiration du délai de l'assignation, et même quelque temps auparavant, de manière que le défendeur ait pu savoir de quel héritage il s'agissait pour préparer ses défenses. —Voy. *infrà*, les numéros 129, 328, 356 et 362 ; ceux des 21 juin 1899.

65. *L'assignation en nullité d'emprisonnement peut être donnée à bref délai au domicile élu par le créancier, sans observer les distances à raison du domicile réel* (1).

66. *La notification pour parvenir à la contrainte par corps faite à un domicile que le débiteur justifie avoir quitté depuis long-temps, est nulle.* (2).

Au mois de juin 1806, le sieur Vacher-Lacour fut poursuivi devant le tribunal de Châlons-sur-Saône, pour des lettres de change souscrites en 1776. Depuis environ trente ans il avait transféré sa résidence à Paris ; les notifications lui furent faites à Châlons, et il fut emprisonné. Il demanda la nullité de l'emprisonnement, mais de leur côté les créanciers soutin-

____

(1) Voy. *suprà*, n° 21, l'arrêt du 1 prairial an 10 ; et ce que nous avons dit sur cette question, J. A., t. 8, p. 718, v° *Contrainte par corps*, n° 225.

(2) Voy. une décision contraire, J. A., t. 8, p. 514, v° *Contrainte par corps*, n° 55.

rent l'exploit nul, comme étant à trop bref délai. Le 28 février 1807, arrêt de la Cour d'appel de Paris, ainsi conçu : — « La Cour ; En ce qui touche la nullité que l'on oppose à l'exploit d'intimation, et qu'on fait résulter de ce qu'il a été donné à un délai trop court pour les personnes domiciliées à Châlons sur-Saône ; — Attendu que l'élection de domicile, prescrite par la loi au créancier dans le lieu où se fait l'emprisonnement, est à toutes fins équivalente à un véritable domicile, sans quoi elle seroit illusoire, et l'intention de la loi serait frustrée ; — En ce qui touche le moyen de nullité proposé par *Vacher-Lacour* contre son emprisonnement ; — Attendu qu'on ne peut pas présumer que depuis trente ans *Berthot et Caitter* n'aient pas connu le domicile actuel de leur débiteur, et que le contraire est prouvé par la promptitude avec laquelle ils ont saisi sa personne dans son domicile ou sa résidence à Paris, immédiatement après la procédure faite à Châlons ; faisant droit sur l'appel, dit mal jugé, émendant, décharge *Vacher-Lacour* des condamnations contre lui prononcées. — Faisant droit sur la demande dudit *Vacher-Lacour*, déclare son arrestation nulle, et ordonne qu'il sera mis en liberté, etc. »

67. *L'exploit notifié à un tribunal est valable, encore que l'original n'ait pas été visé, conformément à l'art.* 69, *C. P. C.*

68. *Lorsqu'un tribunal civil inflige une peine à un individu, comme coupable d'outrages envers l'un de ses membres, l'appel du jugement doit être porté, comme en matière civile, à la Cour royale, et non, comme en matière correctionnelle, au tribunal du chef-lieu.* (Article 91, C. P. C., et 200 C. I. C.)

69. *Le jugement qui condamne, même civilement, à un emprisonnement, est toujours susceptible d'appel.*

70. *On ne peut, sans prendre la voie de prise à partie, conclure contre les juges d'un tribunal.* (Sénatus consulte de floréal an 12.)

Le 20 février 1807, M.... président du tribunal de .... dresse un procès verbal constatant que le sieur Lag... lui a écrit une lettre injurieuse, qu'il a refusé de se rendre par-devant lui, en la Chambre du conseil, à ce sujet, enfin qu'il a refusé d'ouvrir une lettre qui lui avait été adressée par le tribunal. En conséquence, le tribunal de ..., par application de l'art. 91 C. P. C., condamne le sieur Lag... en 15 jours de détention et 25 fr. d'amende : — Appel. — L'exploit d'appel dirigé contre le tribunal est signifié au greffe, mais l'original n'est point visé par celui auquel il est remis.

Devant la Cour, le sieur Lag... demandait, outre l'infirmation du juge-ment, que le tribunal fût censuré.

Le procureur général soutint : 1o Que l'exploit d'appel était nul, pour inobservation de l'art 69 C. P. C. ; 2o que le jugement ne pouvait être at-taqué que devant le tribunal criminel du département; 3o qu'en tous cas il était rendu en dernier ressort ; 4o qu'il avait été bien jugé au fond; 5o. que le sieur Lag.... ne pouvait demander la censure du tribunal.

Le 6 mars 1807, arrêt de la Cour de Bourges, ainsi conçu : — « LA COUR; Considérant sur la première question , qu'à la vérité l'article 69 C. P. C., dans les cas qu'il détermine, exige, à peine de nullité, le visa de la personne à laquelle l'exploit est remis; mais que les actions qui intéressent les tribunaux ne s'y trouvent pas nommément exprimées, et que toutes les fois qu'il s'agit d'appliquer une peine, on ne peut douter s'il est permis de s'écarter des termes de la loi ; — Qu'au surplus, le motif de la loi a été de s'assurer que la copie avait été fidèlement remise; que dans l'espèce, la déclaration du procureur du roi qui a reçu l'exploit tiendrait suffisamment lieu du visa. — Considérant, sur la deuxième question, qu'à la vérité, la peine prononcée est dans le genre de celles correctionnelles ; mais que les tribu-naux civils, quand ils appliquent des peines de discipline, ne changent pas pour cela de caractère; que, dans l'espèce particulière, le procès-verbal qui est la base du jugement est fait par le président du tribunal ci-vil ; que le tribunal s'appuie sur les articles 88 , 89 et 91 C. P. C., au lieu d'exciper des dispositions du Code correctionnel ; — Qu'enfin, aux termes du code correctionnel, quand le délit n'emporte pas peine afflictive, le détenu peut obtenir la liberté sur caution ; que, dans l'espèce, l'appelant l'a demandée par son interrogatoire ; que le tribunal n'a pas fait droit à cette demande, et ainsi ne s'est pas cru obligé de suivre les règles du Code correctionnel; qu'ainsi tout se réunit pour établir que le jugement, dans ses termes, dans son esprit, dans ses dispositions, contient une disposition purement civile, et que l'appel n'a pu être porté qu'à la Cour;—Considérant, sur la troisième, que les tribunaux de première instance ne jugent en dernier ressort que dans les causes où il s'agit d'un intérêt qui n'excède pas mille fr. ; que la nature de la condamnation ne peut faire changer la règle; que, dans l'espèce, il s'agit de la liberté d'un citoyen qui est d'un intérêt bien plus important, et ne peut même être apprécié; —Considérant, sur la dernière question, que les juges peuvent s'être trom-pés, sans pouvoir pour cela être accusés de prévarication ; que la loi donne aux parties une action pour poursuivre les juges dans les cas qu'elle déter-mine; mais que l'appelant n'y a point encore recouru, et que jusque-là le ca-ractère des juges, la considération dont il importe que les tribunaux soient revêtus, ne permettent pas de supposer la prévarication , et de la punir d'avance par des défenses qui supposeraient le délit, et une publicité qui en agraverait la peine ; — A mis le jugement dont est appel au néant : émendant, ordonne que l'appelant sera élargi à l'instant des prisons où il est détenu, et sur les autres demandes, le met hors de cause, etc. »

71. *Est nul, de plein droit, l'acte d'appel qui ne contient pas l'assignation prescrite par l'art. 456, C. P. C.*

72. *L'acte d'appel, nul de plein droit, ne peut arrêter les poursuites d'un ordre dressé par les premiers juges (1).*

73. *Le tribunal qui a rendu le jugement attaqué ne peut statuer sur la nullité de l'acte d'appel (2):*

Première espèce. — La première question a été ainsi décidée le 11 mars 1807, par la Cour d'Amiens, en faisant l'application de l'art. 456, C. P. C.

Deuxième espèce. — Le 7 novembre 1806, jugement d'adjudication des biens de Dabernard. — 7 février, appel. L'exploit ne contient point assignation. La dame Gayral, intimée, engage une instance incidente pour en faire prononcer la nullité. Dabernard demande un sursis, en se fondant sur son appel. Le 24 juin 1807, arrêt de la Cour de Toulouse, ainsi conçu : « — La Cour ; attendu qu'aux termes de l'art. 456, C. P. C., l'acte d'appel doit contenir assignation aux délais de la loi, à peine de nullité ; que dès qu'il apparaît, par la copie produite par la dame Gayral, que ledit acte d'appel interjeté par ledit Dabernard, le 7 février 1807, envers le jugement d'adjudication sur enchère du 7 novembre précédent, ne contient pas cette formalité, il est nul de plein droit, et par cela même, incapable de produire aucun effet ; il doit être considéré comme non avenu ; — Attendu que d'après ce qui vient d'être dit, il était parfaitement inutile que la dame Gayral engageât une instance contre le sieur Dabernard, pour faire prononcer cette nullité, puisqu'encore une fois l'acte d'appel, par lui-même, ne peut produire aucun effet. Vainement la dame Gayral prétend que Dabernard prend prétexte de cet appel pour demander le rejet des poursuites du procès-verbal d'ordre qu'elle fait ouvrir ; cela ne peut légitimer ses poursuites devant la Cour, par la raison que l'acte d'appel se trouvant infecté du vice de nullité radicale, et ne pouvant produire aucun effet, ne saurait rien entraver dans la poursuite de l'ordre ; et c'est au tribunal de première instance à passer outre sans s'y arrêter — Attendu que, quoique la dame Gayral ait mal à propos engagé l'instance, elle ne doit pas être passible des dépens envers

______

(1) Jugé par l'arrêt du 24 juin 1807, deux. esp., voy. décision conforme J. A., t. 12, p. 634, v° *Exécution provisoire*, n° 31, et la note.

(2) Cette question n'est décidée que par l'arrêt du 25 août 1807, troisième espèce.

Dabernard, puisque celui-ci doit lui-même s'imputer d'avoir fait signifier un acte nul; — par ces motifs, rejette la citation. »

Troisième espèce. — Un jugement du tribunal de la Seine avait rejeté un déclinatoire proposé par les sieur et dame Duval, et ordonné de plaider au fond. — Appel; mais l'exploit ne contenait pas assignation. — L'intimé se présente devant le tribunal de première instance, et, sur ses conclusions, l'exploit d'appel est annulé; nouvel appel; et le 25 août 1807, arrêt de la Cour de Paris, par lequel : — « La Cour ; faisant droit sur les différens appels des jugemens rendus au tribunal civil de Paris les 15 février et 19 mai derniers, et sur toutes les demandes et conclusions que la Cour joint; — En ce qui touche le premier appel : Considérant qu'il n'a point été accompagné d'assignation en la Cour, en conformité de la disposition de la loi. — En ce qui touche le deuxième appel : Attendu que, par le second jugement, les premiers juges ont excédé leur pouvoir en prononçant la nullité dudit appel, sur laquelle il ne pouvait être statué que par la Cour ; — Déclare le premier appel nul, ordonne que le jugement sortira son plein et entier effet, condamne les appelans en l'amende ; relativement au deuxième appel, met l'appellation et ce dont est appel au néant ; émendant, déclare ledit jugement nul, etc. »

74. *L'officier de santé attaché à l'armée n'indique pas suffisamment son domicile, dans un exploit d'assignation, par ces mots :* actuellement à la grande armée. (1)

Ainsi jugé par la Cour d'appel de Bruxelles, le 27 mars 1807, entre le sieur Poussielgues, officier de santé, qui avait un domicile à Bruxelles, et la dame Stuckens, sa belle-mère : — « La Cour ; vu l'art. 106, C. C., et 61 C. P. C.; Attendu que l'acte d'appel ne fait aucune mention du domicile de l'appelant ; — Déclare ledit exploit nul et de nul effet. »

75. *L'assignation originaire, donnée par un mandataire de bonne foi, à la requête du demandeur alors décédé, ne peut être annullée dans le cours d'une instance qui a déjà parcouru les deux degrés de juridiction* (2).

____

(1) Voy. M. Carr., t. 1, p. 153, note 1, qui dit que cet arrêt ne peut se concilier avec celui du 4 février 1811, *infrà*, n° 165, qui décide que l'élection de domicile pouvait dispenser d'indiquer le domicile réel. — Voy. aussi M. F. L., t. 1, p. 136, qui est d'un avis conforme à l'arrêt du 27 mars 1807. — Voy. enfin *infrà*, n° 83 et 317, les arrêts des 14 juillet 1807 et 22 avril 1818.

(2) Telle est aussi l'opinion de M. F. L., t. 1, p. 136.—M. Carr., t. 1, p. 151,

La maison Soret de Madrid avait donné pouvoir à un de ses correspondans à Paris de terminer des difficultés qui s'étaient élevées entre elle et les sieurs Rousseau-Bagueneau, sur le mode de remboursement d'une somme de 50,000 fr. — Une assignation fut donnée à la maison Rousseau-Bagueneau, le 7 fructidor an 11, à la requête de Soret; cependant celui ci, depuis un mois était décédé. On l'ignorait à Paris, et l'instance fut poursuivie de bonne foi. Les sieurs Bagueneau proposèrent même un déclinatoire, qui fut rejeté en première instance et en appel; ce ne fut qu'alors qu'ils apprirent la mort de Soret. — Sa veuve reprit l'instance en son nom; mais les sieurs Bagueneau voulurent faire annuler l'assignation du 7 fructidor, et la procédure qui en avait été la suite, afin que la veuve Soret, procédant par action nouvelle, ils pussent encore proposer leur déclinatoire. L'assignation fut annulée en première instance; mais la Cour de Paris, dans son arrêt du 23 avril 1807, en jugea autrement. « — La Cour; faisant droit, dit l'arrêt, sur l'appel du jugement rendu par le tribunal civil de Paris, le 31 juillet 1806; — Attendu que l'assignation introductive d'instance a été donnée à la requête d'un étranger, poursuite et diligence d'un mandataire résidant en France, *et qui a pu ignorer* le décès de son mandant; — Attendu que les héritiers ou créanciers Soret auraient seuls intérêt de provoquer la nullité de la demande; — Émendant, décharge l'appelant, etc. »

76. *L'exploit de signification est nul lorsque le parlant à est rempli au crayon* (1).

77. *L'huissier est garant de cette nullité.*

Première espèce. — C'est ce qui a été jugé le 25 avril 1807, entre le sieur Dorcy et les sieurs Emmanuel et Moïse Lévi, par arrêt de la Cour d'appel de Colmar, ainsi conçu : « — La Cour; Attendu qu'il est constant que les exploits de signification de jugemens faits à domicile, doivent contenir les mêmes formalités que les exploits d'ajournement, et que ceux-ci doivent faire mention de la personne à laquelle la copie a été remise, à peine de nullité; — Attendu que la copie signifiée de l'arrêt du 13 février dernier, par Dinet, à l'appelant, porte qu'il a parlé *à sa femme*; que ces mots, *à sa femme*, s'y trouvent marqués au crayon. Or, il est certain que l'écriture au crayon n'ayant point l'indélébilité que lui aurait donné l'usage de la plume, cette écriture ne pouvant être reconnue, icelle pouvant même être effacée

---

n° 291, n'examinant pas la question de *bonne foi*, pense que l'exploit est nul lorsqu'il est fait à la requête d'une personne décédée. — Voy. *infrà*, n° 240, l'arrêt du 20 mai 1813; M. Haut., p. 193, et un arrêt du 27 février 1811; J. A., t. 3, p. 305, v° *Appel*, n° 163.

(1) Voy. MM. B. S. P., p. 202, note 32, n° 2, et Pig. Comm., t. 1, p. 178. — Voy. aussi *infra*, n° 137, l'arrêt du 22 décembre 1809.

de manière qu'il n'en reste aucun vestige, c'est, au cas particulier, comme
si le *parlant à...* de l'huissier Dinet, se trouvait en blanc, c'est-à-dire,
comme s'il avait omis de faire mention dans son exploit, de la personne à
laquelle il a fait la remise de la copie de son exploit. Il y a plus, c'est que
dans l'exploit original, le *parlant à sa femme* s'y trouve écrit à l'encre, ce
qui prouve qu'il l'avait aussi écrit chez lui à l'avance ou depuis, et non
comme il le devait, au domicile de l'appelant, où il aurait dû remplir en
même temps, et à la plume, le *parlant à...,* tant sur l'original que sur la
copie. Ainsi, la signification dont il s'agit, est encore des plus suspectes
sous ce rapport, et rend vraisemblable l'assertion de l'appelant, au sujet de
la véritable date de cette signification ; il y a donc lieu de l'annuler ; dès lors
l'arrêt est à envisager comme n'étant pas encore signifié ; la fin de non-recevoir n'est donc pas fondée ; ainsi l'opposition est recevable, quelle que soit
la forme dans laquelle elle a été introduite ; — Attendu, néanmoins, que
la nullité de la signification dont il s'agit, provient du fait de l'huissier des
intimés ; qu'il n'est pas juste que ceux-ci soient les victimes de la faute par
lui commise : que l'art. 71, C.P.C., ouvre auxdits intimés une action récur-
soire ; qu'ainsi, c'est le cas de faire une réserve en leur faveur à cet égard ;
— Déclare l'exploit de notification nul, et reçoit le sieur Dorcy opposant ;
réserve aux sieurs Levi tous leurs droits contre l'huissier Dinet. »

Deuxième espèce. — Arrêt de la Cour de Grenoble, du 17 août 1822, ainsi
conçu : — « La Cour ; Considérant que la copie de l'acte d'appel, émis par la
compagnie Dupin de Valène, ne renfermant la mention de la personne à
qui il a été remis que par une énonciation tracée au crayon, ne présente ainsi
aucune espèce de fixité, caractère que la raison et la loi exigent pour sa
validité ; — Considérant qu'en retranchant cette énonciation fugitive de la
copie d'exploit dont il s'agit, elle constate bien encore qu'elle aurait été
laissée au sieur Faure en son domicile, mais non qu'elle aurait été laissée à
lui-même ou à tout autre, ce que l'art. 61, C. P. C., exige sous peine de
nullité ; — Considérant qu'aux termes de l'article 1031 du même Code, les
actes nuls ou frustratoires sont à la charge des officiers ministériels qui les
ont faits ; et que, sous ce rapport, la garantie exercée contre l'huissier ne
peut être contestée, mais qu'il ne peut échoir, d'après la nature de la contestation, qui n'a pour objet qu'un déclinatoire d'adjuger aucuns dommages-
intérêts ; — Par ces motifs, déclare nul l'acte d'appel du 18 mai 1822, et
faisant droit à la demande en garantie exercée par la compagnie Dupin de
Valène, condamne l'huissier Pognieut à payer tous les frais et dépens de
l'instance en garantie et de l'instance principale. »

78. *Lorsque celui qui a indiqué son domicile dans une*

*commune, n'y est pas trouvé, la copie peut être laissée
au maire (1).*

Le sieur Michel Pot, ayant signifié un jugement avec indication de son domicile à Denderhautem, l'huissier chargé de notifier l'acte d'appel fut le chercher dans ce lieu, et ne le trouvant pas, il remit la copie au maire de la commune pour la lui faire tenir, avec mention spéciale. Michel Pot se présenta en appel et demanda la nullité de la signification, mais le 8 mai 1807, arrêt de la Cour de Bruxelles, par lequel : — «La Cour ; Attendu que l'art. 9, tit. 2, de l'ordonnance de 1667, n'est relatif qu'aux personnes qui n'ont pas de domicile connu ; — Attendu que, dans le silence de la loi, sur la marche à suivre en pareil cas, l'huissier, dont les recherches par toute la commune avaient été infructueuses, n'a pu mieux faire que de remettre son exploit d'appel au maire, et que l'événement justifie l'efficacité de cette mesure, puisque l'exploit est parvenu à l'intimé ; — Sans s'arrêter à la fin de non-recevoir, etc. »

79. *Lorsqu'il y a appel d'un jugement rendu sur assignation à bref délai, et que l'un des intimés est défaillant, il faut, en joignant le profit du défaut, ordonner, qu'il sera signifié au défaillant, avec assignation à bref délai.* (Art. 153 et 470.)

Les faits de la cause dans laquelle cette question s'est présentée sont tout à fait étrangers à sa solution ; nous nous bornerons donc à rapporter les motifs et le dispositif de l'arrêt par lequel la Cour d'appel de Nimes l'a décidée, le 15 mai 1807. — «La Cour ; Considérant que, d'après les dispositions de l'art. 153 C. P. C., lorsque l'une de plusieurs parties citées fait défaut, le profit du défaut doit être joint, et le jugement de jonction signifié à la partie défaillante, par un huissier commis, pour être ensuite statué, par un seul et même jugement non susceptible d'opposition ; que cette notification doit contenir assignation, au jour auquel la cause est appelée ; que dans ce cas, ayant été reconnu par l'ordonnance du président qui avait permis de citer à bref délai, qu'il y avait urgence, et que le cas requérait célérité, il y a même motif pour abréger le délai de

---

(1) Voy. M. Carr., t. 1, p. 196, qui pense que la même décision serait rendue aujourd'hui, d'après la comparaison des termes du § 8, de l'art. 69 C. P. C., et de l'art. 9, tit. 2, de l'ordonnance de 1667 ; Voy. aussi MM. D. C., p. 68, 4ᵉ alin., et Delap., t. 1, p. 84, qui examinent ce que doit faire l'huissier lorsque le domicile de la partie est inconnu.

la nouvelle assignation à donner aux parties défaillantes, qui, se trouvant domiciliées dans la ville de Nîmes , ont un délai moral suffisant dans un jour franc , à dater de la citation. — Par ces motifs, enjoint et ordonne que les défaillans seront cités au délai d'un jour franc. »

80. *L'assignation donnée à l'héritier présomptif avant l'expiration des délais pour faire inventaire et pour délibérer, n'est pas nulle , sauf à l'héritier à arrêter les poursuites , en opposant qu'il n'est pas encore temps de prendre qualité.*

C'est ce qui résulte d'un arrêt de la section civile , du 10 juin 1807, qui a prononcé la cassation d'un arrêt de la Cour de Bordeaux par les motifs suivans : — « LA COUR ; Attendu que l'art. 797, C.C , défend seulement de contraindre l'héritier à prendre qualité et d'obtenir des condamnations contre lui ; que, dans l'espèce, le demandeur, lorsqu'il a donné au défendeur le titre de successeur à titre universel, ne l'a point contraint à prendre cette qualité , ni celle d'héritier ; et que d'ailleurs il n'a pas demandé de condamnation ; — Qu'aucune loi ne défend à un créancier de la succession , d'assigner en justice l'héritier, même pendant les délais , pour faire inventaire, et pour délibérer ; — Qu'au contraire, l'article 798 suppose nécessairement que de pareilles assignations sont permises , sauf à l'héritier d'arrêter le cours des poursuites, en excipant des délais dont il s'agit ; exception qui n'est que dilatoire, soit d'après l'ordonnance de 1667 , soit d'après le titre 4, liv. 2 , 2e partie du nouveau Code ; — Que, quoique au bureau de conciliation le défendeur eût déjà excipé qu'il était dans le délai, la citation en conciliation n'aurait pas suffi pour interrompre le cours de la prescription, si la citation n'avait pas été suivie de l'assignation ; — Qu'il suit de ces observations, que la Cour d'appel de Bordeaux , en déclarant nulle l'assignation dont il s'agit , a fait une fausse application de l'art. 797 précité , et commis un excès de pouvoir, en créant une nullité qu'aucune loi ne prononce ; — Casse , etc. »

81. *L'acte d'appel doit, à peine de nullité, contenir constitution d'avoué* (1).

Arrêt de la cour d'appel de Turin , du 14 juin 1807 , entre Masselli

---

(1) Voy. *suprà*, nos 225, 248 et 262, les arrêts des 30 décembre 1812, 16 décembre 1813 et 6 décembre 1814 ; J. A., t. 3, p. 232 ; vo *Appel*, no 114.—Et , si l'exploit contenait constitution *du doyen des avoués*, serait-il

et Barolfo, conçu en ces termes : — « LA COUR ; Attendu que d'après
la disposition de l'art. 470, C. P. C., qui étend aux tribunaux d'appel les autres règles établies pour les tribunaux inférieurs, il est clair que
l'assignation que l'acte d'appel doit contenir, à peine de nullité, aux termes
de l'art. 456, C. P. C., doit être faite en la forme prescrite pour les exploits
d'ajournement par l'art. 61, C. P. C, aussi sous peine de nullité; qu'il suit
de là que le nom de l'avoué qui devait occuper pour l'appelant ayant été
laissé en blanc dans l'acte d'appel du 26 janvier 1807, cet acte est nul. —
Déclare nul et de nul effet l'acte d'appel. »

82. *La mention de la personne à laquelle est laissée la
copie doit, à peine de nullité, être placée après les
mots* parlant à, *de sorte que le vœu de la loi ne soit
pas rempli par l'intercallation de cette mention à une
autre place* (1).

Quoique le Code de procédure, en prescrivant les énonciations nécessaires à la validité d'un exploit, n'ait point indiqué, d'une manière formelle, la place que devait occuper, dans l'acte, chacune de ces énonciations, il a cependant classé en quelque sorte les parties dont cet acte doit
se composer, et en a fixé l'ordre, par la division même qu'il a tracée; —
On ne peut méconnaître du moins que son premier vœu a été que l'exploit rédigé par l'huissier, présente une suite, une liaison qui en laissent
facilement saisir le sens; de manière que les déclarations qu'il renferme
puissent s'expliquer l'une par l'autre, or, ce but n'est pas rempli, si l'on
trouve dans le corps de l'acte, comme dans l'espèce suivante, des mots iso-

nul? nous ne balançons pas à adopter l'affirmative, par le motif que cette
qualification de doyen peut s'appliquer aussi bien au plus ancien par son
âge, qu'au plus ancien en titre; mais en serait-il de même si l'on constituait l'avoué *le plus ancien?* le doute peut naître de ce que l'art. 719 C. P. C.
donne ce titre à l'avoué qui sera chargé de la poursuite de saisie-immobilière, lorsqu'il se trouvera en concurrence avec un autre avoué ayant un
titre de même date. La loi reconnaît donc à cette qualification une désignation suffisante d'un avoué. Cependant comme nous pensons qu'il a été dans
l'esprit du législateur que l'avoué constitué fut reconnu par le défendeur à la seule inspection de la copie qui lui est signifiée, sans avoir besoin
de recherches ultérieures, la constitution dont nous parlons devrait être
critiquée comme ne donnant pas une désignation suffisante, et la nullité
pourrait en être prononcée.

(1) Voy. M. CARR., t. 1, p. 159, 204, 310 et 311, qui pense que le *parlant à* peut être écrit à la fin ou au commencement de l'acte, mais qui est
d'une opinion conforme à cet arrêt. M. B. S. P., p. 203, note 34, dit que

lés qui ne présentent aucun sens, dans leur liaison avec ceux qui les précèdent et les suivent. (Corr.)

Sur l'appel d'un jugement par défaut, obtenu par le sieur Vanpeteghem contre le sieur Talboons, ce dernier a demandé la nullité de l'exploit d'assignation, comme ne contenant pas mention de la personne à laquelle avait été laissée la copie de cet exploit. Dans le fait, l'huissier ayant, sans doute par oubli, négligé de faire cette mention à la fin de l'exploit, après les mots *parlant à*, et trouvant un blanc à la suite des conclusions, l'avait rempli de ces expressions, *sa servante Catherine Vanroo*. Le 26 juin 1807, arrêt de la cour d'appel de Bruxelles, qui prononce en ces termes : — « La Cour; Attendu que la copie de l'exploit ne contient pas la mention de la personne à qui elle a été laissée; — Attendu que les formes exigées par les lois, pour la validité des exploits, sont de rigueur; qu'ainsi, il ne peut être suppléé dans l'espèce à la mention de la personne, par l'intercallation des mots, *sa servante Catherine Vanroo*, faite deux lignes plus haut que celle où se trouvent les mots *parlant à*; — Met l'appellation et ce dont est appel au néant; émeudant, déclare nul l'exploit introductif du 22 décembre 1806, et tout ce qui s'en est ensuivi; — Et vu l'art. 2, tit. 2 de l'ordonnance de 1667 condamne l'huissier Dhooge à l'amende de 20 francs. »

83. *L'assignation donnée à domicile élu doit indiquer le domicile réel du défendeur à peine de nullité* (1).

Défalque avait élu domicile à Bruxelles pour le paiement d'une lettre de change; il y fut assigné avec cette indication, demeurant à Bruxelles; sur la demande en nullité de cet exploit, arrêt de la Cour d'appel de Bruxelles, du 14 juillet 1807, par lequel, — « La Cour; Attendu que le domicile conventionnel du débiteur ne dispense pas le créancier de se conformer à l'art. 61 du Code de procédure, dans les poursuites qu'il exerce contre le débiteur; que Leverd, en ajournant Défalque, l'a désigné, comme marchand à Bruxelles, tandis qu'il est cultivateur à Ohain, où il a son domicile réel; qu'aux termes dudit art. 61 l'assignation est nulle; — La Cour déclare l'assignation du 18 février 1807, ainsi que les poursuites et jugement qui ont ensuivi, nuls, et de nul effet, etc. »

84. *Le commis d'une maison de commerce qui fait don-*

le *parlant à* doit être constaté dans l'acte même. Voy. aussi *infra*, n° 137, l'arrêt du 22 décembre 1809.

(1) Voy. MM. Carr., t. 1, p. 152, n° 296, Merl. Rép. v° *Domicile*, p. 247, Pig. Comm., t. 1er, p. 175, 7e alin. F. L., t. 1, p. 136, 1er col., et 137; et Delap., t. 1, p. 62, dernier alin.; tous sont d'une même opinion sur cette question. — Voy. aussi *suprà*, n° 74, l'arrêt du 27 mars 1807 et *infra* n° 293, celui du 12 février 1817; voy. cependant un arrêt cons

ner assignation pour un objet relatif au commerce de la maison, ne peut se dispenser d'énoncer une patente; à défaut de cette énonciation, il doit être nécessairement condamné à l'amende.

Guay avait fait donner un exploit dans lequel il s'instituait *faisant pour la compagnie Ducluzot*; cet exploit n'énonçait ni la patente de Guay, ni celle de la compagnie Ducluzot. — Guay ainsi que l'huissier furent condamnés solidairement à l'amende, quoique le premier prétendît qu'il n'était que le commis de la compagnie, et qu'on aurait dû exercer contre elle l'action en condamnation d'amende. — Sur l'opposition à la contrainte, le tribunal de Guimgamp renvoya Guay hors d'instance ; — Mais il y eut pourvoi, et, le 22 juillet 1807, la section civile de la Cour de cassation rendit un arrêt ainsi conçu : — « La Cour ; Vu l'art. 37 de la loi du 1ᵉʳ brumaire an 7 ; — Considérant que le sieur Guay, soit qu'il fût associé de la compagnie Ducluzot, soit qu'il n'eût agi qu'en qualité de commis de cette société, ne pouvait se dispenser de faire énoncer dans son exploit d'assignation la patente relative au négoce qui était l'objet de sa demande, sans contrevenir à la loi ci-dessus, et sans devenir passible de l'amende, soit personnellement, soit sauf son recours contre qui de droit ; — Considérant que, dans l'espèce, la compagnie Ducluzot, au nom de laquelle le sieur Guay se disait agir, avait été désignée d'une manière trop vague et trop insuffisante pour que les administrateurs eussent pu prendre des conclusions contre cette prétendue compagnie ; — Par ces motifs, adjugeant le défaut contre le défendeur défaillant, casse et annulle le jugement rendu par le tribunal de Guimgamp, le 1ᵉʳ juillet 1806, etc. »

Nota. Dans l'espèce de cet arrêt, on avait annulé l'exploit ; mais, comme le fait observer M. Carr., t. 1, p. 152, n° 295, il n'y a plus lieu qu'à la condamnation à l'amende. Tel est aussi l'avis de MM. Pig., t. 1ᵉʳ, p. 125, not. 5, Pig. Comm., t. 1, p. 175, 5ᵉ alinéa, et F. L., t. 1, p. 237, 2ᵉ colonne ; cette amende doit être prononcée en vertu de l'ordonnance du roi, du 23 décembre 1814, comme le dit M. *Favard Delanglade;* — Cette ordonnance a été rapportée, J. A., t. 10, p. 565, vᵒ *Discipline judiciaire*, n° 20.

85. *L'assignation peut être donnée au domicile qu'une partie a pris dans plusieurs actes judiciaires, encore qu'elle ait résidé ailleurs (1).*

---

traire du 14 février 1817, **J. A.**, t. 3, pag. 208, vᵒ *Appel*, n° 98, 8ᵉ espèce.

C'est ainsi que, pour le demandeur, l'élection d'un domicile n'empêche pas la mention du véritable domicile, suivant MM. Pig. t. 1, p. 125, not. 6, n° 2, et Delap., t. 1, p. 64.

(1) Voy. *infrà*, n° 270, l'arrêt du 28 décembre 1815 et la note.

86. *Les conclusions au fond prises dans la requête en opposition, couvrent la nullité de l'exploit, encore que cette nullité ait été demandée avant* (1).

C'est ce qui a été jugé le 3 août 1807, par la Cour d'appel de Paris ; — « LA COUR, en ce qui concerne la question de domicile et la demande en nullité de l'exploit ; — Attendu qu'il est justifié par une foule de preuves rapportées par Cholois, et notamment par la procuration à lui donnée en 1788, l'affirmation de voyage faite par Danières, le 30 janvier 1789, la signification d'arrêt à lui faite en novembre 1791, et beaucoup d'autres significations faites pour et contre ledit Danières ; qu'à l'époque de l'assignation à lui donnée, il avait son domicile en la maison de la Ménardière, paroisse de Saint-Pierre Duchemin, département de la Vendée ; qu'il n'y a nulle conséquence à tirer ni du logement que Danières occupait à Paris, dans la maison de son frère, et qui a occasionné son inscription, soit au rôle de la contribution mobilière, soit sur la liste des émigrés du département de la Seine, ni sa qualité d'officier au régiment des gardes françaises, ou de gentilhomme d'une des provinces d'alors, laquelle n'attribuait pas de domicile ; — Attendu, d'ailleurs, que Danières avait conclu au fond avant les premiers juges, en demandant, par sa requête du 21 août 1806, a être renvoyé de l'action contre lui formée par Cholois avec dépens... — Sans s'arrêter à la demande en nullité ; statuant au fond, etc. »

87. *Un étranger n'est pas valablement assigné en France, au domicile de sa caution* (2).

Ainsi jugé par arrêt de la section civile de la cour de cassation, en date du 5 août 1807 ; — « LA COUR ; Vu les articles 69 et 70 du Code de procédure civile, et l'art. 30 du tit. 4 du réglement de 1738 ; — Attendu que Joseph-Benoît Marton est Espagnol et domicilié à Sallien en Espagne ; que la signification de l'arrêt d'admission, avec assignation devant la cour, qui aurait dû lui être donnée au domicile du procureur général impérial près cette Cour, conformément à l'art. 69 précité, à peine de nullité, lui a été laissée au domicile et en la personne du sieur Moncup, son prétendu procureur spécial, domicilié en France ; que cette signification, frappée de nullité par l'art. 70, doit être considérée, comme si elle n'avait point été faite, et l'arrêt d'admission, comme n'ayant point été légalement signifié, dans le délai prescrit, ce qui emporte la déchéance absolue du pourvoi en cassation, aux termes de l'art. 30 ci-dessus cité ; — Attendu que la déchéance encourue par

---

(1) Voy. J. A., v° *Exceptions*, n° 86.

(2) Voyez *infra*, n°° 131 et 315, les arrêts des 27 juin 1809, et 13 mars 1818.

7.

l'admini tration, en faveur de Marton, premier et principal obligé, doit nécessairement produire le même effet en faveur du sieur Moncup sa caution ; — Déclare l'administration des domaines déchue de son pourvoi, etc. »

88. *Lorsque l'huissier remet la copie de son exploit au maire, doit-il faire mention, à peine de nullité, de la raison qui l'a empêché de faire cette remise au voisin, et notamment, si c'est parce qu'il ne veut, ni ne peut signer ?*

88 bis. *Il n'est pas nécessaire que l'exploit indique le nom du maire.*

89. *L'huissier est responsable de la nullité de l'exploit.*

90. *Lorsque l'élection de domicile a été faite au lieu de la résidence des parties à l'époque de l'acte, cette élection doit produire son effet postérieurement au changement de domicile* (1).

Première espèce. — Le 12 août 1807, la Cour de Montpellier a annulé un exploit remis au maire d'une commune, parce que l'huissier n'avait pas énoncé qu'il l'avait remis à un voisin.

Deuxième espèce. — Le 22 mars 1809, arrêt de la Cour de Liége, entre les sieurs Théodore et Clément de Furstemberg, rendu en ces termes : — « La Cour, vu les art. 68 et 70 du Code de procédure civile ; — Attendu que l'art. ci-dessus cité prescrit que tous exploits seront faits à personne ou domicile ; et que si l'huissier ne trouve au domicile, ni la partie, ni aucun de ses parens ou serviteurs, il remettra de suite la copie à un voisin qui signera l'original ; — Attendu que le même article n'autorise l'huissier à remettre la copie au maire ou adjoint de la commune, que lorsque le voisin ne peut ou ne veut signer, et que l'huissier doit faire mention du tout, tant sur l'original que sur la copie ; — Attendu que l'art. 70 statue que ce qui est prescrit par les deux articles précédens doit être observé à peine de nullité ; — Attendu que l'huissier Kochler, qui a fait l'exploit du 24 mai 1808, n'a point fait mention d'avoir remis copie de l'exploit à un voisin du sieur de Furstemberg ; que s'il n'existait point de voisin, ce que la cour ignore, il aurait dû en faire mention dans ledit exploit.... Par ces motifs, déclare l'arrêt par défaut du 7 juin dernier, ainsi que l'assignation du 24 mai qui l'a précédé, nuls, etc. »

Troisième espèce. — Arrêt de la Cour d'appel de Rouen, du 1er août 1810, entre les sieurs Barbey et Léger, qui juge conformément au précé-

---

(1) La seconde question n'a été décidée que par l'arrêt du 4 février 1811, et la quatrième par le dernier arrêt.

dent. — « La Cour ; vu les articles 68 et 70 du Code de procédure ; attendu que l'exploit signifié à Barbey par le ministère de l'huissier R... ne fait point mention, qu'avant de le remettre au maire, il se soit présenté chez un voisin pour lui en remettre la copie, et lui faire signer l'original ; ce qui est une contravention à l'art. 68, à laquelle l'art. 70 attache la peine de nullité ; — Vu d'une autre part l'art. 71 ; Attendu que R... ne déduit aucun moyen légitime pour se dispenser de la garantie contre lui concluc, aux termes de cet article ; déclare nul l'exploit du 28 février, et toute la procédure faite en conséquence... ; condamne ledit R... aux frais de toute la procédure annulée. »

Quatrième espèce. — Le 4 février 1811, la Cour de Montpellier a rendu l'arrêt suivant, dans l'affaire des époux Argilliens : — « La Cour ; Attendu qu'aux termes de l'art. 68 C. P. C., l'huissier n'est tenu d'exiger la signature des voisins, ou de faire mention de leur refus de signer, que lorsque, dans le fait, la copie est remise à celui des voisins qui veut s'en charger ; que, d'autre part, aux termes dudit article, il n'est besoin que de remettre la copie au maire ou adjoint, ce qui a été effectué, sans que l'article exige que le nom du maire ou de l'adjoint à qui ladite copie a été laissée, soit inséré dans l'exploit.... Sans s'arrêter à la demande en nullité de l'acte d'appel, etc. »

Cinquième espèce. — Le 1er juin 1814, la Cour royale de Limoges s'est prononcée pour la nullité, en ces termes : — « La Cour ; Considérant qu'aux termes de l'art. 68 du Code de procédure, lorsque l'huissier ne trouve personne au domicile de celui qu'il est chargé d'assigner, il doit remettre la copie à un voisin et lui faire signer l'original ; que ce n'est que dans le cas où celui-ci ne peut ou ne veut signer, qu'il doit la remettre au maire ou à l'adjoint, et qu'il doit être fait du tout mention expresse ; — Considérant que, dans l'espèce, l'huissier, au lieu de se conformer au vœu de la loi en remettant la copie à un voisin, s'est adressé directement au maire, et quoique la copie soit parvenue, elle a pu être remise plus tard ; qu'il faut d'ailleurs que la justice ait une garantie contre les fraudes que pourraient commettre les huissiers, c'est pour cela qu'ils doivent indiquer soigneusement dans leurs actes qu'ils ont fait ce qui leur est prescrit par la loi ; qu'il est possible dans la cause que le maire fût le plus près voisin, mais ce fait aurait dû être énoncé ;

Met l'appellation au néant, etc. »

Sixième espèce. — Le sieur Jouenne ayant souscrit divers engagemens au profit du sieur Saint-Julien, dans deux actes notariés des 4 novembre 1806 et 21 janvier 1809, ce dernier lui fit faire un commandement en expropriation forcée à Bonneuil, lieu de sa demeure, où il avait fait élection de domicile. Les deux actes authentiques portaient : « Pour l'exécution des présentes les parties font élection de domicile en leurs demeures respectives. » Le sieur Jouenne ne demeurait plus à Bonneuil lorsque le commandement lui fut fait ; il avait transporté son domicile dans la commune de Sainte-Geneviève à Mainemart. Le sieur Saint-Julien continua ses poursuites en saisie immobilière, et le domaine de Bonneuil allait être adjugé préparatoirement lorsque le sieur Jouenne demanda la nullité de la procédure, 1° parce que 'exploit ne lui avait pas été signifié à son véritable domicile, savoir, à Mainemart ; 2° parce qu'en son absence la copie de l'exploit contenant le commandement, devait être laissée à ses domestiques et non au maire de la commune de Bonneuil. Un jugement du tribunal de première instance de Pontoise déclara le sieur Jouenne mal fondé dans ses moyens de nullité, et ordonna qu'il serait passé outre à l'adjudication préparatoire, « Attendu que les titres en vertu desquels le sieur St-Julien a fait procéder à la saisie immobilière dont il s'agit, contiennent, pour leur exécution, élection de domicile à Bonneuil, de la part du sieur Jouenne, que le commandement du 25 avril dernier s'est fait en conformité des art. 68 et 673 C. P. C. ; qu'il est constaté que la copie a été remise au sieur Dupont, adjoint, à cause de l'absence du sieur Jouenne, et du refus des personnes de son domicile et de ses voisins, de recevoir la copie apportée à son domicile, où l'huissier s'est transporté. » La Cour d'appel de Paris, par un arrêt du 21 décembre 1812, confirma le jugement de première instance, en adoptant les mêmes motifs auxquels elle ajouta que « la loi n'exige que la mention de la personne à qui l'exploit est laissé, et nullement celle des domestiques ou des voisins qui ont refusé de s'en charger. »

Le sieur Jouenne s'est pourvu en cassation contre cet arrêt, 1° pour contravention à l'article 68 du Code de procédure, qui indique les personnes auxquelles on doit remettre les copies d'exploits ; 2° pour fausse application de l'art. 111 du Code civil, qui est ainsi conçu : « Lorsqu'un acte contiendra, de la part des parties ou de l'une d'elles, élection de domicile, pour l'exécution de ce même acte, dans un autre lieu que celui du domicile réel, les significations, demandes et poursuites relatives à cet acte, pourront être faites au domicile convenu et devant le juge de ce domicile. » — Le 24 janvier 1816, arrêt de la Cour de cassation, section des requêtes, par lequel : — « La Cour ; Considérant 1° que l'art. 111 du Code civil confère aux parties la faculté d'élire domicile pour l'exécution des actes qu'elles contractent ; que si cet article énonce que l'élection de domicile sera faite dans un autre lieu que celui du domicile réel ; cette locution est démonstrative et nullement limitative ; qu'en effet il n'est aucune raison plausible de restreindre l'exercice de ce droit, introduit indistinctement dans l'intérêt des parties, pour rendre plus facile l'exécution des actes qu'elles contractent ; 2° qu'il a été reconnu que la copie du commandement a été remise au sieur Dupont, adjoint, vu l'absence du sieur Jouenne, débiteur, et le refus des personnes de son domicile et de ses voisins, de recevoir la copie apportée à son domicile où l'huissier s'est transporté ; — Attendu, d'ailleurs, que l'art. 61 du Code de procédure civ le n'exige que la mention de la personne à qui l'exploit est laissé, en l'absence de la partie, et nullement celle des domestiques ou voisins qui ont refusé de s'en charger; — Rejette. »

Nota. Malgré les inconvéniens que peut présenter le défaut de mention du nom du voisin qui a refusé la copie, tous les auteurs s'accordent à dire que cette mention n'est pas exigée ; mais ils sont aussi d'accord sur ce point que la mention de la présentation au voisin et de son refus est exigée, à peine de nullité. M. B. S. P., p. 203, note 34, n° 1, cite la décision contraire du 4 février 1811, et ajoute qu'elle est mal fondée. M. CARR., t. 1, p. 191, n° 365, dit que, dans le cas où l'habitation de l'assigné serait à une longue distance de toute autre, l'huissier devrait également le mentionner conformément à l'arrêt du 22 mars 1809. Telle est l'opinion de M. F. L., t. 1, p. 143, 2 col. ; voy. aussi cet auteur, p. 134, 1 col. 7° alin., pour la question relative à l'élection du domicile ; voy. enfin *supra*, n° 76, l'arrêt du 25 avril 1807 et *infra*, n°° 137, 152, 214, 254, 334, les arrêts des 22 décembre 1809, 28 juin 1810, 29 juillet 1812, 23 juin 1814, et 13 août 1819 ; et J. A., t. 24, p. 314, un arrêt du 12 novembre 1822, qui juge également que la mention qu'aucun voisin n'a voulu recevoir la copie, est requise à peine de nullité.

Sur la troisième question, on peut voir *infrà*, n° 174, l'arrêt du 29 mai 1811.

Quant aux citations devant le juge de paix, voy. MM. CARR., t. 1, p. 11, n° 15 ; PIG. COMM., t. 1, p. 13 n°. 5 ; DELAP., t. 1, p. 6, 6° alin. ; B. S. P., t. 1, p. 203, not. 4 et COMM., t. 1, p. 12, § 2.

91. *Lorsque deux personnes habitent constamment ensemble, la copie de la signification faite à l'une d'elles peut être laissée au domestique de l'autre.*

Le sieur Pene fait signifier au sieur Touya l'arrêt d'admission du pourvoi qu'il avait formé contre un arrêt de la cour d'appel de Pau. La signification est faite au domicile du sieur Touya, *en parlant à la servante du sieur Touya, son frère;* mais le défendeur a demandé la nullité de l'exploit, comme n'ayant été laissé à aucune des personnes désignées par la loi. Arrêt des sections réunies, du 15 août 1807, au rapport de M. Babille, par lequel, — « LA COUR ; Considérant que la cohabitation constante des deux frères, dans le même appartement, fait cesser le moyen de déchéance ; — Rejette, etc. »

Nota. Cet arrêt décide une question importante dans un sens qui semble s'écarter du texte de l'art. 68, C. P. C., où il n'est pas question du domestique du parent. Cependant, tous les auteurs sont d'un avis conforme à cet arrêt ; M. MERL. RÉP., v° *Loi*, § 5, p. 247, donne pour motif que le servi-teur du parent peut être considéré comme le serviteur de l'assigné, et comme devant entrer dans la composition de la famille de celui-ci ; MM. CARR.

t. 1, p. 186 et F. L., t. 1, p. 143, disent que cette décision qui a suivi l'esprit de la loi, plutôt que la lettre, est fondée sur ce qu'il est au moins aussi probable, que la copie d'un exploit remise au domestique d'une personne liée avec l'assigné, par les rapports d'intérêt, de bienveillance et d'amitié que suppose la cohabitation, parviendra à l'assigné, que celle qui serait laissée au voisin, qui souvent n'a pour l'assigné que de l'indifférence, et quelquefois même de la rancune ou de la jalousie. MM. Delap., t. 1, p. 77, D. C., p. 63, 5ᵉ alinéa et Haut., p. 79, 15ᵉ alin. partagent cette opinion. — Voy. *suprà*, n° 59, l'arrêt du 19 février 1806, et *infrà*, nᵒˢ 95 et 104, ceux des 4 déc. 1807 et 5 avril 1808.

92. *La cédule délivrée par le juge de paix, pour appeler en conciliation un individu alors existant, où dont le décès n'est pas encore connu, est valablement notifiée à ses héritiers* (1).

Cette question vraiment singulière s'est présentée dans la cause de la dame Moreton de Chabrillant, contre la dame Delacoste, dont nous avons déjà rapporté l'espèce, J. A., t. 12, p. 449, vᵒ *Exceptions*, n° 28. Madame de Moreton voulant intenter contre M. Delacoste son frère une action relative au partage de la succession du père commun, prit une cédule du juge de paix de Paris dans l'arrondissement duquel la succession s'était ouverte, pour le citer en conciliation devant lui. Il paraît qu'au moment de la délivrance de cette cédule, ou plutôt dans l'intervalle qui s'écoula pendant son envoi à Moulins, où le sieur Delacoste faisait sa résidence, celui-ci était décédé. L'huissier chargé de la signification indiqua en marge de la cédule le nom de la veuve et des héritiers, et la leur notifia au domicile du défunt. Ils ne se présentèrent pas au jour indiqué; et le juge de paix délivra à la demanderesse un certificat de non-comparution, à suite duquel elle les assigna devant le tribunal. Vainement la veuve Delacoste prétendit que la citation n'avait pu avoir lieu, en vertu d'une cédule dans laquelle le juge de paix ne l'avait pas désignée. Le tribunal de première instance et la cour d'appel de Paris rejetèrent ce prétendu moyen de nullité. Voici la partie de l'arrêt du 27 août 1807, relative à ce chef : — « La Cour; en ce qui touche la nullité de la citation au bureau de paix; attendu que la cédule a été rendue par un juge compétent, et dans un moment où le décès du sieur Delacoste, ne pouvait être connu, et, que, de droit, une permission de citer, obtenue contre un individu présumé vivant, s'applique à ses héritiers; met l'appellation à néant. »

______

(1) M. Carr., t. 1, p. 14, n° 24, cite et approuve cette décision et indique un cas où elle serait applicable.

93. *L'appel d'un jugement correctionnel peut être signifié un jour férié.*

Arrêt de la cour de cassation, section criminelle, en date du 27 août 1807,
ainsi conçu : — « La Cour; Attendu que la loi du 18 thermidor an 6, à laquelle se rapporte le concordat, excepte formellement de ses dispositions
l'expédition des affaires criminelles ; et que par ces termes *affaires criminelles*, la loi a nécessairement entendu, non-seulement les affaires criminelles à poursuivre par voie du Jury, mais aussi les affaires correctionnelles
et de police, puisqu'elle n'a pas excepté ces sortes d'affaires de ses dispositions ; — Attendu que, dans l'espèce particulière, il s'agissait d'un acte de
procédure en matière correctionnelle, et que dès-lors, d'après le vœu formel de la loi, cet acte de procédure avait pu être fait un jour férié. —
Rejette. »

94. *Une assignation non suivie de jugement de condamnation, suffit pour faire courir les intérêts d'une
créance exigible*

Un arrêt de la cour de Riom avait prononcé la nullité des offres faites par
un sieur Aubusson, comme insuffisantes, attendu qu'il était débiteur des
intérêts du capital, depuis la demande formée contre lui, et dit qu'il n'a-
vait rien offert ni consigné pour ces intérêts. Il est à remarquer que la demande formée par une assignation, n'avait pas été suivie de jugement contre le débiteur, aucune autre poursuite n'ayant eu lieu. — Aubusson se
pourvut en cassation contre cet arrêt ; mais le 17 novembre 1807, la section
civile rejeta son pourvoi par les motifs suivans : — « Attendu qu'en jugeant
que la demande judiciaire avait fait courir les intérêts, encore bien qu'elle
n'eût pas été suivie d'une condamnation, l'arrêt entrepris n'est contrevenu
à aucune loi, parce qu'aucune loi n'a exigé qu'une condamnation intervînt
pour acquérir les intérêts, et que, sur la nécessité de cette condamnation,
la jurisprudence n'était pas uniforme ; — Rejette, etc. »

95. *La copie d'un exploit n'est pas valablement laissée à
un parent de l'assigné trouvé accidentellement dans
son domicile* (1).

C'est ce que décide un arrêt de la cour de Colmar, du 4 décembre 1809 :
« La Cour; Attendu que la huitaine de l'opposition n'a pu courir jusqu'à
présent, par le vice de la signification de l'arrêt ; vice qui résulte de ce que
cette signification porte que l'huissier l'a faite au domicile du demandeur
en opposition, *parlant à son frère, le maire* ; or, il est avoué que ce frère
a un domicile distinct et séparé de celui du demandeur ; ainsi ce frère n'était
pas personne capable pour recevoir cette signification ; dès-lors elle a été

---

(1) Voy. M. B. S. P., p. 202, not. 33, n° 3, et *supra* n° 91, l'arrêt du 15
août 1807.

non valablement faite; et, par suite la fin de non-recevoir ne saurait se soutenir; sans s'arrêter à la fin de non-recevoir, ni à la signification de l'arrêt, reçoit l'opposition. »

96 et 97. *L'exploit d'appel ne peut être donné au domicile élu pour l'exécution du jugement* (1).

PREMIÈRE ESPÈCE. — Ainsi jugé le 26 décembre 1807 par la Cour de Bruxelles; — « LA COUR; Attendu que l'appel dont s'agit est interjeté depuis le 1er janvier 1807, et qu'il a été signifié au domicile élu par l'intimé pour l'exécution du jugement dont est appel; — Attendu que, conformément à l'article 456, C. P. C., l'exploit d'appel doit contenir, à peine de nullité, assignation à personne ou domicile; — Attendu que toute assignation introductive d'instance doit être faite au domicile réel et non au domicile élu; Met l'appellation au néant avec amende et dépens, etc. »

DEUXIÈME ESPÈCE. — Autre arrêt de la même Cour du 20 janvier 1808, ainsi conçu; — « LA COUR; Attendu que, suivant l'art. 456, C. P. C., l'acte d'appel doit contenir assignation et être signifié à personne ou à domicile; que ce n'est pas précisément comme portant déclaration d'appel que l'acte doit être signifié à personne ou domicile; que la raison sensible de l'art 456, est que l'exploit est introductif d'une nouvelle instance; et que suivant la règle générale, tout ajournement qui introduit une nouvelle instance doit parvenir à la partie ou à son domicile réel : que la faculté laissée au débiteur de faire au domicile élu par le commandement, toutes significations même d'offres réelles et d'appel, n'est relative qu'aux poursuites d'exécution, et dans ses rapports avec l'effet suspensif; ce qui ne dispense pas de l'observation de la règle des ajournemens introductifs de l'instance sur l'appel, qui a pour objet, non d'arrêter ou de suspendre l'exécution, mais la réformation du jugement rendu en première instance. — Déclare l'appel nul; condamne l'appelant en l'amende et aux dépens, etc. »

TROISIÈME ESPÈCE. — Le 1er août 1810, arrêt de la Cour de Paris par lequel, — « LA COUR, en ce qui touche le moyen de nullité proposé contre l'appel principal, — Considérant que l'appel a été interjeté dans le cas prévu par l'art. 584, C.P.C., lequel fait exception à la règle générale établie par l'art. 456; sans s'arrêter aux moyens de nullité proposés par la partie d'Emmery, reçoit les parties de Moreau, incidemment appelantes du jugement contradictoire rendu entre les parties au tribunal de Bar-sur-Seine le 16 août 1809. »

98. *Une citation donnée à la police correctionnelle pour comparaître trois jours francs, après celui de la citation, et, en tant que de besoin, à toutes les audiences*

---

(1) Voy. J. A., t. 3, p. 124; v° *Appel*, n° 52, et les observations; et n°° 57, 176, 169, 269, 364 et 368, *infrà* et *suprà*.

suivantes, ne peut être annulée sur le motif qu'elle n'est pas donnée à jour fixe.

Ainsi l'a décidé la Cour de cassation, sect. crim., le 5 février 1808, et en ces termes:— « LA COUR ; Attendu, *sur le second moyen*, que la citation donnée à Fragier au tribunal correctionnel, pour comparaître à la première audience qui aurait lieu trois jours francs après la date de la citation, et, en tant que de besoin, à toutes les audiences suivantes, renfermait toutes les énonciations nécessaires pour que le cité pût comparaître et jouir de la latitude et du mode de défense prescrit par l'art. 184 du Code du 3 brumaire an 4 ; — D'où il suit que la Cour de justice criminelle du département de l'Ardèche, en déclarant nulle la citation donnée par la régie à Jean-Baptiste Fragier, par son arrêt du 22 décembre dernier, a faussement appliqué l'art. 182 dudit Code, et créé une nullité qui n'est pas dans la loi ; — Casse, etc. »

99. *La citation devant un tribunal de police est suffisamment motivée par l'indication du réglement auquel il aurait été contrevenu.*

100. *Le tribunal, en annulant la citation, ne peut en même temps statuer sur le fond.*

C'est ce qui a été jugé par la Cour de cassation, le 11 février 1808, sur le pourvoi du ministère public contre Durieux : « — La COUR ; Vu l'art. 456 du Code des délits et des peines; — Attendu 1° que le Code des délits et des peines, qui est la seule loi à consulter, d'après son article 594, pour l'instruction des procédures criminelles et de police, ne détermine aucune forme particulière pour les citations par-devant les tribunaux de police, et qu'il n'exige pas même une citation préalable à la comparution des parties; d'où suit qu'il ne peut y avoir dans une citation en police aucune irrégularité qui doive en faire prononcer la nullité, et surtout lorsque le défendeur comparaît sur la citation;—Que le manuel des officiers de police n'est pas une loi; qu'il ne renferme que de simples conseils dont l'inobservation ne peut emporter, sur ce motif, la peine de nullité; que d'ailleurs la citation donnée à Bernard Durieux était suffisamment motivée, pour que ce dernier pût y voir la contravention dont il était prévenu, puisqu'elle rappelait le réglement auquel le commissaire de police prétendait qu'il avait été contrevenu ; — Attendu 2° que quand même le moyen de forme invoqué par le défendeur aurait été décisif, le tribunal de police d'Oudenarde, en prononçant l'acquittement de Bernard Durieux, au lieu de se borner à prononcer la nullité de la citation, ce qui aurait laissé entiers les droits du demandeur, a violé la loi; — Par ces motifs casse. »

Nota. Le 29 août 1806, la section criminelle avait décidé la même question par les mêmes motifs et toujours en posant en principe que la présence des parties suffisait pour saisir le tribunal.

Voy. M. Merl., Rép., t. 2, p. 358, et J. A., t. 31, p. 232, un arrêt du 20 octobre 1826, qui décide que, pour délit d'usure, l'exploit d'assignation est suffisamment libellé par la transcription en tête de l'ordonnance de la chambre du conseil.

Quant à la seconde question, voy. *infrà*, n° 224, l'arrêt du 19 décembre 1812, et la note.

101. *Lorsqu'un individu a légalement changé de domicile, il ne peut être valablement assigné qu'à celui qu'il a choisi.* (Art. 68, C. P. C.) (1)

102. *L'exploit est nul s'il ne dit pas que le domestique qui a reçu la copie était au domicile* (2).

103. *La nullité n'est pas couverte par cela seul que l'assigné a appelé ses associés en cause* (3).

Première espèce. — La Cour de Nîmes a statué sur cette question, par arrêt du 30 mars 1808, en ces termes : — « La Cour; Vu l'art. 3, tit. 2, de l'ordonnance de 1677, portant que tous les exploits d'ajournement seront faits à personne ou domicile, à peine de nullité, l'art. 68, C.P.C., qui contient la même disposition, et l'art. 69, qui attache à son inobservation la peine de nullité; — Considérant que le sieur Rose avait par sa déclaration faite au greffe de la mairie de Barjac, le 26 prairial an 9, et enregistrée au greffe de la ville de Lille, le 12 thermidor an 9, avant même la promulgation du Code civil, suffisamment justifié son intention de transférer son domicile audit Barjac, où il avait fixé sa résidence en qualité de receveur des droits d'enregistrement; que ce changement ainsi légalement opéré ne pouvait plus être nouveau pour le sieur Ponce, habitant de la ville de Lille, où la déclaration du sieur Ponce avait été enregistrée, et qu'il avait tellement reconnu que celui-ci n'avait plus son domicile à Lille, qu'il lui fit signifier la cédule du juge de paix, du 17 juillet 1806, dans

____

(1) Voy. M.B.S.P., p. 212, note 2, et *suprà* n° 49, l'arrêt du 16 fructidor an 12. — Voy. aussi J. A., t. 24, p. 142, un arrêt qui décide que lorsque le changement n'est pas dans la forme légale, la signification peut être faite à l'ancien domicile.

(2) Voy. *infrà* n° 150, l'arrêt du 27 juin 1810.

(3) Ces deux dernières questions sont à la dernière espèce.

le domicile de madame sa mère, où il fut déclaré casuellement trouvé, et qui est le même où l'exploit d'ajournement lui a été signifié comme à son véritable domicile, tandis qu'il ne pouvait être considéré en avoir d'autre, aux yeux de la loi, qu'à Barjac, d'après la déclaration; — Par ces motifs, casse l'exploit d'ajournement. »

Deuxième espèce. — Le sieur Ponte, natif de Turin, avait depuis quelque temps transporté son domicile à Paris, et l'y avait fixé avec toutes les formalités prescrites par la loi, lorsque les sieurs Frola et Salassa lui firent signifier, le 9 mai 1808, un arrêt de la Cour d'appel de Turin, à son ancien domicile dans cette capitale. — Par suite de cette signification, ils l'assignèrent deux mois après, à son véritable domicile, devant le tribunal de commerce de Turin, en paiement de quelques sommes qu'ils prétendaient avoir à réclamer contre lui. Le sieur Ponte fit défaut sur cette assignation; et un jugement du 17 août 1808 accueillit les conclusions des demandeurs. Sur l'opposition par lui formée à ce jugement, le sieur Ponte soutint, 1° que le tribunal de commerce de Turin était incompétent; 2° que le jugement par défaut et tous les actes de la procédure devaient être déclarés nuls, comme faits à la suite d'une signification irrégulière et nulle. — 16 février 1809, jugement qui, sans s'arrêter au déclinatoire et aux moyens de nullité, rejette l'opposition, et confirme le précédent jugement. — Appel, et, le 14 février 1810, arrêt de la Cour d'appel de Turin, par lequel : — «La Cour; Attendu qu'il résulte des actes, que l'arrêt du 30 mars 1808 a signifié au sieur Ponte en son domicile à Turin, le 9 mai suivant, époque à laquelle le même sieur Ponte avait non seulement transporté son domicile à Paris, en observant les formalités prescrites par le Code civil, mais avait encore signifié aux sieurs Frola et Salassa un tel changement, ainsi qu'il appert de l'exploit en date du 13 septembre 1806; — Qu'en conséquence, la signification dudit arrêt devant être regardée comme non avenue, il s'ensuit que Frola et Salassa n'ont pu, sans une signification régulière dudit arrêt, traduire valablement le sieur Ponte pardevant le tribunal de commerce de cette ville, en exécution du même arrêt; — Attendu qu'il est constaté que le sieur Ponte, en se rendant opposant au jugement par défaut du 17 août 1808, a d'abord opposé la nullité de la signification de l'arrêt susénoncé; que néamoins les premiers juges n'ont pas accueilli cette conclusion du sieur Ponte, et, en le déboutant de ses exceptions, ont passé à prononcer sur le fond et ordonné l'exécution de leur jugement par défaut; — Que la nullité seule de la signification de l'arrêt sus énoncé, emportant nullité de tous les actes qui s'en sont ensuivis... L'examen des autres moyens de nullité devient inutile; — Met ce pont est appel au néant, etc. »

TROISIÈME ESPÈCE. — Aux termes de l'art. 69, no8, C. P. C., on peut assigner *ceux qui n'ont aucun domicile connu* en France, par copie affichée à l'auditoire du tribunal où la demande est portée, et par une seconde copie remise au procureur du roi. Mais il n'y a pas lieu à appliquer cette disposition par cela seul qu'on ne connaît pas le domicile de la partie qu'on veut assigner ; car, sous un tel prétexte, les exploits d'ajournement seraient toujours signifiés de cette manière, et il en résulterait des inconvéniens graves. Le domicile d'une partie est présumé connu de celui qui veut l'actionner, dès lors qu'elle l'a acquis d'une manière légale. (Coff.)

En 1808, le sieur Duchatenet avait transféré son domicile à Église-Neuve, arrondissement de Périgueux, en remplissant les formalités voulues par la loi. Le 15 janvier 1809, les administrateurs de l'hospice, voulant intenter une action contre lui, l'assignèrent à son ancien domicile à Paris ; et sur la déclaration du portier, que le sieur Duchatenet avait fixé son habitation ailleurs, ils firent signifier une copie de l'exploit à M. le procureur du Roi près le tribunal de Paris, et en firent afficher une seconde à la porte de l'auditoire de ce tribunal. Il intervint sur cette assignation, le 9 mars 1809, un jugement de condamnation contre le sieur Duchatenet. Celui-ci s'est pourvu en appel contre ce jugement, et en a demandé la nullité, sur le motif que l'exploit introductif d'instance n'avait pas été signifié à son domicile. Le 10 juin 1811, la Cour de Paris a rendu l'arrêt suivant : — « LA COUR ; Attendu qu'il résulte des déclarations faites par Froidfond Duchatenet, antérieurement à la demande, que son domicile était dès lors établi à Église-Neuve, canton de Riberac, département de la Dordogne ; faisant droit sur l'appel du jugement rendu au tribunal civil de Paris, le 9 mars 1809, déclare ledit jugement et la procédure sur laquelle il est intervenu, nuls et de nul effet. »

QUATRIÈME ESPÈCE. — Arrêt de la Cour royale de Rennes, du 9 août 1819, dans la cause des sieurs Decroix, Touzet et Buisson, contre Riou Khalet. — « LA COUR ; Considérant qu'il est nécessaire, pour qu'un tribunal compétent puisse statuer entre parties, qu'il soit saisi par une assignation régulière ; — Qu'en supposant que le domicile de Decroix fût encore à Ambert au moment de la demande, l'exploit n'en serait pas moins nul, puisque l'huissier, en référant qu'il l'avait laissé en parlant à la domestique dudit Decroix, n'a pas fait mention du lieu où elle était lorsqu'il lui a fait cette remise, et qu'il est de règle que l'exploit ne peut être valablement remis au serviteur que dans la maison de l'assigné ; mais considérant en outre que le sieur Decroix avait, à cette époque et depuis long-temps, quitté la commune d'Ambert, pour fixer son domicile à Ligonne, commune de Lezoux, comme le prouve la dénonciation par lui faite au maire de la commune d'Ambert, le 27 décembre 1815, dans laquelle il énonce qu'il a depuis long-temps son domicile de fait et d'intention dans la commune de Lezoux, et que ce n'est que pour prévenir toute équivoque qu'il se porte à faire cette dénonciation ; qu'il a également justifié de sa résidence dans cette commune; qu'il y paie la contribution mobilière, et qu'il fait partie du conseil municipal. — Considérant que Riou-Khalet pouvait d'autant moins ignorer ce changement de domicile, que, lors du protêt du 1er mars 1816, l'huissier avait consigné dans cet acte la réponse de la domestique du sieur Decroix trouvée à son ancienne habitation portant déclaration du changement de domicile de celui-ci ; circonstance qui a précédé de dix mois la demande;—Qu'il suit de là qu'il y a eu contravention à l'article 68 C. P. C., emportant nullité de l'exploit, d'après l'article 70 du même Code ; — Considérant, sur la prétention de Riou-Khalet, que cette nullité aurait été couverte par la mise en cause du sieur Touzet et des héritiers Buisson, à requête du sieur Decroix; que cet envisagement lui est étranger; mais encore parce que cette action n'a point véritablement le caractère d'une action en garantie, d'où l'on puisse induire la reconnaissance de la validité de la demande; qu'elle exprime formellement qu'on ne pourra la considérer comme approbative de l'action, soit quant à la forme, ou relativement au fond, attendu que Decroix n'a pour objet que de forcer ses associés à se réunir à lui pour repousser la demande dans l'intérêt commun ; — Par ces motifs, dit qu'il a été mal jugé par le tribunal de commerce de Brest, qui a déclaré valable et régulière la demande originaire ; corrigeant et réformant, déclare ladite assignation nulle, et tout ce qui s'en est suivi ; décharge l'appelant des condamnations énoncées contre lui. •

104. *Quand la personne à laquelle la copie de l'exploit a été remise, habite la même maison que la partie assignée, est-il nécessaire de remplir les formalités prescrites par le Code de procédure, pour le cas où la copie est laissée à un voisin ?* (1)

____

(1) Cette question seule est jugée par les deux arrêts, les deux autres le sont à la deuxième espèce. Voy. M. CARR., t. 1, p. 186, note 1, *suprà,* n° 91, l'arrêt du 15 août 1807, et *infrà*, n° 232, celui du 4 mai 1813; et

105. *La séparation de corps peut être prononcée par la cour royale elle-même, quoiqu'elle ne soit saisie que de l'appel du jugement qui a accordé une provision à la femme, et de celui qui a rejeté la demande du mari en nullité du mariage.*

Première espèce. — Olivier demandait la nullité de poursuites en saisie immobilière faites contre lui : il tirait son moyen de ce que les procès-verbaux de saisie et d'apposition de placards signifiés à son domicile l'avaient été au sieur Jean. Or, ce sieur Jean n'était ni son parent ni son serviteur, mais bien le locataire d'une partie de la maison d'Olivier. Un jugement du tribunal de Nîmes rejete ce moyen de nullité, mais la Cour d'appel de Nîmes le réforma en ces termes, le 5 avril 1808 : — « La Cour ; Attendu que d'après l'art. 68, C. P. C., tous exploits doivent être faits à personne ou domicile, et que si l'huissier ne trouve au domicile, ni la partie, ni aucun de ses parens ou serviteurs, il doit remettre de suite la copie à un voisin qui signe l'original ; — Attendu que l'infraction de cet article est frappée de nullité par l'art. 70 du même Code ; — Attendu que, dans l'espèce, les exploits de dénonciation de la saisie immobilière faite à Olivier, et de notification à ce dernier du procès-verbal d'apposition de placard, furent signifiés à Olivier dans son domicile, en parlant au sieur Jean, ainsi que le tout résulte des exploits dont il s'agit ; qu'il est convenu que le sieur Jean n'est ni le parent, ni le serviteur dudit Olivier ; que dès lors la violation de l'art. 68 est incontestable ; que le tribunal de première instance a erré en pensant que de cela seul, que l'huissier ayant trouvé le sieur Jean au domicile d'Olivier, il avait pu et dû croire qu'il était un des parens ou des serviteurs de ce dernier, et qu'ainsi le vœu de la loi se trouvait rempli ; qu'outre que rien ne constate, dans les exploits dont il est question, que l'huissier ait réellement cru remettre les copies à un des parens ou serviteurs d'Olivier, il est vrai de dire que la loi ne s'en remet pas à la croyance que peut avoir eue l'huissier, mais bien à un fait positif ; qu'en conséquence, tout consiste à savoir si la personne chargée de la copie avait ou non une des qualités prescrites par la loi ; que, quoiqu'il paraisse établi que le sieur Jean était le locataire d'Olivier, il n'est pas moins certain qu'il devait être considéré par l'huissier comme étranger à la famille dudit

---

v° *Exceptions*, n° 101, un arrêt qui décide que la copie peut être laissée à un commensal habituel.

Olivier; que, dans ce cas, on eût pu, tout au plus, lui laisser la copie comme voisin de la partie, mais qu'alors il aurait fallu qu'il signât l'original; ce qui n'ayant point été fait, rendrait également l'exploit nul; qu'enfin la cour ne saurait trop rigoureusement exiger l'observation des formalités qui ont pour but de garantir la remise des copies des exploits, et de mettre ainsi les parties à l'abri des surprises qui pourraient leur être faites;... Par ces motifs, dit mal jugé; réformant, annulle l'exploit de notification du procès-verbal d'apposition, ainsi que l'exploit de dénonciation de la saisie, etc. »

DEUXIÈME ESPÈCE. — La Cour de Lyon, appelée à décider la même question, le 26 mars 1817, l'a résolue dans les termes suivans : — « LA COUR; Attendu que celui qui a reçu l'exploit vivait dans la même maison que la dame Buisson, et qu'ainsi on n'était point tenu de remplir, à son égard, les formalités prescrites pour le cas où un pareil acte est remis à un voisin de la personne assignée; — Déclare, etc. »

Nota. Dans ce même arrêt, la Cour de Lyon a encore décidé la seconde question posée en tête de cette notice, sans émettre aucun motif tiré du droit.

106. *L'acte d'appel peut être signifié au domicile d'un fondé de pouvoirs chargé d'exécuter tous jugemens, d'en appeler et d'élire domicile (1).*

Arrêt de la Cour d'appel de Liége, en date du 3 mai 1808, entre Roder et Kœnig.

107. *Lorsque la loi exige qu'un acte soit notifié, et qu'il en soit fait mention, il n'est pas nécessaire que dans la copie comme dans l'original il soit dit que copie en a été donnée.*

La section criminelle de la Cour de cassation l'a ainsi décidé par arrêt du 18 mai 1808, à l'occasion d'un procès-verbal dressé par les préposés de la régie contre un cabaretier de l'Escaut, à l'occasion de plusieurs contraventions par lui commises. Cet arrêt est ainsi conçu : — « LA COUR; Considérant que l'art. 24 du décret impérial du 1 germinal an 13 ordonne que « si le prévenu « est présent, *le procès verbal énoncera* qu'il lui en a été donné lecture et « copie »; — Que cette énonciation se trouve dans le procès-verbal annulé par l'arrêt attaqué; — Qu'en faisant résulter une nullité de ce que l'énonciation qu'il *en a été donné copie*, ne se trouve pas dans la copie même, la Cour de justice criminelle du département de l'Escaut a faussement appli-

―――――――――――――――――――――――

(1) Voy. *infra*, n° 192, l'arrêt du 4 février 1812.

XIII. 8

qué la loi, qui ne peut évidemment se rapporter qu'au procès-verbal et non à la copie, qui doit è're donnée avant que l'énonciation de l'accomplissement de cette formalité puisse être relatée dans le procès-verbal; que cette mention ne pourrait se trouver sans *mensonge* sur la copie, puisqu'elle n'a pour objet que d'attester que la copie a déjà été donnée; — Casse et annule, etc. »

108. *Il y a une grande différence entre la signification d'un jugement contradictoire et celle d'un ajournement, en sorte que si le domicile de la partie à laquelle la notification d'un jugement est faite ne se trouve pas désigné dans l'exploit par l'indication de la rue et du numéro de la maison, le délai pour relever appel n'en aurait pas moins couru (1).*

C'est ce qui a été jugé par arrêt de la Cour de Rennes du 25 mai 1808.

109. *Le domicile de la partie est suffisamment désigné par la mention de sa profession qui ne peut être exercée qu'en un lieu déterminé (2).*

110. *En supposant qu'il y eût nullité, elle serait couverte par la comparution des parties.*

111. *L'indication de la demeure équivaut à celle du domicile (3).*

Première espèce. — Arrêt de la Cour de Rouen du 7 juin 1808, ainsi conçu : — « La Cour; Vu que l'exploit dont il s'agit, contenant signification d'appel avec ajournement en cette Cour, a été délivré à Me *Jacques François Hautement*, *notaire à Noyers*, *en parlant à sa personne ;* — Vu que ledit Me Hautement comparaît sur ledit ajournement, le déboute de sa demande en nullité ; — Ordonne que les parties procèderont sur l'appel. »

---

(1) Voy. *infra*, n° 171, l'arrêt du 15 avril 1811. — L'on peut tirer de l'arrêt du 25 mai la conséquence que l'art. 61 n'est pas applicable à toute signification. On peut voir sur cette question MM. Carr., t. 1, p. 145, n° 280, et Lep., pag. 109, 5e alinéa, qui ne nous semblent pas être de la même opinion.

(2) Voy. *infra,* n° 171 et 201, les arrêts des 15 avril 1811 et 21 mai 1812; voy. aussi, J. A., t. 32, p. 22, un arrêt qui décide que le domicile n'est pas suffisamment indiqué par ces mots : *propriétaire et maire à tel endroit.* Il y a cette différence entre cette espèce et celles que nous rapportons, qu'on peut être maire d'une ville sans y avoir son domicile.

(3) Cette question n'a été décidée que par le dernier arrêt.—Voy. *infrà,* n° 113, l'arrêt du 5 août 1808 et les observations.

Deuxième espèce. — Arrêt de la Cour de Gênes du 8 juillet 1809, rendu en ces termes, dans l'affaire Magnocavalli contre la veuve Tarchini : « — La Cour; Considérant, quant aux fins de non-recevoir, que l'art. 61 C.P.C., qui requiert dans tout exploit d'ajournement, pour sa validité, l'énonciation du domicile du demandeur, n'exige cependant pas que cette énonciation soit faite dans les termes précis, formels et sacramentaux, dans lesquels il est conçu; que toutes les fois que cette énonciation est désignée par d'autres phrases d'une manière équipolente, le but de la lo est rempli, et l'acte à l'abri de toute atteinte; — Que dans l'exploit d'appel du 15 février, courante année, l'énonciation de la qualité du sieur Magnocavalli, de juge en la Cour civile et criminelle, séante à Como, désigne assez formellement sa demeure et son domicile dans cette ville, puisqu'on ne peut aucunement ignorer que tout juge a son domicile, et est tenu de demeurer dans le lieu même où siége la Cour ou le tribunal auquel il est attaché; —Que telle est la législation romaine (1. 8, *De incolis*), française et italienne (C. C., art. 107), les places de juge étant à vie; que telles sont enfin les dispositions des lois particulières du royaume d'Italie, et notamment du règlement organique de l'ordre judiciaire, publié par décret impérial et royal du 13 juin 1806, art. 148; — Considérant que, quand même on voudrait douter de la validité de cet exploit, l'appelant ne serait pas pour cela non-recevable dans son appel; puisque le 15 juin suivant, et ainsi dans le délai utile fixé par les articles 445 et 75, C. P. C., il aurait réitéré un autre exploit d'appel qui contient l'énonciation expresse du domicile du demandeur dans la ville de Como; —Que tant ce dernier exploit que le précédent auraient été portés, aux termes de l'art. 69, § 9 du code, au procureur-général près cette Cour, qui en a visé les originaux, et qu'ainsi, sous ce rapport, les moyens de nullité proposés par l'intimée n'existent pas; — Sans s'arrêter aux fins de non-recevoir mises en avant par l'intimée, dont elle demeure déboutée, faisant droit sur l'appel, émendant, déclare que la portion de la succession de feu Lucas Thédeschi, dévolue à la ligne maternelle, appartient pour moitié à l'intimé, et pour l'autre moitié à l'appelant, etc. »

Troisième espèce. — C'est ce qu'a décidé la Cour de Grenoble, le 5 janvier 1820, voici l'arrêt : « — La Cour; Considérant que, par l'énonciation de Joseph Ginet, *notaire à Saint-Georges-d'Espéranche*, et par celle de Marie Ginet, veuve Thomas, remariée à François Gandy, *propriétaire demeurant à Comberousse*, le domicile de l'un comme de l'autre est suffisamment exprimé dans l'exploit du 18 mars 1819;

D'une part, en ce qui concerne Joseph Ginet, par la raison qu'indépendamment que son domicile est réellement à Saint-Georges-d'Espéranche, ce notaire ne peut encore avoir, d'après la loi du 25 ventose an 11, sur l'organisation du notariat, un domicile ailleurs que dans cette commune, où sa résidence comme notaire a été fixée ;

D'autre part, en ce qui concerne la femme de François Gandy, que l'énonciation de *demeurant* est équipolente, dans l'esprit de la loi, à celle *de domicilié*, et que l'on ne saurait s'arrêter au fait que dans la copie de l'exploit le mot *demeurant* aurait été écrit en abréviation, par la raison que personne ne saurait s'y méprendre à la simple lecture ; qu'ainsi, dans l'un comme dans l'autre cas, le vœu de la loi a été rempli dans l'exploit du 8 mars 1819 ; — Sans s'arrêter à toutes les nullités proposées par la partie de Chollier, dont elle la déboute, déclare éteinte et périmée l'instance dont il s'agit. »

112. *L'exploit d'appel est-il valable lorsqu'il contient constitution d'un avoué qui a cessé ses fonctions* (1).

PREMIÈRE ESPÈCE. — L'affirmative a été jugée, le 29 juin 1808, par arrêt de la Cour de Bourges, entre Gayon, Perecote et Georges, ainsi conçu : — LA COUR ; Considérant que M. d'Aussigny, aujourd'hui avocat en la Cour, y a exercé long-temps la profession d'avoué ; qu'il y était connu en cette qualité dans tout le ressort ; que son changement n'est pas encore connu de tous, et que l'erreur dans laquelle quelques plaideurs ont pu être induits à cet égard est tellement répandue, qu'elle devient par là même un excuse légitime ; — Que la peine de nullité prononcée contre les exploits dans lesquels il n'y aurait pas de constitutions d'avoué, a eu pour objet de maintenir l'exécution de la règle contre ceux qui la violent ou la dédaignent ; mais qu'ici les appelans s'y étaient soumis en constituant M. d'Aussigny ; qu'ainsi ce n'est pas une transgression, mais une simple erreur sur le nom ; — Qu'au surplus, l'exploit du 29 avril dernier fait à leur requête, contient la constitution d'un avoué en titre ; — Qu'ainsi cette erreur, si excusable par les causes qui l'ont produite, a été réparée par les appelans avant toute procédure de leur part ; — Sans avoir égard aux moyens de nullité proposés, ordonne que les parties instruiront. »

DEUXIÈME ESPÈCE. — Un acte d'appel qui constitue pour avoué un individu qui n'a plus le droit d'exercer ce ministère près la Cour, est nul, quoique l'ignorance du constituant soit réelle. Si donc, s'apercevant de

______

(1) Voy. *suprà*, n° 81, l'arrêt du 24 juin 1807, et *infrà*, n°ˢ 225 et 262, ceux des 30 décembre 1812, et 6 décembre 1814. — Voy. aussi J.A., t. 3, p. 259, vᵒ Appel, n₀ 124, deux arrêts qui prononcent la validité de l'exploit, en cas de bonne foi.

son erreur, l'appelant fait une constitution régulière, elle n'est point valable, si elle est tardive, et libellée après les délais de la loi. Ainsi jugé le 16 décembre 1813, par arrêt de la Cour d'appel d'Orléans. (*Col. de Lan.*)

TROISIEME ESPÈCE. — Arrêt de la Cour royale de Riom, du 17 avril 1818, entre Budel et Prugières, conçu en ces termes : « — LA COUR ; Attendu que l'art. 456, **C. P. C.**, exige que l'acte d'appel contienne assignation dans le délai de la loi, à peine de nullité ; — Attendu que, d'après l'art. 61 du même Code, tout exploit d'ajournement doit porter l'indication et la constitution d'un avoué, sous la même peine de nullité ; — Attendu que Me Virnière, qui a été constitué pour Budel, par son exploit d'appel, du 7 août 1817, avait cessé de postuler en la Cour depuis le 26 juin précédent, d'après sa démission faite au greffe de la Cour, sous cette dernière date, lorsque cet appel a eu lieu ; — Attendu que Budel ayant constitué un avoué qui avait cessé de l'être, il en est de même que s'il n'en avait pas constitué, et dès lors que son acte d'appel et l'assignation qu'il renferme sont nuls, aux termes des articles précités du Code de procédure ; — Par ces motifs, annulle l'acte d'appel du 7 août 1817 ; — Déclare en conséquence Budel déchu de son appel. »

QUATRIEME ESPÈCE. — Le 27 février 1819, arrêt de la Cour de Nimes, dont voici la teneur : — « LA COUR ; Attendu qu'un exploit d'appel est, comme tous les exploits d'ajournement, sujet aux formalités prescrites par l'art. 61, C. P. C., lesquelles doivent être observées à peine de nullité ; — Attendu que l'appel relevé par les hoirs Mouriés du jugement du tribunal d'Apt, par exploit du 5 du mois de décembre 1818, ne contient point la constitution d'avoué exigée par le susdit article 61, puisque Me Espérandieu, qui est désigné en cette qualité, l'a perdue depuis trois ans qu'il a cessé d'en remplir les fonctions ; — Qu'il en est de même d'omettre entièrement la constitution ou de constituer avoué celui qui n'exerce pas ce ministère, et que dès lors l'exploit dénoncé est radicalement nul ; — Attendu que cette nullité n'a pu être couverte par l'acte signifié à Chazal, avoué de Robert, le 4 du mois de janvier dernier, par lequel Plagnol déclare se constituer avoué des appellans, aux lieu et place d'Espérandieu, constitué par erreur, dans leur exploit d'appel ; et qu'elle n'aurait pu être réparée que par un nouvel appel relevé dans les délais de la loi, et dans la forme voulue par elle ; — Par ces motifs, faisant droit à la demande formée par la partie de Chazal, casse l'exploit d'appel à elle signifié, le 5 décembre 1818, à la requête des parties de Plagnol ; condamne ces derniers à l'amende et aux dépens. »

113. La mention faite dans un exploit de la demeure ou de l'habitation équivaut-elle à celle du domicile?

114. Lorsqu'un tribunal ordonne qu'un individu domicilié hors de France, mais demeurant actuellement en France sera réassigné à son domicile, l'exploit peut néanmoins être notifié à sa personne. (Art. 74, C. P. C.)

115. Il suffit que la femme demanderesse indique dans l'exploit le domicile de son mari (1).

Première espèce. — La négative a été décidée le 5 août 1808, entre le sieur Barbière et les sieurs Barbarini et Zerbarini, par arrêt de la Cour de Gênes, ainsi conçu : — **La Cour**, vu l'art. 61, C. P. C. — Attendu que dans l'exploit d'appel 1 n'a été fait aucune mention du domicile de l'appelant ; que la mention qui y est faite de sa demeure n'est pas équivalente à celle du domicile ; que l'art. 61, C. P. C., prescrit en termes exprès que l'ajournement contiendra le domicile du demandeur, et que, faute de cette mention, l'acte d'exploit est frappé de nullité ; — Par ces motifs, déclare l'appel non-recevable. »

Deuxième espèce. — Dans cette espèce, le contraire a été décidé par un arrêt de la cour cassation du 28 juillet 1810, dont voici les termes : — « **La Cour** ; Vu l'art. 61, C. P. C., ainsi conçu : L'exploit d'ajournement contiendra 1°.... les noms, profession et domicile du demandeur.... 2° les noms et demeure du défendeur.... — Attendu que déclarer que l'on *demeure en tel lieu*, c'est dire, en des termes équivalens, que l'on y est *domicilié*, lorsque d'ailleurs il n'est pas même contesté que celui qui a déclaré *demeurer en tel lieu*, y ait réellement son domicile ; d'où suit que, dans un pareil état de choses, la disposition de l'art. 61 C. P. C., qui exige l'indication du domicile dans les ajournemens, se trouve parfaitement remplie; — Attendu, en fait, que le demandeur en cassation a déclaré, dans son acte d'appel, qu'il *demeurait à Orléans;* que son domicile à Orléans avait été reconnu par la défenderesse elle-même, dans plusieurs actes de la cause, et qu'elle n'a pas même allégué, en plaidant sur l'appel, que le demandeur eût un autre domicile ; — Casse. »

Troisième espèce. — Arrêt de Cour d'appel de Liége, du 13 juillet 1814, ainsi conçu: — «**La Cour**; Attendu que l'art. 61, C. P. C., exige à peine de nullité que l'exploit d'ajournement contienne entr'autres désignations, celle du domicile du demandeur et celle de la demeure du défendeur; — Attendu que l'art. 1er du même Code, relatif aux citations par devant les justices de paix, éta-

____

(1) La 2ᵉ question n'est jugée que par le 4ᵉ arrêt, et la 3ᵉ par le dernier.

blit encore l'obligation de la désignation du domicile du demandeur, et seulement celle de la demeure du défendeur; — Attendu que l'on ne pourrait admettre que le législateur, en se servant de deux mots différens, et les appliquant dans deux articles analogues, et en les attachant toujours l'un au demandeur et l'autre au défendeur, ait pu entendre qu'on prendrait indifféremment l'un ou l'autre mot dans la pratique; qu'il faut en conclure nécessairement qu'il a voulu prendre le mot *domicile* dans un sens plus étroit, et le mot *demeure* dans un sens étendu, et astreindre le demandeur à des formalités plus strictes que le défendeur; — Attendu qu'au nombre des raisons qui fortifient cette interprétation de l'art. 61 C. P. C., se trouve le système des offres réelles, établi au Code civil, art. 1258, §6.; qu'en effet, cet article prescrit que pour que les offres réelles soient valables, elles doivent être faites, en certains cas, à la personne du créancier, ou à son domicile; qu'il s'en suit que dans un exploit d'assignation qui peut donner lieu à des offres, ou même à des propositions d'accommodement, il importe que le domicile du demandeur soit indiqué, puisque, faute de cette indication, le défendeur pourrait se trouver placé dans une position trop difficile, soit pour faire des offres, soit même pour faire de simples propositions au demandeur; — Attendu que, dans l'espèce, la copie de l'exploit d'assignation laissée à la partie défenderesse, laquelle lui tient lieu d'original, indique bien la demeure du demandeur, mais qu'elle n'indique pas son domicile; — Attendu que, quelles que soient les raisons extrajudiciaires qui puissent faire présumer que la partie défenderesse connaisse que le lieu indiqué comme demeure du demandeur était aussi son domicile; le juge ne peut se déterminer que sur les pièces qu'il a sous les yeux et nullement sur des présomptions et des conjectures; — Déclare nul, etc. »

Quatrième espèce. — La Cour de Rennes a statué sur les deux premières questions, par arrêt du 22 juillet 1814, ainsi conçu : — « La Cour; Considérant que l'art. 61, C. P. C., exige, à peine de nullité, que tout exploit d'ajournement contienne l'énonciation de domicile du demandeur; mais qu'à l'égard du défendeur, il se borne à ordonner la mention de sa demeure; qu'il est évident que le législateur a fait, et avec raison, une différence entre le domicile et la demeure; — Considérant que dans l'exploit d'ajournement donné le 18 janvier 1814, à Garbagny, à requête des appelans, il est dit que ledit Garbagny demeurait en la ville et commune de Brest, et que l'huissier qui a notifié l'exploit, a rapporté en avoir remis la copie à Garbagny lui-même, trouvé chez Pérénés, avocat, rue de Siam, à Brest; qu'il résulte de ces expressions que le vœu de l'art. 61, C. P. C., a été rempli, et que l'assignation du 18 janvier 1814 est légale et régulière, puisque cet art. n'exige, relativement au défendeur, que la mention de sa demeure, et que la demeure de Garbagny était à Brest, puisque, de son aveu, il était de retour depuis quelque tems, et que c'est là que la copie lui a été remise ; — Que dans la procuration devant notaire qu'il donna à Charles Testard, le 15 avril 1812, il s'est dit lui-même propriétaire demeurant à Brest, rue Prolongée de la Rampe, et qu'il était a la veille de s'absenter, expression qui annonçait son intention de revenir a Brest. — Considérant que l'assignation des appelans porte date du 18 janvier 1814, et qu'ils n'appelaient l'intimé qu'à l'audience du 22 février suivant; qu'ils lui donnaient un délai de plus d'un mois, bien supérieur à celui de la loi ; car, dans le cas même où on aurait pu regarder l'intimé comme domicilié hors de France, dès là que l'assignation avait été donnée à sa personne en France, elle ne devait emporter, conformément à l'art. 74, C. P. C., que les délais ordinaires, sauf au tribunal à les prolonger s'il y a lieu ; — Considérant que les juges du tribunal de commerce de Brest s'étant bornés, par leur jugement préparatoire du 14 décembre 1813, à ordonner que Garbagny serait réassigné à son domicile, n'ont ni voulu, ni pu empêcher les appelans de donner leur nouvelle assignation à Garbagny lui-même; que ce jugement n'a pu influer sur celui qu'ils ont rendu le 22 février suivant; que conséquemment il est inutile de l'examiner ; — Faisant droit sur l'appel de Réné Doré, veuve Borgnio Desbordes et autres, ses consorts, dit qu'il a été mal jugé par le jugement du tribunal de Brest du 22 juin 1814 ; corrigeant et réformant, décharge les appelans de la condamnation prononcée contre eux, et faisant ce que les premiers juges auraient dû faire, déclare légal et régulier l'exploit d'ajournement du 18 janvier 1814, donné à l'intimé, à requête des appelans et pour procéder, etc. »

CINQUIÈME ESPÈCE. — Le 21 juillet 1818, la Cour de cassation, section civile, a prononcé en ces termes sur la 1re question : — « LA COUR; Vu l'art. 61, C. P. C.; — Attendu que, déclarer que l'on demeure en tel lieu, c'est dire, en des termes équivalens, que l'on y est domicilié, lorsque d'ailleurs il n'est pas même contesté que celui qui a déclaré demeurer en tel lieu, y a réellement son domicile; d'où il suit que, dans un pareil état de choses, la disposition de l'art. 61, C.P.C., qui exige l'indication du domicile dans les ajournemens, se trouve parfaitement remplie ; — Attendu, en fait, que le demandeur en cassation a déclaré, dans son acte d'appel, qu'il demeurait à Orléans, que son domicile à Orléans avait été reconnu par la défenderesse elle-même, dans plusieurs actes de la cause, et qu'elle n'a pas même allégué, en plaidant sur l'appel que le demandeur eût un autre domicile ; — Casse, etc. »

SIXIÈME ESPÈCE. — La Cour de cassation, section des requêtes, s'est prononcé en ces termes, le 23 décembre 1819 : — « LA COUR; Attendu qu'aux termes de l'art. 108, du Code civil, la femme mariée n'a d'autre domicile que celui de son mari ; — Attendu que l'exploit d'appel énonçant qu'il a été signifié à la requête de Marie Gérard, épouse d'Antoine Dufresne, *propriétaire, habitant à Grenoble*, avec élection spéciale de domicile en l'étude de Bernard, avoué à la cour royale de Grenoble, le vœu de la loi a été suffisamment rempli, sous le rapport, tant du domicile de la femme Bernard, que de celui de son mari ; que c'est sous ce motif plausible que le demandeur objecte que ce mot *habitant* est insignifiant pour la désignation du *domicile*, puisque, d'après la définition grammaticale, il est constant que ce mot *habitant* exprime l'idée d'un domicile fixe et d'une demeure habituelle ; — Rejette, etc. »

OBSERVATIONS.

MM. Carr., t. 1, p. 154, n° 500, et B. S. P., p. 199, note 21, sont d'un avis différent sur cette question : le premier soutient qu'on ne pourrait tout au plus annuler l'exploit, lorsqu'il ne porte que la mention de la demeure, que tout autant qu'il serait prouvé que le demandeur n'aurait pas son domicile à l'endroit où sa demeure serait indiquée ; cet auteur voit dans le mot *demeure* l'expression d'une habitation permanente qui doit faire supposer le domicile et qui diffère en cela de la résidence qui n'est qu'une habitation momentanée. M. B. S. P., au contraire, soutient que le mot *demeure* ne remplit pas l'intention de la loi, que la demeure diffère du domicile par la facilité avec laquelle elle peut être transportée d'un lieu à un autre sans formalités, que dans un acte d'offres, par exemple, l'indication de la *demeure* au lieu de celle du *domicile* pourrait être nuisible au défendeur, et qu'enfin, le Code en se servant du mot *demeure* pour le défendeur, après avoir employé le mot *domicile* pour le demandeur, annonce évidemment qu'il n'attache pas le même sens à ces deux mots. M. F. L., t. 1, p. 156, partage l'opinion de M. Carr. ; nous ne pouvons adopter les principes de ces deux derniers auteurs, et le motif de la loi a déterminé notre conviction : la loi a exigé la mention du *domicile*, pour que le défendeur pût signifier à l'endroit indiqué comme tel, tous les actes qui ne peuvent se signifier qu'à *personne* ou *domicile* ; aussi, a-t-il été jugé que les actes signifiés par le défendeur à un domicile indiqué par son adversaire dans tous les actes de la procédure, étaient valables, quoique ce ne fût pas réellement le véritable domicile du demandeur ; on conçoit seulement que pour le défendeur, la loi se soit contenté d'exiger l'indication de la demeure ; l'utilité de cette mention n'est même pas très évidente. — On lit dans l'arrêt de la Cour de cassation, du 25 décembre 1819, ces mots : « D'après la signification grammaticale, il est constant que le mot *habitant* exprime l'idée d'un domicile fixe et d'une demeure habituelle. »

Quant au défendeur, voyez ce qu'en dit M. Carr., t. 1, p. 157, n° 308. On peut voir, *supra*, n° 169, l'arrêt du 7 juin 1808, et *infra*, n°* 201 et 341, ceux des 21 mai 1812, et 28 décembre 1819 ; voyez aussi un arrêt du

3o novembre 1809, J. A., t. 3, p. 153, v° *Appel*, n° 60, et une autre décision , v° *Contrainte par corps* , n° 69.

116. *La loi n'exige pas la signature de la partie au bas des exploits d'ajournement qu'elle fait signifier, et ces actes ne peuvent être détruits que par un désaveu introduit dans les formes que la loi prescrit* (1).

117. *Le défaut de mention de la profession de l'appelant dans l'acte d'appel, ainsi que l'omission de son domicile dans la copie de cet acte, en entraînent la nullité ; mais il peut appeler à la barre s'il se trouve encore dans les délais* (2.

Ainsi jugé par la Cour de Besançon, le 26 août 1808, par arrêt ainsi conçu : — « La Cour ; Considérant, sur la première fin de non-recevoir tirée du désaveu que l'on dit avoir été fait par la veuve Faivre, des poursuites dirigées en son nom ; que l'acte d'appel du 29 juillet a été signifié tant à la requête de la veuve Faivre que des autres parens des mineurs Duvois, ses litis-consorts ; que la loi n'exige pas la signature au bas des exploits d'ajournement de la part des personnes à la requête desquelles ils sont signifiés ; qu'ainsi il n'y a nulle induction à tirer contre les appelans de ce que la veuve Faivre n'a pas signé celui dont il s'agit, avec d'autant plus de raison que l'on voit , dans d'autres actes employés au procès, qu'elle est illitérée ; qu'en n'exigeant pas la signature des parties, la loi présume que l'huissier dont elles emploient le ministère tenait d'elles un pouvoir spécial et suffisant pour faire ces significations ; que cette présomption de la loi ne peut être détruite que par un désaveu introduit dans les formes qu'elle prescrit, par la partie à la requête de laquelle l'huissier aurait agi sans commission ; que les déclarations attribuées à la veuve Faivre et contenues dans le procès verbal du juge de paix de Luxeuil, du 3o juillet dernier, ne peuvent tenir lieu du désaveu exigé par la loi, puisque, dans aucun acte de la procédure, elle ne s'est plaint de l'appel interjeté sous son nom ; qu'elle n'a pas révoqué l'avoué constitué pour elle, et qu'elle soutient encore la validité de son appellation, d'où il suit que cette fin de non-recevoir n'est pas fondée. »

---

(1) Voy. J. A., t. 3, p. 262, v° *Appel* , n° 126, et M. Pig. Com., tom. 2, pag. 33.

(2) Voy. *infra* , n° 125 et 290, les arrêts des 8 décembre 1808 et 29 janvier 1817 ; et J. A., v° *Appel*, n°° 67, p. 171. Un arrêt analogue. — Et pour le domicile, *infra*, n° 126, l'arrêt du 25 janvier 1809.

Considérant, sur celle qui a été opposée aux sœurs Duvois et Valentin, que le défaut de mention de profession, dans leur acte d'appel du 29 juillet dernier, ainsi que l'omission de leur domicile dans la copie de cet acte, en entraînent la nullité, suivant l'art. 61 C. P. C.; mais qu'il y a lieu de recevoir l'appel qu'ils ont de nouveau et au besoin interjeté à l'audience; qu'en effet aucun délai fatal ne s'est écoulé contre eux, puisque le jugement du 6 juillet 1808 ne leur a été signifié que le 26 du même mois; cet appel ne change rien aux qualités de la cause, dès que les sieurs Duvois et Valentin y figurent déjà comme appelans; il n'augmente d'aucune manière les frais, et n'apporte aucun changement aux questions soumises à la décision de la Cour. Sans s'arrêter aux fins de non-recevoir, etc. »

118. *Une assignation est-elle valablement donnée au domicile de deux époux par un seul et même exploit, lorsqu'ils sont séparés de corps ou de biens ?*

La Cour de cassation, section civile, a décidé la négative, le 7 septembre 1808, entre les sieur et dame Berthier et le sieur Lachaussade de Villenart : — « La Cour; Vu l'art. 3 du tit. 2 de l'ordonnance de 1667; — Considérant que, dans l'espèce, surtout où la dame *Berthier était séparée de biens avec son mari*, toute action concernant sa propriété devait être intentée contre elle par assignation à elle adressée, dont la copie lui serait laissée ou à quelqu'un pour elle chargé de la lui faire parvenir, sauf à assigner aussi le mari pour l'autoriser; — Considérant que, dans l'espèce, la demande en péremption d'instance a été formée par un exploit adressé au sieur Berthier et à sa femme sans que copie en ait été laissée à la dame Berthier ni à personne pour elle; — D'où il suit que, quoique vraiment principale partie, elle n'a été assignée ni à personne, ni à domicile, et qu'en validant à son égard une telle assignation, l'arrêt attaqué est contrevenu à la disposition citée de l'ordonnance; — Casse, etc. »

Nota. MM. Cabr., t. 1, p. 197; F. L., t. 1, p. 137; Merl. rép., t. 1, p. 180 et t. 13, p. 345, et Pig. Comm. t. 1, p. 178 et 180, sont du même avis sur cette question. M. Pig. pense de plus que copie séparée doit être donnée à la femme, même lorsqu'il s'agit d'immeubles dont le mari a la jouissance; cette opinion n'est point partagée par les autres auteurs; elle est contraire à un arrêt du 5 avril 1812, *infra*, n° 195. Voy. aussi *infra*, n° 276 et 367, deux arrêts des 8 mai 1815 et 16 août 1822, *supra*, n° 12, celui du 13 juin 1807; J. A., t. 24, p. 142 et t. 25, p. 307 et 325, et t. 5, p. 87, v° *Autoris. fem.*, n° 63. — Nous rapporterons, v° *Offres réelles*, un arrêt du 15 mai 1814. On peut encore consulter MM. B. S. P., p. 665, not. 4, n° 1; F. L. v° *Autorisation de femmes mariées*, Dubanlon, t. 2, p. 460, et Merlin rép., t. 11, p. 778, n° 10.

119. *L'acte d'appel est-il nul lorsqu'il contient assignation pour un jour férié?*

PREMIÈRE ESPÈCE.—Arrêt de la Cour d'appel de Liége du 17 novembre 1808, entre les sieurs Coulon et Stappers. — «La Cour; Attendu qu'aucun article du Code de procédure civile ne déclare nuls les exploits dont l'échéance tombe à un jour férié, et que l'art. 1030 du même Code statue expressément qu'aucun exploit ou acte de procédure ne pourra être déclaré nul, si la nullité n'en est formellement prononcée par la loi. — Par ces motifs, sans avoir égard aux nullités et fins de non-recevoir proposées par les intimés, etc. »

DEUXIEME ESPÈCE. — Arrêt contraire de la Cour de Bruxelles, du 27 décembre 1814, rendu dans la cause du sieur Beke : — « La Cour; Considérant que l'assignation donnée sur l'exploit dont il s'agit pour le 23 avril 1815, indique déterminément un jour férié; qu'ainsi c'est comme si cet exploit ne contenait aucune assignation quelconque; d'où il suit que, d'après l'article 456 C. P. C., il est atteint de nullités, déclare nul l'exploit d'appel du 11 juillet 1814, met l'appel au néant. »

TROISIEME ESPÈCE. —Arrêt de la Cour d'appel de Bruxelles, du 14 février 1821, qui juge, comme la Cour de Liége, que l'exploit est valable, et par le même motif, etc.

Nota. Nous partageons entièrement l'avis de la Cour de Liége, et cependant il faut établir la distinction suivante : ou le délai accordé est plus court que le délai légal, alors la question devient délicate, ainsi que nous l'avons déjà dit *infrà*, nos 211 et 221; ou le délai est plus long, et de quoi se plaindrait l'assigné? puisqu'il a eu tout le temps de comparaître? d'ailleurs la même difficulté pourrait exister si le demandeur n'avait indiqué que le délai légal sans nommement désigner un jour; dans ce cas, le dernier jour du délai étant un jour de fête légale, personne ne supposera que l'exploit puisse être annulé.

120. *L'acte d'appel est nul par cela seul que dans la copie l'appelant a déclaré élire domicile dans sa maison d'habitation sans désigner le lieu où cette maison est située (1).*

Ainsi jugé, le 9 novembre 1808, dans la cause de la dame Bruyère, par arrêt de la Cour d'appel de Riom, conçu en ces termes : — « La Cour; Attendu que, dans la copie d'exploit remise à l'intimé, il y a omission du lieu où est située la maison d'habitation dans laquelle la dame Bruyère a déclaré élire domicile; — Attendu que cette omission opère une nullité légale, et

---

(1) La question de copie, tenant lieu d'original, est aussi décidée dans cet arrêt. — Voy. *supra*, n° 9.

que la copie d'exploit tient lieu d'original à celui qui est assigné; — Déclare ladite dame Bruyère non-recevable dans son appel. »

121. *Des associés pour une opération commerciale, peuvent être assignés*, collectivement et sans désignation de nom d'aucun d'eux, *au domicile de la société.*

122. *L'indication du jour où se fera la première publication n'est pas prescrite à peine de nullité dans le procès-verbal de saisie-immobilière* (1).

Première espèce. — La première question a été décidée par l'arrêt suivant de la Cour de cassation, section civile, en date du 21 novembre 1808. — « La Cour ; Vu les art. 61 et 69 C. P. C. , et attendu que dans l'avis imprimé sur papier libre, dont il s'agit, concernant les jours du départ des voitures pour Bruxelles et toute la Flandre, l'établissement des défendeurs est intitulé : *établissement des messageries générales, rue du Bouloy, ancien établissement Saint Simon*, que le procès-verbal et le mémoire de la régie ont été signifiés au susdit établissement, *parlant à un commis trouvé dans le bureau, lequel n'a voulu dire son nom;* — Que le seul motif qui a déterminé le tribunal de Paris à annuler l'exploit en question, est pris de ce qu'il ne contenait le nom d'aucun des entrepreneurs ou des sociétaires ; que cependant cette désignation n'est point exigée par les art. 61 et 69 C. P. C. , soit que l'on envisage l'entreprise des défendeurs comme un établissement public, qui a un siége d'administration , soit qu'on la considère comme une société de commerce qui a une maison sociale ; d'où il suit que le tribunal de Paris a commis un excès de pouvoirs, en créant une nullité que la loi ne prononce pas ; — Casse, etc. »

Deuxieme espèce. — Le 19 janvier 1811 , arrêt de la Cour de Pau ainsi conçu : — « La Cour; Considérant que le commandement, la saisie et les procédures subséquentes, ont été signifiés à la veuve Pouyet et fils, sous la raison commune de sa société, en la maison sociale où est leur établissement social, qu'en conséquence une seule copie était suffisante; d'où il résulte, d'une part, que Pouyet fils a été bien mis en cause en première instance, et qu'il y a été partie, et, d'autre part, que le moyen de nullité fondé sur cette unité de copie, est sans fondement; — Considérant que le moyen de nullité, fondé sur ce que le procès-verbal de saisie n'indique pas le jour de la première publication, est inadmissible; qu'en effet , l'article 675 du Code de procédure, qui prescrit dans le plus grand détail les formalités à observer dans ce procès-verbal, ne parle point de cette énonciation; qu'à la vérité, en l'art. 681, il dit : « La saisie immobilière , enre-
« gistrée, comme il est dit aux art. 677 et 680, sera dénoncée au saisi.... ;

---

(1) Cette question est jugée par l'arrêt du 19 janvier 1811 , 2° espèce.

« elle contiendra la date de la première publication.... » Mais qu'il est évident que dans cet article le pronom *elle* se rapporte à la dénonciation, formalité qui est le seul objet de cet article ; qu'on ne peut en douter, quand on réfléchit que la partie saisie ne doit avoir connaissance de la saisie que par cette dénonciation, en sorte que l'énonciation du jour de la première publication dans le procès-verbal serait parfaitement inutile ; *à l'égard du vice reproché aux significations, en ce qu'elles ont été faites parlant à une femme de chambre* ; — Considérant que la veuve Pouyet s'étant présentée, ayant défendu au fond sans opposer cette nullité ne serait plus recevable à en exciper, en sorte qu'il n'y a plus lieu d'examiner si elle est bien ou mal fondée ; — Déboute le sieur Pouyet fils de la fin de non procéder par lui opposée ; et disant droit de l'appel interjeté par Jean Jacques Pouyet, du jugement du 27 août 1810, dit avoir été mal jugé, bien appelé, etc. »

OBSERVATIONS.

MM. C**arr**., t. 1, p. 195 ; F. L., t. 1, p. 144 ; B. S. P., p. 200, not. 23, n°° 1 et 205, not. 38, n° 3 ; M**erl**. R**ép**., v° *Société*, sect. 6, § 3, n° 1, t. 12, p. 711, et H**aut**., p. 76, sont d'un avis conforme à cette décision ; M. P**ig**. C**omm**., t. 1, p. 196, la combat seul, et il se fonde principalement sur ce que le jugement doit être exécutoire contre chacun des associés. Ce motif ne nous paraît pas suffisant, parce que le jugement n'en sera pas moins exécutoire contre chacun, quoique rendu contre la société collectivement. Voy. *suprà*, n° 290, l'arrêt du 29 janvier 1817, et, n° 248, celui du 16 décembre 1813. Voy. aussi *supra*, n° 37, celui du 27 germinal an 11.

Mais une assignation pourrait-elle être donnée pour plusieurs demandeurs à la requête d'un tel et *consorts* ? Cette question ne fait plus le moindre doute aujourd'hui ; tous les auteurs adoptent la négative. La Cour de cassation, par un arrêt du 25 thermidor an 12, rapporté J. A., v° *Cassation*, n° 59, p. 451, a jugé qu'un héritier pouvait attaquer, en son nom et *personnellement*, un arrêt contre lequel tous les héritiers s'étaient pourvus *collectivement*. L'exploit fait à la requête d'un tel et *consorts* serait donc annulé ; on s'est demandé s'il ne serait pas du moins valable pour la partie dénommée. On a distingué, si l'assignation est donnée pour l'exécution d'une obligation indivisible et solidaire, comme chaque créancier a le droit d'assigner pour le tout, peu importe que les mots *et consorts* se trouvent à la suite du nom du créancier agissant ; mais si l'obligation n'est ni solidaire, ni indivisible, à moins que celui qui agit ne restreigne sa demande à la part qui lui revient, l'assignation est nulle comme ne contenant pas les noms des demandeurs. La Cour de cassation, par arrêt du 7 novembre 1821, J. A., t. 23, p. 321, a apporté une modification à cette règle en décidant que ces mots *et consorts* suffisent si on indique que leurs noms se trouvent dans un acte signifié avec l'exploit. V. MM. C**arr**., t. 1, p. 148, n° 287 et 288 ; P**ig**.,

t. 1, p. 125, note 4, no 2; P.o. Comm. , t. 1, p. 174, 4e alin. ; les auteurs
du Pr. Fr., t. 1, p. 296, 5e alin.; F. L., t. 1, p. 135, v° *Ajournement*,
§ 2; Mrel. Rép., v° *Consorts*, t. 3, p. 10, et Delap., tom. 1, p. 65, qui,
n'admettant pas la distinction dont nous avons parlé, dit qu'il n'a point été
reçu dans l'usage de valider l'exploit pour le demandeur dénommé, et qu'on
a indistinctement déclaré toute la procédure nulle. Voy. cependant *infrà*,
n° 283, un arrêt du 17 juillet 1816, qui décide qu'un exploit donné par une
partie pour elle et pour son frère, n'est nul qu'à l'égard de ce dernier.

123. *N'est pas nul l'exploit d'appel qui ne donne aucune*
profession aux appelans, surtout si effectivement ils
n'en ont aucune reconnue, et que d'ailleurs on ait suivi
les erremens du jugement de première instance. (Arti-
ticle 61, C. P. C.) (1)

124. *Est nulle et empêche de courir le délai d'appel, la*
signification d'un jugement surchargé dans une partie
essentielle, telle que le nom de l'avoué auquel elle est
faite. (Art. 147, C. P. C.)

125. *L'exploit d'appel n'est pas nul lorsque, même en*
matière d'ordre, il n'énonce pas les griefs sur lesquels
l'appel est fondé (2).

Première espèce. — Les deux premières questions ont été décidées par
arrêt de la Cour de Besançon, du 8 décembre 1808, ainsi conçu : — « La
Cour ; Considérant, sur la nullité résultant de ce que l'exploit d'appel n'é-
nonce aucune profession des appelans, — Que cette omission n'entraîne-
rait la nullité de l'acte d'appel qu'autant qu'il serait justifié que les appelans
ont une profession reconnue; que rien ne justifie de ce fait; que même
les parties principales du procès sont des femmes mariées qui sont censées n'avoir aucune autre qualité ni profession ; que d'ailleurs les appelans, en assignant devant la Cour, sous la seule dénomination d'héritiers
du curé Martin , n'ont fait que suivre les erremens du jugement de première instance, dans les qualités duquel on ne leur attribue aucune autre
qualité: qu'ainsi, l'acte d'appel ne peut donner lieu à aucune ambiguité, et
se trouve régulier; — Qu'enfin, et dans le cas où cet acte serait infecté de
nullité, l'intimé serait sans intérêt à l'opposer, puisque la signification à
avoué du jugement dont appel, se trouve surchargée dans la partie essen-

____

(1) Voy. *suprà*, n° 116, l'arrêt, du 26 août 1808, *infrà*, n° 216 et 290,
ceux des 5 août 1812 et 29 janvier 1817.

(2) La deuxième question est jugée à la première espèce, et la troisième
ne l'est que par l'arrêt du 9 décembre 1813.

tielle de l'acte, savoir le nom de l'avoué à qui cette signification devait être faite, qu'ainsi, et suivant l'article 2, titre 27 de l'ordonnance de 1667, et l'article 147 C. P. C., la nullité de cette signification entraîne celle des significations à parties et domicile, ce qui empêche de courir le délai d'appel, et donne aux appelans la faculté de réitérer au besoin leur appel, comme ils l'ont fait à la barre de la Cour. — Par ces motifs, réforme et condamne, etc. »

DEUXIEME ESPÈCE. — Le 22 février 1809, arrêt de la Cour de Colmar, par lequel, — « LA COUR ; Attendu, quant aux moyens de nullité proposés par l'intimé, que celui-ci, par l'exploit introductif de sa demande originaire, n'a lui-même pas indiqué la profession des appelans ; que le jugement dont est appel, expédié sur les qualités fournies de la part dudit intimé, n'indique pas non plus la profession desdits appelans ; que l'intimé ne peut être présumé ne pas avoir connu ceux contre qui il avait dirigé son action, et que ce n'est pas, après avoir procédé contradictoirement en première instance avec ses adversaires, qu'il peut être fondé en appel, à révoquer en doute leur identité, pour avoir omis dans leur exploit d'appel la profession qu'ils exercent, lorsque l'intimé n'a jamais réclamé à cet égard devant le tribunal à quo, et que dans la réalité les appelans sont sans profession, ou que chacun en a plusieurs, insignifiantes et momentanées ; il n'y a donc pas lieu de s'arrêter aux moyens de nullité. »

TROISIEME ESPÈCE. — Le 9 décembre 1813, arrêt de la Cour de Rouen, ainsi conçu : « — LA COUR ; Attendu qu'il a été articulé, et non méconnu, que l'appelant n'avait aucune profession, que dès lors la disposition de l'article 61, C. P. C., n'est point applicable dans l'espèce, puisqu'il était impossible d'indiquer la profession de l'appelant qui n'en a pas ; — Attendu que l'art. 765 du même Code, qui porte que l'appel d'un jugement rendu dans une instance d'ordre, contiendra l'énonciation des griefs, ne prononce point la peine de nullité pour l'omission de cette énonciation ; — Déboute des moyens de nullité. »

QUATRIEME ESPÈCE. — Un acte d'appel étant une véritable assignation, est nul, si la copie ne contient pas l'indication de la profession et du domicile de l'appelant. Cette nullité ne peut être considérée comme couverte parce qu'on aurait négligé de la proposer à *limine litis*, lorsque, dans les qualités de la cause, on a demandé expressément que l'appelant fût déclaré *non-recevable pour nullité d'exploit*. (Ainsi jugé le 30 janvier 1819 par la Cour de Besançon. — Besanç.)

CINQUIEME ESPÈCE. — Arrêt de la même Cour, du 8 février 1820, qui décide que l'omission de la profession du demandeur, dans un acte d'appel, ne le peut réellement vicier que dans le cas où il y existerait quelqu'incertitude sur la personne à la requête de laquelle la signification en est faite. (Art. 61, C. P. C.)

126. *Il y a nullité de l'acte d'appel lorsqu'il n'indique pas le domicile de l'appelant, ou qu'il n'indique pas son véritable domicile* (1).

PREMIÈRE ESPÈCE. — Arrêt de la Cour d'appel de Liége, du 25 janvier 1809, ainsi conçu : — « LA COUR ; Attendu qu'il résulte de l'article 456, C. P. C., que les actes d'appel doivent contenir assignation dans les délais de la loi ; qu'on ne peut entendre par assignation qu'une assignation valable ; que dans l'espèce, celle contenue dans l'acte d'appel ne contient pas l'énonciation du domicile de l'appelant ; que l'art. 61, du même Code, exige l'énonciation du domicile du demandeur à peine de nullité ; qu'ainsi ladite assignation étant nulle, l'acte d'appel doit être considéré comme n'en contenant pas ; par ces motifs, déclare nul l'acte d'appel. »

DEUXIÈME ESPÈCE. — La dame Gauvin, épouse divorcée du sieur Vans, se rend appelante d'un jugement du tribunal de première instance de la Seine, qui l'avait condamnée à payer au sieur Bouttier une somme de 1960 fr. — Dans son acte d'appel, elle se dit domiciliée à Paris, rue Neuve-des-Petits-Champs, n° 28. — Comme dans tout le cours des poursuites, la dame Gauvin avait cherché à déguiser son véritable domicile ; le sieur Bouttier eut des soupçons sur la réalité de celui qu'elle indiquait dans son acte d'appel. — Ses soupçons s'étant trouvés fondés, il fit constater, par procès-verbal d'huissier, que l'appelante n'avait pas et n'avait jamais eu son domicile au lieu indiqué dans l'acte d'appel ; en conséquence, il demanda la nullité de cet acte. — 20 juin 1809, arrêt de la première chambre de la Cour d'appel de Paris, par lequel : — « LA COUR ; Faisant droit sur l'appel interjeté par Rosalie Gauvin, des jugemens rendus au tribunal civil du département de la Seine, les 29 juin et 29 juillet 1808 ; — Attendu que ladite Gauvin n'a point déclaré dans son acte d'appel son véritable domicile, déclare ledit acte d'appel nul, et condamne ladite dame Gauvin en l'amende et aux dépens. »

127. *L'art. 61, C. P. C., prescrit, à peine de nullité, l'obligation de désigner, dans les exploits d'ajourne-*

---

(1) Voy. un arrêt conforme de la Cour de cassation, du 9 mars 1825. (J. A., t. 30, p. 268.)

*ment, le tribunal qui doit connaître de la demande. —
A la vérité, l'art. 456, qui concerne les actes d'appel, ne répète pas cette obligation; mais l'art. 470
veut que les règles qui ont été établies pour les tribunaux inférieurs, soient observées dans les cours d'appel. Il y a conséquemment nullité dans l'acte d'appel
qui n'indique pas la cour qui doit connaître.*

127 bis. *Cette nullité est couverte dans l'espèce où l'intimé
assignant l'appelant pour constituer nouvel avoué à la
place de celui indiqué dans l'acte, lequel était décédé,
garde le silence sur la nullité.*

Arrêt de la Cour d'appel de Rennes, en date du 17 février 1809.

Nota. Lorsque l'assignation est donnée devant un tribunal, faut il indiquer s'il est de première instance ou de commerce? MM. Carr., t. 1,
p. 161, et F. L., t. 1, p. 139, sont d'avis qu'il n'y aurait pas nullité de
l'assignation, lors même que cette indication n'y serait pas, parce que le
lois, régulatrices de la compétence, étant censées connues des deux parties, la nature de la demande et les qualités des parties font assez connaître
au défendeur le tribunal où il doit comparaître. Ces mêmes auteurs examinent la question de savoir s'il faut indiquer le lieu où le tribunal tient ses
séances. Ils disent que tel est l'usage, mais que la loi ne l'exigeant pas,
il n'y aurait pas nullité. Voy. J. A., v° *Exceptions*, n° 56, un arrêt
qui décide qu'il n'y a pas nullité lorsqu'on a assigné devant le *tribunal*
d'appel au lieu de la *Cour* d'appel.

Voy. sur la seconde question, les arrêts rapportés, t. 12, v° *Exceptions*,
n°° 31, 55, 66, 75 et 106.

128. *Un premier acte d'appel étant nul, parce qu'il ne
contenait pas assignation, un second acte d'appel, signifié avec assignation, est également nul comme ne
contenant pas indication du jugement appelé, attendu
qu'il s'en référait au premier pour cette indication. —
En autres termes, un premier acte d'appel nul ne peut
être d'aucune considération, en sorte que les omissions
faites dans le second ne peuvent être suppléées par les
énonciations données dans l'autre.*

Ainsi jugé, le 1er avril 1809, par arrêt de la Cour de Rennes. Dans le
deuxième acte d'appel, outre le défaut d'indication du jugement appelé,

l'assignation était donnée *dans les délais de l'ordonnance.* — La Cour;
Considérant que ces délais ne sont pas ceux que le Code judiciaire voulait que l'appelant donnât, a surabondamment prononcé la nullité. Mais
un arrêt de la Cour de cassation, section des requêtes, du 11 novembre
1810, a décidé le contraire (1).

129. *Dans une action en partage, il n'est pas nécessaire
que l'exploit d'assignation contienne les moyens à l'appui de la demande, la copie des titres qui servent de
base à l'action, ni les tenans et aboutissans de l'objet à
partager.* (Art. 3 tit. 9 de l'ord. de 1667; 64, C. P.
C.) (2)

Première espèce. — Arrêt de la Cour de Besançon, du 21 juin
1809, jugeant en ces termes : — « La Cour; Considérant, sur la fin de
non - recevoir, résultant de ce que l'exploit d'assignation de Perrot
ne contient ni les moyens à l'appui de sa demande, ni la copie de ses
titres, ni la contenance et les confins du bois dont il demandait le partage;
1° que les moyens à l'appui d'une action en partage ne peuvent consis-
ter que dans l'expression de la volonté de partager, à moins que la co-
propriété du demandeur ne soit pas avouée; que dans les cas particuliers
et avant l'assignation, les intimés ont reconnu la co-propriété de l'appelant; que dès lors ce dernier n'a pas dû énoncer dans son exploit d'assignation d'autres moyens que le vœu de ne plus rester en indivision;
2° que le même moyen repousse l'idée d'une nullité résultant de ce qu'il
n'aurait pas été donné copie des titres, nullité qui d'ailleurs serait couverte pour n'avoir pas été proposée devant les premiers juges; 3° que l'article 3, titre 9, de l'ordonnance de 1667 n'est applicable qu'aux actions purement réelles, mais non aux actions mixtes telles que celles en
partage; que d'ailleurs le vœu de la loi est que le défendeur ne puisse
ignorer pour quel héritage il est assigné, et qu'il est d'usage que le de-

---

(1) Voy., sur la première question, M. Carr., t. 1, p. 166, note 1,
n° 7, et *infrà*, n° 309, l'arrêt du 10 janvier 1818. — sur la question de
savoir si l'assignation donnée dans les délais de l'ordonnance est nulle,
Voy. J. A., v° *Exceptions*, n° 57.

(2) Voy. MM. Carr., t. 1, p. 168, note 3, 169, note 1; B. S. P.,
p. 201, n° 27; et Merlin, *Rép.*, v° *Aboutissans*; *suprà*, n° 64, l'arrêt du
10 décembre 1806; et J. A., t. 33, p. 275, un arrêt du 27 décembre
1826, qui juge la question posée.

mandeur satisfasse aux formalités , soit par des actes antérieurs , relatés dans son exploit , soit par des actes postérieurs qui l'auraient rectifié ; que le sieur Perrot y a , au besoin , satisfait , ou par le procès-verbal de non conciliation rapporté en tête de son exploit , ou par les renseignemens qu'il a donnés par ses écritures ; que les premiers juges ont donc eu tort de prononcer la nullité de ce même exploit , et de déclarer Perrot non-recevable ; — Par ces motifs , et sur les conclusions contraires de M. Gros , procureur général , sans avoir égard aux fins de non-recevoir proposées , réforme le jugement des premiers juges , et ordonne , etc. »

DEUXIEME ESPÈCE. — Arrêt de la Cour d'appel de Liége , du 21 juin 1810 , ainsi conçu : — « LA COUR ; Attendu qu'il s'agit d'une demande en partage d'une universalité des biens compris dans les successions de Gilles Valentin Jamoulle , et de François-Joseph Jamoulle ;—Attendu que l'objet de la demande est très bien déterminé dans l'assignation dont il s'agit , ainsi que les titres en vertu desquels elle est faite , met l'appellation au néant. »

Nota. L'assignation dans l'espèce avait été donnée pour procéder au partage des biens provenans des successions du sieur Jamoulle père , et de François Jamoulle , frère des parties.

TROISIEME ESPÈCE. — Arrêt de la Cour de Limoges , du 24 décembre 1811 , ainsi conçu : — « LA COUR ; Considérant que lorsqu'il s'agit d'une demande en partage , il n'est pas nécessaire de désigner par l'exploit introductif d'instance la nature des héritages indivis , ni leur tenans et aboutissans ; — Considérant que ces sortes de demandes ne sont pas assujetties aux formalités prescrites par l'art. 64 , C. P. C., et que dès lors cet article ne peut pas être appliqué à l'exploit du 24 mai dernier , met l'appellation et ce dont est appel au néant , etc. »

130. *Le mineur en curatelle doit être assigné en son nom personnel et non en celui du curateur* (1).

Le sieur Lamothe Lupiac s'était pourvu contre un arrêt de la cour d'Agen qu'avait obtenu contre lui la demoiselle Lamothe disant en son nom per-

---

(1) MM. F. L., t. 1, p. 137, 2ᵉ col., 5ᵉ alin. et MERL. RÉP., vᵒ *Institution d'héritier*, sect. 1, nᵒ 8 , sont d'une opinion conforme à cet arrêt dont ils font résulter la solution de l'art. 482, C. C., qui porte que *le mineur émancipé ne pourra intenter une action immobilière ni y défendre, sans l'assistance de son curateur.* Voy. *supra*, nᵒ 53 , l'arrêt du 17 floréal an 13. C'est sans doute par erreur que la cour dit son *ci-devant curateur;* il n'a pas été articulé qu'il eût cessé de l'être.

sonnel avec l'assistance d'un curateur; il ne fit signifier l'arrêt d'admission qu'au curateur. Le 26 juin 1809, arrêt de la cour de cassation, section civile par lequel : — « LA COUR; Vu l'art. 30, tit. 4, 1re partie du réglement de 1758, et attendu que le demandeur n'a pas fait signifier l'arrêt d'admission du 3 mars 1808, à la demoiselle Lamothe disant, et que la signification qu'il en a fait faire au sieur Bathié son ci-devant curateur n'a pu le dispenser de le signifier à cette demoiselle qui était personnellement partie principale et essentielle au procès, déclare le demandeur déchu à son égard de son pourvoi. »

131. *L'étranger peut être valablement assigné en France, au lieu de sa résidence actuelle, qu'il a indiquée lui-même par des actes signifiés, et lors même qu'il n'a pas été autorisé à y établir son domicile.*

PREMIÈRE ESPÈCE. — La régie de l'enregistrement et des domaines fit signifier au comte de Bascinheim, domicilié à Aschaffenbourg, un arrêt d'admission d'un pourvoi, et l'assigna en même temps devant la section civile. L'assignation ne fut point donnée au domicile du comte, ni à celui du procureur général, mais à Coblentz, où, dans un acte signifié à la régie, ainsi que dans la signification du jugement attaqué, M. de Bascinheim avait indiqué sa résidence. Il voulut faire annuler la notification de l'arrêt d'admission, et l'assignation à lui donnée; mais un arrêt de la Cour de cassation du 27 juin 1809 rejeta ce moyen de nullité : — « LA COUR; Attendu que, suivant le n° 8 de l'art. 69 du Code de procédure, ceux qui n'ont pas de domicile connu en France, doivent être assignés au lieu de leur résidence actuelle; que dans son acte d'opposition à la contrainte, acte signifié à la régie, ainsi que dans la signification par lui faite du jugement attaqué, le défendeur qui n'a pas de domicile en France, s'est dit résidant à Coblentz, et que c'est dans cette résidence que l'arrêt en question lui a été signifié; — Rejette le moyen de nullité, etc. »

DEUXIÈME ESPÈCE. — Arrêt du 20 août 1811, de la sect. des req., cour de cassation, dans une espèce où le sieur Banow, Anglais-Américain, avait été assigné par un exploit laissé à la maison qu'il avait occupée à Paris, et de laquelle il était propriétaire; voici cet arrêt : — « LA COUR, sur les conclusions de M. l'avocat général Daniels; — Attendu qu'en droit le domicile attributif des droits politiques et civils qu'un étranger ne peut acquérir qu'en remplissant les conditions prescrites par la loi, est essentiellement distinct du domicile de fait auquel peut être assigné tout individu résidant en France; — Attendu en fait, que d'après les circonstances du procès, les juges ont reconnu que le sieur Banow demeurait à Paris, où il payait ses impositions; — Rejette, etc. »

Nota. Ces décisions sont conformes à l'opinion des auteurs. M. Pig. Comm., t. 1, p. 198, dit que le domicile de fait de l'étranger est au moins une résidence, et que l'art. 69, 8°, veut que ceux qui n'ont aucun domicile connu en France, soient assignés au lieu de leur résidence actuelle; M. Carr. t. 1, p. 195 et p. 196, n° 372, ajoute que l'étranger peut également être assigné au domicile d'un mandataire, s'il lui avait donné pouvoir spécial pour répondre à l'action; autrement il faudrait se conformer au § 9 de l'art. 69; il pense également que pour les significations de jugemens et autres actes judiciaires à l'égard des étrangers qui sont hors de France, il faut, comme pour les exploits d'ajournement les notifier au domicile, du procureur du roi.. Voy. aussi M. B. S. P., p. 204, not. 35, n° 3, et *supra*, n° 87, l'arrêt du 5 août 1807.

132. *Dans un procès qui intéresse une commune, l'assignation peut être donnée à la requête du maire de cette commune, sans désignation de son nom ni de son domicile. --- Une telle assignation est valable, lors même que le maire est suspendu de ses fonctions et qu'il est provisoirement remplacé par un adjoint* (1).

La Cour de cassation, section civile, l'a ainsi jugé le 12 septembre 1809 : — « La Cour; Attendu que l'assignation en la cour a pu et a en effet été donnée à la requête du maire de la commune d'Odradzheim, sans aucune dénomination individuelle; et qu'ainsi, elle doit, par cela seul, être réputée donnée à la requête du fonctionnaire remplissant, à cette époque, les fonctions de maire, pendant la suspension du sieur ***; que la loi qui autorise les communes à plaider, par l'organe de leur maire, n'exige pas l'indication spéciale des nom et domicile de ce fonctionnaire; qu'ainsi, l'assignation dont il s'agit ne présente aucune violation de l'art. 61 du code de procédure civile; — Rejette, etc. »

133. *Les délais de l'assignation donnée au domicile élu, afin de radiation d'inscription, ne doivent pas être fixés d'après l'éloignement du domicile réel du créancier* (2).

L'art. 2159 C.C veut que la radiation soit demandée au tribunal dans le ressort duquel l'inscription est faite, et si cet article ne dit pas que l'assignation

---

(1) MM. Carr., t. 1, p. 147, n° 286, Pig. Comm., t. 1, p. 174, 5° alinéa, B. S. P., p. 199, not. 20, n° 2, Delap., t. 1, p. 65, 2° alin., et les auteurs du Pa. Fr. sont d'un avis conforme à cet arrêt. Voy. J. A., t. 30, p. 159, un arrêt analogue. Voy. aussi *infra*, n° 138, l'arrêt du 11 janvier 1810.

(2) Voy. *supra*, n° 21, l'arrêt du 1 prairial an 10.

peut être donnée au domicile élu dans l'inscription, c'est parce que l'article 2156 dispose d'une manière générale que les actions auxquelles les inscriptions peuvent donner lieu contre les créanciers, seront intentées par exploits faits à leur personne, ou *au dernier des domiciles élus sur le registre.*

Ainsi, il est certain que le créancier peut être assigné, pour voir ordonner la radiation de son inscription, au domicile par lui élu dans l'arrondissement du bureau des hypothèques ; et quand même l'art. 2156 ne renfermerait pas à cet égard une disposition formelle, il suffit que l'art. 2148 place au nombre des formalités exigées à l'égard de l'inscription hypothécaire, l'élection d'un domicile dans l'arrondissement du bureau où elle est prise, pour que le créancier soit réputé présent à ce domicile, et puisse y recevoir toutes significations et assignations, aux termes de l'art. 111 du même Code, et de l'art. 59 C. P. C.

L'élection de domicile pour l'exécution d'un acte, soit qu'elle ait été faite volontairement par la partie, soit qu'elle ait été commandée par la loi, suffit pour que toutes assignations et sommations relatives à cet acte soient valablement signifiées à ce domicile élu.

Mais il importe de faire une distinction relativement aux délais dans lesquels les exploits d'ajournement doivent être donnés. Lorsque l'élection de domicile est faite spontanément par la partie, elle n'est pas présumée renoncer aux délais ordinaires des assignations, et ces délais doivent être déterminés d'après la distance de son domicile réel. Lorsqu'au contraire l'élection d'un domicile est de rigueur, comme la loi, en l'exigeant, a eu pour but d'abréger les lenteurs de la procédure, ce serait en méconnaître l'esprit que de fixer les délais d'après l'éloignement du domicile réel des parties. Le domicile d'élection produit en ce cas tous les effets du véritable domicile ; il est attributif de juridiction ; la partie y est réputée présente ou représentée, et c'est d'après sa distance, du lieu où siège le tribunal, que tous les délais doivent être déterminés.

Cette observation générale s'applique à tous les cas ; ainsi, lorsque dans les exploits de saisie-arrêt ou d'opposition (art. 559), dans les commandemens (art. 584), dans les exploits de saisie-immobilière et d'emprisonnement (art. 673, 785), le Code de procédure veut que le créancier fasse élection de domicile dans la commune où l'acte est signifié, il veut, par cela même, que ce créancier puisse être assigné à ce domicile d'élection, comme à son véritable domicile ; et s'il est certains cas dans lesquels il est nécessaire de laisser à l'assigné un délai suffisant pour se présenter ; ils sont formellement déterminés par la loi. On en trouve des exemples dans l'art. 2185 C. C., qui accorde aux créanciers inscrits un délai de quarante jours, pour requérir la mise de l'immeuble aux enchères, outre deux jours par cinq myriamètres de distance de leur domicile réel ; et dans l'art. 693, C. P. C., aux termes duquel l'affiche en expropriation doit être signifiée aux créanciers aux domiciles élus par leur inscription, huit jours au moins avant la première publication de l'enchère, outre un jour par trois myriamètres de distance entre la commune du bureau de la conservation et celle où se fait la vente.

La demande en radiation d'une inscription hypothécaire ne se trouve pas comprise dans ces cas d'exception ; elle rentre donc dans la règle générale, et peut être valablement formée au domicile élu dans l'inscription, avec les délais que comporte ce domicile. (Coff.)

La veuve Brunner avait assigné la veuve Verges en nullité et radiation d'une inscription hypothécaire au domicile élu dans cette inscription chez le sieur Sicherer, maire de Roth. — Un jugement par défaut de Wissembourg ordonne la radiation. — La veuve Verges se rendit opposante, et l'arrêt fut réformé parce que dans les citations et assignations à elle données on n'avait pas eu égard à la distance de son domicile réel. — Sur l'appel de la veuve Brunner, un arrêt infirmatif de la Cour de Colmar fut rendu, le 25 novembre 1809, en ces termes : « — LA COUR ; Attendu sur l'opposition de l'intimée formée en première instance, au jugement par défaut du 13 février 1808, et qui est basée sur ce que les délais des assignations à elle données au domicile par elle élu chez Sicherer, maire à Roth, auraient dû être réglés sur la distance du domicilié réel de ladite intimée ; que d'après l'art. 2156, C. C., les actions auxquelles les inscriptions hypothécaires peuvent donner lieu, doivent être intentées par exploits faits à personne des créanciers, ou au dernier des domiciles élus sur le registre ; cet article ne dit pas qu'il faille en ce cas combiner les délais des ajournemens sur la distance des domiciles réels des créanciers à assigner, et il n'y a pas d'analogie, comme on l'a prétendu, du cas actuel à celui de l'article 2185, où il s'agit d'une surmise personnelle à faire par le créancier. La loi a pu exiger, pour ce cas, que la distance fût combinée, afin que le créancier puisse lui-même manifester sa volonté ; mais elle n'a pas prescrit cette précaution pour le cas d'une simple demande en radiation ou en réduction de l'inscription. Le créancier qui a élu domicile par cette inscription est censé avoir laissé ses pouvoirs à celui chez lequel il a fait cette élection ; — Attendu que le domicile élu tient lieu, par fiction, du domicile réel entre les parties ; c'est ainsi que le législateur l'a voulu, lorsqu'il a exigé par l'article 2148 C. C., que le créancier, pour opérer l'inscription, représentât deux bordereaux contenant, outre la mention de son domicile, élection d'un domicile pour lui dans un lieu quelconque de l'arrondissement du bureau ; aussi l'inscription ayant son effet pendant dix ans, et le créancier pouvant dans cet intervalle avoir des raisons pour ne plus continuer la même confiance dans la personne chez laquelle il avait ainsi pris son domicile, peut-il, suivant l'art. 2152, choisir un autre domicile dans le même arrondissement ; et ce qui prouve encore plus que le domicile élu est assimilé au domicile réel du créancier, sous le rapport des délais des ajournemens, c'est que les exploits doivent être faits aux créanciers au domicile élu suivant l'art. 2156, et ce nonobstant le décès de ces créanciers, ou le décès de ceux chez lesquels ils auraient fait élection de domicile ; —Attendu qu'il ne serait même pas possible, fort souvent, de donner les ajournemens au domicile élu avec les délais que comporterait la distance du domicile réel ; en effet, le domicile réel peut varier d'un moment à l'autre, à l'insu même des parties intéressées ; ce domicile peut finir par être ignoré de leur part ; il ne leur serait donc pas possible de régler les délais de l'ajournement, comme cela serait arrivé dans l'espèce, puisque l'intimée demeurant d'abord à Manheim, annonce à présent qu'elle réside à Munich : c'est bien pour éviter tous ces inconvéniens, que la loi a astreint les créanciers à faire élection d'un domicile connu dans l'arrondissement et auquel on puisse les ajourner dans les délais que comporte la distance de ce domicile élu, au tribunal. Au cas particulier, les assignations sont donc valables, et dès lors l'opposition est mal fondée ; il y a lieu d'en débouter l'intimée ; — Met l'appellation et ce dont est appel au néant, etc. »

134. *L'assignation, la notification de jugement et l'acte d'appel, sont-ils valablement faits au domicile indiqué pour le paiement d'une lettre de change ?* (Art. 111, C. C. 123, Cod. comm. 68, 147, 443 et 456, C. P. C.)

135. *La signification d'un jugement par défaut est nulle, si elle n'est pas faite par l'huissier commis.*

136. *Il faut se pourvoir en appel et non par voie d'opposition contre un jugement par défaut, lorsque le défaillant a eu connaissance d'un commandement de payer qui lui a été signifié et qui a été visé par le maire de sa commune* (1).

La première question est d'autant plus importante qu'on ne peut être encore irrévocablement fixé sur sa solution, puisqu'elle ne s'est pas présentée à l'examen de la Cour suprême, et que plusieurs Cours d'appel l'ont diversement décidée.

Sous l'empire de l'ordonnance de 1673, il y avait bien moins de difficulté, et presque tous les tribunaux jugeaient que l'élection de domicile faite dans une lettre de change n'était pas seulement attributive de juridiction, mais

____

(1) Ces deux dernières questions sont seulement résolues par l'arrêt du 6 février 1810.

constitutive d'un mandataire, pour recevoir toutes les significations. Il suffit de citer à cet égard deux arrêts de la Cour de cassation rendus le 4 juin 1806 et le 4 février 1808, sur le pourvoi rejeté du sieur Mariette. Le premier ne fait que préjuger la question, puisqu'il décide seulement que dans l'assignation donnée au domicile élu, on doit fixer le délai, d'après la distance du domicile réel : mais le second porte : « Qu'en décidant qu'un négociant qui accepte un effet de commerce pour être payé en un lieu indiqué, *constitue en ce même lieu*, pour raison de cet effet, son domicile réel, et peut y être assigné, l'arrêt attaqué n'a violé aucune loi. » — L'art. 17, tit. 12 de l'ordonnance permettrait au créancier *de donner l'assignation* à son choix, ou au lieu du domicile du débiteur... ou *au lieu auquel le paiement devait être fait;* tandis que l'art. 420, C. P. C., lui permet seulement *d'assigner* son débiteur, soit devant le tribunal de son domicile, soit *devant le tribunal dans l'arrondissement duquel le paiement devait être effectué.* — Ainsi, il paraît certain qu'aujourd'hui l'indication d'un lieu pour le paiement est seulement attributive de juridiction. A la vérité. l'art. 111, C. C., veut, qu'en cas d'élection de domicile pour l'exécution d'un acte, les demandes et poursuites relatives à cet acte *puissent être faites au domicile convenu.* Mais on ne peut se méprendre sur le sens de cet article : il décide seulement que l'élection de domicile doit produire tout l'effet que les parties ont voulu lui attribuer; or, on ne peut dire que le tireur ou l'accepteur qui a indiqué un domicile pour le paiement d'une lettre de change, ait consenti à être toujours réputé présent à ce domicile, même après le jugement de condamnation rendu contre lui. D'ailleurs, le Code de procédure modifie en quelque sorte la disposition de l'art. 111, C. C.; car, dans l'art. 59, où il renvoie à cet article, il permet seulement, en cas d'élection de domicile pour l'exécution d'un acte, *d'assigner les défendeurs devant le tribunal du domicile élu;* et dans l'art. 68, où il consacre en principe que tous exploits doivent être faits à personne ou domicile, il se garde bien d'assimiler le domicile d'élection au domicile réel.

Enfin, on ne trouve dans le Code de commerce aucune disposition qui permette d'assigner le débiteur d'une lettre de change au domicile indiqué pour le paiement, ni de signifier, à ce même domicile, soit le jugement de condamnation pour faire courir les délais de l'appel, soit l'acte d'appel lui-même; au contraire, l'art. 642 de ce Code renvoie au titre 15 du Code de procédure, où il est dit que les demandes doivent être formées devant les tribunaux de commerce, par exploit d'ajournement, avec les formalités ordinaires... Seulement on lit dans l'art. 123 que l'acceptation d'une lettre de change, payable dans un autre lieu que celui de la résidence de l'accepteur, *indique le domicile où le paiement doit être effectué, ou les diligences faites.* — Sans doute, les *diligences* dont parle cet article, sont celles qui

suivent immédiatement le défaut de paiement, c'est-à-dire les actes de
protêt; mais ce serait donner une extension manifeste à la volonté du législateur, que de l'appliquer aux ajournemens, aux significations de jugemens, et de l'acte d'appel. Il faudrait une disposition bien plus formelle
pour déroger aux art. 68, 147 et 456, C. P. C., qui veulent, à peine de nullité, que tous ces actes soient faits à personne ou domicile. Il est donc permis de penser, jusqu'à ce que la Cour de cassation ait prononcé à cet égard,
que le jugement de première instance et l'acte d'appel ne sont pas valablement signifiés au domicile élu pour le paiement d'une lettre de change.
(Coff.)

Première espèce. — Fontanone souscrit en faveur de Michaud une lettre
de change payable à Turin. Cette lettre de change est protestée au domicile indiqué pour le paiement; Fontanone, assigné d'abord à ce domicile,
puis à son domicile réel, est condamné par jugement du 29 mai 1809; ce
jugement lui est signifié à domicile élu par exploit du 11 avril. Fontanone
appelle, mais seulement le 25 septembre suivant. On lui oppose la fin de
non-recevoir résultant de l'expiration du délai; mais pour écarter cette fin
de non-recevoir, il argue de nullité la signification faite le 11 avril, et, par
arrêt du 29 novembre 1809, la Cour d'appel de Turin (2e chambre) adopte
ses conclusions en ces termes : — « La Cour; Vu les art. 147 et 443, C.
P. C., et 123, C. Comm.; Considérant que les expressions contenues dans
le titre de la créance de la dame Michaud , *à mon domicile à Turin*, ne
peuvent avoir d'autre effet que celui de rendre le débiteur justiciable des
tribunaux de Turin; parce que la désignation du lieu du paiement est , d'a-
près les règles de la matière, dévolutive de la compétence, mais qu'elles ne
sauraient autoriser comme suffisantes les significations faites au débiteur au
domicile ainsi indiqué, celui-ci n'étant son domicile réel, s'il s'agit de celles
qu'une disposition spéciale de la loi prescrit devoir être faites à personne ou
au vrai domicile; — Qu'il serait contraire aux principes en procédure de
donner à l'indication du domicile destiné à l'acquittement de l'obligation
dont est cas, l'effet d'une élection spécifique de domicile, pour y recevoir
indistinctement les significations de toute espèce; et au surplus, fût-il ici
question d'une élection formelle de domicile relative à la procédure, la
sentence dont est cas, portant condamnation personnelle, ne pouvait obtenir son exécution ni faire courir le délai de l'appel, sans être signifiée à
personne, ou au vrai domicile. Certes, la loi, en parlant ici de domicile, exclut
toute idée de domicile d'élection, qui, par cela seul qu'il forme une exception à la règle générale, n'est point susceptible d'extension; car il n'est plus
question ici d'exécution de la lettre de change, mais bien de l'exécution
du jugement. Ce jugement rendu, l'élection de domicile restreinte à l'exécution de la lettre de change, n'a plus rien à faire avec la condamnation, et

n'y est plus applicable. Telle est la manière de concilier la disposition de l'art. 123 du Cod. de Comm., avec celles du Code de proc., relatives à la matière. Au surplus, il est reconnu dans la pratique de tous les temps, que la signification au domicile élu seulement en justice est incapable de remplacer la signification au domicile réel, à l'effet de faire courir le délai de l'appel. Un arrêt de la cour de cassation du 22 brumaire an 12, avec le réquisitoire qui l'a précédé, fournit une preuve évidente que tel est le sens de la loi qui réglait la matière avant la Code de procédure ; et on sait que la loi nouvelle ne contient point d'innovation à cet égard. Un arrêt de la cour de Colmar, du 10 février 1809, fournit encore, s'il en faut, un nouvel exemple de cette jurisprudence. — Cela posé, considérant que le jugement contradictoire dont est appel n'a été signifié ni à personne ni à domicile, et qu'aucun délai n'a encore pu courir pour en interjeter appel ; partant, le sieur Fontanone peut être sans obstacle reçu appelant en vertu de son dernier exploit en date du 25 septembre passé, signifié au domicile de la dame Michaud à Lyon, auquel aucun vice n'a été reproché...., recevant le sieur Fontanone appelant du jugement du tribunal de commerce, du 29 mars dernier, met l'appellation et ce dont est appel au néant, etc. »

Deuxième espèce. Au mois de mars 1807, le sieur Benedetto accepte une traite tirée par le sieur Perucca, à l'ordre du sieur Magliono, et payable au domicile de Joachim Bergera. — A suite du protèt fait au domicile indiqué, le tireur et l'accepteur sont assignés devant le tribunal de commerce de Turin qui les condamne, par défaut, au paiement de la lettre de change.—Sur l'opposition par eux formée à ce jugement, le tribunal de commerce se déclare incompétent, attendu que la traite dont il s'agit, n'étant pas tirée de place en place, ne peut être considérée comme une lettre de change ; et attendu d'ailleurs que les sieurs Benedetto et Magliano ne sont pas dans la classe des négocians. — Appel de la part de ce dernier. L'acte d'appel est signifié à l'accepteur, au domicile indiqué dans la traite. Le 8 septembre 1809, arrêt par défaut, qui infirme le jugement par lequel le tribunal de commerce s'était déclaré incompétent, et ordonne l'exécution du premier jugement de condamnation. — Benedetto se rend opposant à cet arrêt ; il soutient que l'acte d'appel n'ayant été signifié ni à personne, ni à domicile, est nul, d'après l'art. 456 C. P. C.— Le 8 janvier 1810, arrêt de la Cour de Turin, par lequel :— « La Cour ; Vu l'art. 111 C. C., et l'art. 123 C. Comm.; — Attendu qu'en l'espèce, un domicile a été élu pour le paiement de la somme dont il s'agit ; que l'intimé, par l'acceptation pure et simple de payer en son tems ladite somme, a reconnu et avoué ladite élection de domicile ; qu'ainsi, et par une combinaison des dispositions des deux articles précités, toutes les assignations en poursuite de paiement, et en conséquence, la signification de l'acte d'appel a pu être valablement faite au domicile élu, ce que la Cour a encore reconnu, lorsque, par le précédent arrêt, elle déclara le défaut bien et légitimement pris contre l'intimé ; — Sur le fond, déboute l'intimé Benedetto de l'opposition par lui formée, etc.»

TROISIÈME ESPÈCE. — Arrêt de la Cour d'appel de Turin , du 26 février 1810 , qui se prononce également pour la nullité de la signification. — LA COUR ; Attendu que l'article 456 , C. P. C. , porte impérativement que l'acte d'appel soit signifié à personne ou domicile, à peine de nullité ; que , dans l'espèce , l'acte d'appel dont il s'agit n'a point été signifié à Domatin , conformément à la disposition de l'article précité , ou de la manière prescrite par l'art. 73 du Code , pour ceux qui demeurent hors du territoire du royaume, mais seulement au domicile de Jean-Pierre Reuter le jeune, où l'intimé par son acceptation pour le paiement de la lettre de change en question, avait élu domicile ; — Que cette élection de domicile n'entre point dans l'art. 111, C. C., et doit être restreinte au paiement de la lettre de change et aux poursuites en première instance ; — Déclare l'acte d'appel nul , en conséquence l'appelant non-recevable , etc.»

QUATRIÈME ESPÈCE. — Il s'agissait d'une lettre de change payable à Bruxelles , hôtel de la Reine de Suède. — L'accepteur, le sieur Cléris Scmits , fut assigné à ce domicile , et le jugement rendu y fut signifié aussi. — Cléris Scmits interjeta appel devant la Cour de Bruxelles; mais le 30 mars 1807, arrêt ainsi conçu : — « LA COUR ; Attendu que l'obligation de payer à un domicile convenu emporte en matière de lettre de change élection de domicile pour tous actes relatifs à l'accomplissement de l'obligation envers le débiteur qui a indiqué le lieu du paiement ; — Que c'est à cette fin, dans la vue de trouver le débiteur à un lieu certain que l'indication se fait dans les effets de commerce ; — D'où il suit que l'assignation a été valablement donnée , et que les délais ont utilement couru du jour de la signification du jugement à l'hôtel de Suède , met l'appellation au néant. »

CINQUIÈME ESPÈCE. — Le sieur Chaulois , dernier endosseur de trois lettres de change, montant ensemble à la somme de 5000 liv. , fut obligé d'en payer la valeur au sieur Soullard , à qui il les avait cédées. — Mais il exerça sur-le-champ son recours contre l'accepteur , le tireur , et le précédent endosseur, et obtint contre eux du tribunal de commerce de Paris deux jugemens par défaut sous la date des 5 juillet 1809 et 27 février 1810 , qui les condamnèrent par corps au remboursement de la somme de 5000 liv. — Il faut observer que le sieur Souc de la Garélie , accepteur des lettres de change, avait été assigné au domicile indiqué par son acceptation ; et que c'est à ce même domicile que le premier jugement par défaut lui fut signifié. —Aussi, sur l'appel il a demandé la nullité de ces deux jugemens, comme intervenus sur une procédure irrégulière et nulle, attendu que l'exploit introductif de la première instance n'avait pas été signifié à son domicile, non plus que le jugement, qui avait donné lieu à l'instance sur l'opposition ; le 11 juillet 1810, arrêt de la Cour d'appel de Paris, par lequel : — « La Cour ; Faisant droit sur l'appel des jugemens rendus au tribunal de commerce de Paris, les 5 juillet 1809 et 27 février dernier ; — Attendu que l'appelant a été assigné à Paris au domicile indiqué aux lettres de change par lui acceptées, met l'appellation au néant ; ordonne que ce dont est appel sortira son plein et entier effet. »

Sixième Espèce. — Un jugement par défaut qui condamnait le sieur Delaplace à payer le montant d'une lettre de change payable à Paris chez le sieur Lecat, lui fut signifié avec commandement à ce domicile élu. — Il y forma opposition ; mais un jugement contradictoire, du 4 février 1810, maintint la condamnation. —Appel de sa part ; il soutenait que l'assignation sur laquelle le jugement était intervenu était nulle, ne lui ayant été donnée ni à personne ni à domicile.—Mais la Cour de Paris, persistant dans sa jurisprudence, rendit l'arrêt suivant le 25 août 1810 : — «La Cour ; Attendu que les assignations ont été données au domicile élu par les lettres de change ; faisant droit sur l'appel des jugemens rendus au tribunal de commerce de Paris, les 23 fructidor an 13 et 4 février 1810, a mis et met l'appellation au néant, ordonne que ce dont est appel sortira son plein et entier effet. »

Nota. M. Carr., t. 1, p. 137, pense avec l'arrêt du 6 février 1810, que le principe qui déclare régulières les poursuites faites au domicile élu pour l'exécution d'un contrat, ne s'applique pas aux poursuites faites en vertu d'un jugement qui est la suite de ce contrat. — Voyez M. Haut., p. 264. *suprà*, n° 21, les arrêts des 1er prairial an 10 et suivans, et *infrà*, n°s 145 et 206, ceux des 3 mars 1810 et 2 juin 1812. On peut voir, v° *Jugement*, un arrêt du 6 février 1810, qui décide que l'appel ne peut pas être interjeté au domicile élu pour le paiement d'une lettre de change.

137. *Lorsque le parlant à d'un exploit n'est pas rempli, cet exploit est nul.*

137 bis. *La partie peut se pourvoir en dommages-intérêts contre l'huissier* (1).

PREMIÈRE ESPÈCE.—Arrêt de la Cour de Paris, du 22 septembre 1809, qui a été rendu entre le sieur Tolozé et la dame Duparc.

DEUXIÈME ESPÈCE. — Arrêt de la Cour de Bruxelles, du 11 novembre 1811, qui décide de la même manière en ces termes : —« LA COUR ; Attendu que les mots *parlant à*, qui se trouvent dans l'exploit dont il s'agit, rendent incertaine la personne à laquelle il a été remis, et qu'ainsi il n'est pas satisfait à l'art. 61 du Code de procédure, qui exige, à peine de nullité, la mention de la personne à laquelle l'exploit est laissé ;— Met l'appellation et ce dont est appel au néant ; émendant, déclare ledit exploit et tout ce qui s'ensuivit nul et de nul effet ;— Condamne l'intimé aux dommages-intérêts à donner par état, et aux dépens des deux instances. »

138. *Est valable l'assignation donnée à la requête d'un agent du trésor, quoiqu'elle ne contienne pas son nom, si ce fonctionnaire a agi en raison de sa place.* (Article 61 , C. P. C.) (2)

Le 8 juin 1808, jugement du tribunal de Baune, qui décide ainsi sur cette question :— « Considérant que si l'art. 61 n°s 1 et 4 C. P. C., statue que l'exploit doit contenir les noms du demandeur, à peine de nullité , le but de cette disposition n'a été que de faire connaître au défendeur la personne qui l'assigne, et que ce but est suffisamment rempli lorsqu'un fonctionnaire public agit sous cette qualité, lorsqu'il fait des poursuites à raison de sa place, des intérêts et des droits qui en dépendent ; qu'aussi dans l'usage, on voit journellement, depuis la mise en activité du Code, comme déjà cela avait lieu auparavant, les préfets, procureurs-généraux, procureurs du roi, administrateurs des différentes parties, et maires des communes, assigner sous leurs seules qualités, sans indiquer leurs noms et prénoms, pour les affaires de leurs ressorts respectifs. » Sur l'appel, la Cour de Besançon, par arrêt du 11 janvier 1810, « Adoptant les motifs des premiers juges, confirme. »

―――――――――――――――――――

(1) La deuxième question a seule été décidée par le premier arrêt. Voy. sur la première, M. B. S. P., p. 202, not. 32, n° 2 ; voy. aussi *suprà*, n° 76, l'arrêt du 25 avril 1807.

(2) Voy. *suprà*, n° 132, l'arrêt du 12 septembre 1809.

139. *L'énonciation de la qualité de l'huissier fait partie essentielle de l'immatricule que l'exploit doit référer à peine de nullité. (Art. 61 , C. P. C.) (1)*

Ainsi jugé, le 7 février 1810, par la Cour de Rennes, dont voici l'arrêt : — « LA COUR ; Considérant qu'une déclaration d'appel, comme tout autre exploit, n'est valable qu'autant qu'elle a été notifiée par le ministère d'un huissier ; qu'on doit trouver, dans l'acte même , l'énonciation de cette qualité, qui fait partie essentielle de l'immatricule ; que si elle a été omise, il n'a plus le caractère distinctif de l'exploit , et est par conséquent frappé d'une nullité radicale ; — Considérant, dans l'espèce, que le sieur H... qui a signifié l'acte d'appel , du 22 mai dernier, indique bien , à la vérité, ses noms et sa demeure ; mais que , dans aucun endroit dudit acte , il ne s'est qualifié huissier ; que cette omission rend l'immatricule incomplète ; il en résulte que l'acte est nul , suivant la disposition formelle de l'art. 61 , n_o 2 C. P. C. ; que la qualité d'huissier, que peut avoir réellement le sieur H..., devait être par lui attestée dans l'acte même, et qu'il n'est pas permis de la justifier autrement , pour pallier une nullité que la loi a prononcée ; — Déclare nul l'appel du 21 mai. »

140. *Aucun article du Code de procédure ne prescrit à peine de nullité d'écrire en toutes lettres la date d'un acte d'appel. (Art. 1030 , C. P. C.)*

141. *Il n'est pas absolument nécessaire que l'huissier désigne par son nom la personne à laquelle il remet la copie d'un exploit d'appel , il suffit qu'il la désigne par sa qualité ou ses rapports avec la personne assignée. Ainsi est valable l'exploit délaissé* en parlant au portier de la maison, n. 102 (2).

142. *L'acte d'appel contenant assignation* dans les délais de la loi *est nul* (3).

143. *Pour signifier régulièrement un jugement et faire*

____

(1) Voy. *suprà*, nᵒˢ 23 et 161 , les arrêts des 6 floréal an 10 et 22 août 1810; et J. A., t. 34 , p. 69, un arrêt de la Cour d'appel de Toulouse, du 27 décembre 1826, qui décide qu'il en est de même pour les significations faites à la requête des administrations forestières.

(2) Voy. *suprà*, nᵒ 12 , l'arrêt du 25 brumaire an 10, et les suivans.

(3) **Voy.** *infrà*, n_o 190.

courir les délais de l'appel, il faut que la signification contienne copie de la formule exécutoire qui le termine.

Ainsi jugé par la Cour de Besançon, le 12 février 1810, par arrêt ainsi conçu :—« La Cour ; Considérant, sur la première nullité, qu'aucun article du Code de procédure ne prescrit, à peine de nullité, d'écrire en toutes lettres la date d'un acte d'appel ; que c'est par conséquent le cas d'appliquer l'art. 1030 de ce Code ; — Sur la seconde nullité, qu'il n'est pas absolument nécessaire que l'huissier désigne par son nom la personne à laquelle il remet la copie d'un exploit ; qu'il suffit qu'il la désigne par sa qualité, ou par ses rapports avec la partie assignée ; que le portier de la maison dans laquelle habite le sieur Perrin doit être considéré comme étant au nombre des serviteurs de celui-ci ; qu'ainsi l'acte d'appel est régulier. — Sur la troisième nullité, que l'acte d'appel était effectivement nul, puisque l'huissier a assigné le sieur Perrin, dans les délais voulus par le Code de procédure, sans aucune indication du délai dans lequel il devait comparaître, mais que le sieur de Boutechoux est encore dans le délai pour appeler ; qu'en effet, pour faire courir le délai d'appel contre une partie, il faut que le jugement soit signifié régulièrement ; *que dans la copie qui a été laissée au domicile* du sieur Boutechoux, le 7 janvier 1808, l'on a omis une partie de la formule exécutoire ; que cependant cette formule fait partie de l'expédition du jugement ; qu'on aurait donc dû en *donner copie entière*, puisque la copie d'un acte doit être la transcription entière et littérale de tout le contenu en cet acte ; qu'une copie tronquée, mutilée, ne peut remplir le vœu de la loi, d'où il suit que le jugement du 24 décembre 1807, a été signifié irrégulièrement, et que le délai d'appel contre le sieur Boutechoux n'a pu courir : — Par ces motifs, et sur les conclusions conformes de M. Vuilleret, juge auditeur sans s'arrêter aux deux moyens de nullité proposés par Perrin contre l'acte d'appel, le déclare nul, en ce que le délai de comparaître devant la Cour n'y est pas indiqué, et sans prendre égard à la signification du jugement, faite au sieur Boutechoux, qui est déclarée nulle, admettant l'appel à la barre par ledit Boutechoux, ordonne l'exécution du jugement dont appel. »

144. *Une demande reconventionnelle peut être formée par exploit donné au domicile élu dans la demande principale (1).*

______

(1) Voy. M. Carr., t. 1, p. 177, note 1, n° 11, et *suprà*, n° 47, l'arrêt du 13 germinal an 12.

Arrêt de la Cour d'appel de Paris, du 21 février 1810, entre les sieurs Petit Pierre et Martin Puech.

145. *L'assignation est valablement donnée au domicile élu dans un acte, quoique l'élection de domicile ait été faite dans un hôtel garni, et que la partie demande-resse en ait, en quelque sorte, précédemment reconnu l'insuffisance, en faisant signifier un exploit d'ajournement, tant au domicile élu, qu'au domicile réel des autres parties. (Art. 111, C. C., 59, dernier alinéa, C. P. C.) (1)*

La disposition de ces articles est générale ; l'assignation peut toujours être donnée au domicile élu dans un acte ; la partie est réputée, de fait, présente à ce domicile ; peu importe qu'elle ne puisse d'ailleurs y acquérir un domicile de droit ; et de même qu'on ne s'interdit pas le droit de signifier à personne en signifiant à domicile, et *vice versâ*, de même, on peut assigner au domicile d'élection, après avoir assigné au domicile réel. Dans les cas ordinaires, il y a deux manières de signifier les exploits d'ajournement ; il y en a trois, dans le cas d'élection de domicile pour l'exécution d'un acte ; et la partie peut choisir d'abord l'une d'elles, sans s'interdire le droit d'employer ensuite les autres.(Coff.)

Dans un contrat de vente, sous la date du 6 thermidor an 7, les frères Bellot avaient fait élection de domicile à Paris, rue de la Loi, hôtel de la Loi.

La demoiselle Kollner, en faveur de laquelle ce contrat avait été consenti, fut obligée de les actionner en justice, pour en obtenir l'exécution.

En octobre 1806, elle les cita au domicile élu, et à leur domicile réel, pour se concilier sur la demande qu'elle entendait former contre eux.

Mais dans le mois d'août suivant, ayant à les actionner pour prendre son fait et cause sur une réclamation exercée par leur mère, elle se borna à les assigner au domicile élu, rue de la Loi.

Ils firent défaut ; et assignés encore au même domicile, pour comparaître à l'audience où le profit du défaut devait être adjugé, ils négligèrent de se présenter.

Sur l'appel par eux interjeté du jugement rendu en faveur de la demoiselle Kollner, ils ont demandé la nullité des assignations données à un domicile qui n'était pas le leur, ainsi que l'intimée l'avait précédem-

---

(1) Voy. *suprà*, n° 134, l'arrêt du 29 novembre 1809.

ment reconnu elle-même, en les faisant assigner à leur véritable domicile. Le 3 mars 1810, arrêt de la Cour de Paris, conçu en ces termes : —« La Cour ; Attendu que les assignations ont été valablement données au domicile élu et indiqué par le contrat de vente ; faisant droit sur l'appel du jugement rendu au tribunal civil de Versailles, le 5 janvier 1808, met l'appellation au néant, ordonne que ce dont est appel sortira son plein et entier effet. »

146. *L'huissier n'est pas tenu à peine de nullité d'énoncer la réponse de celui à qui il remet l'exploit.*

147. *On ne peut former tierce-opposition à un jugement à l'exécution duquel on a concouru volontairement.*

Un jugement rendu par le tribunal de commerce de Paris, en date du 25 mars 1809, avait renvoyé devant arbitres les sieurs Sollier-Baillière et Lebouc, pour liquider la société qui avait existé entre eux et le sieur Marnois. En exécution de ce jugement, Baillière, Lebouc et la veuve Marnois, en sa qualité de donataire de son mari, nommèrent leurs arbitres, et signifièrent la nomination au sieur Sollier, qui nomma le sien. — Les parties comparurent devant les arbitres ; la veuve Marnois fit des réserves de se pourvoir par tierce-opposition contre le jugement du 25 mars, et elle se pourvut en effet par exploit du 19 décembre. La copie laissée au sieur Sollier portait simplement : *Parlant au portier.* Le sieur Sollier soutint que cet acte était nul parce qu'il ne rapportait pas la réponse du portier ; au fond il opposa à la veuve Marnois une fin de non recevoir, tirée de l'exécution du jugement du 25 mars.—La Cour d'appel de Paris, par arrêt du 10 avril 1810, ne s'arrêta point au moyen de nullité ; et au fond, « considérant que la veuve Marnois a concouru volontairement à l'exécution de l'arrêt du 25 mars 1809, qui prononce la dissolution et ordonne la liquidation de la société dont il s'agit, et que toute protestation ou réserve de sa part ne peut détruire la conséquence nécessaire et essentielle d'un pareil fait ; déclare la veuve Marnois non recevable. »

148. *On ne doit pas annuler un acte d'appel parce que le nom de l'intimé y est omis, si d'ailleurs il est plusieurs fois répété dans l'exploit et notamment dans l'ajournement* (1).

149. *On doit renouveler dans la huitaine, par requête et par constitution d'avoué, l'opposition à un jugement par défaut, sinon elle est nulle et les délais de l'appel courent de l'expiration de la huitaine.*

____

(1) Voy. *infrà*, n° 374, l'arrêt du 6 avril 1824, et *la note.*

Arrêt de la Cour de Besançon qui décide en ces termes, le 21 mai
1810 : — « La Cour ; Considérant sur la fin de non recevoir proposée,
résultant de l'omission du nom du défendeur dans la copie de l'acte d'appel, qu'à la vérité l'huissier a omis le mot *Sibille* après ceux *Bernard
Faustin*, qui se trouvent seuls dans la signification ; mais que ce nom
étant plusieurs fois répété dans l'exploit, et notamment dans l'ajournement, où l'huissier déclare qu'il assigne et intime ledit sieur Sibille,
cette omission première est absolument insignifiante, le vœu de la loi
étant d'ailleurs suffisamment rempli ; — Considérant, sur les fins de non
recevoir proposées contre l'appellation, qu'il est constant que la femme
Ruty, a, par acte extrajudiciaire, signifié le 25 mai 1809, formé opposition au jugement dont appel ; qu'elle n'a point renouvelé cette opposition dans la huitaine, par requête avec constitution d'avoué, comme
l'exige l'art. 162, C. P. C., d'où il résulte qu'à dater de cette huitaine
son opposition a été non recevable, et les délais de l'appel ont commencé
à courir contre elle ; que depuis cette huitaine, ou dès le 3 juin jusqu'au
21 septembre, jour où elle a émis son appel, trois mois et dix-huit jours
s'étant écoulés, la dame Ruty n'a réellement appelé qu'après le délai
fixé par la loi, et qu'elle est en conséquence non recevable ; — Par ces
motifs, et sur les conclusions de M. Gros, procureur général, tendantes
à ce que, sans prononcer sur le fond de la contestation, l'on accordât à
l'appelant la provision par lui demandée, donne défaut contre ladite
Ruty appelante, non recevable dans son appellation. »

150. *Un exploit d'appel notifié en parlant au domestique
de l'intimé est nul, s'il ne mentionne pas que ce domestique a été trouvé au domicile de celui-ci. (Article 68, C. P. C.)*

151. *Lorsqu'un individu a contracté dans une police
d'assurance, pour compte de qui il appartiendrait,
l'exploit d'appel n'est pas valablement notifié à son
domicile, à ceux pour qui il a contracté et qui sont
connus de l'appelant, ainsi que leur domicile. (Article
456, C. P. C.)*

Première Espèce. — Arrêt de la Cour de Bruxelles, sous la date du
27 juin 1810 : — « La Cour ; Considérant que d'après l'art. 68, C. P. C.
tous exploits doivent être faits à personne ou domicile ; — Que l'exploit
d'appel, du 17 janvier 1809, n'énonce pas que la notification en ait été
faite à personne ou domicile, l'huissier s'étant borné à déclarer qu'il était
signifié à la portière de Tyberghien, sans exprimer si elle se trouvait à

son domicile ; qu'ainsi la disposition de la loi , dont l'exécution est prescrite à peine de nullité, n'a pas été observée ; — Déclare nul l'exploit d'appel notifié à la requête de Pierre Gaubert et ses co-intéressés , le 17 janvier 1809 ; en conséquence, juge les appelans non recevables, et les condamne aux dépens ; etc. »

DEUXIEME ESPÈCE. — Le 28 décembre 1812 , la même Cour a fait l'application du même principe', dans les termes suivans :—«LA COUR; Considérant que, d'après l'art. 466 , C. P. C. , l'acte d'appel doit être notifié *à personne ou domicile* , à peine de nullité ; que les formalités prescrites par les exploits judiciaires ne sont censées remplies que lorsque l'acte réfère qu'elles ont été exécutées, et qu'à défaut de cette relation elles sont réputées n'avoir pas eu lieu ; — Que , dans l'espèce , l'acte d'appel n'a point été notifié *à personne;* que s'il est dit qu'il a été laissé à la domestique de Rével et compagnie , il n'est pas exprimé que cette domestique a été trouvée *au domicile* des intimés ; — Que , par conséquent, la formalité voulue par l'art. 456 , à peine de nullité, n'a point été remplie, et que par suite il n'y a point d'appel régulier;—Par ces motifs, la Cour déclare nul l'exploit d'appel. »

TROISIEME ESPÈCE. — Même décision, par arrêt de la même Cour , du 16 avril 1813 , ainsi conçu : — « LA COUR ; Considérant que l'acte d'appel est le principe d'une nouvelle instance qui s'introduit à la suite d'une précédente ; que l'art. 456, C. P. C., exige , à peine de nullité, que l'acte d'appel soit signifié à personne ou domicile ; que l'art. 61 du même Code veut aussi , à peine de nullité, que l'exploit d'ajournement contienne les noms et demeure du défendeur, et la mention de la personne à laquelle la copie de l'exploit sera laissée ; — Considérant que si , en vertu de la police d'assurance, du 5 avril 1808 , tous exploits d'ajournemens et tous actes de procédure ont été valablement faits et signifiés en la personne de Detastelle, tant devant les arbitres que devant le tribunal de première instance de Saint-Malo , parce que, dans la police d'assurance, Detastelle avait contracté pour le compte de qui il appartiendrait, il n'en peut pas être ainsi depuis que les assureurs ont connu le nom des assurés , et qu'ils ont plaidé directement contre eux ; — Considérant que Biarrot, Dubois et Cor , assureurs, ont plaidé directement contre Jean et Jacques Sorbé frères , assurés , ainsi que le justifie l'arrêt de cette Cour , intervenu entre parties , le 13 mai 1812; que, postérieurement à cet arrêt, les assureurs n'ont pu valablement signifier leur exploit d'appel aux frères Sorbé , assurés , dans la personne et au domicile de Detastelle , leur commissionnaire; que les assureurs eux-mêmes reconnaissaient si bien l'irrégularité de cet exploit, que le même jour ils le faisaient reporter à Bordeaux aux frères Sorbé, assurés ; — Considérant que, dans ce dernier exploit, l'huissier n'a point référé l'avoir signifié au domicile des frères Sorbé, ainsi que l'apprend la copie de cet exploit, dans laquelle on lit seulement qu'elle a été délivrée à une femme de leur ménage, qui a refusé de dire son nom ; que l'huissier ne disant point s'être transporté au domicile des frères Sorbé, et lais-sant ignorer en quel lieu il a trouvé une femme de leur ménage, est contrevenu à l'art. 456, C. P. C., qui veut, à peine de nullité, que l'exploit d'appel soit signifié à personne ou domicile ; — Par ces motifs, la Cour déclare irréguliers et nuls, et rejette comme tels les exploits d'appel des 27 et 28 juillet 1812. »

OBSERVATIONS.

Ces arrêts, dit M. CARR., t. I, p. 176, sont entièrement conformes aux principes consacrés par l'ancienne jurisprudence ; et, pour le prouver, il cite l'opinion de Rodier et de Boutaric, sur l'art. 3, tit. 3, de l'ordonnance de 1667. Il tire de toutes ces décisions la conséquence que l'huissier doit nécessairement mentionner le lieu où il a notifié l'exploit. « Ce qu'il est tenu de faire, dit-il, non seulement lorsqu'il le remet à un autre qu'au défendeur, mais alors même qu'il le notifie à sa personne. Autrement il n'y aurait aucun moyen d'assurer la remise ou de la constater, ou de faire valoir la nullité d'un exploit qui aurait été fait hors le ressort de l'huissier. » M. B. S. P., p. 80, note 53, partage cette opinion. — Voy. *suprà*, n°s 40, 102 et 104, les arrêts des 26 fructidor an II, 30 mars 1808 et 9 août 1819. — Nous ne pensons pas qu'un exploit pût être annulé si, remis à la personne, il n'indiquait pas le lieu où la remise serait effectuée, parce que l'art. 68 ne l'exige pas.

152. *La déclaration que l'huissier fait dans un exploit* qu'un voisin n'a voulu, ni dire son nom, ni signer, et qu'il a en conséquence remis la copie au maire, *ne suffit pas à la validité de la signification; il doit encore indiquer la demeure de ce voisin.*

C'est ce qui résulte de l'arrêt de la Cour d'appel de Bruxelles, du 28 juin 1810, entre les sieurs Moulard et Powitz. — « Attendu que l'huissier, dans la signification, n'avait point désigné la maison du voisin, qu'il relatait n'avoir point voulu décliner son nom, et ne s'était pas adressé dans ce cas, à une autre maison voisine, pour présenter son exploit à signer à l'habitant de cette maison, précautions sans lesquelles le but de la loi serait manqué. »

OBSERVATIONS.

Cet arrêt est contraire à l'opinion de MM. CARR., t. 1, p. 190, n° 364, et PIG. COMM., t. 1, p. 193, 2ᵉ alin.; M. F. L., t. 1. p. 143, 2ᵉ col., dit que l'huissier doit d'abord s'adresser au plus proche voisin de l'assigné; à son défaut, en chercher un autre, et ainsi de suite, et ne remettre la copie au maire qu'après avoir *constaté* cette recherche. M. B.S. P., p. 203, note 34, n° 2, cite l'arrêt ci-dessus, et il ajoute que l'indication de nom a été jugée depuis ne plus être nécessaire, ce qui peut faire supposer qu'il pense que celle de la demeure l'est toujours. Nous croyons, au contraire, qu'il doit en être de la mention de la demeure comme de celle du nom. Pas plus l'une que l'autre ne sont exigées par l'art. 68, et l'art. 1030 défend de prononcer une nullité qui n'est pas formellement dans la loi. Il suffit donc que l'huissier constate qu'il n'a pas trouvé de voisin qui voulût ou qui pût signer la copie; mais *que doit-on entendre par ce mot voisin?* MM. CARR., t. 1, p. 192, n° 368, F.L. et PIG. COMM., loc. cit., examinent cette question. Les deux premiers pensent que, comme le mot de *voisin* est vague, qu'il désigne aussi bien celui qui loge à côté, que celui qui est en face ou dans la même rue, l'huissier doit chercher jusqu'à ce qu'il en trouve un qui déclare ne vouloir ou ne pouvoir signer; M. PIG. dit que ce serait rendre la pose d'un exploit trop difficile, et qu'il suffit de le présenter au plus proche voisin, comme le voulait l'ordonnance de 1667, tit. 2, art. 4, et que s'il refuse ou ne peut signer, on peut, sans le présenter à d'autres, le remettre au maire ou adjoint. Cependant, ajoute-t-il, comme la loi dit *à un voisin*, il faut, pour éviter toutes chicanes, que l'huissier parcoure le cercle qu'on vient de tracer avant d'aller au maire, et qu'il l'atteste. — Nous pensons, comme M. Pigeau, qu'il suffit que l'huissier ait trouvé un voisin, à qui il ait présenté la copie, et que ce voisin ait refusé, pour qu'il puisse s'adresser au maire; la loi n'a pas assujéti l'huissier à la recherche de tous les voisins, jusqu'à ce qu'il en trouve un qui prenne la copie; elle a, au contraire, fourni à l'huissier un moyen de remettre son exploit en lui indiquant le maire.

153. *Celui qui habite le territoire français hors du continent, est valablement assigné en sa personne et domicile.*

Le 30 juin 1810, un arrêt de la Cour de Florence l'a décidé ainsi : — « LA COUR considérant que l'assignation du 27 juillet 1809, ayant été signifiée par le ministère du sieur Ciorbetti, huissier près le tribunal de première instance de Porto Ferraio, à la personne même du sieur

Maureaur, est valable aux termes de l'art. 68, C. P. C.; — Qu'on ne peut invoquer l'art. 69, § 9 du même Code, qui détermine la manière de procéder, dans les assignations données à ceux qui habitent le territoire français hors le continent, parce que la disposition de cet article, qui a pour objet d'assurer aux habitans des îles, la remise de la copie des exploits qui leur sont signifiés, n'exclut pas d'autre moyen, encore plus infaillible, de parvenir à ce but, en faisant notifier l'exploit, à la personne et au domicile de l'assigné, par le ministère d'un huissier auprès du tribunal, dans l'arrondissement duquel il est domicilié, *sans s'arrêter* au moyen de nullité, etc.»

OBSERVATIONS.

Cette question ne pouvait souffrir aucune difficulté, la signification étant faite dans un pays français, et par un huissier investi d'un caractère public par le roi. Telle est aussi l'opinion de M. PIG , COMM., t. 1. p. 198, *in fine;* mais cet auteur se demande ensuite s'il ne devrait pas en être de même d'une assignation qu'un Français ferait donner en pays étranger avec les formes voulues dans ce pays, et il pense que l'assignation serait valable. Nous ne saurions partager cette opinion. « Il faut ici rappeler, dit M. PIGEAU, les principes sur l'authenticité des actes faits en pays étranger. S'ils ne sont pas authentiques ici, ce n'est pas en faveur de ceux qui habitent le territoire, lesquels ne peuvent méconnaître la foi due aux officiers institués par leur propre gouvernement, mais en faveur de ceux qui ne sont pas soumis à ce gouvernement, lesquels ne sont pas plus obligés de connaître ces officiers que l'autorité de la puissance qui les a établis. Or, si le Français qui a fait assigner, par exemple, en Angleterre, se sert de l'assignation, et consent par là que foi soit due à l'officier qui l'a donnée, comment l'étranger pourrait-il refuser de donner la même confiance à un homme institué par son prince? » Nous répondrons qu'il est inexact de dire que si un acte fait en pays étranger n'est pas authentique, ce n'est pas en faveur de l'étranger, mais du Français, de telle sorte que si celui-ci consent que foi soit due à l'officier qui a fait cet acte, il acquiert l'authenticité. C'est se méprendre entièrement sur la nature de l'authenticité, qui ne dépend pas ainsi de l'intérêt privé et de la volonté des parties, mais dont les conditions sont réglées d'une manière immuable dans la loi. L'acte authentique est celui à qui pleine foi est due, parce qu'il émane d'un officier public compétent; il est revêtu de la forme exécutoire, et main-forte doit être prêtée à son exécution; mais si l'acte émane d'un officier non institué par la loi française, les tribunaux français ne lui attribueront pas les effets qui découlent de l'authenticité, quelle que soit la volonté de l'une des parties. Appliquant ces principes à la question posée, qu'arrivera-t-il si une assignation est donnée à l'étranger pour comparaître devant un tribunal français par un huissier étranger, ou peut-être sans l'intermédiaire d'un huissier, ou même verbalement, si telles sont les formes voulues dans ce pays. Quel que soit le consentement que le Français qui a fait assigner a donné à ces formes étrangères, est-ce qu'un tribunal français pourra rendre un jugement sur une pareille assignation? Quoi! l'ajournement donné devant un tribunal par un huissier de justice de paix sera nul, et l'on pourra valider celui donné par un huissier d'une autre nation! Dans toutes les affaires qui doivent être précédées d'une assignation, la loi a tracé les formes que doit avoir cet acte; elle a dit aussi par quel officier il devait être donné. On ne peut s'en écarter, et lorsque les nullités sont signalées au tribunal, elles doivent être prononcées. Vainement le demandeur dira qu'il consent que foi soit due à l'officier étranger, le tribunal lui répondra qu'il ne peut ajouter foi qu'aux actes émanés d'officiers institués par la loi qui le régit. Mais, dit M. Pigeau, l'art. 560, C. P. C., répond à l'objection tirée de ce que l'huissier n'a pas caractère. D'abord, ce ne sera pas seulement pour défaut de caractère de l'huissier que l'assignation sera annulée, elle le sera aussi pour violation de l'art. 69, 9°; de plus, cet art. 560 ne peut être invoqué, parce qu'il crée une exception; on a craint avec raison que dans l'ignorance de l'opposition qui serait entre les mains du procureur du roi, le tiers-saisi ne payât; mais c'est bien mieux, cet article doit si peu être invoqué, que M. Pigeau s'est étrangement mépris sur son interprétation. Cet article parle de personnes non demeurant en France sur le continent, veut-il dire à l'étranger? Non sans doute, car comment une saisie-arrêt pourrait-elle être formée sur une personne demeurant à l'étranger, pour être déclarée valable en France, et cette personne étrangère condamnée à payer? L'art. 560 a donc voulu parler des personnes demeurant en France, hors du continent, et dès lors tombe l'argument de M. Pigeau, puisque l'huissier aura caractère pour faire la signification. Nous croyons donc pouvoir soutenir que l'assignation donnée en pays étranger par un huissier étranger serait nulle; si le législateur avait cru pouvoir permettre de pareils actes, il l'aurait dit surtout dans l'art. 201, C. Comm., où, s'agissant d'une vente de navire urgente, par suite d'une saisie, il a exigé que les formes de l'art. 69, C. P. C., fussent suivies pour assigner le propriétaire du navire qui demeure à l'étranger.

154. *Lorsque l'huissier déclare avoir laissé la copie en*

parlant à un tel , ces mots indiquent suffisamment qu'il la lui a remise, la manière dont il l'a laissée étant indifférente et la loi n'exigeant pas une remise matérielle dans les mains de la personne nommée.

Ainsi jugé le 2 juillet 1810, par arrêt de la cour de Gênes entre les sieurs Persico et Séraphini, conçu en ces termes : — « La Cour; Considérant que les paroles employées dans ledit exploit, moyennant lesquelles l'huissier donne notice d'en avoir été par lui laissé la copie au domicile du sieur Séraphini, en parlant à Vincent Rossi , son maître-d'hôtel, expriment suffisamment que la copie a été laissée à la personne à laquelle on a parlé parce qu'il est hors de toute vraisemblance que l'huissier qui se transfère au domicile pour signifier un exploit, qui y trouve, au lieu de la partie, un de ses parens ou domestiques , auquel il parle (et l'on doit présumer qu'il ne parle qu'aux fins de l'exploit dont il remet la copie), ait voulu la laisser, ou pour mieux dire, la jeter indifféremment sur une table ou dans un coin quelconque de la maison, hors de la vue de la personne à laquelle il a parlé , sans la lui indiquer au moins ; lors donc que l'huissier dit avoir laissé la copie de l'exploit au domicile , en parlant à.....; il dit suffisamment que la copie a été laissée à la personne à laquelle il a parlé ; le mode avec lequel il l'a laissée, c'est-à-dire , s'il l'a laissée en la déposant matériellement dans les mains de la même personne , ou sur une table , par exemple , sous ses yeux, et en la lui indiquant, est indifférent, car la loi n'exige pas la remise matérielle ès mains de la personne nommée , puisqu'on laisse la copie à la personne toutefois qu'on l'a laissée à sa vue et connaissance, ce qui suffit au vœu de la loi; — Qu'à cette juste et véritable observation, de plus en plus deux autres réflexions nous conduisent, 1° que, quand même les mots sus-rapportés ne seraient pas par eux-mêmes capables d'exprimer clairement ce que l'article suscité veut , néanmoins comme ils ne renferment point le contraire , il faudrait les interpréter de manière que l'acte attaqué fût maintenu ; ceci est une règle d'interprétation la plus sûre qui nous fut donnée par plusieurs lois romaines, le cas excepté, où *apertè contra leges scriptum est*, ainsi que l'exprime la loi 21 *de rebus dubiis;* de sorte que si des paroles plus propres et convenables étaient nécessaires pour en garantir la validité, il faudrait les supposer exprimées, et c'est pour cela que *verba solemnia licet non dicantur, ut dicta accipiuntur*, dit la loi 23, *Digeste, de manumis., vindictâ;* 2° que l'huissier qui a signifié ledit exploit d'appel s'est conformé entièrement au modèle mis en avant par quelque renommé praticien français, tel, entre autres, que M. Lepage dans son *Nouveau style de la procédure*, partie 1re, livre 3, titre unique, page 546; et quoique quelqu'autre praticien savant, tel que M. Pigeau, donne un modèle qui exprime plus clairement que la copie a été laissée à la personne à laquelle on a parlé. Cette différence n'ôte rien à la régularité de l'autre, proposée par le premier, et également d'usage, et rien de plus. On ne pouvait déduire de cette diversité, si ce n'est qu'un modèle est plus exact et mieux conçu que l'autre; du reste, cette diversité qui n'est que dans des expressions plus ou moins précises, prouve qu'un modèle ainsi que l'autre exprime suffisamment ce que la loi ordonne; en conséquence, soit par l'un, soit par l'autre, le vœu de la loi a été rempli, sans s'arrêter à la fin de non-recevoir contre l'appel, etc. »

Nota. M. F. L., t. 1, p. 138, dit, en rapportant l'arrêt du 14 décembre 1815, *supra*, n° 12, qu'il en résulte qu'il n'est pas nécessaire que l'huissier remette la copie *entre les mains* de la personne à qui il la laisse, et que le vœu de la loi est rempli lorsqu'il la laisse à la vue et connaissnace de la personne, dans un endroit quelconque de la pièce où elle se trouve. Ce système est conforme à l'arrêt de la Cour d'appel de Gènes; aussi M. CARR., t. 1, p. 159, en citant cet arrêt, professe une opinion entièrement semblable à celle de M. F. L. « La manière dont l'huissier a remis la copie, dit-il, soit en la déposant matériellement dans les mains de la personne à qui il a parlé, soit en la plaçant sous une table, est indifférente, parce que la loi n'exige pas la remise matérielle aux mains de la personne nommée; c'est en effet *laisser la copie* à la personne, toutes les fois qu'on la dépose à sa vue et connaissance, et cela suffit au vœu de la loi. » On peut voir *infra*, n° 563, un arrêt du 7 février 1822.

155. *L'administration des biens des fabriques est un établissement public, dans le sens des art. 65 et 69, C.P.C. — Ainsi les exploits signifiés à une telle administration, dans les personnes des marguilliers de la paroisse, sont rigoureusement soumis à la formalité du* visa.

Cela résulte d'un arrêt de la Cour de Liége, rendu en ces termes, le 2 juillet 1810 : — « LA COUR; Vu les art. 69 et 70, C. P. C.; —Attendu que l'administration des biens de fabriques est un établissement public; qu'ainsi les règles établies pour la signification des ajournemens aux établissemens publics lui sont applicables; — Attendu que l'exploit d'appel n'a pas été signifié aux bureaux des marguilliers de l'église du Dôme, à Cologne, et surtout que l'original n'a pas été présenté au *visa* desdits marguilliers, ou à leur préposé; — Attendu que la loi exige l'accomplissement de cette formalité pour la validité des ajournemens; — Attendu qu'elle veut aussi que l'exploit d'appel contienne ajournement, à peine de nullité. — Déclare nul l'exploit d'appel dont il s'agit. »

156. *L'exploit par lequel on demande à un colon les ar-*

*rérages d'une rente convenancière, est suffisamment
libellé par l'énonciation de la demande et la désignation de la rente* (1).

157. *Une demande en paiement d'arrérages d'une rente
convenancière, est dispensée du préliminaire de conciliation.* (Art. 49, C. P. C.)

Le 7 mars 1807, exploit par lequel le sieur Quemart assigne le sieur
Raimond, tenancier d'une tenue, en paiement d'arrérages ; demande
par ce dernier en nullité de l'exploit; — Un jugement le déclare nul, en
effet, attendu que cet exploit n'était pas suffisamment libellé, selon l'art.
61, C.P.C.—Appel par Quémart;—Il oppose une nouvelle fin de non-recevoir tirée de ce que la demande n'avait pas été précédée d'un essai de
conciliation. Voici l'arrêt de la Cour de Rennes, rendu le 31 juillet 1810 :
« — LA COUR ; Considérant que l'exploit d'ajournement du 7 mars 1807
était suffisamment libellé ; qu'en effet, en demandant à un Colon le paiement des arrérages d'une rente convenancière due sur la tenue qu'il est
censé exploiter, à laquelle il a des droits de superficie, il n'est pas possible qu'il puisse se méprendre sur la nature de la demande et sur son
obligation d'acquitter ses redevances , obligation qui a été reconnue
en l'an 6, par un de ses consorts, appelé en bureau de paix. »

Considérant que l'art. 49, C. P. C., dispense du préliminaire de conciliation les demandes en paiement de loyers, fermages ou arrérages de
rentes, par ces motifs, dit qu'il a été mal jugé , etc. »

158. *La qualité de propriétaire prise par le demandeur
dans un exploit d'ajournement, remplit suffisamment
le vœu de l'art. 61, C. P. C., quoiqu'il exerce d'ailleurs un état ou profession.*

159. *Les fonctions de percepteur des contributions directes n'emportent pas de plein droit changement de
domicile dans la commune où elles sont exercées.*

L'art. 61 du Code de procédure exige que les exploits contiennent
les nom, profession et domicile du demandeur. La loi, en prescrivant
ces diverses formalités, a eu pour but de faire connaître au défendeur,
de manière à ne pas s'y méprendre, la personne qui le poursuit en justice. Il semblerait donc que le but de la loi dût être suffisamment rempli, toutes les fois qu'il serait constant que le demandeur a été désigné
de telle manière, que le défendeur n'ait pu le méconnaître; mais les
formalités portées dans l'art. 61 étant prescrites, à peine de nullité, la

---

(1) Voy. M. CARR., t. 1, p. 160, not 2, n° 1.

question posée se réduit à savoir, si la qualification de propriétaire, prise dans un exploit, désigne suffisamment la profession que le demandeur est tenu de faire connaître . (COFF.)

Cette question a été décidée par jugement du tribunal de Tonnerre rendu le 20 décembre 1809, et confirmé purement et simplement par arrêt de la Cour de Paris du 17 août 1810. Voici les termes du jugement :—«Attendu que la qualité de propriétaire est un état de vie, d'où il suit que le sieur Roguier, en se qualifiant ainsi dans son exploit, a rempli le vœu de l'art. 61, C. P. C.; — Attendu qu'il est de fait que Roguier a, depuis quatre ans, transporté le siége de ses affaires à Tauloy, où il demeure avec sa femme et ses enfans ; — Que les fonctions de percepteur des contributions directes, qu'il exerce dans la commune de Rugny et autres, l'obligent, à la vérité, à résidence, mais non pas à domicile dans la commune de Rugny, chef-lieu de la perception; d'où il suit qu'en énonçant son domicile à Tauloy, le sieur Roguier s'est conformé à l'article précité du code de procédure ;—Rejette les moyens de nullité proposés par les sieur et dame Grognier, et les déboute de leur opposition.»

Nota. Cette décision est conforme à l'opinion des auteurs. Voyez MM. CARR., t. 1, p. 5, n_o 2, B. S. P., p. 199, not. 20, n° 3. Ils pensent également que dans le cas où le demandeur n'a pas de profession il est inutile de l'énoncer, par argument de l'art. 2148, C. C., qui n'exige de mentionner la profession du créancier, sur le bordereau d'inscription, que dans le cas où il en a une ; cependant il est prudent de déclarer dans l'exploit que le demandeur est propriétaire ou rentier ou sans profession. Voy. MM. CARR., t. 1, p. 151, n° 293, PR., FR., t. 1, p. 296, F. L., t. 1, p. 136, 1re col., 6 alin. —Voy. aussi *infrà*, n°s 193 et 201, les arrêts des 11 mars et 21 mai 1812, et J. A., t. 28, p. 53, un arrêt de la cour royale de Poitiers, du 26 novembre 1824.

160. *L'assignation donnée pour comparaître dans le délai de* huitaine, *augmenté d'un jour, à raison de trois myriamètres de distance, est valable.* (Art. 61, *et* 456.)

Qu'on ait agité la question de savoir si l'assignation, *dans le délai, ou les délais de la loi* était valable (*suprà*, n° 142) ; qu'on se soit demandé si l'exploit était nul lorsqu'il ne portait qu'assignation à huitaine, sans augmentation des délais de distance (*infra*, n° 210);—Qu'on ait cherché à faire annuler une assignation donnée à un délai trop long (*infrà* n° 1); Tout cela se conçoit, mais nos lecteurs penseraient que la question que nous venons de poser est toute de supposition, si nous ne nous empressions de leur apprendre que trois fois elle a été proposée devant les tribunaux, et ce qu'il y a de plus étonnant, c'est qu'elle a nécessité deux arrêts de *cassation* de la section civile. Les cours n'ayant répondu aux intrépides plaideurs que par le texte de la loi, nous croyons qu'il suffit d'indiquer la date des trois arrêts dont nous venons de parler. — 21 août 1810 (Van-havre C. de Thieunel), arrêt de la Cour de Bruxelles, qui a décidé aussi une question d'ordre que nous rapporterons à ce mot. — 7 janvier et 28 avril 1812, arrêt de la section civile de la Cour de cassation qui prononce les cassations demandées.

161. *La signature de l'huissier au bas de l'exploit peut suppléer au défaut d'indication de son nom dans le corps de l'acte.*

La signature de l'officier ministériel qui notifie l'exploit est indispensable, puisqu'elle peut seule faire preuve légale de la notification; il en est de même de la signature du greffier, à suite de l'expédition d'un jugement : aussi les rédacteurs du Code de procédure ont pensé qu'il était inutile d'y consigner une disposition formelle à cet égard.

On ne peut soutenir avec fondement, que la disposition de l'art. 61, n° 2, soit relative à la signature de l'huissier; car il pourrait, sans signer l'exploit, se conformer scrupuleusement au vœu de cet article. Le législateur exige donc, dans cet article, une énonciation tout à fait indépendante de la signature de l'officier ministériel; et il suffit qu'il l'exige à peine de nullité, pour qu'elle soit rigoureusement nécessaire dans l'exploit.

Mais, dit-on, la désignation de son nom est sans objet, quand l'huissier appose sa signature à l'acte : cela fût-il vrai, le juge doit appliquer la loi, quand elle est claire, lors même qu'il ne peut la justifier par ses motifs. Il s'en faut bien cependant qu'on ne puisse motiver en aucune manière la disposition de l'art. 61. On convient de ce principe, que la partie à laquelle l'acte est signifié doit se convaincre, à la seule inspection, si la notification lui en est faite par un officier ministériel, ayant caractère pour instrumenter dans le ressort; qu'elle doit, par conséquent, connaître le nom de l'individu qui se qualifie huissier; or, il arrive souvent que, dans une signature, les caractères ordinaires de l'écriture sont défigurés, et que, par conséquent, elle est insuffisante pour faire reconnaître un nom avec lequel on n'est pas familier. Cette considération a dû suffire pour déterminer le législateur à exiger, *dans le corps de l'exploit*, l'indication du nom de l'huissier. (Coff.)

Ainsi jugé par arrêt de la Cour de Rennes, sous la date du 22 août 1810; — « LA COUR, Considérant que l'art. 61 C. P. C., en exigeant, à peine de nullité, que tout exploit d'ajournement contienne le nom de l'huissier qui le notifie, ne désigne pas dans quelle partie de l'exploit ce nom doit être porté ; — Considérant que l'exploit dont il s'agit porte en tête : *Je soussi-gné huissier*, et qu'il est terminé par la signature *Clapin*; et qu'ainsi le nom de l'huissier qui l'a notifié est suffisamment connu, conformément à la disposition de la loi; — Déboute la partie de Gauthier de son moyen de nullité, et ordonne de plaider au fond.

Nota M. Pig., t. 1, p. 126, note 9, est d'une opinion conforme à cette dé-cision. M. Carr., t. 1, p. 156, note 1 no 1, en rapportant l'arrêt, ajoute qu'il importe beaucoup d'éviter l'omission du nom de l'huissier, et il re-produit les argumens de M. Coff. que nous avons rapportés ci-dessus; sans doute il est plus régulier de mettre le nom de l'huissier dans le corps de l'exploit, mais nous ne pouvons voir une nullité dans son omission lorsque la signature l'indique. La plus forte objection de M. Coffinières est que la signature peut ne plus présenter le nom avec clarté; mais cet inconvénient peut également se présenter dans l'écriture. Ce serait à notre avis ajouter à l'art. 61 que de lui faire dire que le nom de l'huissier doit être à peine de nullité *dans le corps de l'acte* plutôt qu'à la fin. »

162. *Est nul l'acte d'appel notifié à un procurateur en son nom, quoique dans sa qualité de procurateur, et non à la partie,* suites et diligences *du procurateur.* (Art. 68, C. P. C.) (1).

Ainsi jugé le 19 novembre 1810, par la Cour de Rennes, en ces termes : — « La Cour; Attendu qu'il a toujours été de maxime *qu'on ne plaide point par procureurs*; que cette maxime doit être suivie sous l'empire du Code de procédure, comme sous celui des anciennes lois ; que l'effet de cette maxime est qu'une partie peut bien être intimée, suites et diligences de son procurateur, et dans la personne de celui-ci, si les pouvoirs en vertu desquels il agit sont suffisans à cet égard ; mais que le procurateur ne peut pas être intimé en son nom, et qu'on ne remédie pas à ce vice en expri-mant la qualité de procurateur; — Par ces motifs, la Cour déclare nul l'ex-ploit d'appel, etc. »

163. *Un exploit d'ajournement est nul, s'il y a de fausses énonciations dans l'immatricule de l'huis-sier* (2).

163 bis. *Il l'est également si la copie ne fait pas men-tion du visa du maire dans le cas où on la lui remet en vertu de l'art. 68* (3).

C'est ce qui résulte de l'arrêt suivant de la Cour de Lyon, en date du 16 janvier 1811; — « La Cour; Considérant que la copie de l'appel conte-nant ajournement à la veuve *Duclos* et à Thérèse *Marquet*, qui a été re-

---

(1) Voy. *infra*, n° 310, l'arrêt du 16 janvier 1818.
(2) Ou si elle n'est énoncée que par abréviation, (*infra*, n° 301, arrêt du 28 juillet 1817), Voy. M. B. S. P., p. 203, note 34, n° 5.
(3) Voy. *infra*, n° 212, l'arrêt du 24 juillet 1812.

présentée à cette audience , énonce que D., huissier, qui a donné cet ajournement, était huissier public demeurant à Lyon, rue Saint-Jean, n° 9,
immatriculé au greffe du tribunal civil de l'arrondissement de Lyon ; —
Que cette énonciation est fausse, et que , dès lors, il doit en être, comme
s'il n'avait pas été fait mention de l'immatricule ; — Que l'art. 68 du même
Code dispose, que si l'huissier ne trouve au domicile, ni la partie, ni aucun de ses parens ou serviteurs , il remettra de suite la copie à un voisin
qui signera l'original ; que si ce voisin ne peut ou ne veut signer, l'huissier
remettra la copie au maire ou adjoint de la commune, lequel visera l'original sans frais ; l'huissier fera du tout mention expresse , tant sur l'original
que sur la copie ; — Que l'art. 70 porte que ce qui est prescrit par l'art. 68
sera observé à peine de nullité ; — Que, dans la copie d'appel signifiée aux
mariés *Vervaux*, l'huissier a déclaré que , n'ayant trouvé personne dans leur
domicile , ni aucun voisin qui eût voulu se charger de cette copie, il l'avait
remise au maire, sans faire mention dans cette copie, conformément à l'article 68, que le maire avait visé l'original.... Déclare l'appel nul et de nul
effet , etc. »

164. *Est nul l'exploit d'appel portant assignation à comparaître,* après les délais expirés. (Art. 61, 456 C. P. C.)

C'est ce qu'a décidé , le 18 janvier 1811, la Cour de Rennes ; — « Attendu que le Code de procédure veut, à peine de nullité , que l'exploit d'a-
journement contienne l'indication du délai pour comparaître, et que le
vœu des articles 61 et 425 du Code n'est pas rempli par ces seuls mots ,
à comparaître après les délais expirés , qu'on lit dans l'exploit d'appel du
sieur Duguen. »

Nota. Cette décision semble au premier abord , ne pas se concilier avec
celles qui décident, (*supra*, n° 142,) que l'assignation donnée dans les délais de la loi est valable ; mais , dit M. Carr., t. 1 , p. 162, n° 316, il faut
considérer premièrement , que l'exploit portant assignation à comparaître
après les délais, n'indique pas que ces délais soient ceux donnés par la loi ;
secondement, qu'en fixant la comparution à l'expiration des délais, on n'en
indique point l'époque *comme fixée par la loi,* en sorte que le défendeur ou
l'intimé est absolument laissé dans l'incertitude sur le jour auquel elle aura
lieu.

165. *Celui qui est employé dans les armées n'a pas de
domicile actuel et peut alors indiquer , dans un exploit
la demeure d'un tiers chargé de le représenter.* (1)

166. *Le comptable n'est déchargé que par un compte fait
double et approuvé sur le vu des pièces justificatives.*

Dans la cause du sieur Bourgoing contre les héritiers Gatrez, ces deux
questions ont été résolues par un arrêt de la Cour de Paris , du 4

____

(1) Voy. M. Carr., t. 1 , p. 153, not. 1.

going n'ayant pas de domicile actuel , par suite de son emploi aux armées ,
a pu, comme il l'a fait, indiquer son domicile dans la maison de Robin,
son notaire à Troyes, où il a consenti la validité de tous exploits et significations ; — Relativement à la fin de non-recevoir contre ledit appel
résultant d'une prétendue exécution du jugement attaqué · attendu qu'on
ne peut opposer à Bourgoing aucun fait d'exécution personnel ; — Relativement au fond , attendu que la décharge d'un comptable ne peut s'opérer
que par un arrêté de compte, double, daté, et accompagné de la remise
des pièces justificatives ; —Met l'appellation et ce dont est appel au néant;
émendant , décharge Bourgoing des condamnations contre lui prononcées
au principal, sans s'arrêter aux nullités et fins de non-recevoir, non plus
qu'au prétendu arrêté de compte, non double, non daté, et ne faisant
mention d'aucune remise de pièces, que la Cour déclare nul et de nul effet;
condamne les héritiers Gatrez à rendre compte, etc. (*Gatrez avait fait
passer un compte que Bourgoing avait approuvé et renvoyé.*) »

167. *Un exploit d'assignation n'est pas nul , parce que
dans la copie on a omis la date du procès-verbal de
non-conciliation.* (Art. 48, 65, C. P. C.) (1)

C'est ce qu'a jugé la Cour de Rennes, le 27 février 1811 , en ces termes:
— « La Cour ; Attendu que, quoique la date de l'acte de comparution devant le juge de paix se trouve omise seulement dans la copie signifiée en
tête de l'exploit d'ajournement, l'effet de cette comparution, de la non conciliation et du renvoi ordonné d'ailleurs contradictoirement, et en présence
des parties , n'en est pas moins constaté par cette copie, et qu'ainsi le vœu
des art. 48 et 65, C. P. C., est suffisamment rempli. »

168. *Lorsque dans l'exploit signifié à une maison de
commerce , l'huissier déclare avoir remis la copie à un
individu qu'il désigne comme associé de cette maison ,
sa déclaration fait foi, jusqu'à ce qu'on ait prouvé que
cet individu n'a pas une telle qualité* (2).

169. *On doit considérer comme définitif, le jugement qui
décharge une partie de la demande formée contre elle,
en lui imposant toutefois une condition.*

170. *Un tel jugement, émané d'un tribunal de commerce,
n'est pas valablement signifié au greffe, s'il a été rendu à*

---

(1) Voy. *supra*, n° 24, l'arrêt du 27 floréal an 10, et n° 9 les arrêts
relatifs aux imperfections qui se trouvent sur les copies seulement.

(2) Voy. M. Carr., t. 1, p. 178, n° 17 à la note.

la première audience à laquelle les parties ont comparu.

La première question peut seule être controversée; car si l'on peut dire d'un côté, que la présomption est toujours en faveur de la régularité de l'acte émané d'un officier ministériel, on peut dire aussi d'un autre côté, et avec plus de fondement peut-être, que la preuve d'un fait positif est d'ordinaire plus favorable que celle d'un fait négatif; et que, d'ailleurs, la partie qui en actionne une autre, en une qualité quelconque doit être prête à prouver que cette partie a réellement une telle qualité.

Relativement à la seconde question, il suffit de considérer que la condition n'est pas, de sa nature, un obstacle à l'existence de l'obligation; qu'elle ne fait seulement qu'en suspendre l'effet; et qu'il doit surtout en être ainsi, lorsque cette condition est potestative de la part de celui qui a intérêt à la remplir, comme dans l'espèce dont il s'agit.

Quant à la troisième question, qui se lie naturellement à la seconde, sa solution négative est assez motivée par la disposition de l'art. 422, 1er alin., C. P. C. (Coff.)

Le sieur Gervasio assigne la maison Colombo devant le tribunal de première instance de Mondovi, jugeant commercialement, en paiement d'une traite de 3,000 fr. tirée par cette maison sur le sieur Deabbate. — Jugement du 14 juin 1810, qui déboute la maison Colombo de sa demande en garantie contre Deabbate, à condition que celui-ci restituerait, dans le délai de dix jours, des traites que lui avait remises la maison Colombo, pour le couvrir du remboursement de la traite de 3,000 fr. — Ce jugement est signifié à Deabbate, *au greffe du tribunal*. Deabbate, domicilié à Turin, n'eut pas connaissance de cette signification, et fut condamné par défaut, le 16 août, au paiement de la lettre de change. Opposition de sa part. Jugement contradictoire contre lui, du 5 octobre. — Il appelle et soutient que la signification du premier jugement au greffe du tribunal, est nulle, et, par suite, les jugemens depuis rendus. — De leur côté, les intimés Colombo arguent de nullité son acte d'appel, comme ayant été remis au sieur Zucchi, qualifié d'associé de la maison Colombo, et qui ne l'était pas; mais les intimés n'ont prouvé, ni offert de prouver une telle allégation, démentie d'ailleurs par leur adversaire.

Sur cette contestation est intervenu, le 9 avril 1811, un arrêt de la Cour de Turin, qui adopta les conclusions de Deabbate, en ces termes: — « LA COUR ; Considérant, en ce qui concerne la fin de non-recevoir opposée par l'intimée, que le sieur André Zucchi ayant été qualifié comme l'un des associés de la maison de commerce Colombo, dans l'exploit d'appel dont il s'agit, c'est à la charge de l'intimé que doit retomber la preuve exclusive de cette qualité, puisqu'il est à présumer que l'officier public, en faisant cette désignation, s'est conformé, ou à la notoriété publique, ou à l'allégation du sieur Zucchi lui-même, ou à quelqu'autre circonstance ; — Considérant, en ce qui concerne la nullité opposée par l'appelante à l'exploit du 11 août 1810, qu'aux termes des dispositions générales de l'art. 68 C. P. C., il n'y a pas de doute que le susdit exploit, qui ne fut signifié ni à personne, ni à domicile, mais au greffe du tribunal, doit être considéré comme nul ; — Q'en vain, dans l'espèce, pour soutenir la validité d'un tel exploit, l'on aurait recours aux dispositions de l'art. 422 du même Code, d'après lesquelles par une exception favorable à la prompte expédition des affaires de commerce, il est établi que, dans le cas où, à la première audience, il n'intervienne pas de jugement définitif, les parties non domiciliées dans le lieu où siége le tribunal, seront tenues d'y faire l'élection d'un domicile, et qu'à défaut de cette élection, toute signification, même celle du jugement définitif, sera faite valablement au greffe du tribunal ; — Car n'y ayant pas de doute que le jugement intervenu le 14 juin 1810, à la première audience, n'ait été définitif de toute contestation entre les parties, ce n'était plus le cas où le sieur Deabbate dût faire l'élection d'un domicile à Mondovi, et où, à défaut d'élection, il dût être permis à l'intimée de lui faire signifier le jugement au greffe ; qu'en vain encore l'on voudrait soutenir que ledit jugement du 14 juin ne fut point définitif, parce que le sieur Deabbate n'avait été renvoyé des demandes de l'intimé, que moyennant la remise des traites dont il était question ; cette charge imposée au sieur Deabbate ne suspendait point la décision de l'affaire ; elle n'était qu'une condition que le sieur Deabbate était tenu de remplir, et à l'accomplissement de laquelle il pouvait être forcé par les voies de justice, à défaut de l'accomplir ; ce n'était plus au tribunal qui avait fait les fonctions de tribunal de commerce, mais c'était au tribunal ordinaire que l'appelant devait se diriger, les tribunaux de commerce étaient expressément prohibés par la disposition littérale de l'art. 442 du même Code, de connaître de l'exécution de leurs jugemens ; — Considérant que la nullité dudit exploit une fois posée, celle du jugement du 16 août dernier, qui en fut la conséquence, et qui fut, au surplus, rendu par le même tribunal de commerce, en exécution du jugement précédent, n'est pas moins évidente ; — Met ce dont est appel au néant ; émendaut, sans s'arrêter aux moyeus

11.

de nullité opposés contre l'exploit d'appel, déclare nul et de nul effet, tant l'exploit du 11 août, que le jugement du 16 du même mois, etc. »

171. *Un acte d'appel n'est pas nul, parce que l'appelant s'est trompé dans l'indication du numéro de la maison.*

Arrêt de la Cour de Rennes, première chambre, en date du 15 avril 1811, par lequel—« La Cour; Considérant que le numérotage des maisons n'est qu'un pur acte de police qui ne peut opérer une nullité, puisque l'art. 61, C. P. C., ne la prononce pas, rejette, etc. »

Observations.

Un arrêt du 25 mai 1808, *suprà.* n° 108, a décidé que l'indication du numéro de la maison qu'habite le demandeur, n'est pas nécessaire pour une signification de jugement. M. Carr., t. 1, p. 153, n° 298, généralise ce principe, et il décide qu'il n'y aurait pas nullité si on désignait seulement la ville; les auteurs du Pr. Fr., t. 1, p. 297, disent que lorsque la ville est populeuse, il devient nécessaire d'indiquer la section, la rue et le numéro de la maison; ils ne s'expliquent pas sur la question de savoir s'il y aurait nullité en ne le faisant pas. Il serait difficile de prononcer cette nullité, d'après l'art. 61 qui n'en parle pas; aussi la question a été résolue en ce sens par deux arrêts, l'un de la Cour de Montpellier, du 4 mai 1825; J. A., t. 30, p. 143, et l'autre, de la Cour d'appel de Bourges, du 26 juillet 1826; J. A., t. 31, p. 227. Cependant le contraire a été décidé le 31 août 1824, par la Cour royale de Poitiers, J. A., t. 28, p. 208.—M. Carr., t. 1, p. 154, n° 299, pense même que le domicile serait suffisamment indiqué par ces mots : *un tel vivant, négociant* (ou exerçant toute autre profession) *en telle ville;* il donne pour motifs que d'après l'art. 102 C. C., le domicile est au lieu où l'on a le principal établissement, et sa famille, et certes, dit-il, on a l'un et l'autre là où l'on exerce sa profession, son commerce. Cette opinion peut trouver pour appui les arrêts du 7 juin 1808 et suivans, que nous avons rapportés *suprà*, n° 109, mais elle est contrariée par un arrêt du 7 décembre 1818, *infrà*, n° 320.

172. *L'exploit fait à la requête d'un tel, de telle commune, n'indique pas suffisamment le domicile du demandeur (1).*

Un acte d'appel fut signifié au sieur Bianchetto, dans les termes suivans : « A la requête de Jean Scallerone, *de la commune d'Issiglio*, propriétaire et cultivateur, pour lequel domicile est élu.... ai signifié au

---

(1) Voy. MM. Carr., t. 1, p. 153, note 2, et B. S. P., p. 199, note 21.

« sieur Blaise Bianchetto, cabaretier, domicilié à Issiglio.... que ledit
« Jean Scallerone, requérant, se porte appelant tant pour lui que pour
« Martin Scallerone, son frère, également domicilié à Issiglio. » — Bianchetto demanda la nullité de cet acte d'appel, comme ne contenant pas,
aux termes de la loi, l'indication précise du domicile de l'appelant ; et un
arrêt du 24 avril 1810, rendu par la Cour de Turin, accueillit ses conclusions
en ces termes : — « La Cour ; Après avoir entendu M. Rocca, substitut du
procureur général, qui a conclu à la validité de l'acte d'appel ; — Vu les art.
61 et 470 C. P. C ; attendu que l'acte d'appel, en date du 25 janvier dernier,
ne contient point l'indication du domicile de l'appelant, indication requise
par l'art. 61, à peine de nullité ; qu'à ce défaut il ne peut être censé suppléé, pas même équipollemment par la qualification de l'appelant, posée
en tête de l'exploit de la commune d'Issiglio, ni par l'expression qu'on
rencontre dans le corps de l'acte, à l'égard du domicile de Martin Scallerone, frère de l'appelant ; savoir, *également domicilié à Issiglio*, cette
expression pouvant et devant même être, selon la plus propre construc-
tion des termes, rapportée au domicile de l'intimé Bianchetto indiqué
dans ledit acte, et dans une petite distance de celle touchant le domicile de Martin Scallerone ; — Que s'agissant d'une forme dont l'observation est de rigueur, il ne doit pas être permis d'y suppléer d'une manière vague et équivoque, déclare nul et de nul effet l'exploit d'appel, etc. »

173. *Quand le président a permis d'assigner à bref délai, son ordonnance et l'assignation peuvent-elles être
annulées par le tribunal ou par la cour, sous prétexte
que la matière n'est pas urgente ?*

173 bis. *Dans le cas d'affirmative, les frais de la procédure sont à la charge de l'avoué.*

La première question est très-importante, et l'article qui y donne
lieu ne fournit pas un motif précis de solution. Il est bien certain, d'a-
près le texte de la loi, que la permission d'assigner à bref délai ne peut
être accordée que dans les cas qui requièrent célérité. Mais le président
lui-même doit-il être juge des motifs qui déterminent son ordonnance,
ainsi que le serait le tribunal même auquel il appartient ? La Cour d'appel de Rome s'est prononcée pour la négative : cependant plusieurs considérations sembleraient devoir motiver une opinion contraire. Et d'a-
bord, c'est un principe généralement reçu, qu'une partie n'est responsable
que des nullités qui proviennent de son fait, ou du fait des officiers
ministériels qui rédigent les actes en son nom. Ici l'ordonnance émane

du juge ; l'assignation est donnée en vertu de cette ordonnance ; et conséquemment ces actes ne peuvent être déclarés nuls, sans qu'on impute une sorte d'excès de pouvoirs au magistrat que la loi a revêtu d'un caractère spécial. On peut ajouter que , dans tous les cas où le Code attribue le droit de juger au président du tribunal, il établit un premier degré de juridiction, et qu'alors la voie de l'appel doit seule être ouverte aux parties. L'art. 809 renferme une telle disposition à l'égard des ordonnances sur référé. Cet article et ceux qui le précèdent, donnent lieu à une observation que l'arrêt suivant ne réfute pas. L'ordonnance que le président rend en référé n'est pas susceptible d'être réformée par le tribunal ; et cependant, si l'ordonnance par laquelle il peut, aux termes de l'art. 808 , autoriser l'assignation à heure indiquée, pouvait elle-même être annulée , de même que l'assignation qui en est la suite, l'ordonnance rendue sur le fond se trouverait nécessairement frappée de nullité , comme rendue sur une procédure irrégulière et nulle. Ainsi on ne peut ajouter à la disposition de l'art. 808, et décider que l'ordonnance qui permet d'assigner à bref délai, peut être réformée par le tribunal , sans se mettre dans l'impossibilité d'exécuter l'article suivant. Mais si l'on est ainsi conduit à penser qu'en matière de référé, l'ordonnance qui permet d'assigner à bref délai , n'est pas susceptible d'être réformée par le président , il n'existe aucun motif d'adopter une opinion contraire, dans le cas de l'art. 72. Ces considérations me paraîtraient devoir motiver la solution négative de la question posée , si je ne devais sacrifier mon opinion particulière à celle que la Cour de Rome a manifesté dans l'espèce suivante. (Coff.)

Le sieur Pazzaglini et les mineurs Lecce avaient été en instance devant l'auditeur du pape, relativement à des améliorations prétendues faites par le premier, à une vigne qu'il s'était chargé de cultiver, sous la condition d'un partage de fruits. Ses conclusions furent accueillies par plusieurs sentences, dont les mineurs Lecce se rendirent appelans devant la Cour de Rome. La discussion au fond était déjà engagée devant cette Cour, lorsque l'avoué de l'intimé présenta requête à M. le président de la deuxième chambre, à laquelle la cause était distribuée , pour obtenir la permission d'assigner à bref délai, sous prétexte qu'il était urgent de travailler la vigne. Sa requête fut suivie d'une ordonnance favorable, en vertu de laquelle les appelans furent assignés à trois jours. Il est certain que la religion de M. le président avait été surprise, et que la permission d'assigner à bref délai, avait été mal à propos accordée : mais il s'agissait de décider si la Cour pouvait réformer, à cet égard, le mal jugé de son président, et déclarer nulles, tant l'ordonnance

que l'assignation, en faisant supporter à l'avoué les dépens de l'incident.
— Le 2 mai 1811, arrêt de la Cour de Rome, ainsi conçu : — « LA
COUR ; Considérant que l'urgence ne se vérifie pas dans la cause, et que
c'est injustement et sans motifs que le bref délai a été demandé ; — Que
l'urgence ne pouvait naître du besoin de travailler la vigne, puisque
cela aurait donné lieu, tout au plus, à demander une provision qui serait traitée comme matière célère, mais n'aurait jamais autorisé à engager
la discussion sur le fond, d'autant mieux que Pazzaglini se trouve dans le
moment actuel paisible possesseur de la vigne ;—Considérant que, quand
la cause est en état d'être jugée, il n'y a plus besoin de bref délai pour
obtenir sentence, et qu'ainsi, sous ce point de vue, le bref délai devient
un acte frustratoire, et à charge de l'avoué qui l'a fait ; — Considérant
que le président accorde les brefs délais en l'absence des parties, et sur
la simple requête de l'une d'elles, et que si l'on admettait le système que
les brefs délais ne peuvent être annulés, ce serait établir que, sans connaissance de cause, le président peut renverser toutes les lois de la procédure et les réglemens des tribunaux ; qu'il est au contraire de la dignité de ce magistrat, réuni à la Cour entière, de concourir à l'annulation d'une ordonnance qui lui a été requise sans fondement ; — Déclare
nul et comme non avenu le bref délai dont il s'agit et la citation qui l'a
suivi, renvoie les parties à se pourvoir selon les règles ordinaires de la
procédure, et condamne aux dépens de l'incident, l'avoué G.

OBSERVATIONS.

Les raisons données par notre savant prédécesseur contre la décision
de la Cour de Rome, nous paraissent être d'une grande force, et nous
ne doutons pas qu'il ne faille se ranger à l'opinion consacrée par un arrêt du 17 avril 1817, rapporté J. A., t. 7, p. 277, v° *Conciliation*, n° 87,
M. CARR., t. 1, p. 199, n° 378, partage aussi cette opinion ; il pense que
le défendeur, s'il prouve au tribunal qu'il n'y avait pas lieu d'assigner
à bref délai, peut faire rejeter de la taxe la requête et obtenir un délai
plus long pour réunir ses pièces et ses moyens de défense ; mais cet auteur ne trouve pas, même implicitement, dans l'art. 72 le droit de réformer l'ordonnance et d'annuler l'assignation. M. F. L., t. 1, p. 146, est
d'un avis entièrement opposé. « Si l'on admettait, dit-il, que les brefs
« délais ne peuvent être annulés, ce serait établir que, sans connais-
« sance de cause, le président peut renverser toutes les règles de la pro-
« cédure ; ce serait donner à la simple ordonnance d'un juge, rendue
« par défaut, un plus grand effet qu'à un jugement par défaut, émané
« d'un tribunal entier. D'après les principes consacrés par la Cour de

« cassation et par un avis du conseil d'état, du 11 février 1806, on peut
« se pourvoir par opposition contre toute décision par défaut, à moins
« que cette voie n'ait été interdite par une loi spéciale; à plus forte raison
« ce principe doit-il s'appliquer à une ordonnance émanée d'un seul
« juge. L'art. 417 C. P. C. semble d'ailleurs lever toute difficulté à cet
« égard, puisqu'il dispose que les ordonnances du président du tribunal de
« com. rendues sur requête, et portant permis d'assigner à bref délai,
« sont exécutoires *nonobstant opposition, ou appel;* ces ordonnances peuvent
« donc être attaquées par cette voie. » Ce dernier argument, tiré de l'art.
417, serait décisif s'il y avait entière parité entre le cas posé par l'art. 72 et
celui de l'art. 417; mais il faut remarquer que ce dernier article donne
au président le droit de permettre non seulement d'assigner à bref délai,
mais même de saisir les effets mobiliers; si la mesure est injustement
ordonnée, elle porte un grave préjudice au défendeur, et dès-lors
il était nécessaire de lui ouvrir une voie pour s'y opposer; aussi l'article 417 parle d'opposition ou d'appel. Quant au principe général,
que toute décision par défaut doit être susceptible d'opposition, M. Coffinières y répond par l'exemple tiré de l'art. 808 sur les assignations en
matière de référé et à bref délai. L'opinion de M. F. L. est partagée par
M. Delap., t. 1, p. 88.

174. *Dans les exploits signifiés à un domicile élu, on doit
se conformer aux dispositions de l'art. 68, C. P. C.*

175. *L'élection de domicile faite par une partie dans sa
demeure, doit toujours produire son effet, quoique la
partie en ait depuis changé. Ainsi sont valables les significations qui y sont faites.*

175. bis. *L'élection de domicile pour l'exécution d'un acte
profite aux tiers représentant l'une des parties.*

L'art. 111, C. C., permet les significations au domicile élu pour
l'exécution d'un acte, et aux termes de l'art. 59, C. P. C., l'élection de domicile est toujours attributive de juridiction. La disposition de ces articles est conçue dans les termes les plus généraux, de sorte qu'ils ne paraissent pas restreindre aux parties contractantes le droit de s'assigner
respectivement au domicile élu et devant le juge de ce domicile, mais
qu'ils semblent accorder ce droit à tous ceux qui ont intérêt à poursuivre
l'exécution de l'acte; d'ailleurs l'art. 1166, C. C., veut que les créanciers
puissent exercer tous les droits et actions de leur débiteur, *excepté ceux
qui sont attachés à la personne;* et on ne peut ranger dans cette classe, le

droit de faire, au domicile élu pour l'exécution d'un acte, les significations qui y sont relatives ; ainsi, la solution affirmative de la première question résulte du rapprochement de ces divers articles.

Quant à la seconde, on pourroit dire, pour la résoudre négativement, que lorsqu'une partie fait élection de domicile dans sa demeure, le domicile élu change en même temps que le domicile réel. Cette considération est décisive en thèse générale. Aussi la question paraît n'avoir été différemment résolue dans l'espèce suivante, qu'à cause des circonstances particulières dans lesquelles se trouvaient les parties, et qui faisaient présumer qu'elles avaient toujours voulu être réputées présentes, relativement à l'acte, au lieu qu'elles occupaient lors de sa passation.

Enfin, la solution négative de la première question posée, ne présente pas le moindre doute, si on résout affirmativement la seconde ; car il est certain que l'art. 68, C. P. C, détermine seulement de quelle manière les assignations doivent être données au domicile réel des parties. (Coff.)

Le sieur Achard acheta quelques biens des sieur et dame Haindel, et, pour l'exécution du contrat de vente, fit élection de domicile en sa demeure à Niderbronn, où il était receveur de l'enregistrement. Deux ans après, les créanciers hypothécaires du vendeur poursuivirent la rescision du contrat de vente, et, quoiqu'alors Achard habitât la ville de Lyon, où il était également receveur, ils l'assignèrent à Niderbronn, à son ancien domicile, en parlant à la femme du propriétaire de la maison. Achard se présenta devant le tribunal de Wissembourg, pour demander la nullité de l'assignation. Les divers moyens qu'il présenta prévalurent devant ce tribunal, mais furent rejetés par la Cour de Colmar le 5 août 1809 ; — « Attendu qu'il est constant, que, par le contrat dont s'agit, le sieur Achard, acquéreur, et les conjoints Haindel, vendeurs, ont chacun élu un domicile à Niderbronn, pour l'exécution dudit contrat ; ainsi, d'après l'art. 1166, C. C., les créanciers pouvant exercer tous les droits et actions de leurs débiteurs, les appelans, créanciers des conjoints Haindel, ont été en droit, comme ceux-ci l'auraient pu, s'ils eussent voulu, de faire assigner le sieur Achard à son domicile d'élection ; — Attendu que c'est une erreur de la part d'Achard d'avoir prétendu, qu'ayant simplement élu domicile, *en sa demeure*, et non dans un autre lieu que celui de cette demeure, et l'ayant quitté, il eût dû être cité et assigné, là où il avait transféré son nouveau domicile réel ; mais le sieur Achard, qui, en raison de son état de receveur de l'enregistrement, ne pouvoit avoir qu'un domicile temporaire, et qui prévoyait bien que la vente dont s'agit, pourrait donner lieu à des actions réelles, a voulu conserver un domicile sur les lieux, même après qu'il serait obligé de les quitter, lorsqu'il serait appelé ailleurs, comme cela est arrivé, puisqu'il est actuellement vérificateur à Lyon; et c'est pour cela qu'il a voulu que sa demeure momentanée à Niderbronn devînt pour lui *un domicile d'élection permanent*, à raison de la vente en question; — Attendu, quant à la forme des citations et assignations, qu'on ne saurait leur appliquer la rigueur de la disposition de l'art. 68, C.P.C., qui ne peut concerner que les exploits et actes faits à un domicile réel, parce que l'élection de domicile est une espèce de mandat, aux personnes qui l'occupent, de recevoir les actes et significations qui y seront remis, pour le compte de celui qui y a élu domicile; or, au cas particulier, l'huissier, en citant et assignant le sieur Achard à Niderbronn, à son domicile élu, n'a pu mieux faire, que de parler et remettre les copies, soit au sieur Graëter, qui en est le propriétaire, soit à son épouse,....; met l'appellation et ce dont est appel au néant, etc. »

Achard déféra cet arrêt à la Cour de cassation, pour violation de l'article 68, C.P.C.; le *parlant à* de l'exploit n'ayant pas eu lieu conformément aux dispositions de cet article. — Et le 29 mai 1811, un arrêt de la section civile cassa, sur ce chef, l'arrêt de la Cour de Colmar.—« La Cour... *sur les concl. conf. de M. Thuriot, av. gén.;* après plusieurs délibérés en la ch. du cons. : vu les art. 68 et 70, C. P. C.;—Et attendu que l'art. 68 est général, et prononce, sans distinction, l'obligation des formalités qu'il prescrit, et que la peine de nullité, pour leur inobservation, est portée textuellement par l'art. 70; — Qu'il est constant qu'Achard, chez lequel le domicile avait été élu à Niderbronn, tant pour lui que pour ses coacquéreurs, était absent lors de l'assignation posée le 18 avril 1810; que Graëter, auquel l'exploit a été remis dans la maison qu'occupait ci-devant ledit Achard, n'était ni son parent, ni son domestique; qu'il était simplement propriétaire de ladite maison, sans l'habiter; qu'il ne pouvait, par conséquent, être considéré comme ayant reçu mandat, en vertu de l'élection de domicile, pour recevoir l'assignation; qu'il paraît seulement s'être transporté de sa demeure au domicile élu, pour prendre les significations destinées à Achard et consorts; qu'alors il n'avait l'aptitude de recevoir les ajournemens, que comme voisin; et en ce cas, il aurait dû signer l'exploit, ce qui n'a pas été observé; qu'ainsi il est évident que la forme voulue par la disposition littérale et rigoureuse de la loi, n'a pas été remplie, et que, par conséquent, la Cour d'appel de Colmar a contrevenu aux articles 68 et 70, C. P. C., en validant ces assignations, sous prétexte qu'il s'agissait d'un domicile élu ; — Casse, etc. »

OBSERVATIONS.

MM. CARR., t. 1, p. 191, no 366 ; B. S. P., p. 203, note 34, no 3 ; F. L., t. 1, p. 143, 2e col., 3e alin. ; et MERL., RÉP., t. 1, p. 177, 2e col., sont d'un avis conforme à l'arrêt de la Cour de cassation sur la première question. La seconde présente plus de difficultés. Les auteurs du PR.FR., t. 1, p. 292, distinguent, sur les effets du décès de la partie ou de son changement de demeure, le cas où l'instance est déjà liée, de celui où elle ne l'est pas ; dans le premier cas, le décès ou le changement de demeure n'empêchent pas de suivre dans le même lieu, et il convient de faire une nouvelle élection ; dans le cas contraire, ils pensent que l'élection de domicile devient nulle, *à moins qu'elle n'ait été stipulée comme condition de la convention.* M. CARR., t. 1, p. 139, no 274, critique cette opinion, et, d'accord avec BACQUET, RODIER, sur l'art. 3, tit. 2 de l'ordonnance de 1667, et DELVINCOURT, t. 1, p. 254, il est d'avis que, soit que l'instance soit entamée ou non, le décès ou le changement de demeure n'empêchent pas l'élection de domicile d'être valable. Il ne met à son opinion qu'une restriction, c'est pour le cas où l'élection aurait été faite en la demeure de la partie sans la désigner, parce qu'alors l'intention de la partie a été d'élire domicile en sa demeure, quelque part qu'elle fût. — Voyez, sur cette question, *suprà*, no 88, l'arrêt du 24 janvier 1814. Sur la troisième question, voy. M. PIG., COMM., t. 1, p. 192, 4e alin., qui est d'une opinion conforme.

176. *La notification d'un appel à domicile élu n'est suffisante qu'autant que la partie intimée a manifesté l'intention d'élire à cet effet* (1).

La cour de Rennes a, par arrêt du 1er juin 1811, statué sur cette question en ces termes : — « LA COUR ; Considérant que l'élection de domicile doit être regardée comme une procuration donnée à ceux qui habitent ce domicile élu, pour recevoir les significations qui y seront faites, à certaines personnes, pour certaines affaires ; qu'ainsi, les significations faites au domicile élu sont valables, toutes les fois qu'elles ont pour objet la chose même qu'a eue en vue celui qui a fait l'élection de domicile, parce qu'alors la personne qui les reçoit ne peut être censée les recevoir qu'en vertu de la procuration dont elle a été investie à cet effet ; mais que, par la raison contraire, toute signification faite au domicile élu est nulle, si la chose qu'elle a pour

____

(1) Voy. *supra*, no 96, l'arrêt du 26 décembre 1807.

objet n'est pas entrée dans la vue de celui qui a fait élection de domicile, parce que, dans cette hypothèse, la personne qui reçoit la signification n'a ni la procuration, ni qualité pour la recevoir ; — Considérant que la conséquence de ce principe incontestable, relativement à l'élection de domicile que contient un commandement fait en vertu d'un jugement, sont d'autoriser les personnes qui habitent le domicile élu à recevoir les significations que le condamné pourra faire, relativement à la poursuite commencée contre lui par l'exploit du commandement ; qu'ainsi, point de doute que le condamné ne puisse valablement signifier à ce domicile les offres qu'il peut avoir à faire au poursuivant, pour empêcher la saisie et la vente de ses biens, ou une assignation pour voir dire que le commandement sera déclaré nul, soit comme prématuré, soit comme destitué de formalités essentielles ; mais considérant que celui qui, en faisant commandement d'exécuter un jugement qu'il signifie, élit, par le commandement même, un domicile au lieu où il le fait, n'autorise point les personnes qui habitent ce domicile à recevoir la signification d'un acte d'appel, qui est un véritable ajournement, aux termes de l'art. 456 C. P. C., et qui constitue une instance nouvelle et particulière ; que l'effet d'une élection de domicile ne s'étend point d'un objet à un autre qui est totalement distinct ; qu'un domicile élu pour la signification d'un jugement de première instance ne saurait avoir pour objet l'appel qui pourrait être interjeté de ce même jugement, si l'intention de la partie n'est, à cet égard, clairement manifestée et légalement connue ; — Considérant que, dans l'espèce de cette cause, rien ne constate cette intention de la part de l'intimé ; qu'au contraire, il est évident que ce n'est qu'une suite de l'élection par lui faite chez son mandataire à Nantes, pour l'instruction de l'affaire en première instance ; — Considérant que, s'il est libre aux parties d'élire un domicile autre que le domicile réel, cette faculté, qui est une dérogation au principe général en matière de domicile, doit être plutôt restreinte qu'étendue ; — Considérant, au surplus, que l'exploit de notification du jugement entrepris ne pourrait même pas être assimilé strictement à un commandement régulièrement fait aux termes de l'art. 584 C. P. C., puisqu'il ne contient pas élection de domicile du demandeur dans la commune du débiteur, ce qui laisse cet exploit dans les termes formulaires d'une simple notification de jugement ; — Par ces motifs, déclare l'appelant déchu de son appel. »

177. *Les assignations à bref délai peuvent être données au domicile de l'avoué constitué* (1).

1re ESPÈCE. — L'affirmative a été décidée par la cour de Metz, le 5 juin 1811, en ces termes : — « La Cour ; Considérant que nulle disposition du

____

(1) Voy. *suprà*, n° 43, l'arrêt du 24 brumaire an 12.

Code de procédure n'indique que les assignations à bref délai doivent être données au domicile ou à la personne de la partie ; — Considérant, au contraire, que lorsque toutes les parties ont constitué avoués, elles sont légalement représentées ; qu'ainsi les assignations à bref délai peuvent leur être faites ; — Considérant, sur le second chef, que l'appelant devait faire citer non seulement le sieur Dunesme, mais encore Marie-Françoise Lapie, veuve Laloyaux, pour que l'arrêt à intervenir fût commun à toutes les parties en cause ; — Que s'il en était autrement, un des cointimés conserverait la faculté de faire exécuter les jugemens rendus par le tribunal civil de Charleville, tandis que la cour l'aurait interdite à une autre des parties ; — Par ces motifs, sans s'arrêter aux moyens de nullité proposés, ordonne que Marie-Françoise Lapie, veuve Laloyaux, sera appelée et mise en cause, dépens réservés. »

2ᵉ ESPÈCE. La cour de Grenoble a jugé la négative par arrêt du 9 sept. 1820, en ces termes : — « LA COUR ; Considérant, qu'en règle générale, aucune cause ne peut être poursuivie devant les cours royales, qu'après l'expiration du délai de l'assignation sur l'appel ; mais que d'après les dispositions des art. 72 et 470 C. P. C., le délai de l'assignation peut être abrégé par le président, dans les cas qui requièrent célérité, en permettant sur requête d'assigner à bref délai ; — Considérant qu'il suit de ces dispositions que l'ordonnance du premier président de la cour, rendue sur la requête des mère et fils Branche, portant permission de porter la cause à l'audience du 31 août, et, par là même, abréviation du délai de l'assignation donnée auxdits Branche, de la part de Nicolas Boulet, lequel délai ne devait expirer qu'après ledit jour 31 août, est bien intervenue ; mais que, dans le sens des art. 72 et 470 précités, les Branche ne pouvaient se présenter, à cette audience, par le ministère de leur avoué, qu'autant que leur requête et l'ordonnance du premier président auraient été notifiés à Nicolas Boulet en personne ou à domicile, et que ce dernier aurait été assigné à ladite audience, au moins un jour franc avant celui fixé par l'ordonnance ; — Considérant que la signification de l'ordonnance dont il s'agit, à l'avoué constitué par Boulet, ni la sommation faite à cet avoué, pour l'audience du 31 août, ne pouvaient tenir lieu de notification à la partie, et de l'assignation qui devait accompagner cette notification, dès que, d'une part, cet avoué ne pouvait ni poursuivre, ni être poursuivi en vertu de l'assignation renfermée en l'acte d'appel de Boulet, tant que le délai de cette assignation n'était pas expiré, et que, d'autre part, l'abréviation dudit délai, et la permission de porter la cause à l'audience du 31 août, obtenu par les Branche, rendaient nécessaire une nouvelle assignation, c'est-à-dire une assignation à bref délai ; — Considérant que la conséquence de ce qui précède est que l'arrêt, par défaut de plaider, obtenu par les Branche contre

Boulet, le 31 août, est radicalement nul ; — Déclare que l'ordonnance du 29 août dernier, rendue sur la requête desdits Branche, est bien intervenue; faisant droit à l'opposition dudit Boulet envers l'arrêt par défaut du 31 dudit mois d'août, annulle ledit arrêt, comme étant intervenu sans assignation préalable. »

178. *L'exploit est nul lorsqu'il ne contient pas la date du jour* (1).

179. *Il peut ne pas contenir le prénom du défendeur* (2).

180. *La demande tendant à faire déposer au greffe certaines pièces de la procédure, ne couvre pas la nullité d'un exploit, surtout lorsque des réserves ont été faites* (3).

181. *Lorsqu'il s'agit de déterminer la capacité d'une personne, par rapport à ses biens immobiliers, c'est le statut réel qu'il faut consulter; et particulièrement sous le statut de Namur la femme devait être assignée personnellement pour une action immobilière.*

182. *Une instance étant indivisible, la nullité d'une demande en péremption à l'égard de l'une des parties, empêche la péremption d'avoir lieu à l'égard des autres.*

Ces diverses questions ont été ainsi résolues par arrêt de la cour de Liége, du 31 juillet 1811, ainsi conçu : — « LA COUR; Attendu qu'une demande tendant à faire déposer au greffe certaines pièces de la procédure, ne peut avoir l'effet de couvrir les nullités d'exploit, parce qu'une telle demande ne constitue ni une défense ni une exception; qu'en outre, il existait dans l'espèce une réserve en vertu de laquelle l'avoué Chefnay avait dit qu'il réservait à sa partie le droit de faire valoir toutes les nullités qu'elle trouverait convenables; — Attendu que, d'après la disposition précise de l'article 61, n°s 1 et 4, C. P. C., l'exploit d'ajournement doit contenir, à peine de nullité, la date du jour ; qu'ainsi l'exploit donné à l'épouse d'Emmanuel de Fassignies est nul, parce qu'il ne porte pas la date du jour ; —

---

(1) Voy. J. A., tom. 3, pag. 295, v° *Appel*, no 156.

(2) Le prénom et la profession ne sont point exigés à peine de nullité; il peut y avoir souvent impossibilité à les indiquer; tel est l'avis de MM. CARR., tom. 1, pag. 157, n° 306, et PIG. COMM., tom. 1, pag. 177. — Voy. *infra*, n_o 263, l'arrêt du 17 mars 1815 et la note.

(3) Voy. J. A., t. 12, v° *Exceptions*, n°s 34, 40, 50, 97 et 104.

Attendu que le n° 2 du même art. 61 prescrit que l'ajournement contiendra les noms du défendeur; qu'ainsi l'on ajouterait à la loi, si on déclarait nul un exploit d'ajournement parce que le prénom du défendeur n'y serait pas énoncé; que, dans l'espèce, le défendeur est tellement bien désigné qu'il est absolument impossible de ne pas le reconnaître, car l'exploit énonce qu'il a été donné à Gaillard de Fassignies, époux de Julie Marbair de Graty, demeurant à Sérault; qu'une désignation aussi spéciale doit suffire, surtout si l'on fait attention que Gaillard de Fassignies n'a point pris, dans des exploits faits à sa requête, d'autres noms ni d'autres qualifications, ce qui réduit également à néant l'objection prise de ce qu'il aurait son domicile à Mons et non à Sérault; — Attendu que l'exploit d'assignation donné à l'épouse Gaillard de Fassignies en personne étant nul, parce qu'il ne contient pas la date du jour, on doit examiner si elle a pu être valablement assignée dans la personne de son mari; — Que, dans l'espèce, la demande principale a pour objet la succession de feu le chanoine Vandenberg, qui consiste en biens mobiliers et en biens immobiliers situés dans la province de Namur; — Que, d'après la loi coutumière de cette province, le mari n'étant point maître ni propriétaire absolu des biens immobiliers de sa femme, ne pouvait les aliéner sans son consentement, et que, par suite, il ne pouvait seul ester en jugement, lorsque l'action avait pour objet un bien immobilier de son épouse; mais qu'il fallait que l'épouse fût personnellement assignée, et qu'elle se trouvât dans la cause; qu'il était donc indispensable que, dans la demande en péremption, une assignation directe fût donnée à l'épouse d'Emmanuel Gaillard de Fassignies, et que, faute de cela, la demande n'a point été dirigée valablement contre elle; — Que les demandeurs en péremption ont bien objecté qu'il s'agissait, dans l'espèce, de la capacité personnelle de l'épouse, et que cette qualité devait se déterminer d'après le statut personnel qui régissait le domicile des époux; que ces époux ayant été mariés et étant domiciliés sous l'empire du statut de Hainaut, où le mari est maître absolu de tous les biens de sa femme, il avait suffi d'assigner Gaillard de Fassignies en sa qualité de mari de Julie Marbai de Graty, son épouse; mais d'après la jurisprudence suivie dans la Belgique, et attestée par Stockmaux, décis. 155, n° 9, il est évident qu'il faut consulter le statut réel, lorsqu'il s'agit de déterminer la capacité personnelle, l'habileté ou l'inhabileté d'une personne dans le rapport de ses biens immobiliers, qu'ainsi il fallait suivre le statut de Namur, et assigner personnellement l'épouse Gaillard de Fassignies; — Attendu que Léopold Servais de Renette a été assigné 1° à son propre titre, comme représentant la mère; 2° comme tuteur des enfans de son premier mariage; 3° comme mari de la seconde épouse; et 4° comme cotuteur des enfans de cette dernière; — Qu'il avait encore une autre qualité qui lui donnait des droits et des intérêts distincts et séparés dans la présente cause, savoir, celle d'usufruitier légal des biens de sa première épouse; que cette qualité était notoire, comme résultant de la disposition de la loi coutumière, et qu'elle était connue des demandeurs en péremption, puisqu'ils l'ont fait assigner comme tuteur des enfans de son premier mariage; que cependant, sous le rapport de cette qualité, on ne lui a fait donner aucune assignation sur la demande en péremption; qu'ainsi, sous ce même rapport, il est recevable et fondé dans sa demande en reprise d'instance, tout comme l'épouse de Fassignies, qui n'a pas été assignée valablement comme il a été établi ci-dessus; — Attendu qu'il est de principe qu'une instance est un objet indivisible, et qu'une demande en péremption ne peut être accueillie qu'autant qu'elle est valablement dirigée contre tous les intéressés; — Que, dans l'espèce, la demande en péremption n'a point été dirigée valablement ni contre Léopold Servais de Renette en qualité d'usufruitier légal, ni contre l'épouse Fassignies; qu'ainsi, ladite péremption n'a pu être prononcée contre eux, ni par suite contre aucun des défendeurs, et qu'il y a donc lieu de déclarer l'instance reprise par tous les cointéressés dans cette cause; — Par ces motifs, déclare les appelans au principal, demandeurs en reprise d'instance, recevables et fondés dans leur demande en reprise d'instance, dépens réservés. »

183. *Un acte d'appel ainsi qu'un arrêt d'admission ne sont pas nuls pour avoir été signifiés au domicile d'une partie décédée, lorsque le décès n'était pas connu de l'appelant* (1).

184. *L'autorité judiciaire peut statuer sur le mérite d'une inscription hypothécaire, quoique la créance inscrite dérive d'un acte administratif.*

185. *On ne peut faire résulter une fin de non-recevoir contre l'appel d'un jugement, de ce que sans être passé en force de chose jugée, il a été exécuté par la radiation d'une inscription hypothécaire, dont il ordonnait la main-levée* (2).

Ces questions ne présentent pas de difficulté sérieuse. On peut dire

---

(1) M. F. L. t. 1, p. 142, 1re Col., est d'un avis contraire; il invoque un arrêt du 2. février 1813, que nous avons rapporté au mot *Cassation*, n° 21, p. 437. — Voy. *infrà*, n° 202, l'arrêt du 22 mai 1812.

(2) Les deux dernières questions sont décidées par l'arrêt du 12 mai 1814.

en effet, sur la première, que si une partie doit connaître l'état des parties contre lesquelles elle veut agir, au moment où sa demande judiciaire est formée, il n'en est pas de même lorsque l'instance engagée est une suite de l'instance précédente, parce qu'alors, tant que le changement d'état ne lui a pas été dénoncé, la partie a juste sujet de croire que cet état est toujours le même. Ainsi, il existe des arrêts qui ont déclaré valable l'acte d'appel signifié à une femme, sans aucune mention de son mari, lorsqu'elle avait contracté mariage dans l'intervalle du jugement de première instance à l'appel.

Relativement à la seconde question, il suffit d'observer que toutes les fois que le point à juger est dans les attributions de l'autorité judiciaire, cette autorité est seule compétente, quelle que soit la nature des actes sur lesquels est fondée la demande ou l'exception. Nous avons rapporté des décrets qui ont décidé que les tribunaux devaient seuls prononcer sur la question de propriété, même en matière de chemins communaux.

Enfin, relativement à la troisième question, il faut observer, en thèse générale, que l'exécution du jugement n'est jamais un obstacle à l'appel, que lorsqu'on peut imputer à la partie qui prend cette voie, d'avoir elle-même provoqué l'exécution, ou d'y avoir acquiescé ; et que, dans l'espèce suivante, quoique l'infirmation du jugement attaqué ne pût remettre les parties au même état où elles étaient avant ce jugement, l'appel devait cependant profiter à la partie qui l'avait interjeté, puisqu'elle pouvait exercer son recours contre le conservateur des hypothèques, pour avoir radié une inscription en vertu d'un jugement en premier ressort   (Coff.)

Première espèce. — Arrêt de la Cour de cassation, du 3 septembre 1811, conçu en ces termes : — « La Cour ; Attendu que la signification de l'arrêt d'admission constate qu'elle a été faite aux sieur et dame Cavaller, demeurant ensemble à Perpignan dans leur domicile, en parlant au sieur Pons ; qu'il a dit être leur procureur fondé par acte notarié, enregistré en la même ville, le 17 mai 1808 ; — Qu'il résulte également de la contexture de cet acte qu'il a été délivré copie de l'arrêt d'admission et de l'exploit de signification à chacun d'eux, en la personne dudit procureur fondé ; qu'à l'époque de cette signification, le décès de la dame Cavaller n'était point connu à Perpignan ainsi qu'il se recueille,

---

et les arrêts rapportés J. A., t. 3, p. 239, 289 et 477, v° *Appel*, n°° 116, 150 et 302.

XIII. 12

soit de ladite reponse, soit du défaut d'inscription sur les registres de l'état civil de ladite ville, de l'acte de décès de ladite dame qui est morte en pays étranger, soit même de l'absence de toute articulation d'indice contraire; qu'ainsi le vœu de l'art. 68 C. P. C., et du réglement du 28 juin 1738, a été rempli; — Rejette la fin de non-recevoir, etc. »

DEUXIÈME ESPÈCE. — La régie de l'enregistrement appelait de deux jugemens dont l'un ordonnait la radiation d'une inscription par elle prise, et l'autre rejetait un déclinatoire par elle proposé, parce que l'autorité administrative pouvait seule connaître de l'effet de l'acte en vertu duquel l'hypothèque avait été prise, cet acte émanant d'elle. On lui opposait l'irrégularité de son acte d'appel signifié au domicile de la partie adverse, quoique décédée, et l'on excipait en outre de la radiation déjà faite de l'inscription, ce qui rendait l'appel sans objet. — Le 12 mai 1814, la Cour de Paris rendit sur cette contestation l'arrêt suivant : — « LA COUR; Attendu que si la signification de l'acte d'appel a été faite au domicile de la veuve Gentil depuis son décès, rien ne constate que ce décès ait pu être connu de l'huissier qui a fait la signification; qu'au contraire, il a constaté dans son procès-verbal que, n'ayant trouvé personne à ce domicile, il s'est adressé aux voisins, et sur leur refus a remis la copie de son exploit au maire, sans que les uns ni les autres lui aient fait connaître que la veuve Gentil était décédée; que de cette ignorance de fait, on ne peut induire la déchéance de l'appel... En ce qui concerne l'appel interjeté par l'administration des domaines du jugement du 16 décembre 1812; — Attendu que quelle que soit l'origine d'une créance, fût-elle même le résultat d'une décision administrative, l'inscription à laquelle elle donne lieu, devient un objet dont la connaissance est uniquement attribuée aux tribunaux et Cours de justice... Sans s'arrêter à la fin de non-recevoir, met l'appellation au néant; ordonne que le jugement dont est appel, sera exécuté suivant sa forme et teneur... En ce qui concerne l'appel interjeté par ladite administration des domaines, du jugement rendu le 13 janvier 1813; — Attendu que l'objet de la demande était d'obtenir main-levée de l'inscription; que si cette main-levée a été accordée par les premiers juges, la radiation de l'inscription n'aurait pu être légitimement opérée, que lorsque le jugement aurait passé en force de chose jugée; que si néanmoins le conservateur des hypothèques avait radié cette inscription, cette exécution de jugement ne pouvait être opposée à la régie, qui, loin d'y avoir consenti, a appelé du jugement; qu'ainsi la fin de non-recevoir qui lui est opposée est dénuée de fondement... Sans s'arrêter aux fins de non-recevoir et moyens d'incompétence, etc. »

186. *Un membre d'une société de commerce peut être assigné à son domicile et non à celui de la société, lorsqu'il est personnellement obligé au paiement d'une lettre de change, tirée par le fondé de pouvoirs de cette société (1).*

Le procureur fondé des propriétaires des forges du *Moulin-Renault*, tire à son ordre trois lettres de change, causées pour le compte d'Emmanuel Poullain, l'un des propriétaires des forges, et tirées sur les deux autres propriétaires (Dumont et Gilot, banquiers), qui les acceptent. — Ces deux derniers font faillite : le porteur des traites en donne avis au sieur Poullain qui lui écrit : « Lorsque vous voudrez, monsieur, je retirerai ces traites par d'autres valeurs. » Cependant malgré cette promesse, le porteur n'étant pas remboursé, actionna la société, en la personne et au domicile de son procureur fondé, et Emmanuel Poullain lui-même, en son domicile.

Un jugement du tribunal de commerce de Paris annula les assignations ; — « Attendu que Poullain ne figure point aux lettres de change en question, et que les propriétaires de l'usine doivent être assignés au domicile de ladite usine. » — Ce jugement fut annulé par un premier arrêt de la Cour de Paris, en ce qui concernait Poullain ; celui-ci forma opposition, et le 11 septembre 1811 intervint, dans le même sens, l'arrêt suivant de la chambre des vacations ; — « La Cour ; Attendu que par sa lettre du 22 février dernier, Poullain s'est engagé personnellement au paiement de trois lettres de change, montant ensemble à 6,500 francs ; — Attendu que, débiteur personnel du montant desdites lettres de change, Poullain a pu être valablement assigné à son domicile le 3 juin dernier, déboute ledit Poullain de l'opposition par lui formée à l'arrêt par défaut du 24 juillet dernier ; — Ordonne que ledit arrêt sera exécuté selon sa forme et teneur. »

Nota. Dans l'espèce de cet arrêt on aurait pu argumenter avec avantage, de ce que la société étant dissoute par la faillite de deux de ses membres, l'art, 69, n° 6 du Code de procédure, devait cesser de recevoir son application. (Coff.)

187. *Est valable l'exploit signifié en parlant à une femme qui s'est déclarée servante de l'assigné, quoiqu'en fait celui-ci n'ait point de servante (2).*

____

(1) Voy. *infra*, n° 206, l'arrêt du 2 juin 1812.
(2) Voy. *infra*, n° 200, l'arrêt du 20 mai 1812 *et la note.*

Ainsi jugé le 16 septembre 1811, par arrêt de la Cour de Bourges, ainsi conçu : — « LA COUR ; Considérant que l'irrégularité reprochée à l'exploit est tirée de ce que l'huissier dit avoir parlé à une femme qui s'est dite servante de Raiga, tandis que Raiga n'en a jamais eu ; mais qu'il est impossible aux huissiers de connaître le nombre des domestiques que peuvent avoir ceux qu'ils assignent, encore moins de connaître assez chacun de leurs domestiques, pour être bien sûrs qu'en effet ils sont au service de l'assigné, et qu'il suffit qu'une personne, trouvée dans la maison de ce dernier, se déclare à son service pour que le vœu de la loi soit rempli et l'huissier sans reproches. »

188. *Lorsque dans la citation donnée au prévenu, le délai respectivement prescrit par les art. 146 et 184 du Code d'instruction criminelle, n'a point été observé, les tribunaux de simple police ou de police correctionnelle, peuvent, même dans le cas où le prévenu fait défaut, prononcer la nullité de la citation.*

Le 15 novembre 1811, la Cour de cassation l'a ainsi décidé, entre la régie des douanes et un sieur Cesledy.

189. *Une demande en lief de comminatoire doit être notifiée à personne ou domicile, à peine de nullité.* (1).

Un arrêt de la Cour d'appel de Rennes du 30 janvier 1811 avait condamné le sieur Jourdan, faute d'avoir justifié une déchéance qu'il opposait au sieur Provot. L'avoué du sieur Jourdan a demandé à la Cour de lever le comminatoire prononcé par son arrêt. Cette demande ne fut notifiée que d'avoué à avoué. La nullité en fut demandée ; le 22 novembre 1811, arrêt conçu en ces termes : — « LA COUR ; Considérant dans la forme, que toute demande principale doit, à peine de nullité, être signifiée à personne ou domicile (art. 68 et 70, C. P. C.) ; qu'en supposant autorisée par les lois actuellement en vigueur, une demande en lief de prétendu comminatoire ; cette demande ne peut être considérée que comme principale ; qu'elle n'est pas incidente ; tout incident supposant nécessairement une instance préexistante ; qu'ici, il n'y avait plus d'instance, le procès principal et unique ayant été jugé par arrêt contradictoire et définitif ; que l'art. 1038 du Code déjà cité, qui oblige les avoués qui ont occupé dans les causes où il est intervenu des jugemens définitifs, à continuer leur ministère *sur l'exécution de ces jugemens*, n'est point applicable à un pourvoi contre un arrêt contradictoire, par la raison sensible qu'une demande tendant à anéantir la chose jugée, n'est pas une demande en exécution ou sur exécution de juge-

---

(1) Telle est 'opinion de M. CARR., t. 1, p. 179, n° 349.

ment; que cet article, d'ailleurs, n'autorise nullement, même dans le cas de simple exécution, la notification de la demande à avoué, lorsqu'elle est, comme ici, principale; que l'exception établie par l'art. 492, en matière de requête civile, ne fait que confirmer la règle générale établie par l'art. 68, les exceptions devant être étroitement renfermées dans leurs limites, et ne pouvant être étendues d'un cas particulier, à un autre cas particulier; que l'assignation du 24 août étant nulle, et la demande ne procédant, il en résulte que la Cour n'étant pas valablement saisie, ne peut s'occuper d'aucune question ultérieure; — Déclare nulle l'assignation du 24 août 1811; en déboute par nullité le demandeur, et le condamne aux dépens de l'instance.»

190. *L'assignation donnée pour comparaître dans le délai de la loi est valable.*

190 bis. *On ne peut soutenir qu'une partie s'est désistée de l'assignation donnée à sa requête, lorsqu'elle donne surabondamment une nouvelle assignation, en soutenant la validité de la première* (1).

Première espèce. — Un arrêt de la Cour de Lyon, rendu le 27 novembre 1811, dans la cause des sieurs Content et Morel, contre le sieur Boissier, a décidé que l'assignation n'était pas nulle.

Deuxième espèce. — Le 6 mai 1812, la Cour de cassation a rendu un arrêt ainsi conçu : —« La Cour ; Vu l'art. 456, C. P. C., et attendu qu'il ne résulte point du texte de cet article que l'exploit d'appel doive contenir l'époque précise de l'échéance du délai, à peine de nullité, lorsqu'il se trouve déterminé par d'autres articles de la loi ; d'où il résulte que les arrêts attaqués, en décidant le contraire, ont commis un excès de pouvoir et ajouté à cet article une disposition générale qui n'y existe pas ; casse les deux arrêts de la Cour de Colmar, du 31 août 1810. (Rapportés J. A., t. 3, p. 242.)

Troisième espèce. —La régie de l'enregistrement et des domaines fit procéder à une saisie-arrêt entre les mains d'un débiteur du sieur Cotella. Dans la huitaine elle l'assigna en validité de cette saisie. Cotella prétendit que l'assignation était nulle, comme ayant été donnée dans le délai fixé par le Cod. de proc., sans expliquer quel était ce délai —La régie réfuta ce moyen de nullité dans un acte signifié au procès, et le termina cependant par une nouvelle assignation. — A l'audience, Cotella reproduisit son moyen de nullité contre la première assignation, et soutint que la seconde était également nulle, comme n'ayant pas été donnée

____

(1) Jugé par l'arrêt du 27 avril 1813, deuxième espèce.

dans les huit jours de la saisie. Un jugement accueillit ces moyens ; mais il fut cassé par arrêt de cassation, section civile, en date du 27 avril 1813. — « La Cour ; Vu les articles 61, 72 et 1033 C. P. C. ; — Attendu que la première assignation donnée par la régie portait interpellation de comparaître dans le délai fixé par le Cod. de proc., ce qui indiquait très-clairement le délai marqué dans les articles 72 et 1033, et satisfaisait complètement ce qui est prescrit par l'art. 61, n° 4 ; — Attendu qu'en donnant une deuxième assignation, la régie n'a pas révoqué la première, et qu'elle en a au contraire soutenu la validité dans l'acte qu'elle a fait signifier ; — Qu'ainsi, en annulant la première assignation, le jugement attaqué viole l'art. 61, qui, par cela même qu'il tient comme non avenue une citation irrégulière, valide et maintient celles données conformément à son texte ; — Casse, etc. »

Quatrième espèce. — La même section de la Cour de cassation a confirmé sa jurisprudence par un arrêt du 20 avril 1814, et en ces termes (1) : — « La Cour ; Vu l'article 456 C. P. C. ; — Attendu que cet article se borne à ordonner que l'acte d'appel contiendra assignation *dans le délai de la loi* ; et que prétendre, comme l'a fait la Cour de Colmar, que l'on doit exprimer dans l'assignation le nombre de jours dans lesquels l'assigné doit comparaître, c'est ajouter à la loi et créer une nullité qu'elle ne prononce pas ; — Casse l'arrêt de la Cour de Colmar, du 18 juillet 1812 »

Cinquième espèce. — Arrêt de la Cour d'appel de Liége, du 30 mai 1809, entre les sieurs Renard et Ledet : — « La Cour ; Attendu qu'aucun article du Code de procedure civile ne dit que l'assignation sur appel doit désigner le jour de la comparution en justice, qu'au contraire, l'art. 456 dudit Code se borne à dire que l'acte d'appel contiendra assignation dans le délai de la loi, d'où l'on doit inférer que l'esprit du Code est rempli lorsque l'assignation est donnée pour comparaître dans le délai de la loi ; — Déclare valable l'exploit d'appel dont il s'agit. »

Nota. Voy. J. A., t. 3, p. 240, 249, v° *Appel*, n° 118 et *les observations.* Voy. aussi MM. Carr., t. 1, p. 161, n° 315 ; Pig. Comm., t. 1, p 182, et t. 2, p. 31 ; Haut., p. 264 ; Merl. Rép., v° *Délai*, sect. 1, § 1, n° 4 bis ; Pr. Fr., t. 1., p. 128 ; B. S. P., p. 206, note 46, n° 2. Lep., p. 119, et Delap., t. 1, p. 68. — *Suprà*, n° 164, l'arrêt du 18 janvier 1811

Quant à la seconde question, elle a été décidée dans les mêmes termes

---

(1) Le sieur Gerber, appelant, avait assigné Daïl à comparaître dans *le délai de la loi.*

par un arrêt de la Cour de cassation du 16 mai 1821. (J. A., t. 23, p. 186.) On peut voir J. A., t. 10, p. 449, v° *Désistement*, n° 10, notre opinion sur cette question.

191. *L'assignation donnée pour la première audience après vacations, est nulle lorsque cette audience a lieu le lendemain même de l'assignation.*

C'est ce qui a été décidé par un arrêt de la Cour de Limoges, du 28 janvier 1812, dans la cause Constant et Lachèse :—« LA COUR ; Considérant que l'acte d'appel signifié par la partie de Mousnier (le sieur Constant), le 6 novembre 1808, avec assignation à l'intimée pour comparaître à la première audience après les vacations, est-contraire aux dispositions de l'art. 456 C. P. C., et de l'art. 72 du même Code; — Que la première audience après les vacations fut tenue par la Cour le 7 novembre 1808, d'où il résulte qu'il ne fut donné à l'intimée que le délai d'un jour ; déclare l'appel nul, etc. »

Nota. M. CARR., t. 1, p. 162, n° 317, pense que l'assignation donnée pour la première audience utile serait également nulle. Voy. J A., t. 25, p. 146, un arrêt du 30 avril 1823, qui décide qu'il y a nullité lorsque l'assignation est donnée à comparaître à la première audience après la date de l'exploit. —Voy. *infrà*, n° 247, l'arrêt du 2 décembre 1813, et M. B. S. P., p. 207, note 46, n° 3.

192. *L'exploit d'appel est valablement signifié au fondé de pouvoirs d'un militaire en activité de service, lorsque ce fondé de pouvoirs a été le tuteur du mandant et que la procuration est générale* (1).

C'est ce qui a été jugé le 4 février 1812 par arrêt de la Cour de Liége, ainsi conçu : —« LA COUR ; Attendu que Henri Joseph Dubuisson avait été tuteur de l'intimé ; que celui-ci, pendant tout le temps de sa minorité, avait, de droit, son domicile chez son tuteur; qu'étant devenu majeur, il n'a point manifesté son intention de choisir un autre domicile ; qu'au contraire, il a donné une procuration générale à sondit tuteur, dans laquelle il a déclaré qu'il tiendrait pour bon et valable tout ce qui aurait été fait pour lui dans toute procédure quelconque, fût-il demandeur ou défendeur, en ajoutant de plus de *donner* plein pouvoir à son mandataire, dans toutes les affaires indistinctement, comme si ce fût sa personne ; — Par ces motifs, rejette la fin de non recevoir, etc. »

193. *Les significations faites à un percepteur à vie peu-*

---

(1) Voy. *supra*, n° 106, l'arrêt du 3 mai 1808.

*vent l'être à son ancien domicile, ses fonctions étant
révocables* (1).

Le sieur Provost, étant percepteur à Hotot, opposait la nullité d'une signification qui lui avait été faite à Beuvron, son ancienne demeure. Mais le 11
mars 1812, arrêt de la Cour de cassation, section civile, par lequel : — « La
Cour ; Considérant que l'art. 107, C. C., sous la dénomination de *fonctions
à vie*, n'a désigné que celles qui ne sont ni temporaires ni révocables ; que
si les fonctions de percepteur, conférées au défendeur, ne sont pas temporaires, parce qu'il y est nommé à vie, elles ne laissent pas d'être révocables ;
qu'ainsi, l'art. 107 n'est pas applicable à la matière ; — Rejette la fin de
non-recevoir. »

194. *L'huissier qui déclare avoir remis la copie à un voisin, doit, à peine de nullité de l'exploit, énoncer qu'il
s'est présenté au domicile de la partie et qu'il n'y a
trouvé ni celle-ci, ni aucun de ses parens ou serviteurs* (2).

Arrêt de la Cour de cassation, section civile, rendu le 25 mars 1812, en
ces termes : — « La Cour ; Sur les conclusions conformes de M. Giraud,
avocat-général ;—Attendu que, d'après l'art. 68 C. P. C., l'huissier qui remet
la copie de l'exploit à un voisin, lorsqu'il ne trouve ni la partie ni aucun de
ses parens ou serviteurs, est obligé, à peine de nullité, de faire mention du
tout, tant sur l'original que sur la copie ; d'où il suit également que, dans
la signification de l'arrêt d'admission faite à Alexandre Lambert, l'huissier
aurait dû dire pourquoi il avait laissé la copie au sieur Claude-Pierre-Joseph
Romans ; ce qu'il n'a pas fait ; — Déclare nul l'exploit de signification de
l'arrêt d'admission, et, par suite, la régie déchue de son pourvoi, etc. »

195. *Il suffit de laisser une seule copie de l'assignation,
pour un mari et une femme communs en biens* (3).

Première espèce. —C'est ce qu'a décidé un arrêt de la Cour de cassation,
section civile, en date du 1 avril 1812, dans la cause de la dame Camisat

---

1) Voy. *supra*, n° 158, l'arrêt du 17 août 1810.

(2) Telle est l'opinion de MM. F. L., t. 1, p. 143, 1re coll., 3e alin., et
B. S. P., p. 203, not. 34. Voy. *infra*, n° 227, l'arrêt du 30 mars 1813,
et v° *Exceptions*, n° 76, un arrêt du 31 mars 1813.

(3) MM. Caba., tom. 1, p. 177, not. 1, n° 13, *à la note*, et F. L., t. 1,
p. 142, 2e coll., 4e alin., sont d'une opinion conforme. Voy. *supra*, n° 118,
l'arrêt du 7 septembre 1808, et J. A., t. 3, p. 442, n° 265, et t. 30 p. 20,
un arrêt du 11 janvier 1825 qui juge dans le même sens. —Nous rapporterons, v° *Saisie-immobilière*, un arrêt conforme du 10 avril 1818.

et des sieur et dame Pardon, assignés, par suite d'un pourvoi, devant ladite Cour : — « La Cour ; Sur les conclusions de M. Daniels, avocat général, — Attendu que Pardon et sa femme ont été cités à comparaître devant la Cour, dans le délai prescrit, et que, n'étant pas séparés de biens, ils ont pu l'être valablement par une seule et même copie ; — Rejette la fin de non-recevoir, etc. »

Deuxième espèce. — Le 4 août 1817, arrêt de la Cour de cassation, section civile, rendu en ces termes dans la cause du sieur Vacherie contre les mariés Gauthier Belleroche : — « La Cour; Vu l'art. 456, C. P. C., vu l'art. 1421, C. C.; — Considérant qu'il est établi et reconnu par l'arrêt attaqué que, par le contrat authentique du 2 octobre 1816, les mariés Gauthier Belleroche o vendu à Vacherie des immeubles qu'ils ont déclaré leur appartenir ; que, par cette déclaration, les mariés Gauthier Belleroche ont reconnu que les immeubles vendus étaient dépendant de la communauté ; que, par suite de cette communauté, les époux Gauthier Belleroche ont exercé au même titre les poursuites relatives à la saisie-immobilière, constitué le même avoué et élu le même domicile ; — Considérant que, lorsque les époux sont communs en biens, leurs intérêts sont confondus et dirigés par le mari, en qualité de chef de la communauté ; que, d'après l'art. 1421 C. C., le mari administre seul les biens de la communauté, et peut même les vendre, les aliéner et les hypothéquer, sans le concours de la femme ; qu'il peut aussi exercer seul, aux termes de l'art. 1428 du Code, toutes les actions mobilières qui appartiennent même à la femme ; que, sous ces divers rapports de l'identité des intérêts des époux, des droits du mari comme chef de la communauté, et même de la faculté qu'a le mari d'exercer seul les actions mobilières qui appartiennent à la femme, il a suffi à Vacherie de notifier aux mariés Gauthier Belleroche une copie de l'exploit d'appel ; que ce n'est qu'en cas de séparation de biens des époux qu'il est nécessaire de laisser une copie à chacun d'eux, parce qu'alors leurs intérêts sont distincts et séparés, et que chacun des époux doit être appelé pour défendre et conserver ses droits ; qu'en cas de communauté, les intérêts étant au contraire confondus et réunis sur la tête du mari, il suffit d'une copie pour les deux époux ; qu'en décidant, au contraire, que l'acte d'appel dont il s'agit était nul, parce qu'il n'en avait été laissé qu'une copie aux époux Gauthier Belleroche, la Cour d'appel de Limoges a fait une fausse application de l'article 456 C. P. C., et, par suite, formellement violé l'article 1421, C. C. ; — Casse, etc. »

196. *L'appel d'un jugement qui a prononcé la validité d'une saisie-arrêt, ne peut être signifié avec assignation au domicile élu dans l'exploit d'opposition.* (1)

____

(1) Voy. *supra*, n° 96, l'arrêt du 26 décembre 1807.

Ainsi jugé le 7 avril 1812 par arrêt de la Cour de Bruxelles, conçu en ces termes : — « La Cour ; Vu les art. 456, 559, 690, § 2 ; — Attendu que si l'art. 584 autorise la signification de l'appel au domicile élu, c'est lorsqu'il y a élection de domicile dans le commandement proprement dit qui doit précéder la saisie-exécution ; — Attendu que cette exception, étant créée dans un cas déterminé, ne peut évidemment recevoir d'extension à celui où, comme dans l'espèce, l'élection de domicile se trouve avoir été faite dans un exploit de saisie-arrêt ou opposition, d'après l'art. 559, ce qui ne présente aucune analogie avec le cas de l'art. 584 ; — Déclare l'appel nul. »

197. *Lorsqu'un exploit est signifié à un avoué, comme curateur à une succession vacante, la signification est valablement faite à son domicile en parlant à son clerc* (1).

Ainsi résolu par arrêt de la Cour de Nismes, sous la date du 17 avril 1812, rendu dans la cause des héritiers Marie et de Me Brugder.

198. *L'acte d'appel est valablement signifié avec réserve d'indiquer plus tard la cour devant laquelle l'assignation est donnée, lorsque celle du ressort ne peut point connaître de l'affaire, et que la cour de cassation doit en désigner une.*

Un arrêt de la Cour de Metz, qui mal à propos s'était occupé du fond sur l'appel du jugement préparatoire, fut cassé et les parties renvoyées devant le tribunal de première instance. La même Cour de Metz, ne pouvant plus connaître de l'appel du nouveau jugement, l'exploit contient seulement réserve d'assigner plus tard devant la Cour qui serait désignée

---

(1) Cette décision est conforme à l'opinion de MM. B. S. P., p. 203, not. 53, n° 6 ; Carr., t. 1, p. 187, n° 501, et Haut., p. 79, 5e alin. Voy. *infra*, n° 207, l'arrêt du 2 juin 1812. Notre savant prédécesseur, en rapportant cet arrêt, l'a accompagné des observations suivantes : « Le doute pouvait naître, a-t-il dit, de ce qu'au terme de l'art. 118 du Code de procedure, un serviteur ou un parent a seul qualité pour recevoir les assignations données à domicile, et de ce qu'aucun de ces titres ne peut être appliqué au clerc. La Cour a pensé, avec raison, que dans l'acception générale du mot serviteur, la loi a voulu comprendre tous ceux qui tiennent à la personne à laquelle la copie est destinée, et qu'elle n'a voulu que remédier à l'abus qui pourrait résulter de la signification faite en parlant à une personne étrangère qu'on trouverait par hasard au domicile de l'assigné. »

par la Cour de Cassation. Ce fut devant la Cour de Bruxelles que les parties furent renvoyées. Les intimés demandèrent la nullité de l'acte d'appel, mais le 20 avril 1812, arrêt par lequel : — « La Cour ; Considérant, sur la fin de nullité contre les actes d'appel, que l'effet d'une assignation sur appel étant de saisir le juge supérieur de la connaissance de la cause en dernier ressort, il faut que la Cour, à laquelle on prétend que la contestation est soumise, n'ait point épuisé sa juridiction par une décision rendue antérieurement contre les mêmes parties et sur le même objet ; que, dans l'espèce, la Cour d'appel de Metz (ainsi que cela est reconnu par arrêt de la Cour de cassation du 4 août 1810), ayant une première fois jugé le fond duquel il s'agit, la loi ne lui permettait pas de s'en occuper ; que si la Cour de Metz se trouvait sans pouvoir ni mission pour juger dans la cause, il n'y avait pas lieu à proposer devant elle, par la voie d'appel, qui est une action, le déclinatoire, qu'il n'appartient qu'à la partie assignée de faire valoir par voie d'exception ; déclare les intimés non fondés ni recevables, etc. »

199. *L'exploit d'ajournement indique suffisamment l'objet de la demande, lorsqu'il est donné pour voir adjuger les fins d'une requête dont copie est donnée en tête* (1).

Après avoir fait sommation à son mari de lui donner son consentement à la vente de ses biens, la dame Madinier présente requête au président dans laquelle elle demande la permission de faire citer son mari, pour qu'il ait à déduire les motifs de son refus de l'autoriser. — L'ordonnance ayant été rendue, elle fait assigner son mari en donnant copie de la requête ; il demande la nullité de l'exploit comme ne contenant pas l'objet de la demande, le tribunal de première instance accueille ce moyen, mais le 23 avril 1812, arrêt de la Cour d'appel de Nismes, ainsi conçu : — « La Cour ; Attendu que le vœu de l'art. 61 C. P. C., qui exige que l'exploit d'ajournement contienne l'objet de la demande et l'exposé sommaire des moyens, a été complétement rempli par la dame Madinier, lorsqu'en faisant assigner son mari par exploit du 18 février 1810, aux fins de la requête du 15, dans laquelle elle exposait que, poursuivie pour des dettes qu'elle avait été obligée de contracter, elle était dans la nécessité de vendre ses immeubles pour les acquitter, et demandait que son mari fût tenu de l'y autoriser, ou à refus, de l'être par la justice, en conformité de l'art. 861 C. P. C., puisqu'on trouve l'objet de sa demande, les causes qui y donnent lieu, et sur lesquelles elle se fonde, prises de la disposition de la loi qui exige cette autorisation, dit mal jugé. »

____

(1) Voy. *infra*, n° 328, l'arrêt du 12 mai 1819.

200. *Un exploit est nul lorsque le parlant à indique qu'il a été remis au fils de l'assigné, s'il est prouvé que celui-ci n'a point de fils* (1).

Ainsi jugé par arrêt de la Cour de Bruxelles, du 20 mai 1812, rendu dans la cause des sieurs Verhouvevre et Paniers.

201. *Les mots de* propriétaire *pour* cultivateur *et de-meurant pour* domicilié*, employés dans un acte d'appel, ne le rendent pas nul.* (Art. 61, C. P. C.) (1).

C'est ce qu'a jugé la Cour de Besançon, le 21 mai 1812, en ces termes : — « La Cour ; Considérant qu'un acte d'appel n'est pas nul, quoique celui qui l'a interjeté se soit qualifié de *propriétaire* au lieu de *cultivateur*, parce qu'un propriétaire qui cultive lui-même quelques-unes de ses propriétés, n'est point pour cela cultivateur de profession ; que, d'ailleurs, rien ne constatant que Bavarel a une profession particulière, il a pu prendre la qualité de propriétaire qui lui avait été donnée dans tous les actes de la procédure signifiés tant avant qu'après le jugement ; — Qu'on ne peut plus attaquer cet acte d'appel sous le prétexte que l'appelant s'est dit demeurant à Arçon, au lieu de domicilié ; que dans l'usage, la demeure et le domicile sont regardés comme synonymes, et qu'on ne peut y voir de différence dans le cas particulier, où, loin de justifier que Bavarel ait une demeure autre que son domicile, tous les actes de procédure attestent qu'il réside à Arçon et n'a pas d'autre domicile ; — Que l'offre de l'intimé est valable ; mais que l'appelant soutenant que dans ce cas il est lésé de plus des sept douzièmes de la véritable valeur du fonds qu'il a vendu, l'action en rescision qu'il a proposée en première instance était admissible et devait être vérifiée, que vainement prétend-on que, suivant la loi du 2 prairial an 7, l'action en rescision pour cause de lésion n'est pas admise pour les ventes et reventes de biens nationaux ; que cette loi n'est qu'une exception à la loi du 19 floréal an 6, qui, contre le prescrit de celle du 14 fructidor an 3, avait introduit l'action en lésion pour les ventes faites en papier-monnaie, mais que l'acte dont il s'agit ayant été passé sous l'empire du C. C., qui a rétabli l'action en lésion, et qui ne fait aucune distinction, aucune exception pour les biens d'origine nationale, c'est à tort que les premiers juges ont rejeté l'action en rescision ;

---

(1) Voy. *supra*, n°° 12 et 187, les arrêts des 16 septembre 1811, et 25 mai 1816, et *infra*, n°° 267, 345 et 354, ceux des 12 juillet 1815, 3 février 1820, et 23 août 1820.

(2) Voy. *supra*, n°° 109, 113 et 158, les arrêts des 7 juin, 5 août 1808, et 17 août 1810.

— Par ces motifs et sur les conclusions de M. Courvoisier, avocat général, ordonne, etc. »

202. *L'appelant qui connaît le décès de la partie adverse, doit intimer les héritiers en nom direct.* (1).

C'est ce qu'a jugé la Cour de Grenoble, le 22 mai 1812, en ces termes: — LA COUR; Considérant que Jacques Bermont était décédé lors de l'appel; que ce fait est constaté par l'exploit même d'appel, qui fait mention que la copie remise à Arnoux Bermont, *qui a dit être fils de feu Jacques Bermont;* que, d'après cette déclaration, le sieur Vitalis aurait dû assigner l'héritier de Jacques Bermont; que ne l'ayant pas fait, l'art. 456 C. P. C., qui veut que l'appel soit signifié à personne ou à domicile, à peine de nullité, n'a pu être observé; qu'ainsi l'appel est nul et irrégulier, puisqu'il porte contre un homme qui était décédé; — Rejette l'appel. »

203. *L'art. 72, C. P. C., qui autorise le président à abréger les délais des ajournemens, ne lui prescrit pas de commettre un huissier; ce qui laisse l'ajournement à bref délai soumis aux seules règles tracées par le titre de ajournemens. L'art. 808 du même Code n'est applicable qu'aux référés, et forme une exception à la règle générale, qui ne peut être étendue à d'autres cas.*

204. *Suivant l'art. 1033 du même Code, pour qu'il y ait lieu à augmentation de délai, à raison de la distance, lorsqu'il s'agit d'une assignation, il faut qu'il existe une première distance de trois myriamètres entre le lieu du domicile du défendeur et celui où siége le tribunal devant lequel il est assigné.*

205. *Aucun art. du Code de procédure ne défend de prononcer définitivement sur une assignation à bref délai; l'art. 72 commence par fixer le délai général pour les ajournemens au principal et en définitive; il s'occupe ensuite de l'abréviation de ces mêmes délais; or cette abréviation se rapporte évidemment aux matières dont traite le commencement de l'art., par conséquent aux assignations au principal, et non pas simplement à*

____

(1) Voy. *supra*, n° 183, l'arrêt du 3 septembre 1811.

*celles au provisoire ; pour celles-ci, il n'est pas néces-
saire de solliciter du juge une abréviation de délai, puisqu'en assignant au principal, on a la faculté
d'assigner à trois jours pour la provision ; l'art. 76 n'a
d'autre but que d'abréger la constitution d'avoué,
comme l'art. 72 permet l'abréviation du délai de l'a-
journement, et s'il ordonne à l'avoué de signifier sa
constitution dans le jour, quoique le jugement puisse
être déjà rendu, c'est parce que l'avoué est obligé d'occuper sur tous les incidens qui peuvent s'élever pendant
un an, d'après l'art. 1038. et de recevoir toutes les significations à faire pour l'exécution* (1).

C'est ce qui a été jugé par arrêt de la Cour de Besançon du 25 mai 1812.
(Besanç.)

206. *En matière de lettre de change, le défendeur peut
être assigné au lieu où se trouve son établissement
commercial, quoiqu'il soit domicilié ailleurs* (2).

On pourrait dire, pour la négative, que la disposition de l'article
68, C. P. C., qui prescrit la signification des exploits d'ajournement
à personne ou domicile, est conçu dans les termes les plus généraux,
et doit conséquemment s'appliquer aux matières commerciales, d'autant
qu'on n'y trouve aucune dérogation dans le titre qui règle la procédure à
suivre devant les tribunaux de commerce.

Pour écarter une telle considération, il faut admettre, en argumentant
de l'article 102, C. C., que le véritable domicile d'un négociant est le lieu
où se trouve son établissement commercial. (Coff.)

Le sieur Maistre, résidant à Lodève, fut assigné en sa maison de commerce à Paris, afin de se voir condamner par le tribunal de commerce de
la Seine, à payer deux lettres de change souscrites en son nom par le sieur
Baume, gérant de ladite maison. Deux jugemens par défaut furent prononc-
cés contre lui, en appel ; il en demanda la nullité, parce que l'assignation sur

---

(1) M. Pig. Comm. t. 1, p. 202, 7e alin., est d'avis que le juge ne peut accorder la permission d'assigner à bref délai que pour le provisoire : nous
ne pouvons partager cette opinion; l'art 72 ne distingue pas entre le provisoire et le principal, il suffit qu'une affaire requière célérité pour que le
président puisse permettre d'assigner à bref délai.

(2) Voyez *supra*, nos 134 et 186, les arrêts des 29 novembre 1809, et 11
septembre 1811.

laquelle ils étaient intervenus, ne lui avait été signifiée ni à personne ni à domicile. Mais la Cour de Paris rejeta la demande, par arrêt du 2 juin 1812, ainsi conçu : — « La Cour ; Attendu, quant aux prétendues nullités et incompétences, que le domicile pour le paiement à Paris, est suffisamment indiqué par les effets dont il s'agit, et qu'un tel domicile est un vrai domicile commercial, où le négociant débiteur peut être valablement assigné par-devant les mêmes juges et dans les mêmes délais que s'il y avait son domicile réel….., sans s'arrêter aux moyens de nullité, etc. »

207. *La signification d'un jugement en appointement de preuve, faite en vertu de l'art. 257, C. P. C.,* parlant au clerc de l'avoué *que l'on désigne, n'annule pas l'enquête pour vice de signification parce que l'on n'aurait pas énoncé les noms et prénoms de ce clerc; il suffit qu'il ait été désigné comme* clerc de l'avoué *que l'on a dénommé pour que le but de la loi se trouve rempli.* (1)

C'est ce qu'a jugé un arrêt de la cour de Besançon du 2 juin 1812. (Besanç.)

208. *L'assignation donnée à une commune est nulle si la copie a été remise à l'adjoint et l'original visé par lui, au lieu de l'être par le juge de paix en l'absence du maire.*

209. *Elle est également nulle si elle a été donnée personnellement au maire, et non à la commune, en la personne de ce fonctionnaire* (2).

La jurisprudence de la Cour de cassation paraît fixée sur ce point important, par l'arrêt dont nous allons rendre compte, cependant il nous semble que cette cour s'est attachée trop scrupuleusement à la lettre de l'article 69 C. P. C. — En effet, il est consacré en principe que l'adjoint du maire le remplace dans toutes ses attributions, et que, par conséquent, il a la capacité nécessaire pour tous les actes confiés à ce fonctionnaire public. — L'article 2 de la loi du 25 fructidor an 3 voulait qu'en cas d'absence, de maladie, ou de tout autre empêchement momentané de l'agent municipal, il fût provisoirement remplacé par son adjoint. — Et d'après l'article 13 de la loi du 28 pluviose an 8, *les maires et ad-*

____

(1) Voy. *supra*, n° 197, l'arrêt du 17 avril 1812.
(2) Cette question n'a été décidée que par le premier arrêt.

joints ont depuis rempli les fonctions administratives, exercées jusqu'alors par l'agent municipal et son adjoint. — Dans le système de l'exclusion de l'adjoint, l'empêchement de trois personnes, le maire, le juge de paix, et le procureur du roi, seraient un obstacle à l'accomplissement d'une formalité importante, si ces fonctionnaires ne pouvaient être respectivement remplacés ici, comme dans leurs autres fonctions, par leurs adjoints, suppléans et substituts. Du reste, nous devons faire observer que l'opinion que nous émettons ici a été soutenue devant la Cour de cassation par M. le procureur général Merlin, qui portait la parole lors de l'arrêt que nous allons rapporter. — Nous ajouterons que, dans l'espèce du premier arrêt, l'acte d'appel contenait d'autres irrégularités qui pouvaient justifier l'annulation de cet acte, et que d'ailleurs, les motifs de l'arrêt de rejet n'indiquent pas que la Cour de cassation ait voulu résoudre la question qui nous occupe. — Cependant pour motiver une opinion contraire, on peut dire que le Code a formellement prévu dans l'article 68 un cas où le visa de l'adjoint peut tenir lieu de celui du maire; qu'il ne laisse pas la même alternative dans l'article 69; et que les cas prévus par les deux articles, sont en effet bien différens, puisque dans l'un il s'agit de l'assignation donnée à un simple particulier, et dans l'autre, de l'assignation donnée à une commune. — Que ce n'est qu'après le décès ou la démission d'un maire, que l'adjoint est investi, de droit, de toutes ses attributions : que hors de ces deux circonstances, l'article 69 peut être littéralement exécuté; et qu'il doit l'être, puisque l'article suivant attache à son inobservation la peine de nullité. » (Coff.)

Première espèce. — Dans son acte d'appel, d'un jugement contre lui rendu en la faveur de la commune de Saint-Privat, le sieur Fulerand donna assignation à M. le maire de Saint-Privat, en la personne du sieur Jaoul (c'était le nom du maire); et cependant l'huissier déclara avoir laissé la copie au sieur Fromenty, adjoint. — La commune demanda la nullité de l'acte d'appel, et sa demande fut accueillie par un arrêt de la Cour de Montpellier, du 19 juin 1809, contre lequel on se pourvut en vain, la Cour de cassation, dans son arrêt du 10 juin 1812; ayant déclaré que la Cour de Montpellier avait fait une juste application de l'art. 69 du Code de procédure, en prononçant la nullité de l'exploit. — Voici les termes de l'arrêt de Montpellier : — « La Cour; Attendu que par l'exploit du 21 février, le maire de Saint-Privat a été cité en la personne du sieur Jaoul, et que la copie a été laissée à tout autre domicile et à tout autre individu que celui qui était cité, puisqu'elle avait été laissée au sieur Fromenty; qu'ainsi, il y a trois contraventions à l'art. 69 du Code de procédure, 1° en ce que la commune n'a pas été assignée, mais bien le maire, en la personne du sieur Jaoul; 2° en ce que la copie n'a été laissée ni à la personne, ni au domicile du sieur Jaoul, qui était personnellement cité ; 3° en ce que le visa a été apposé par l'adjoint, tandis que la loi veut, d'une manière formelle et précise, qu'en cas d'absence du maire, l'exploit soit visé, soit par le juge de paix, soit par le procureur du roi, auquel la copie doit être laissée, qu'on ne peut pas dire que le visa apposé par l'adjoint, en l'absence du maire, soit comme si c'était le maire lui-même qui l'eût apposé, puisque la loi l'a dit, lorsqu'elle a voulu que le visa fût apposé ou par le maire ou par l'adjoint, ainsi que cela résulte de l'article qui précède : d'où il suit que l'exploit est nul, et que par suite l'appel doit être rejeté. »

Deuxième espèce. — Dans cette affaire, il s'agissait de la signification d'une admission de pourvoi. La ville de Riom en demandait la nullité, parce que l'adjoint de la mairie en avait reçu la copie et visé l'original. La Cour de cassation l'annula en effet, et prononça la déchéance de son pourvoi contre la commune d'Ennezat. L'arrêt est du 22 novembre 1813. — « La Cour ; Vu l'article 69, §5, et l'article 70 du Code de procédure civile ; Et attendu qu'il est prescrit par l'article 69, n° 5, que les communes seront assignées en la personne et au domicile du maire ; que l'original sera visé de celui à qui la copie de l'exploit sera laissée ; qu'en cas d'absence ou de refus, le visa sera donné, soit par le juge de paix, soit par le procureur du roi près le tribunal de première instance, auquel, en ce cas, copie de l'exploit sera laissée ; que cet article exclut l'adjoint du maire, par cela même qu'il ne le nomme pas, et qu'en cas d'absence ou de refus du maire, il appelle expressément et immédiatement, pour recevoir la copie et donner le visa, d'autres autorités ; — Attendu que, dans l'espèce, l'huissier a laissé, en l'absence du maire, la copie à l'adjoint, et a fait donner ce visa par lui, sans recourir, soit au juge de paix, soit au procureur du roi, près le tribunal de première instance ; d'où il suit que l'exploit est nul, aux termes de l'article 70 précité ; — Admet la fin de non-recevoir, etc. »

Troisième espèce. — Un arrêt de la même Cour, section civile, rendu le 10 février 1817, a prononcé de la même manière : « — La Cour ; Vu l'art. 69, n° 5, C. P. C., ainsi conçu : 1°... 2°... 5° Les communes, en la personne ou au domicile du maire, et à Paris, en la personne ou au domicile du préfet : dans le cas ci-dessus, l'original sera visé de celui à qui copie de l'exploit sera laissée ; — Attendu que cet article exige impérieusement que la signification d'un exploit notifié à une commune soit laissée au maire de cette commune, ou à son domicile ; que l'original en soit visé par lui, ou, en son absence, par le juge de paix de l'arrondissement, ou par le procureur du roi près le tribunal de première instance, auquel, en ce cas, la copie sera laissée ; — Attendu que, parmi les fonctionnaires désignés en cet article, il n'est fait aucune mention de l'adjoint du maire ; et que, dans le silence du législateur à cet égard, il n'est pas dans la puissance de la Cour de reconnaître, dans ce dernier fonctionnaire, une attribution que la loi elle-même ne lui a pas accordée ; — Attendu, en fait, que, dans l'espèce, la signification de l'arrêt portant admission du pourvoi a été faite à la commune de Regnel, dans la personne de l'adjoint du maire de cette commune, en l'absence de ce dernier, et que l'original n'en a été visé que par ledit adjoint : d'où il suit que cette signification est irrégulière et nulle ; et que, n'ayant été suivie d'aucune autre signification régulière dans le délai de la loi, les demandeurs en cassation doivent être déclarés déchus de leur pourvoi, aux termes de l'article 30 du titre 4 de la première partie du réglement de 1738 ; — Déclare les demandeurs en cassation déchus de leur pourvoi, etc. »

Nota. La question de savoir si l'adjoint peut recevoir la copie en l'absence du maire ne devrait plus faire difficulté aujourd'hui tant la jurisprudence est établie par de nombreux arrêts de la Cour de cassation. MM. Carr., t. 1, p. 195, not. 2, n° 3, F. L., t. 1, p. 144, 1re coll., 10e alin., et B. S. P., p. 205, not. 36, n° 5, sont d'une opinion conforme à cet arrêt ; cependant quelques Cours royales ont adopté une opinion contraire. Voy. J. A., t. 25, p. 212, un arrêt de la Cour de Lyon du 12 juin 1823 qui juge que l'adjoint ne peut recevoir la copie, et J. A., t. 28, p. 143, un arrêt de la même Cour qui juge le contraire, le 23 février 1825, par des motifs très longuement développés. Le même système a été adopté par la Cour d'appel de Poitiers, le 13 février 1827, J. A., t. 33, p. 533, et le 6 juin 1828, J. A., t. 35, p. 72. — Voy. un arrêt de la Cour de cassation qui persiste toujours dans sa jurisprudence sur cette question, J. A., t. 35, p. 61, à la date du 17 juillet 1828.

210. *Un exploit d'appel n'est pas nul parce qu'il n'indique que le délai ordinaire, sans exprimer l'augmentation à raison des distances.* (Art. 1033, C. P. C.) (1)

Première espèce. — Cette question a été ainsi décidée par arrêt de la Cour de Rennes, du 13 juin 1812, ainsi conçu : — « La Cour ; Attendu qu'il n'a été fait aucune poursuite avant l'expiration du délai de la loi, en y ajoutant un jour par trois myriamètres de distance ; que l'assignation donnée à huitaine était dans le délai légal, et que l'art. 1033, C. P. C., n'ordonne pas la mention, dans l'acte, de cette addition d'un jour par trois myriamètres, mais seulement que le délai, dont la mention est ordonnée par l'art. 61 du même Code, soit augmenté dans cette proportion ; — Rejette la fin de non-recevoir. »

Deuxième espèce. — C'est ce qui a été jugé le 25 juin 1810 par arrêt de la Cour de Bruxelles, entre Demazieu et Jorris, en ces termes : « — La Cour ; Attendu que d'après l'art. 456, C. P. C., l'assignation doit être don-

____

(1) Voy. J. A., t. 3, p. 195-204, v° *Appel*, n° 90. — Voy. aussi MM. Carr., t. 1, p. 163, n° 319, et Pig. Comm., t. 2, p. 32.

née dans le délai de la loi, à peine de nullité ; — Que ce délai, pour les ajournemens, est de huitaine, non compris le jour de l'exploit ni celui de l'échéance, et en outre, d'un jour par trois myriamètres ; — Que, d'après cela, et attendu que l'intimé demeure à Nieuport, ce délai devait être de quinze jours, tandis qu'il n'a été donné par l'exploit qu'un délai de treize jours ; déclare nul l'acte d'appel. »

Troisième espèce. — Résolu affirmativement le 13 mars 1819, par la Cour de Nîmes : « — La Cour ; Attendu que l'art, 61, C. P. C., dispose que l'exploit d'ajournement doit contenir le délai pour comparaître à peine de nullité ; — Attendu que si l'art. 72 du même Code fixe à huitaine le délai des ajournemens pour ceux qui sont domiciliés en France, l'art. 1033 indique un délai supplétif d'un jour, à raison de trois myriamètres de distance du lieu où l'ajournement est donné à celui où siége le tribunal ou la Cour qui doit connaitre de la contestation ; d'où il suit que l'omission de l'un ou de l'autre de ces délais constitue, dans l'exploit, un vice qui doit en faire prononcer la nullité ; et cela, avec d'autant plus de raison, que l'art. 456 du même Code porte que l'acte d'appel contiendra assignation *dans les délais de la loi*, à peine de nullité, ce qui doit s'entendre tant du délai général que du délai supplétif dont il est question au susdit article 1033 ; — Attendu que, dans l'espèce, l'acte d'appel signifié à la requête du sieur Grenier, étant donné à huitaine, sans qu'il y soit question du délai, à raison des distances de la ville de Saint-Chely, domicile des intimés, à celle de Nîmes, siége de la Cour, il y a lieu à l'annuler ; — Disant droit à l'incident formé par les parties de Chas, tendant à la nullité de l'exploit d'appel à elle signifié le 21 mai 1817 ; — Casse ledit exploit, etc. »

Quatrième espèce. — Jugé dans le sens contraire par la même Cour, le 19 août 1819, en ces termes : « — La Cour ; Attendu que l'art. 1033, C. P. C., ne prononce pas la peine de nullité contre les exploits d'ajournemens, dans lesquels l'augmentation du délai, à raison de la distance, n'est pas énoncée ; et que l'art. 1030 porte qu'aucun exploit ne peut être déclaré nul, si la nullité n'est pas formellement prononcée par la loi. »

Cinquième espèce. — Jugé affirmativement le 14 juillet 1820, par la Cour de Toulouse, en ces termes : « — La Cour ; Attendu, qu'en fait, l'assignation en appel a été donnée dans le *délai de huitaine*, sans autre indication de délai, et que le domicile de la partie assignée est éloigné de plus de trois myriamètres du siége de la Cour royale ; — Attendu que l'art. 61 C. P. C., exige que l'exploit d'ajournement contienne l'indication du délai pour comparaître, à peine de nullité ; que si l'art. 72 du même Code fixe à huitaine le délai ordinaire des ajournemens pour ceux qui sont domiciliés en France, l'art. 1033 veut que ce délai soit augmenté d'un jour, à raison de trois myriamètres de distance ; que, dès lors, le délai pour comparaître doit être fixé d'après les dispositions combinées de ces deux articles ; que l'article 456 ne laisse aucun doute à cet égard pour les actes d'appel, ledit article exigeant qu'ils contiennent assignation *dans les délais de la loi, à peine de nullité;* que, puisque le législateur s'est servi des expressions génériques, *délais de la loi*, sans indiquer quels sont ces délais, il faut en conclure qu'il a entendu parler des délais qui peuvent varier selon les circonstances, ce qui ne peut avoir lieu que par le rapprochement de l'art. 1033 et de l'art. 72 ; qu'ainsi l'indication du délai de huitaine, sans augmentation d'un jour par trois myriamètres de distance, dans le cas où elle est requise, est insuffisante dans les exploits d'appel, et entache lesdits exploits d'une nullité prononcée par l'art. 456 ; que vainement, les partisans du système contraire veulent écarter cette nullité, en prétendant que s'il n'a pas été poursuivi un arrêt par défaut contre l'assigné à un délai trop court, il n'a pas le droit de se plaindre, puisqu'il n'a éprouvé aucun préjudice : ce raisonnement créerait un arbitraire qui pourrait rendre sans effet et sans application presque toutes les nullités prononcées par le Code de procédure, et il doit échouer auprès des dispositions de l'art. 456 qui attache la peine de nullité à son inobservation, et de l'art. 1029 qui statue qu'aucune nullité prononcée par le Code n'est comminatoire ; que la Cour de cassation, en validant des assignations *données dans le délai de la loi*, n'a pas interprété différemment l'art. 456 ; qu'elle en a, au contraire, consacré les termes, et qu'elle a fondé sa décision sur ce que le délai de la loi devant être aussi bien connu de l'intimé que de l'appelant, l'intimé n'avait pas le droit d'argumenter contre des expressions qui ne pouvaient jamais l'induire à erreur ; — Par ces motifs, a déclaré nulle l'assignation en appel donnée le 14 avril 1820 à Jacques Mauslan, à la requête d'Augustin Cazarré. »

211. *Est nul l'acte d'appel qui contient assignation dans un délai plus court que celui de la loi.* (Art. 456, C. P. C. (1).

Première espèce.—Ainsi jugé, le 3 juillet 1812, par la Cour de Grenoble dont l'arrêt suit : — « La Cour; Considérant que l'art. 456 C. P. C. veut que tout acte d'appel contienne assignation dans le délai de la loi ;

---

(1) Voy. ce que nous avons dit sur cette question, J. A., t. 27, p. 136, et t. 3, p. 195, v° *Appel*, n° 90. On peut aussi consulter MM. B. S. P., p. 206, not. 46, n° 3 ; F. L., t. 1, p. 140 et 490 ; Pig. Comm., t. 1, p. 15, 19 et 183 ; Carr., t. 1, p. 12, n° 18, et p. 163, n° 321 ; Poncet, t. 1, p. 309 ; Haut., p. 50 ; Th. Desm., p. 37 ; Pr. Fr., t. 1, p. 130 ; Delap., t. 1, p. 7, et D. C., p. 17. — Voy. aussi *infrà*, n° 231, l'arrêt du 14 avril 1813.

que ce délai est de huitaine suivant l'art. 72 ; d'où il suit que l'appel, qui a été interjeté le 31 août, avec assignation pour le 6 septembre suivant, ne renferme pas le délai de huitaine exigé par la loi, et que, par là, il se trouve nul. »

DEUXIEME ESPÈCE. — Arrêt de la Cour d'appel de Liége, rendu le 18 avril 1817, entre la veuve Sinonis et le sieur Senlis : — « LA COUR ; Attendu qu'il résulte de l'art. 456 C. P. C., que l'exploit d'appel doit contenir, à peine de nullité, assignation dans les délais de la loi, et que l'art 72 du même Code dispose que ce délai est de huitaine ; — Attendu que l'exploit d'appel dont il s'agit, portant la date du 12 février, et contenant assignation au 19 suivant, ne donne pas le délai de huitaine franche ; — Déclare nul ledit exploit d'appel, condamne, etc. »

TROISIEME ESPÈCE. — Arrêt semblable de la Cour d'appel de Bruxelles, du 11 janvier 1820 ; il s'agissait, dans l'espèce, d'un appel interjeté par le sieur Smeulders, de Louvain, et signifié à la veuve Duroix, demeurant à Lille ; il fut signifié le 17 septembre pour comparaître le 2 octobre.

212. *Le visa des fonctionnaires publics n'est exigé, à peine de nullité, que pour les ajournemens qui leur sont délaissés en leur qualite* (1).

PREMIERE ESPÈCE. — La Cour de Colmar l'a ainsi décidé par arrêt du 24 juillet 1812, dans la cause du sieur Lehmann contre Staudinat. — « Attendu que les articles 68 et 69 C. P. C. ne se rapportent évidemment qu'aux ajournemens, et que l'article 1039, qui exige que toutes significations faites à des personnes publiques, soient visées par elles, n'attache point la peine de nullité à la contravention. »

DEUXIEME ESPÈCE. — Arrêt de la Cour de Bruxelles du 7 décembre 1812 qui décide que la disposition du § 5 de l'art. 69, C. P. C., qui exige le *visa* des fonctionnaires publics sur l'original des exploits qui leur sont signifiés, n'est point applicable au cas où la signification est faite au domicile élu par la partie chez un fonctionnaire public.

213. *Dans les contestations relatives aux inscriptions hypothécaires par lui prises, le créancier peut être assigné à son domicile réel, en parlant à un de ses parens ou domestiques.* (2).

---

(1) Voy. *suprà*, n° 163, l'arrêt du 16 janvier 1811.

(2) Voy. *infrà*, n° 257, l'arrêt du 30 août 1814.

On pourrait dire pour la négative, que l'art. 2056, C. C., veut que, dans ce cas, les créanciers soient assignés par exploits faits *à leur personne*, ou au domicile élu dans leurs inscriptions ; qu'ainsi le vœu de cet article n'est pas rempli, lorsque l'assignation est donnée au domicile réel, et non à la personne du créancier.

On peut d'ailleurs argumenter de l'art. 753, C. P. C., qui veut qu'en matière d'ordre, les sommations et dénonciations soient également faites à chaque créancier, au domicile élu dans son inscription.

Mais ces objections se trouvent victorieusement réfutées par les motifs de l'arrêt suivant.   (Corr.)

Les sieurs Walakiers se rendent appelans d'un jugement du tribunal de première instance de Bruxelles, et intiment, sur leur appel, les sieur et dame Prévôt, domiciliés à Amiens.

Mais, au lieu de les assigner au domicile élu dans leurs inscriptions, ils les assignent à leur domicile réel, en parlant à un domestique.

Les intimés se présentent devant la cour, pour demander la nullité de l'acte d'appel.—Le 28 juillet 1811, arrêt par lequel :—« La Cour ; Vu les art. 2148, nᵒˢ 1 et 2156, C. C. ;—Attendu que l'élection de domicile, mentionnée dans ces articles, est une faculté supplétive du domicile réel, pour n'être pas tenu de faire les significations à un domicile trop éloigné ; que cette élection de domicile n'est point attributive de juridiction, mais donne seulement le droit à tous ceux qui, à raison de leur inscription même, ont une action à intenter contre le créancier inscrit, de lui donner l'assignation à ce domicile élu ; que le législateur, en donnant l'option de faire l'exploit à personne ou au domicile élu, ne peut donc être censé avoir entendu exclure le domicile réel, qui est habituellement le centre de la fortune et de la relation d'affaires d'un citoyen... Sans s'arrêter à la fin de nullité proposée contre l'appel, en déboute les intimés, ordonne aux parties de plaider au fond à l'audience du.... »

214. *Lorsqu'un exploit est remis par un huissier au maire, à défaut du voisin de la personne assignée et absente de son domicile, s'il n'est pas constaté par écrit qu'il n'y avait aucun voisin à qui la copie pût être remise, l'exploit est nul* (1).

C'est ce qui a été jugé par arrêt de la Cour d'appel d'Orléans, du 29 juillet 1812.   (Col. Delan.)

---

(1) Voy. *suprà*, nᵒ 88, l'arrêt du 12 août 1807.

215. *Le délai que l'art. 73, C. P. C., fixe pour les assignations à donner en pays étranger ne doit pas être augmenté proportionnellement à la distance du domicile des parties assignées, ainsi que l'exige l'article 1033 (1).*

On doit être surpris que cette question ait pu être sérieusement agitée devant les tribunaux. Sa solution est d'ailleurs très bien motivée dans l'arrêt dont je vais rendre compte.　　　　　　　　(COFF.)

Jacques Remlinger, Ambiehl et consorts, interjettent appel d'un jugement rendu en faveur des sieurs Klenck et compagnie, de Bâle. — Dans leur acte d'appel, ils leur donnent assignation à deux mois, conformément à l'art. 73, C.P.C. — Les intimés se présentent devant la Cour de Colmar, et soutiennent que l'acte d'appel est nul, attendu que les délais de l'assignation auraient dû être augmentés d'un jour par trois myriamètres de distance, d'après l'art. 1033. — Mais le 1er août 1812, arrêt ainsi conçu : — « LA COUR ; Attendu que les moyens de nullité et la fin de non-recevoir opposés à l'appel, de la part dés intimés, ne sont point fondés, les appelans ont fait assigner les intimés à comparoir devant la Cour dans le délai de deux mois, et en cela ils se sont conformés au premier § de l'art. 73, C. P. C. ; les intimés prétendent que, conformément à l'art. 1033 de ce Code, les deux mois eussent dû être augmentés d'un jour, à raison de trois myriamètres de la distance de Bâle à Colmar; mais l'erreur est évidente : l'art. 1033 n'a eu en vue que l'art. 72, qui fixe à huitaine le délai ordinaire des ajournemens, pour ceux qui sont domiciliés en France; comme cette huitaine eût été souvent bien insuffisante à raison des distances, l'art. 1033 est devenu, en quelque sorte, le complément de l'art. 72, en voulant que ce délai unique soit augmenté d'un jour par chaque trois myriamètres : or, il n'en étoit pas ainsi de l'art. 73, puisque les délais y sont déjà calculés sur les distances approximatives du domicile des personnes demeurant hors de la France continentale, et que dès lors, sa disposition est parfaitement étrangère à celle de l'art. 1033; il n'y a donc lieu de s'arrêter, ni aux moyens de nullité, ni à la fin de non-recevoir. »

216. *Un exploit d'assignation n'est pas nul si, lorsqu'il n'indique pas le domicile et la profession du deman-*

---

(1) Voy. MM. CARR,, t. 1, p. 200, 9e alinéa ; LEP., p. 118, et B.S.P., p. 206, note 43 ; *suprà*, n° 10, l'arrêt du 22 prairial an IX.

deur, ce domicile et cette profession se trouvent indiqués dans le procès-verbal de non-conciliation signifié en tête de cet exploit (1).

C'est ce qui résulte de l'arrêt suivant, rendu par la Cour de Nîmes le 5 août 1812 : — « La Cour ; Attendu que, si l'art. 61, C. P. C., exige la mention dans les exploits d'ajournement, des nom, profession et domicile du demandeur, il ne prescrit aucune formule relative à cette énonciation, et que son objet est rempli, lorsque le cité trouve dans la copie à lui remise une preuve suffisante de l'observation de cette formalité ; que la citation introductive d'instance, du 23 janvier 1809, se référant au procès-verbal de non-conciliation qui s'y trouve en tête, et dont copie est donnée avec elle, en conformité de l'art. 165 du même Code, et ce procès-verbal, contenant l'expression littérale des nom, prénoms, profession et domicile des demandeurs, le vœu de la loi a été satisfait, parce que le cité ne peut pas prétendre n'en avoir pas eu connaissance ; d'où il suit que le tribunal de Marvéjols a fait une fausse application de l'art. 61, en annulant les citations dont s'agit ; — Dit mal jugé. »

217. *Une instance est régulièrement engagée contre une femme séparée de biens, et contre son mari, pour la validité de la procédure, lorsque la femme a d'abord été assignée seule, et que le mari a été postérieurement assigné pour l'autoriser (2).*

Par exploit du 13 février 1810, le sieur Baugé fait assigner la dame Gentil sa mère, et son mari, pour la validité de la procédure, en rescision d'un acte de partage.

Le 3 mars suivant, il fait assigner le sieur Gentil personnellement, pour accorder à sa femme l'autorisation d'ester en justice.

Les défendeurs soutiennent que le premier exploit est nul, à défaut d'assignation au mari pour autoriser sa femme, et que, par suite, le

______

(1) Voy. M. Carr., t. 1, p. 151, note 1, n° 2, qui fait observer que la décision serait contraire si le procès-verbal était donné par acte séparé. Voy. aussi *suprà*, n° 123, l'arrêt du 8 décembre 1808 ; *infrà*, n° 328, l'arrêt du 12 mai 1819, et des arrêts dont les uns sont contraires, les autres analogues, J. A., t. 23, p. 321 ; t. 24, p. 238 ; t. 29, p. 89, et t. 30, p. 143 et 268.

(2) Voy. *suprà*, n° 118, l'arrêt du 7 septembre 1808 ; J. A., t. 25, un arrêt analogue du 13 août 1823, et M. B. S. P., p. 203, note 34, n° 5.

deuxième exploit est sans objet, puisqu'il n'existait pas de contestation judiciaire valablement engagée contre la dame Gentil.

Le tribunal de première instance et la Cour de Paris, ayant rejeté les moyens de nullité, les sieur et dame Gentil se sont pourvus en cassation, pour violation des art. 215, 223, 225 et 1532, C. C., ainsi que de l'art. 68, C. P. C. Le 5 août 1812, la section des requêtes a statué en ces termes : — « La Cour ; sur les concl. de M. Lecoutour, av. gén. ; — Attendu que l'assignation donnée à Marie-Catherine Dupoy, épouse Gentil, était valable, mais seulement insuffisante à l'égard de ce dernier ; que cette insuffisance ayant été réparée par l'assignation donnée le 3 mars 1810, à Gentil personnellement, pour se joindre à son épouse, défendre à la demande formée contre elle, et pour l'autoriser, la Cour de Paris, en jugeant régulières les poursuites faites contre la dame Dupoy et son mari d'après ces assignations, n'est contrevenue ni aux art. 213 223, 225 et 1538, C. C., ni à l'art. 68, C. P. C. ; — Rejette, etc. »

218. *Un exploit d'appel dirigé contre un militaire en activité de service, doit être notifié à son dernier domicile et non au parquet du procureur général.* (Art. 69, C. P. C.) (1)

C'est ce qu'a décidé la cour de Rennes, le 5 août 1812, en ces termes : « La Cour ; — Attendu que le domicile de l'intimé, avant son départ pour l'armée, était non seulement connu, mais indiqué dans les actes de la procédure, du propre fait de l'appelante ; d'où il résulte que les § 8 et 9 de l'art. 69 C. P. C. ne sont point applicables ; attendu qu'en droit les militaires en activité de service, ainsi que tous les autres citoyens appelés à des fonctions publiques temporaires, conservent leur dernier domicile, s'ils n'ont pas manifesté l'intention contraire, article 106 C. C. ; attendu, en fait, que l'acte d'appel n'a point été signifié à ce domicile, déclare nul ledit acte d'appel, et, par suite, non-recevable l'appel du jugement du tribunal de première instance de Rennes, du 21 juin 1811 ; condamne l'appelant à l'amende, etc. » .

219. *Un appel est nul quand il est signifié par un seul ex-*

---

(1) Telle est l'opinion de MM. Carr., tom. 1, pag. 180, n° 351, et F. L., t. 1, p. 136, 2ᵉ col., 5° ; les auteurs du Pr. Fr., t. 1, pag. 285, 8°, disent que le domicile d'un militaire est à son régiment ; Rodier, sur l'art. 3 du tit. 2 de l'ordonnance de 1667, question 7, n° 6, était aussi de cet avis ; mais le Code de procédure ne contient aucune disposition à cet égard.

ploit et collectivement à deux personnes qui procèdent comme cohéritières contre un débiteur d'une succession qui leur est dévolue, et lorsqu'elles sont représentées par un même avoué. Dans l'espèce, le débiteur avait, en première instance, par un seul acte de procédure, formé contre les deux héritiers poursuivans, fait opposition à leurs poursuites. Il soutenait, sur l'appel, que les adversaires ayant un même intérêt, la signification unique et collective de son acte d'appel était régulière; la cour, au contraire, d'après la disposition rigoureuse de l'art. 456, C. P. C., décida que la succession ayant divisé les droits des créanciers, l'appel devait être signifié à la personne de chacun d'eux (1).

Arrêt de la Cour d'appel d'Orléans, en date du 19 août 1812. (Col. Delan.)

220. *Est valable l'acte d'appel signifié au domicile élu par un contrat, encore qu'une des parties ait déclaré le changer par une simple dénonciation. (Art. 116, C. C.) (2).*

Ainsi jugé le 27 août 1812, par arrêt de la Cour de Paris, ainsi conçu : « La Cour; — En ce qui touche la fin de non-recevoir, considérant que l'appel signifié au domicile élu par Amyet dans le contrat du 23 nivose an 9, a été interjeté dans le délai de trois mois du jour de la signification du jugement dont est appel; qu'en droit, ce domicile élu par une clause réciproque dans un acte synallagmatique, n'a pu être révoqué ni changé par l'une des parties, sans le concours de l'autre, et par une simple signification judiciaire. »

221. *Une assignation donnée à trop bref délai n'est pas nulle.*

221 bis. *Des étrangers peuvent être assignés, à domicile*

---

(1) On peut consulter MM. Carr., tom. 1, pag. 177, *nota*, n° 4; B. S. P., pag. 201, note 32, n° 3, et Merlin, Rep., tom. 15, v° *Domicile élu*, § 2, n° 8 *bis*; ils pensent qu'il est nécessaire de laisser une copie séparée. Voy. aussi J. A., tom. 3 pag. 426 — 431, v° *Appel*, n° 255, les nombreux arrêts sur cette question, et *infra*, n°s 258 et 268, les arrêts des 6 septembre 1814 et 14 juillet 1815.

(2) Voy. *suprà*, n° 20, l'arrêt du 23 ventose an 10.

élu, sans qu'il soit nécessaire d'observer les délais fixés par l'art. 73, C. P. C. (1).

Par exploit du 27 juin 1812, les frères Klotz, négocians à Coblentz, assignèrent à domicile élu les propriétaires des forges de Nievern. Deux circonstances sont à remarquer : 1° Les propriétaires de cette forge étaient étrangers ; 2° ils furent assignés non dans les délais extraordinaires fixés par l'art. 73 pour les étrangers, mais dans les délais beaucoup plus courts fixés pour les Français. Ils demandèrent !a nullité de l'assignation ; mais la cour de Trèves, par arrêt du 22 octobre 1812, rejeta la nullité proposée, en ces termes : — « La Cour ; Attendu qu'il y a eu dans l'espèce un délai suffisant entre l'assignation donnée à domicile élu et la comparution des appelans, et que même un délai trop court n'emporterait pas nullité, met l'appellation au néant. »

222. *En matière correctionnelle, le fils prévenu d'un délit, et le père civilement responsable, sont valablement assignés par une seule copie, signifiée au domicile commun, et en parlant à leurs personnes (2).*

Cette question peut être controversée ; ce n'est pas d'ailleurs dans l'article 145, étranger aux tribunaux correctionnels, qu'il faut en chercher la solution, non plus que dans l'art. 183, qui indique seulement les énonciations nécessaires dans la citation, et non les personnes auxquelles elle doit être notifiée, mais bien dans l'art. 182, ainsi conçu : — « Le tribunal sera saisi, en matière correctionnelle,.... par la citation donnée directement au prévenu et aux personnes civilement responsables du délit, par la partie civile. » (Coff.)

C'est ce qui a été décidé par arrêt de la Cour de Limoges, le 14 novembre 1812 : — « La Cour ; Attendu que le fils Radèle est mineur et demeure avec son père ; que l'huissier a parlé à tous les deux, et qu'ils se sont présentés devant les premiers juges ; — Attendu, au surplus, que les art. 145 et 183 du Code d'instruction criminelle indiquent les formes à suivre dans le cas dont s'agit, et qu'il n'y a lieu à appliquer le Code de procédure civile ; — Dit mal jugé. »

223. *L'huissier qui signifie un acte d'appel dans le cas prévu par l'art. 69, n° 8, C. P. C., doit afficher l'exploit, non à la porte du tribunal du lieu de la significa-*

---

(1) Voy. *suprà*, nos 10, 211 et 215, les arrêts des 22 prairial an 9, 3 juillet et 1er août 1812.

(2) Voy. *infrà*, nos 266 et 287, l'arrêt du 25 mars 1813 et celui du 20 décembre 1816.

tion, mais à la principale porte de la cour qui doit connaître de l'appel, et remettre la copie au procureur général.

Dans une instance où il avait eu gain de cause devant le tribunal de Saint-Malo, le sieur Guéan se déclare domicilié à Paris, rue Saint-Honoré, n° 108. L'huissier chargé de notifier l'appel de ce jugement, se présenta à ce domicile, et sur la déclaration des habitans que le sieur Guéan y était inconnu, il afficha copie de son exploit à la porte du tribunal civil de la Seine, et en remit une seconde copie au procureur du roi, qui visa l'original. Mais n'était-ce pas l'article 68, C. P. C., qui devait être appliqué dans ce cas? et à supposer que ce fût l'art. 69, § 8, qui dût l'être, la copie ne devait-elle pas être affichée à la porte de la Cour de Rennes, qui devait connaître de l'appel? Cette Cour, a, par arrêt du 2 décembre 1812, statué ainsi qu'il suit : — « LA COUR ; Considérant que, soit que l'huissier dût se conformer aux dispositions de l'art. 68, C. P. C., soit qu'il pût notifier son exploit conformément aux dispositions de l'art. 69, n° 8, il a omis de se conformer à ce que prescrivaient les deux articles, dans l'un et l'autre cas ; que l'art. 70 porte la peine de nullité pour l'inobservation des articles précédens ; déclare nul l'exploit d'appel. »

224. *Lorsue les juges déclarent nul l'exploit introductif d'une instance, ils ne peuvent en même temps statuer sur le fonds de la demande* (1).

Ainsi jugé le 19 décembre 1812, par arrêt de la cour d'appel de Paris, ainsi conçu : — « LA COUR ; Faisant droit sur l'appel interjeté par Sarailles du jugement rendu au tribunal de commerce de Paris, le 7 avril 1812 ; — Attendu, quant à la forme, qu'il n'est pas possible, en annulant l'exploit introductif de demande qui est le fondement du procès, de statuer en même temps sur le fonds, comme le demandent toutes les parties et comme l'ont fait les premiers juges ; — Met l'appellation et ce dont est appel au néant ; émendant ; — Met les parties hors de cour sur la demande en nullité ; statuant au fond et prononçant par jugement nouveau, etc. »

____

(1) Voy. J. A., t. 12, p. 391, v° *Évocation*, n° 10 et la note. — Voy. aussi *infrà*, n° 349, l'arrêt du 7 juin 1820, et *suprà*, n° 100, l'arrêt du 11 février 1808.

225. *Un exploit n'est pas nul par cela seul qu'un avoué s'y trouve constitué sous la qualification d'avocat (1).*

C'est à sa qualité réelle, et non à la qualification qui lui est donnée, qu'on doit s'attacher pour savoir si l'officier ministériel constitué par un exploit d'ajournement, a un caractère légal pour remplir le mandat résultant de la constitution ; et de même qu'en donnant à un avocat le titre d'avoué, on ne pourrait le constituer valablement, de même, lorsqu'on donne à un avoué la qualification d'avocat qui ne lui appartient pas, ou qu'il veut cumuler avec l'autre, la constitution n'est pas moins valable.

(Coff.)

Ainsi décidé par arrêt du 30 décembre 1812, rendu par la Cour de Limoges dans l'affaire des sieurs Tourandel et Fontfrède ; — « La Cour ; Considérant, sur la nullité proposée contre l'exploit introductif d'instance, qu'il y est dit que Me Bonnet, avocat, occupera pour le demandeur ; que ce n'était que sous sa qualité d'avoué qu'il pouvait occuper, et non en qualité d'avocat ; qu'il est constant qu'à cette époque ledit Bonnet était réellement avoué, que cela est même prouvé par la constitution et présentation de Jean-Baptiste Robert, avoué de Jean Fontfrède, qui donne audit Bonnet la qualité d'avoué, et par la signification de cette présentation faite le 12 septembre 1810 ; que dès lors toute équivoque cesse, et les dispositions du Code de procédure deviennent inapplicables à l'hypothèse particulière de la cause ; — Dit bien jugé, etc. »

226. *L'exploit d'appel doit être signifié à toutes les parties individuellement. (Art. 456, C. P. C.) (2)*

Première espèce. — Le 25 mars 1813, la Cour de Rennes a rendu l'arrêt suivant : — « La Cour ; Considérant que l'appel d'un jugement rendu au profit de plusieurs parties y dénommées, doit être notifié à chacune d'elles individuellement, avec assignation à personne ou domicile, conformément à l'art 456, C.P.C., et que les consorts de François Allenou, de l'Isle, intimés, n'ont été assignés que dans sa personne, par un seul et même exploit,

---

(1) Voy. M. Carr., t. 1, p. 155, note 1, n° 3 et *suprá* n° 112, l'arrêt du 29 juin 1808. Voy. aussi J. A., v° *Appel*, n° 114, p. 232 et la note.

(2) Voy. *supra*, n° 219, les arrêts des 19 août 1812, et *infrà* n° 287, celui du 20 décembre 1816 ; et J.A., t. 34, p. 29, un arrêt de la Cour de Caen, du 8 janvier 1827, qui décide qu'une seule copie suffit pour une mère et ses enfans solidaires.

quoiqu'il aient tous été parties dans la procédure et le jugement de première instance. »

Deuxieme espèce. — Un acte d'appel dirigé contre trois intimés qui serait signifié seulement au domicile de l'un d'eux, est nul même à l'égard de celui-ci, parce que la copie qui lui en aurait été laissée, étant donnée à trois personnes, ne lui appartenait pas plus qu'aux deux autres, et que, dès lors il n'a pu en faire aucun usage; et que, d'ailleurs, un pareil acte ne peut être nul vis-à-vis de quelques-uns des intéressés, et valoir à l'égard de l'autre; qu'enfin, tout acte d'appel doit contenir assignation et être notifié à chacune des parties intéressées avec mention de la personne à laquelle la copie a été remise. — C'est ce qui a été jugé par arrêt de la Cour d'appel de Besançon du 14 décembre 1818. (Besanç.)

227. *Un exploit n'est pas nul lorsqu'il a été remis à un voisin et que la copie énonce seulement le transport au domicile de l'assigné, sans déclaration qu'on a trouvé à ce domicile ni parens ni serviteurs, si l'original de l'exploit contient lui-même cette énonciation* (1).

Ainsi l'a décidé la Cour de Paris, le 30 mars 1813, par arrêt rendu en ces termes ? — « La Cour; Attendu que la copie de l'exploit annonce que l'huissier s'est réellement transporté au domicile de Bertrand, et que c'est en suite de ce transport qu'il a laissé ladite copie à une voisine : d'où il résulte implicitement qu'il n'avait trouvé personne au domicile dudit Bertrand, ainsi que le fait est expressément constaté par l'original... Sans s'arrêter à la nullité, etc. »

228. *L'assignation donnée au mineur émancipé, non pourvu d'un curateur, est nulle et ne peut être validée par la nomination postérieurement faite d'un curateur, s'il s'agit d'une action dans laquelle son concours est nécessaire.*

C'est ce qui résulte d'un arrêt de la Cour de Montpellier, rendu le 31 mars 1813, dans la cause du sieur *Parés* et de la dame *Cornet*. — « Attendu, porte cet arrêt, qu'en proscrivant toute assignation qui serait donnée par un mineur émancipé non pourvu de curateur, l'art. 482, C. C., a proscrit, par la même raison, toute assignation donnée au mineur qui ne peut se défendre parce qu'il n'est point assisté d'un curateur. »

229. *L'assignation pour être présente à une enquête, doit,*

____

(1) Voy. *supra*, n° 194, l'arrêt du 25 mars 1812, et n° 9, ce que nous avons dit sur les imperfections qui se trouvent sur la copie seulement, ainsi que les arrêts que nous avons rapportés.

à peine de nullité, être donnée au domicile de l'avoué en la personne de la partie elle-même (1).

C'est ce qui a été jugé les 5 et 15 avril 1815, entre Leprieur et Berthois, par l'arrêt suivant de la Cour d'appel de Rennes : — « LA COUR ; Considérant que l'art. 261, C. P. C., exige, pour la validité de l'enquête, que la partie soit assignée pour y être présente au domicile de son avoué, quand elle en a constitué un, trois jours avant l'audition des témoins ; que l'inexécution de cette formalité entraine la nullité de l'enquête, cet article la prononçant d'une manière expresse ; — Considérant qu'au lieu d'assigner Leprieur au domicile de Morel, son avoué, pour assister à l'enquête, Berthois s'est borné, par son exploit du 25 avril 1812, à appeler Morel, en qualité d'avoué de Leprieur, pour être présent à l'audition des témoins ; en sorte qu'il n'a point été donné d'assignation à la partie, mais seulement à l'avoué, ce qui ne remplit pas le but de la loi, et ce qui, par conséquent, constitue la nullité absolue de l'enquête ; — Considérant que la formalité de l'assignation à la partie au domicile de l'avoué est une des formalités substancielles de l'enquête, dont l'inexécution opère une nullité du nombre de celles qui ne peuvent être couvertes, faute d'avoir été proposées avant toute autre défense; —Considérant, d'ailleurs, que si Morel, avoué de Leprieur, s'est présenté lors de l'enquête de Berthois, et a assisté à l'audition des témoins, il ne l'a fait, comme le constate le procès verbal d'enquête, que sous la protestation de nullité contre l'enquête; que ce moyen ayant été proposé avant toute autre déclaration de la part de l'avoué dans ce procès-verbal, peu importe l'ordre adopté par Leprieur, dans la discussion qu'il a établie ensuite devant le tribunal de Vitré, en plaidant, et dans ses conclusions, parce que, dans le cas même où la nullité aurait pu être considérée comme étant du nombre de celles qui peuvent être couvertes faute d'être proposées avant toute autre défense, il aurait été satisfait, par l'avoué de Leprieur, à l'obligation de l'article 173, C. P. C., par la protestation ci-devant référée ; — Par ces motifs, faisant droit dans l'appel incidemment relevé par Berthois, du jugement du tribunal de Vitré du 22 juillet dernier, en ce que son enquête aurait été rejetée comme nulle, dit qu'il a été bien jugé, mal et sans griefs appelé ; ordonne que la discussion au fond sera continuée, sans qu'il puisse être fait état de ladite enquête. »

230. *La différence de date entre l'original de l'exploit d'appel, et la copie signifiée de cet exploit, ne le rend pas nul, lorsque l'une et l'autre date se trouvent dans les délais de l'appel, et que la partie assignée ne peut*

---

(1) **Voy.** J. A., t. 11, p. 90, v° *Enquête*, n° 68.

exciper d'aucun préjudice résultant de leur irrégularité (1).

Ainsi l'a décidé un arrêt de la Cour de Caen du 8 avril 1813 ; — « La Cour ; Considérant que d'après le texte rigoureux des articles 456 et 61 C. P. C., la nullité proposée semblerait devoir être accueillie ; — Mais considérant qu'il est constant et reconnu entre les parties que l'exploit d'appel signifié à Cingal lui a été remis en parlant à sa personne, le 5 juin 1812 qui est la date portée dans l'original de cet appel quoique la copie porte celle du 5 mai précédent ; — Considérant que cet original a été enregistré en tems utile ; — Considérant qu'il est de même constant et reconnu que, soit que cet appel eût été signifié le 5 mai, ou le 5 juin 1812, il l'aurait été dans les délais voulus par la loi ; — Considérant qu'on n'a pris, contre Cingal, aucun des avantages qu'on aurait pu prendre contre lui, en supposant la date de l'appel dont il s'agit du 5 mai au lieu du 5 juin 1812 ; que dès-lors il est évident que l'erreur involontaire et purement matérielle de l'huissier n'a porté aucun préjudice à l'intimé. Par ces motifs, après avoir entendu le procureur général par Narcel Rousselin, conseiller auditeur, sans avoir égard à la nullité proposée par Cingal, dont il est débouté, met Chartier, huissier, hors de Cour, sans dépens et ordonne que les autres parties plaideront au principal. »

231 *Si la partie assignée à un délai trop bref faisait défaut, le jugement ne serait pas nul s'il n'avait été rendu qu'à l'expiration du délai légal* (2).

C'est ce qui a été jugé le 14 avril 1813, par arrêt de la troisième chambre de la cour de Rennes, cité par M. Carr., t. 1, p. 162, not. 2, n° 4.

232. *L'exploit signifié à un locataire, dans un hôtel garni, en parlant à la maîtresse de cet hôtel, est valable. Le maître d'un hôtel garni est, à l'égard de ses locataires, un serviteur, dans le sens de l'art.* 68 , *C. P. C.* (3)

233. *La détention du locataire à Sainte-Pélagie ne fait pas cesser* tous les rapports de services *qui existaient*

---

(1) Voy. *supra*, les nombreux arrêts rapportés sous le numéro 9.

(2) Voy. *supra*, n° 211, l'arrêt du 5 juillet 1812.

(3) Voy. M. Carr., t. 1, p. 186, note 2, qui pense que l'exploit serait également valable s'il était remis à un des serviteurs de l'hôtel. — Voy. aussi *supra*, n° 12 et 104, les arrêts des 25 brumaire an 10, et 5 avril 1808, et *infra*, n° 302, celui du 23 août 1817.

entre lui et le maître de l'hôtel garni , lorsque le loca-
taire a conservé son domicile dans cet hôtel. On ne
peut pas dire que le maître ne doit plus être considéré
que comme son voisin.

234. *Il suffit qu'il ait été statué en première instance sur*
le fond du procès , même par défaut , pour que la cour
d'appel , qui infirme pour vice de forme seulement le
jugement définitif, puisse juger en même temps le fond,
si la cause lui paraît en état.

Mariette avait son domicile à Paris, rue et hôtel du Helder , n° 6 ; il
y avait ses bureaux et son ménage. — Lecomte le poursuit en résolution
d'un contrat. L'huissier porte la citation en conciliation à ce domicile ;
Mais, n'y trouvant pas Mariette, il se transporte à Sainte-Pélagie, où
celui-ci était détenu. — Il y était encore lorsque l'exploit d'ajournement
devant le tribunal de Valogne fut délivré rue et hôtel du Helder, *en par-*
lant à madame Mesjin , maîtresse de cet hôtel, qui ne signa point l'original.
— Il est vrai que, dans l'intervalle, Mariette, dans une signification,
avait encore indiqué son domicile, rue et hôtel du Helder. — Un jugement par défaut prononça la résiliation du contrat. — Sur l'opposition
de Mariette, il est réformé sur le motif que l'exploit était nul. Mais Lecomte ayant appelé, la Cour de Caen, par arrêt du 4 février 1813,
rendu par défaut, infirme et déclare l'exploit valable , en ces termes :
« Considérant que le vœu bien prononcé du législateur, dans l'art. 66
C. P. C., a été que si l'exploit n'avait pas été remis à la personne
même de l'ajourné, il le fût à son domicile, à quelque personne ayant
avec lui des rapports suffisans pour faire présumer que l'exploit parvien-
drait à son adresse ; — Qu'en permettant de la remettre aux parens ou
aux serviteurs, la loi n'a point fixé le degré de parenté, ni limité la qualité de serviteur aux seuls rapports de domesticité ; — Que le terme de
serviteur comprend plus de latitude que celui de domestique ; — Que de
la part d'un maître d'hôtel garni envers son locataire , il s'établit des
rapports de service qui donnent pleine et entière garantie que l'exploit,
remis au maître d'hôtel garni pour son locataire , parviendra à celui-ci
avec autant d'exactitude, et même plus, que s'il eût été remis à un
simple domestique; qu'en effet quiconque s'annonce pour tenir un hôtel
garni , s'annonce en même temps pour rendre aux voyageurs , ou aux
locataires qui y logent, tous les services d'usage , soit par lui-même, soit
par l'intermédiaire d'un de ses domestiques; que, sous ces différens rap•

XIII.   14

ports, il est impossible de ne pas voir dans une maîtresse d'hôtel garni
une de ces personnes tenant à la classe de ces serviteurs auxquels l'exploit
peut être remis; — Au surplus, que Mariette n'a proposé, en première
instance, que l'exception de nullité ainsi que le prescrit l'art. 173 C. P. C.;
que, par conséquent, la Cour ne doit point s'occuper des moyens de
l'opposition au fnod mais retenir la cause au principal, ou la renvoyer
devant un autre tribunal que celui dont est appel. »

Sur l'opposition à cet arrêt, Mariette soutint la nullité de l'exploit,
sur ce que la maîtresse d'hôtel n'était point dans la classe des serviteurs,
et il ajouta qu'étant à Sainte-Pélagie, aucun rapport de service n'exis-
ait plus entre lui et le maître de l'hôtel garni du Helder; que celui-c
ne pouvait plus être considéré que comme son voisin. Enfin il préten
dait subsidiairement que, nuls moyens, au fond, n'ayant été proposés
par lui en première instance, la Cour ne pouvait évoquer l'affaire. Mais,
le 4 mai 1813, la Cour de Caen rejeta ses conclusions en ces termes :
— « La Cour, en persistant aux motifs exprimés dans l'arrêt du 4 février dernier, a de plus considéré, sur la nullité proposée, que Mariette,
dans une signification faite à Lecomte, postérieurement à l'arrestation
dudit Mariette, avait annoncé que son domicile était rue et hôtel du Helder, et, d'après cette signification, tous exploits ont pu lui être valablement remis à cet hôtel; qu'il est inutile d'examiner comment et depuis
quel temps Mariette était domicilié dans cet hôtel, parce que, dans tous
les cas, il existait, entre le maître de cet hôtel et Mariette, des rapports
de service, tels que la Cour les a reconnus par son précédent arrêt ou
qu'au moins l'huissier a eu le droit de le supposer.

« *Sur la demande en renvoi devant un autre tribunal.* — A considéré 1° que
le tribunal avait jugé par défaut la contestation au principal, et que,
par conséquent, les parties ont joui à cet égard, comme à l'égard de
l'exception de nullité du premier degré de juridiction; 2° qu'aux termes
de l'art. 472 C. P. C., quand le jugement est infirmé, la Cour d'appel a
le droit de retenir l'exécution de son arrêt; 3° que, par la nature de la
contestation, il ne paraît pas que les parties aient intérêt d'être renvoyées
à instruire devant un tribunal inférieur; — Par ces motifs, en recevant
Mariette opposant pour la forme le déboute, au fond, de son opposition,
et ordonne l'exécution de son précédent arrêt, et condamne ledit Mariette aux dépens faits par suite de ladite opposition. »

235. *Un huissier remplit suffisamment le vœu de l'article
61 C. P. C., qui veut que tout exploit par lui signi-*

fié contienne son immatricule, lorsqu'il indique le tribunal auprès duquel il exerce ses fonctions (1).

236. *Le désistement d'une saisie immobilière est valablement fait à l'audience, en l'absence du débiteur saisi qui y a été appelé ; de telle sorte qu'à suite de ce désistement un créancier, second saisissant, peut être subrogé aux poursuites.*

237. *Il n'est pas nécessaire que le pouvoir spécial dont l'huissier est porteur, précède le commandement en saisie immobilière ; de telle sorte que ce pouvoir est suffisant, s'il a acquis seulement date certaine, au moment où l'huissier procède à la saisie.*

Un jugement du tribunal de première instance d'Evreux avait ordonné un sursis à une poursuite en expropriation forcée dirigée par l'agent du trésor public contre le Sieur Cauchois.

Postérieurement à ce jugement, un sieur Johanne, devenu créancier du sieur Cauchois, fit procéder à une saisie immobilière, que le conservateur des hypothèques se refusa à enregistrer, attendu que celle du trésor public n'avait pas encore été radiée.

Le débiteur saisi demanda ensuite la nullité de la poursuite dirigée par le trésor public : un jugement par défaut le déclara mal fondé dans sa demande ; mais il critiqua la signification de ce jugement, par le motif qu'elle ne contenait pas l'immatricule de l'huissier.

Un jugement, sous la date du 16 mars 1812, rendu par défaut contre le sieur Cauchois, rejeta sa demande en nullité de la signification du précédent jugement, attendu que l'indication du tribunal dans l'arrondissement duquel l'huissier instrumentait, remplissait suffisamment le vœu de l'art. 61.

Un second jugement, rendu à la même audience, également par défaut, contre le débiteur saisi, donna acte au trésor public de son désistement des poursuites dirigées à sa requête, et subrogea le sieur Johanne à ces poursuites.

La débiteur saisi a reproduit tous ses moyens de nullité, en se pourvoyant en appel devant la Cour de Rouen.

---

(1) Voy. MM. Carr., t. 1, p. 157, note 1, n° 3 ; Pig. Comm., t. 1, p. 177, 8ᵉ alin. ; F. L., t. 1, p. 137, 1ʳᵉ col., 3 alin.

14.

La Cour a rejeté ces divers moyens par un arrêt du 25 juillet 1812, ainsi motivé :—« Attendu que l'huissier a indiqué le tribunal près duquel il exerce ; que quand la loi veut une mention expresse, elle a soin de l'exprimer ; et que comme, dans l'espèce, elle n'exige qu'une simple mention, il peut y être satisfait par des équivalens ; — Que toutes les parties ayant été appelées à l'audience, il leur a été libre d'y passer les déclarations, acquiescemens ou désistemens qui pouvaient leur convenir ; et que le désistement de l'agent judiciaire n'a été passé par lui que comme acquiescement ou défense à l'action de Johanne ; qu'ainsi la présence ou l'absence de Cauchois, d'ailleurs régulièrement assigné, n'était point un obstacle à son admission ; — Qu'il est établi que le pouvoir spécial donné à l'huissier portait la même date que la saisie, et avait acquis une date certaine à la même époque, par l'enregistrement. »

Pourvoi en cassation, pour contravention à l'art. 61 C. P. C., à l'article 402, qui règle la forme du désistement ; à l'art. 721, qui détermine les cas dans lesquels la subrogation aux poursuites peut avoir lieu en faveur d'un second créancier saisissant ; et à l'art. 556, qui veut que l'huissier soit porteur d'un pouvoir spécial pour procéder à une saisie immobilière.

Le 12 mars 1813, arrêt de la section civile, par lequel :—« La Cour ; Attendu, sur le premier moyen, que, quoique dans l'exploit attaqué, l'huissier n'ait pas déclaré en termes exprès qu'il était immatriculé près le tribunal de première instance de Paris, il y est dit cependant qu'il exerçait ses fonctions près ce tribunal ; ce qui remplit d'une manière équipollente le vœu de l'art. 61 C. P. C. ; — Attendu, sur le second moyen, que l'arrêt dénoncé n'a pu violer l'article 402 du même Code, en sanctionnant le désistement fait à la barre par l'agent du trésor public, en faveur de Johanne, qui a accepté ce désistement et qui l'avait provoqué par la demande en substitution par lui formée contre ledit agent ; que si les demanderesses croyaient avoir quelqu'intérêt (ce qui est au moins fort douteux) à ce que la saisie de Johanne fût ou ne fût pas substituée à celle du trésor, elles devaient comparaître et proposer leurs moyens, surtout après leur réassignation, qui avait été ordonnée par le tribunal et exécutée ; que dans le silence des demanderesses, qui n'ont jamais allégué ni prouvé qu'elles eussent des frais à répéter contre l'agent du trésor, le tribunal, dont le jugement ne fait aucune mention de ces faits, n'a pu enfreindre l'art. 403 du Code précité ; — Attendu, sur le troisième moyen, que l'arrêt dénoncé, en substituant la saisie de Johanne à celle du trésor, loin d'avoir violé l'art. 721

du même Code, inapplicable à l'espèce, s'est conformé à la disposition de l'art. 725 ; — Attendu, sur le quatrième moyen, qu'il est constant, dans l'espèce, et avoué même par le demandeur qu'un pouvoir spécial avait été donné par Johanne à l'huissier, pour procéder à la saisie immobilière en question, et que la Cour de Rouen a reconnu, en point de fait, que ce pouvoir, portant la même date que la saisie, avait acquis une date certaine par l'enregistrement à la même époque,, d'où il suit que l'arrêt, en rejetant le moyen de nullité proposé à ce sujet, n'a pas violé l'article 556 C. P. C. ; Rejette, etc. »

OBSERVATIONS.

L'art. 61 C. P. C. n'exigeant que *l'immatricule* de l'huissier, sans parler de la patente, il ne peut s'élever aujourd'hui aucune difficulté sur la question de savoir s'il faut, *à peine de nullité*, l'énonciation de la patente ; d'autant plus que l'ordonnance du 23 décembre 1814, que nous avons rapportée, J. A., t. 10, v° *Discipline*, n° 20, p. 565, en rendant l'huissier passible d'une amende, indique suffisamment que c'est la seule peine que le législateur ait voulu attacher au défaut de cette énonciation. C'est aussi l'avis des auteurs du Praticien français, qui ont longuement motivé leur opinion, t. 1, p. 110—113.

Avant le Code de procédure, plusieurs fois des questions se sont élevées sur la patente et l'immatricule de l'huissier. Des arrêts de la Cour de cassation, en date des 7 nivose, 7 ventose et 18 ventose an 7, 10 fructidor an 12 et 18 mars 1808, ont décidé que l'exploit n'était pas nul, lorsqu'il n'énonçait pas la patente de l'huissier. Celui du 7 nivose an 7 décide de plus que l'immatricule est suffisamment énoncée par ces mots : *huissier près tel tribunal*. Voy. sur la question de la patente, un arrêt semblable, du 3 novembre 1807, J. A., v° *Cassation*, n° 54, p. 466, et CARR., t. 1, p. 157, note 1, n° 5.

Trois arrêts de la même Cour, des 21 pluviose, 23 thermidor et 14 brumaire an 10, ont décidé qu'à l'époque des changemens de tribunaux, il suffisait que l'huissier indiquât les anciens tribunaux auxquels il était attaché. Voy. M. MERL., Q. D., v° *Assignation*, § 5.

D'autres arrêts de la même Cour des 1er, 23 floréal, 11 thermidor an 9, et 3 frimaire an 11, ont décidé que, depuis la loi du 7 nivose an 7, l'huissier n'avait pas suffisamment énoncé son immatricule par l'indication de l'ancien tribunal près duquel il exerçait. Un autre, du 19 fructidor an 10, porte que l'immatricule de l'huissier est moins nécessaire dans les actes extrajudiciaires, par exemple, ceux relatifs à un divorce.— Voy.

PIG. COMM.. t. 1, p. 177, 6ᵉ alin., et MERL., Q. D., t. i, p. 178, 2ᵉ col., 5ᵉ alin.

Enfin un arrêt de la même Cour, du 22 brumaire an 13, a décidé que l'exploit était nul si l'huissier n'énonçait point le tribunal près lequel il exerce. — Voy. aussi J. A., t. 12, p. 465 et 466, vᵉ *Exceptions*, n° 45.

Notre savant prédécesseur, consulté sur la question de savoir si l'huissier satisfait suffisamment au vœu de l'art. 61, n° 2 du Code de procédure, en désignant ses noms, prénoms, demeure, et le tribunal auprès duquel il exerce ses fonctions, s'est ainsi exprimé : « Il me semble que l'affirmative de cette question ne peut présenter le moindre doute. Le correspondant qui me l'a proposée fait observer que, dans le ressort de plusieurs tribunaux, on a consacré certains termes pour l'immatricule de l'huissier ; tels sont les suivans..... *reçu* et *assermenté*, *reçu* et *immatriculé*. Mais comme ces formules ne sont pas tracées par la loi elle-même, rien n'oblige de s'y conformer scrupuleusement, lorsque son objet est rempli par des expressions équipollentes.

« Qu'a voulu le Code de procédure, en exigeant l'immatricule des huissiers dans les exploits qu'ils signifient? Il a voulu que la partie quᵢ reçoit la copie, s'assurât, à la seule inspection de l'acte, si la notification lui en a été faite par un individu ayant un caractère public, et le pouvoir d'instrumenter dans le ressort ; pour cela il est indispensable que l'exploit lui-même indique que celui qui le signifie est huissier, et qu'il est attaché au tribunal dans l'arrondissement duquel la signification est faite; mais si de telles énonciations sont indispensables, elles sont aussi suffisantes, pour remplir le vœu de la loi. — En s'attachant d'ailleurs rigoureusement à sa disposition littérale, on ne peut exiger d'autres déclarations de l'officier ministériel.

« Le mot *immatricule* signifie, à proprement parler, enregistrement. C'est abusivement qu'on a employé ce terme à désigner l'ensemble des énonciations relatives à l'huissier dans un exploit. L'indication de son nom, de sa demeure, et de sa patente, ne font pas partie de son immatricule, qui n'est autre chose que la déclaration du tribunal où il est enregistré, du tribunal dans le ressort duquel il exerce ses fonctions; aussi voit-on que chacun de ces objets est distinct, dans la rédaction de l'art. 61, n° 2 du Code de procédure. — Déclareront aussi les huissiers et sergens (porte l'art. 2, tit. 2 de l'ordonnance de 1667) par leurs exploits, les juridictions où ils sont immatriculés. — C'est dans le même sens qu'une loi du 7 nivose an 7 dispensa les huissiers d'énoncer leurs anciennes immatricules, et les soumit seulement à indiquer les nouveaux tribunaux auprès desquels ils continuaient à exercer leurs fonctions.

« Ainsi, sous l'empire de la législation ancienne et de la législation intermédiaire, aussi bien que d'après le nouveau Code, les huissiers n'ont pas de termes sacramentels à employer dans leur immatricule ; il suffit qu'à la suite de leurs nom et demeure, ils indiquent le tribunal auprès duquel ils sont attachés. » (Coff.)

238. *Les énonciations relatives à l'immatricule d'un huissier qui notifie un exploit, lui deviennent propres par sa signature, quoiqu'elles ne soient pas entièrement écrites de sa main. (Art. 61, C. P. C.) (1).*

239. *On peut relever appel de l'ordonnance du président du tribunal de première instance, par laquelle il décide que l'acte qu'on lui présente comme jugement arbitral n'en est pas un.*

Ces deux questions ont été résolues dans ce sens par la Cour de Rennes le 13 mai 1813 ; la seconde, par analogie des règles établies pour le mode de se pourvoir contre les ordonnances de référé.

240. *Est nul l'exploit d'appel signifié à la requête d'une personne décédée antérieurement (2).*

Le 20 mai 1813, la Cour de Rennes a statué sur cette question en ces termes : — « LA COUR; Considérant qu'il est justifié par un extrait du registre de l'état civil de la commune de Nantes, que Jean Gabory, marchand de vin à Nantes, y est décédé le 15 novembre 1811, et que, par conséquent, il y avait plusieurs mois qu'il était décédé lorsqu'on le fit comparaître ou représenter au jugement du 24 avril 1812 ; qu'il en résulte que les exploits d'appel de ce jugement signifiés à sa requête les 12 et 14 août 1812, doivent être considérés comme non avenus ; — Déclare nul l'appel relevé du jugement du tribunal de première instance de Lorient, les 12 et 14 août 1812, et, comme tel, le rejette. »

241. *Un exploit de signification n'est pas nul, lorsque l'huissier, en déclarant qu'il n'a trouvé personne au domicile de la partie, omet dans la copie le mot* personne *qui se trouve dans l'original (3).*

---

(1) Voy. M. CARR., t. 1, p. 156, note 1, n° 7.

(2) Voy. *suprà*, n° 75, l'arrêt du 23 avril 1807.

(3) Voy *suprà*, n° 9, les nombreux arrêts sur la différence de la copie et de l'original.

242. *Lorsque l'échéance de la première quinzaine de la publication du cahier des charges, tombe un jour férié légal, les tribunaux peuvent renvoyer la seconde publication au lendemain.*

L'art. 68, C. P. C., exige que, lorsque l'huissier est obligé de remettre la copie au maire ou à l'adjoint, il fasse mention dans son exploit, de l'accomplissement des formalités qui doivent avoir précédé cette remise; et l'art. 70 attache à l'inobservation de cet article la peine de nullité.

Mais ce n'est que l'oubli d'une formalité ou de la mention de l'accomplissement de cette formalité, qui peut rendre l'exploit nul dans le vœu de la loi. Sa rigueur n'a pu s'étendre à la seule omission d'un mot échappé à l'huissier dans sa rédaction, surtout lorsque ce mot se retrouve dans l'original, et peut être suppléé d'ailleurs facilement dans la copie.

L'art. 702, C. P. C., veut que le cahier des charges soit publié de quinzaine en quinzaine : cependant, comme il est défendu aux tribunaux d'assigner une audience pour un jour férié légal, il faut penser, avec la Cour de Montpellier, qu'une des publications peut être renvoyée au lendemain, si le jour de l'échéance se trouve un jour de fête légale, et qu'il vaut mieux retarder cette publication que de l'avancer, pour conserver toujours un délai de quinzaine entre les deux publications, aux termes de l'article cité.

Ces considérations me paraissent suffisantes pour motiver la solution des deux questions posées. (COFF.)

Le 21 mai 1813, la Cour de Montpellier a rendu un arrêt ainsi conçu : —« La Cour ; Attendu sur le premier moyen, que l'original de la notification du placard est en règle ; et que, quoique dans la copie l'huissier ait fait l'omission d'un mot en disant : *Et n'ayant trouvé.... au domicile dudit Labic père, ni aucun voisin qui ait voulu se charger de lui remettre la copie,* au lieu de dire, *et n'ayant trouvé personne au domicile dudit Labic père,* etc., on trouve néanmoins dans l'énoncé de la copie une négative suffisante, qui prouve que l'huissier rendu au domicile de Labic père, n'y a trouvé personne, ce qui l'a décidé à porter la copie à l'adjoint du maire, après avoir éprouvé le refus des voisins ; que d'ailleurs, cette copie est représentée par ledit Labic, et que le vœu de la loi a été rempli ; —Attendu, sur le troisième moyen, que le vœu de l'art. 702 du Code précité a reçu son exécution, au sujet de la publication du cahier des charges de quinzaine en quinzaine ; que la seconde publication étant venue à échéance

pour la quinzaine, au 1er janvier, dernier jour férié légal, elle a pu et dû
être faite le lendemain 2, existant d'ailleurs à cet égard un jugement du
18 décembre précédent, qui avait statué que la seconde publication serait faite le 2 janvier; — Par ces motifs, la Cour déboute le sieur Labic
de son appel, avec amende et dépens. »

243. *L'omission de l'indication de sa demeure, faite par
un huissier dans un exploit, n'en entraîne pas la nullité,
si d'ailleurs il y a indiqué son domicile (1).*

244. *Une demande unique excédant 1,000 francs est essentiellement de dernier ressort, bien que fondée sur des
titres partiels, passés entre des parties différentes, et
que chacun de ces titres soit relatif à une somme bien
au dessous de 1,000 francs.*

Par acte notarié du 4 mai 1807, le sieur Roux se rendit cessionnaire
de diverses créances provenant de divers particuliers, sur le sieur Duteuil;
il en signifia le transport à celui-ci et lui en demanda le paiement. Le
total s'élevait à 1289 fr.; mais chaque créance ne montait pas à 1000 fr.
Duteuil fit des difficultés; mais un jugement du tribunal d'Aix ordonna
qu'il serait passé outre à la continuation des poursuites. Appel. Roux
soutint l'appel non-recevable; le jugement, selon lui, était en dernier
ressort; et la Cour d'Aix le jugea ainsi. Mais Duteuil se pourvut en cassation. Roux opposa alors une autre fin de non-recevoir, résultant de ce
que dans la signification du pourvoi, l'huissier avait indiqué seulement
son domicile et non sa demeure, conformément à l'art. 61 C. P. C. —
La Cour de cassation, section civile, jugea ainsi ces diverses questions,
dans son arrêt du 10 août 1813 : — « La Cour ; *En ce qui touche la fin de
non-recevoir;* Attendu que l'huissier, en déclarant qu'il était domicilié à Aix,
a satisfait au vœu de l'art. 61, C. P. C. — *En ce qui touche le fond;* vu
l'art. 5 du tit. 4 de la loi du 16 août 1790, relative à l'organisation judiciaire; — Et attendu que cet article est conçu d'une manière générale,
ce qui n'admet aucune exception; — Qu'il est reconnu par l'arrêt attaqué que les poursuites exercées contre le demandeur avaient pour objet
le paiement d'une somme de 1289 fr.; d'où il résulte que le jugement

______

(1) Telle est l'opinion de M. F. L., t. 1, p. 137, 1re col., dernier alin.
Voy. aussi M. Carr., t. 1, p. 156, n° 305, qui pense que le défaut d'indication de la rue et du numéro de la maison de l'huissier n'est pas une
nullité. Voy. infrà, n° 323, l'arrêt du 20 janvier 1819.

qui avait statué sur son opposition à ces poursuites, n'ayant pu être rendu en dernier ressort, l'arrêt attaqué, en déclarant l'appel de ce jugement non-recevable, a formellement contrevenu à la loi ci-dessus citée; — Casse. »

245. *Lorsque les faits et les circonstances indiquent dans une partie l'intention d'opérer le changement de domicile, il n'est pas nécessaire, pour que le changement de domicile se soit opéré légalement, que la résidence nouvelle soit établie depuis un temps plus ou moins considérable* (1).

L'art. 103, C. C., a converti en disposition législative le principe déjà consacré par l'ancienne jurisprudence : *Domicilium potiùs est animi quàm facti :* puisqu'aux termes de cet article, l'habitation réelle dans un autre lieu, jointe à l'intention d'y fixer son principal établissement, suffisent pour opérer le changement de domicile.   (COFF.)

Il s'agissait, dans l'espèce suivante, de déterminer le domicile de deux époux, relativement à une demande en séparation formée par la femme. — Celle-ci avait obtenu un jugement par défaut, qu'elle avait fait signifier à un domicile abandonné depuis plusieurs mois. Les faits et les circonstances présentés par le mari, comme constituant l'abandon de l'ancien domicile, et l'établissement d'un domicile nouveau se trouvent suffisamment indiqués dans l'arrêt suivant, qui a accueilli la demande en nullité par lui formée contre la procédure de première instance. — Le 1er septembre 1813, arrêt de la Cour d'appel de Limoges, ainsi conçu : — « LA COUR ; Considérant que les lois romaines ne déterminent aucun temps pendant lequel il soit nécessaire d'habiter le nouveau lieu, à l'effet d'acquérir un domicile; qu'ainsi une résidence, quelque courte qu'elle soit, est suffisante, lorsqu'elle est jointe à l'intention d'y fixer son domicile; — Considérant que, dans l'hypothèse, les époux Thabaraud ont fait conduire à Saint-Junien tous leurs meubles et marchandises; qu'ils y ont monté ménage et établi un commerce; que leur intention d'y fixer leur domicile est, par là, bien marquée, bien déterminée; d'où il suit que les actes signifiés au sieur Thabaraud, à Limoges, à un domicile qu'il avait perdu lorsqu'il avait été demeurer à Saint-Junien, sont radicalement nuls; — Casse la procédure et le jugement qui en a été la suite. »

246. *L'assignation donnée devant un tribunal correction-*

---

(1) Voy. *infrà*, no 327, l'arrêt du 23 avril 1819.

nel est-elle valable quoiqu'elle ne contienne pas les for-mes des exploits ordinaires? (1)

Première espèce. — Arrêt de la section criminelle de la Cour de cassation, sous la date du 18 novembre 1813, qui décide cette question en ces termes : — « La Cour; Vu les art. 182 183 et 184, C.I.C.;—Attendu que ces articles déterminent expressément la forme dans laquelle les prévenus des délits doivent être cités en police correctionnelle ; d'où il suit que les dispositions du Code de procédure civile, qui déterminent les formalités des exploits en matière civile, ne sont point applicables aux citations en matière correctionnelle ; — Attendu qu'aucun des articles précités n'autorise les tribunaux à prononcer la nullité de ces citations, lorsque les copies délivrées n'indiquent pas la personne à qui elles ont été remises ; d'où il suit que de la comparution des prévenus, au jour fixé par les citations, résulte une présomption légale, que les citations leur ont été données aux époques indiquées par les dates de ces citations ; — Et attendu, dans l'espèce, que Pierre Thomas a été traduit en police correctionnelle, comme délinquant forestier ; que la citation, qui lui a été donnée par un garde, était dans les formes et dans les délais prescrits par le Code d'instruction criminelle ; qu'il a comparu au jour indiqué par la citation ; que, dans ces circonstances, il n'était pas autorisé à conclure, ainsi qu'il l'a fait, à la nullité de cette citation ; que, cependant, l'arrêt attaqué prononce cette nullité, par le motif que le *parlant à*, rempli dans l'original de la citation, n'était pas rempli dans la copie, ainsi que le prescrit le Code de procédure civile ; que, dès lors, la Cour de Dijon a, dans l'espèce, faussement appliqué le Code de procédure civile, violé les règles de compétence, en prononçant une nullité qui n'est point autorisée par le Code d'instruction criminelle, et par suite contrevenu aux lois qui déterminent les peines applicables au délit dont était prévenu Pierre Thomas ; — Casse, etc. »

Deuxième espèce. — Le 2 avril 1809, la Cour de cassation, section criminelle, a de nouveau persisté dans sa jurisprudence. Voici son arrêt:

---

(1) Voy. J. A., v° *Appel*, p. 226, n° 107, des arrêts analogues. Voy. aussi des arrêts analogues, J. A., t. 23, p. 46 ; t. 28, p. 263, et t. 32, p. 34. Au même t. 28, p. 275, un arrêt de la Cour royale de Caen du 22 janvier 1824, a décidé que la citation en police correctionnelle, ne peut être signifiée au domicile de l'avoué constitué sur les premières poursuites pour la question préjudicielle de propriété.

— « La Cour ; Vu les art. 408, 413 et 416, C. I. C., d'après lesquels la Cour de cassation doit annuler les arrêts et jugements en dernier ressort, qui contiennent violation des règles de compétence établis par la loi ; — Vu aussi les articles 182, 183 et 184 du même Code ; — Considérant que ces articles ont déterminé toutes les formes dans lesquelles les prévenus de délits doivent être cités devant le tribunal de police correctionnelle ; qu'aucun ne prononce la nullité de la citation, pas même lorsqu'elle aurait été donnée à trop bref délai ; que seulement, dans ce dernier cas, l'art. 184 prononce la nullité de la condamnation qui interviendrait par défaut contre la personne citée ; qu'il suffit donc que, par l'acte de citation, le prévenu ait été averti qu'il était appelé devant le tribunal correctionnel, pour répondre sur le fait qui lui est imputé ; — D'où il suit que les dispositions du Code de procédure civile relative aux ormalités des exploits, en matière civile, ne sont point applicables en matière correctionnelle ; que, néanmoins, le tribunal correctionnel d'Auxerre, en confirmant sur l'appel, le jugement du tribunal correctionnel de Joigny a annulé la citation donnée au prévenu, sur le motif que la copie qui lui en avait été délivrée ne contenait pas toutes les formalités prescrites par l'art. 61, C. P. C. ; que ledit tribunal a donc violé les règles de l'attribution en prononçant, par une fausse application dudit art. 61, une nullité qui n'existait pas, d'après le Code d'instruction criminelle ; — Casse, etc. »

Troisième espèce. — Le 18 août 1824, la Cour de Grenoble a semblé juger le contraire par arrêt ainsi conçu : — « La Cour ; Vu l'article 68, C. P. C., et les art. 637 et 638, C. I. C. ; — Considérant qu'aux termes de l'art. 68, C. P. C., l'huissier exploitant ne peut remettre la copie de son exploit au maire ou à l'adjoint de la commune qu'autant qu'il ne trouve pas la partie dans son domicile, ni personne de sa maison à qui il puisse parler et laisser copie, et qu'autant encore que le voisin, à qui l'huissier doit successivement s'adresser pour lui remettre la copie, ne peut ou ne veut signer l'original ; de tout quoi l'huissier doit faire mention dans son exploit ; — Considérant, dans l'espèce, que l'huissier exploitant n'a point rempli les deux premiers préalables prescrits par l'article 68 précité ; que, sous prétexte que Marrel était absent, il se serait adressé directement à l'adjoint de la commune des Abrêts, sans se rendre aucunement au domicile qu'avait occupé Marrel au lieu des Abrêts, et sans s'adresser au voisin de ce domicile ; d'où il suit que l'assignation du 12 juin dernier est infectée d'une nullité radicale ; — Considérant que, par une conséquence de cette nullité, le jugement par défaut de comparaître, rendu le 17 du même mois contre Marrel, est également infecté de nullité ; — Considérant que, dès lors, on doit admettre que ni l'assignation du 12 juin, ni le jugement du 17, n'ont pu interrompre la prescription, et qu'il en est de même que s'ils n'existaient pas ;—Considérant que s'étant écoulé plus de trois années depuis le dernier acte de procédure, à la date du 26 juin 1821, il s'ensuit qu'aux termes des art. 637 et 638, C. I. C., le délit imputé à Marrel est prescrit depuis plus d'un mois; — Considérant qu'il est inutile d'examiner les autres questions agitées;— Par ces motifs, déclare nul et de nul effet le jugement du 17 juin 1824;— Et par nouveau jugement, sans s'arrêter à l'exploit d'assignation, prétendu donné à Marrel le 12 dudit mois, lequel elle déclare également nul et de nul effet, déclare le délit imputé audit Marrel prescrit par le laps de plus de trois années qui se sont écoulées depuis le dernier acte de la procédure ; — En conséquence, met ledit Marrel hors de Cour. »

247. *Un acte d'appel qui énonce seulement* assignation à comparaître après vacation *est valable : cette formule indique suffisamment la première audience après les vacances.* (Art. 61 , C. P. C.) (1)

C'est ce qu'a jugé la Cour royale d'Orléans, le 2 décembre 1813.

(Col. Delan.)

248. *La signification d'un jugement faite seulement à l'un des deux associés pour l'exécution d'un marché, fait courir le délai de l'appel, à l'égard de l'autre. L'article 69, n° 6, du Code de procédure, est applicable aux sociétés formées par un seul acte de commerce. En vain dirait-on, chacune des parties à laquelle l'acte d'appel est signifié, a un intérêt personnel dans le jugement, elle doit donc recevoir une copie séparée ; on répondra victorieusement : la décision d'un procès ést un objet pour lequel les parties ont un seul et même intérêt, un seul acte d'appel a donc du suffire* (2).

C'est ce qui a été jugé le 16 décembre 1813 par la Cour d'appel d'Orléans.

(Col. Delan.)

249. *L'acte d'appel ne peut être déclaré nul faute de cons-*

---

(1) Voy. *suprà*, n₀ 191, l'arrêt du 28 janvier 1812.

(2) Voy. *suprà*, n 121, l'arrêt du 21 novembre 1808.

titution d'avoué lorsqu'il y est donné assignation à comparaître à l'effet de, par le ministère de tel avoué voir conclure à ce que le jugement soit mis au néant.

250. *L'exécution d'un jugement exécutoire par provision n'est pas un acquiescement.*

Ainsi jugé le 21 février 1814 par arrêt de la Cour de Bruxelles, entre Dameyer et Spigeleers, conçu en ces termes : — « LA COUR ; Vu les art. 61 et 456, C. P. C...,. ; — Attendu que la constitution d'avoué, requise sous peine de nullité par lesdits articles, résulte de l'exploit même du 2 octobre 1812, qui, entre autres, porte : à l'effet de comparaître à l'audience du 4 novembre prochain, à neuf heures du matin, à l'effet de, par le ministère de Mᵉ Debravay, avoué licencié en la même Cour, voir conclure à ce que le jugement soit mis au néant ; qu'ainsi l'exploit est valable ; — Attendu que, dans la supposition même où le paiement qu'on objecte eût été fait au nom de l'appelant, il ne résulterait ni acquiescement au jugement *à quo*, ni fin de non-recevoir, puisque ledit paiement fait après l'acte d'appel ne prouverait ni approbation du jugement, ni acquiescement, mais seulement un acte forcé pour empêcher l'exécution du jugement exécutoire par provision et sans caution.

NOTA. Nous croyons devoir joindre à cet arrêt des observations de notre savant prédécesseur, sur une question analogue : on lui avait demandé s'il y avait constitution valable d'un avoué lorsqu'on déclarait dans l'exploit introductif que *tel avoué occuperait pour le demandeur.* Et il a répondu : « Cette question est encore une de celles qui ne peuvent être controversées, soit qu'on cherche à saisir l'esprit de l'article qui y donne lieu, soit qu'on s'attache au sens littéral qu'il présente. — Et d'abord, l'art. 61 prescrit-il à cet égard l'emploi d'une expression sacramentelle ? Rien, dans sa rédaction, ne l'indique ; et dès lors il suffit d'examiner si les termes employés dans l'exploit remplissent le but que le législateur se propose. — La constitution d'un avoué n'est autre chose qu'un mandat donné à cet officier ministériel, de représenter le demandeur et d'agir en son nom, dans l'instance introduite par l'exploit. — Il est consacré en droit et en jurisprudence, qu'un tel mandat est soumis aux mêmes règles qu'un mandat ordinaire ; de là, la double conséquence, que l'acceptation par l'avoué est nécessaire pour que sa constitution produise quelque effet ; et que, lorsqu'un acte quelconque de l'avoué peut engager son client ou compromettre ses intérêts, il doit être fait en vertu d'un pouvoir spécial (art. 352) ; de même que le Code civil exige un pouvoir de cett espèce lorsque le fondé de procuration générale veut figurer, au nom de son mandant, dans un acte d'aliénation. — Mais s'il est vrai, qu'à l'exception d'un petit nombre de cas particuliers, le mandat peut être conçu dans des termes quelconques, pourvu qu'ils indiquent la volonté du mandant, les obligations et les droits du mandataire, il doit en être ainsi du mandat donné à l'avoué; et il suffit que le demandeur manifeste l'intention de confier à cet officier ministériel la poursuite de ses droits. — Or, la déclaration faite dans l'exploit *qu'il occupera pour le demandeur* remplit manifestement un tel objet; donc cette déclaration, ou toute autre conçue dans des termes équivalens, satisfait au vœu de l'art. 61, qui exige la constitution d'un avoué dans les exploits d'ajournement.   (COFF.)

251. *La disposition de l'art. 69, n° 1 du Code de procédure, qui veut que l'état, lorsqu'il s'agit de domaines et droits domaniaux, soit assigné en la personne ou au domicile du préfet, n'est pas obligatoire pour la partie défenderesse, de telle sorte que si elle a été assignée en première instance, à la requête de l'administration de l'enregistrement et des domaines, elle peut signifier son acte d'appel à cette administration.*

252. *On ne peut faire résulter un acquiescement, d'une lettre écrite par le fils de la partie contre laquelle on veut en exciper, s'il n'est pas prouvé d'ailleurs qu'il eût un pouvoir de son père pour terminer la contestation.*

253. *On ne doit pas annuler la procédure et le jugement qui en a été la suite, parce que les avoués des parties ont plaidé dans une cause où il s'agissait de domaines ou droits domaniaux de l'état.*

Nous ferons observer, à l'égard de la première question, que le seul motif de solution résulte de ce que l'appel doit toujours être interjeté contre la partie qui a figuré en première instance; et qu'ainsi, quoiqu'une réclamation relative à des domaines ou droits domaniaux de l'état, soit dans le attributions particulières des préfets, d'après l'art. 69, C. P. C., si une telle demande a été formée par l'administration de l'enregistrement et des domaines, c'est contre cette administration que la partie originairement défenderesse doit diriger son appel; mais il faut bien se garder e conclure du chef de l'arrêt relatif à cette question, que l'acte d'appel n'est pas soumis aux formalités exigées dans l'exploit introductif d'instance.

La seconde question ne peut présenter de difficulté, puisque sa solution n'est que l'application littérale des principes en matière d'acquiescement.

Enfin, à l'égard de la dernière question, elle ne serait pas résolue dans le même sens, s'il s'agissait d'une simple demande en perception de droits formée par la régie de l'enregistrement et des domaines; car plusieurs arrêts de la Cour de cassation, appliquant rigoureusement dans ce cas l'art. 65 de la loi du 22 frimaire an 7, ont annulé des jugemens intervenus sur plaidoiries; mais à l'égard des préfets réclamant des droits domaniaux appartenans à l'Etat, il y a seulement *dispense*, et non *prohibition* de plaider et d'employer le ministère des avoués; de sorte qu'une telle circonstance peut bien mettre les frais frustratoires à la charge de la partie qui succombe, mais non entraîner la nullité du jugement et de la procédure.

(COFF.)

C'est ce qui résulte d'un arrêt de la Cour de Limoges, en date du 8 juin 1814 : — « LA COUR ; Considérant que quand il s'agit de domaines ou droits domaniaux de l'Etat, l'assignation doit être donnée en la personne ou au domicile du préfet, que cela est ainsi prescrit par le premier paragraphe de l'art. 69, C. P. C., et prescrit à peine de nullité par l'art. 70 du même Code; que Marchadier, s'il eût été demandeur, aurait dû s'assujétir à cette forme; mais que l'action a été poursuivie à la requête de l'administration des domaines et de l'enregistrement; que Marchadier, défendeur, n'a dû avoir d'autre partie que celle qui le poursuivait; que l'acte d'appel n'introduisant point une action, compétait à son rôle de défendeur, qu'ainsi l'acte d'appel de Marchadier n'est point nul; — Considérant que si, pour justifier l'acquiescement de Marchadier au jugement du 31 juillet 1812, l'administration a produit, sous la date du 22 novembre 1812, une lettre adressée au sieur Martin, receveur des domaines, supposée écrite par Marchadier, celui-ci a dénié formellement avoir écrit cette lettre, et a soutenu qu'elle avait été écrite sans son ordre par son fils; que l'administration n'a point offert d'établir qu'elle fût le fait de Marchadier; que cette lettre étant l'ouvrage du fils, ne saurait être opposée au père, tant qu'il ne sera pas justifié que le père avait donné procuration ou ordre au fils; qu'ainsi, il ne peut pas résulter de cette lettre un acquiescement de la part de Marchadier au jugement dont est appel, ni de fin de non-recevoir contre son appel; — Considérant que les avoués respectifs ayant été admis à plaider à l'audience où est intervenu le jugement dont est appel, on doit dire qu'il y a été employé plus de solennité qu'il n'était nécessaire ; mais que Marchadier n'est point, par ce motif, fondé à arguer ce jugement de nullité; — Considérant néanmoins que les plaidoiries ayant donné lieu à une augmentation de frais frustratoires, Marchadier est fondé à en demander la décharge..... sans s'arrêter aux fins de non-recevoir, etc. »

254. *Dans une signification d'exploit, l'huissier qui ne trouve pas de voisin à qui il puisse laisser la copie de l'acte extra-judiciaire, n'est tenu qu'à mentionner cette circonstance, sans être obligé de désigner par son nom le voisin absent, qui d'ailleurs peut être inconnu à l'huissier (1).*

255. *Celui-ci a ensuite la faculté, après avoir fait viser l'original de son exploit par le maire, de remettre la copie à un employé de la mairie.*

Première espèce. — C'est ce qui résulte d'un arrêt de la cour d'appel d'Orléans, en date du 23 juin 1814. (Col. Dela.)

Deuxième espèce. — La première question a été jugée dans le même sens par la cour de Metz, le 20 novembre 1818, et cette cour s'est fondée sur ce qu'un pareil exploit ne contient omission d'aucune des formalités essentielles prescrites par l'art. 68, C. P. C.

256. *L'acte d'appel dirigé contre une fabrique ne peut être signifié à la maison du trésorier.*

Ainsi jugé le 13 juillet 1814, par arrêt de la cour de Liége, conçu en ces termes : — « La Cour ; Attendu que l'art. 10 du décret du 30 décembre 1809 indique les lieux où les bureaux d'administration des fabriques doivent tenir leurs séances, et que l'article 22 du même décret ordonne que ces bureaux s'assembleront tous les mois, à l'issue de la grand'messe paroissiale, aux lieux indiqués pour la tenue des séances du conseil; — Attendu que parmi ces lieux ne se trouve point la maison du trésorier de la fabrique, et qu'ainsi l'appelant, en signifiant l'acte d'appel au trésorier Delaitre, a pu et dû savoir que le bureau de la fabrique ne s'y trouvait pas; que d'ailleurs il n'a pas énoncé dans son acte d'appel, signifié audit Delaitre, qu'il regardait la maison de celui-ci comme le lieu où réside le siége de l'administration, et cela comme porte l'art. 90 du même Code, sous peine de nullité; — Attendu, au surplus, que la partie appelante n'a nullement prouvé que le bureau de la fabrique de l'église Saint-Aubin ait été tenue dans a maison dudit Delaitre, ni que les exploits concernant ladite fabrique aient constamment été signifiés

____

(1) Voy. suprà, n° 87, l'arrêt du 12 août 1807.

XIII.   15

audit Delaitre dans son domicile ordinaire ; — Déclare l'acte d'appel nul, et par conséquent l'appel non recevable, etc. »

257. *Un exploit d'appel est-il valablement signifié au domicile élu dans l'inscription hypothécaire ?* (Art. 2148, C. C. (1)

PREMIÈRE ESPÈCE. — La cour de Rennes l'a ainsi jugé le 30 août 1814, en ces termes : — « LA COUR ; Considérant que l'art. 456, C. P. C., établit en principe général que l'acte d'appel doit être signifié à personne ou domicile, mais que ce principe souffre exception toutes les fois que les parties ont exprimé dans un acte un consentement à ce que la signification en soit faite à un domicile élu, ou que la loi l'a permis ; — Qu'en matière d'ordre, le législateur a établi une instruction particulière à laquelle les parties doivent se conformer ; — Considérant que l'art. 2148 C. C. oblige le créancier qui prend une inscription hypothécaire à élire domicile, par les bordereaux qu'il fournit, dans un lieu de l'arrondissement du bureau ; que l'art. 2152 lui permet de changer ce domicile, à la charge d'en indiquer un autre dans le même arrondissement ; que l'art. 2156 dispose que les actions auxquelles les inscriptions peuvent donner lieu contre les créanciers, doivent être intentées devant le tribunal compétent, par exploit à leur personne ou au dernier des domiciles élus sur le registre ; — Que par ces expressions, les actions, le législateur a compris toutes celles qui seraient une suite de l'inscription, tant au premier qu'au second degré de juridiction ; que s'il avait voulu en excepter l'appel, il s'en serait expliqué ; que l'art. 763 C. P. C. n'a point dérogé à cette disposition ; que s'il augmente le délai en proportion de l'éloignement du domicile réel de chaque partie, il ne dit pas que l'assignation sera donnée à ce domicile ; que son silence fait penser que le délai proportionné aux distances qu'il accorde, est pour que la partie éloignée du lieu où elle a élu domicile puisse être prévenue à temps de l'appel ;—Considérant que Louis-Joseph Serré et Sophie-Julie Monistrol son épouse, intimée sous l'appel, ont laissé défaut, et que conformément à l'art. 153 C. P. C., il y a lieu à joindre le profit du défaut ; — Déclare régulier l'exploit d'appel du jugement rendu par le tribunal de Lorient, du 13 décembre 1813, notifié à Mayer le 18 mars 1814 ; en conséquence, déboute celui-ci de la nullité par lui proposée ; donne défaut contre Serce et sa femme ; en joint le profit, pour être fait droit par un seul arrêt.

DEUXIÈME ESPÈCE. — Le contraire a été décidé par arrêt de la cour de Bourges, le 30 août 1815, en ces termes : — « LA COUR ; Considérant que l'art. 456, C. P. C., statue que l'acte d'appel contiendra assignation dans

---

(1) Voy. *suprà*, n° 313, l'arrêt du 28 juillet 1812.

les délais de la loi, et sera signifié à personne ou domicile, à peine de nullité ; que cette disposition est générale ; que la signification de l'appel dont
il s'agit ayant été faite au domicile d'un avoué, est absolument nulle ; —
Qu'inutilement on argumente des dispositions de l'art. 2156, C. C., qu'un
appel constitue une demande nouvelle et particulière qui ne semble pas
comprise dans cet article ; que si l'intention du législateur eût été qu'un
appel pût être signifié au domicile élu sur le registre du bureau du conservateur des hypothèques, il n'aurait pas manqué de l'exprimer comme il l'a
fait en l'art. 584, C. P. C., en matière de saisie-exécution ; — Déclare l'appel interjeté par le sieur Chalumeau, nul et de nul effet.

258. *L'assignation devant la section civile de la cour de*
cassation n'est pas nulle, si la partie adverse venant à
décéder après l'arrêt d'admission, elle est donnée à la
veuve commune en biens et aux héritiers, en une seule
copie signifiée à cette veuve (1).

La cour de cassation, section civile, l'a ainsi reconnu en déclarant valable une assignation faite au nom de la régie de l'enregistrement, *à la*
veuve et aux héritiers et représentans du feu sieur Tandon, en la personne
de ladite dame sa veuve. Voici l'arrêt, en date du 6 septembre 1814 : —
« LA COUR ; Prononçant d'abord sur la fin de non-recevoir proposée par les
défendeurs ; — Attendu que l'assignation donnée le 20 novembre 1812, et
signifiée avec l'arrêt d'admission du 6 octobre précédent, a été donnée à la
dame Catherine-Madeleine Fouilloux, veuve du sieur Tandon, et aux héritiers et représentans d'icelui, en la personne de sa veuve, au domicile du
défunt, à une époque où les héritiers pouvaient ne pas être connus individuellement, et où ils étaient encore dans un état d'indivisibilité avec la
veuve qui avait été commune en biens avec son mari décédé postérieurement au pourvoi de la régie ; d'où il suit que cette assignation a suffisamment rempli le vœu de la loi, et notamment celui de l'art. 447, C. P. C.,
qui porte que les délais de l'appel seront suspendus par la mort de la partie
condamnée, qu'ils ne reprendront leur cours qu'après la signification du
jugement faite au domicile du défunt, et qui ajoute que cette signification
pourra être faite collectivement et sans désignation des noms et qualités ;
— Rejette la fin de non-recevoir ; — Passant à l'examen du fond, la cour a
aussi décidé que le jugement qui reconnaît l'existence d'une vente verbale
restée sans exécution, et qui autorise la revente de l'immeuble, à la folle-
enchère de l'acquéreur, constate une transmission de propriété, pour rai-

____

(1) Voy. *suprà*, nos 50 et 219, les arrêts des 23 fructidor an 12 et 19 août
1812.

son de laquelle on peut réclamer le droit de mutation contre le vendeur qui a obtenu le jugement. »

259. *Les syndics nommés dans les assemblées de membres appartenant à d'anciennes corporations, peuvent donner assignation en leur nom personnel dans l'intérêt de la communauté* (1).

Les sieurs Mouton et Roubaud ayant été nommés syndics de la corporation des tanneurs de la ville de Grasse, avec autorisation du préfet, assignèrent les sieurs Pons et Girard, et l'exploit fut signifié *de la part des sieurs Roubaud et Mouton, en qualité de syndics de l'ancienne corporation des fabricans en cuir vert de Grasse.* Un moyen de nullité fut opposé, fondé sur ce que nul en France ne plaide par procureur; mais il fut rejeté, et sur le pourvoi en cassation, arrêt de la section des requêtes, du 7 septembre 1814, par lequel : — « La Cour ; Considérant que les anciens membres des corporations supprimées ont évidemment le droit de se réunir du consentement de l'autorité administrative pour délibérer sur des intérêts qui remontent au temps de l'existence de ces corporations; que c'est du consentement et avec l'autorisation du préfet que les anciens membres de la corporation dont s'agit se sont réunis le 30 avril 1812, et ont nommé des syndics; que cette délibération a été même formellement approuvée par le préfet ; — Que par conséquent la maxime d'après laquelle nul ne peut plaider en France par procureur, est sans application à la cause ; — Rejette. »

260. *L'élection de domicile chez un avoué ne vaut pas constitution.* (2).

261. *Cette nullité n'est pas couverte par le placement de la cause au rôle.*

Un exploit d'appel fait par le sieur Massin , portait élection de domicile chez Robert , avoué de la Cour. — La nullité en fut demandée , et vainement il opposa que l'intimé avait fait placer la cause au rôle sans réserves ; le 23 novembre 1814 , arrêt de la Cour d'appel de Liége, par lequel :—« La Cour ; Attendu que l'exploit ne contient point de constitution d'avoué , formalité prescrite à peine de nullité par les art. 61 et 456 , C. P. C. , que cette omission n'est point réparée par l'élection de domicile faite chez l'avoué Robert ; et que la nullité qui en résulte n'est point couverte par le simple placement de la cause au rôle , lorsque,

---

(1) Voy. *suprà*, n° 310, l'arrêt du 17 décembre 1812.

(2) Voy. J. A. , t. 3 , p. 113 , v° *Appel*, n° 46 , MM. Pig. Comm. t. 1 , p. 175 et 176, et F. L. , t. 1 , p. 137 , première colonne.

comme dans l'espèce, il n'y a pas de défenses au fond ; — Déclare l'appel nul. »

262. *L'acte d'appel n'est pas nul parce qu'il contient constitution d'un avoué décédé* (1).

Ainsi jugé le 6 décembre 1814, par la Cour de Grenoble ; voici l'arrêt — « La Cour ; Considérant que l'appel du 13 avril 1814 remplit le vœu des art. 61, 456 et 470, C. P. C. , puisqu'il contient une constitution d'avoué ; que la circonstance du décès de Mᵉ Bon, avoué, constitué par cet appel, arrivé environ un mois avant qu'il n'eût été interjeté, ne peut avoir l'effet d'opérer la nullité par le motif que son décès pouvait être ignoré au domicile des appelans, distant d'environ vingt-cinq lieues du siége de la Cour, surtout dans le temps, où la présence des armées alliées, en France, avait paralysé la correspondance des tribunaux de première instance avec ceux de la Cour, qui seule, pouvait mettre à même les parties d'être informées de la cessation des fonctions de l'avoué qu'elles ont constitué, et dont la présomption de vie résultait de l'insertion de son nom dans l'almanach de la Cour et le tableau des avoués ; qu'ainsi les appelans ont agi de bonne foi, et exécuté la loi autant qu'il était en leur pouvoir ; — Admet l'appel. »

263. *Est nul l'exploit donné* à tel et son épouse, en parlant à sa personne.

Première espèce. — Le 8 décembre 1814, arrêt de la Cour d'appel de Liége, par lequel : — « La Cour ; Attendu que tant le mari que la femme Dobbant sont cités, d'où suit que non-seulement une personne ayant plusieurs qualités, mais deux personnes sont réellement citées, et par conséquent que le *parlant à sa personne* ne désigne nullement à qui des deux l'exploit a été laissé ; — Déclare nul l'acte d'appel, etc. »

Deuxième espèce. — Ainsi jugé le 21 mars 1823, par arrêt de la Cour royale de Bourges, conçu en ces termes : — « La Cour ; Considérant qu'aux termes de droit, l'exploit d'ajournement doit contenir l'indication de la personne à laquelle il est remis ; — Que, dans l'espèce, l'exploit est dit donné à Toulaine et sa femme, à leur domicile, et parlant *à sa personne* ; que ces mots *parlant à sa personne*, quand il y en a deux, laissent ignorer celle à laquelle l'exploit a été remis ; que l'alibi de l'un des deux ne pourrait pas même être allégué, puisqu'on pourrait dire que l'exploit a été remis à l'autre ; qu'ainsi le vœu de la loi sur l'indication de la personne à laquelle l'acte a été remis, n'a pas été rempli ; — Déclare l'appel nul. »

263 bis. *Est valable l'exploit d'ajournement quoiqu'il*

---

(1) Voy. *suprà*, n° 112, l'arrêt du 29 juin 1808.

ne contienne pas le prénom du demandeur. (Art. 61, C. P. C.) (1).

C'est ce que la Cour de Bourges a décidé, le 17 mars 1815, en ces termes : — « La Cour ; Considérant que l'art. 61, C. P. C., qui règle les formalités voulues pour la régularité de l'ajournement, veut que le demandeur soit dénommé, mais qu'il n'est nullement fait mention de son prénom, et que les tribunaux ne peuvent pas ajouter aux dispositions de la loi. »

264. *La mention dans une copie d'acte d'appel que le do-*

---

(1) M. B. S. P., p. 199, note 20, est d'une opinion contraire, par le motif qu'en disant *les noms* au pluriel, la loi exige la désignation et du nom de famille et des prénoms, qu'on a toujours regardés comme des espèces de noms. « D'ailleurs, dit-il, le nom de famille pourrait ne pas suffire pour faire connaître le demandeur, mais il en serait autrement s'il n'y avait aucun doute à cet égard (ce qui s'applique aussi au défendeur). — Le 27 janvier 1818, *infrà* n° 313, la Cour de Bruxelles a décidé qu'il y avait nullité, lorsque le prénom était indiqué par abréviation. Telle n'est point l'opinion de MM. CARR., t. 1, p. 147, n° 285, PIG. COMM., t. 1. p. 174, PR. FR., t. 1, p. 295, et F. L., t. 1, p. 135, v° *Ajournement*, § 2, n° 1. Cependant, ces divers auteurs conseillent aux officiers ministériels d'indiquer toujours les prénoms; M. FAVARD DE LANGLADE pense même que cette énonciation est dans le vœu de la loi à raison de son utilité; toutefois il fait remarquer que le Code civil, art. 34, 57, 63, 76, 79, 2148 et 2153 a parlé des noms et prénoms, tandis que le Code de procédure, art. 1, 61, 679, 789. 914, 925, 936 et 943, ne parle que des noms; et à cette objection il répond qu'on ne peut en conclure que cette différence de rédaction annonce une volonté différente dans le législateur, parce qu'il n'est pas probable qu'il se soit montré plus exigeant pour les désignations en matière d'hypothèques qu'en matière de saisie immobilière ou d'emprisonnement. On pourrait répliquer que les inconvéniens, au contraire, sont bien plus grands, précisément dans ce dernier cas, parce qu'une obscurité sur les registres d'un conservateur pourrait être irréparable, tandis qu'une erreur dans les noms du saisissant ou du créancier incarcérant, n'aurait pas un résultat aussi fâcheux.

On peut voir les arrêts qui concernent les prénoms du défendeur *suprà* à n° 178.

Quant aux citations devant le juge de paix, voy. MM. CARR., t. 1, p. 4 et 5, n° 1, F. L., t. 1, p. 490, et B. S. P., *loco citato.*

micile de l'intimé est dans telle paroisse, au lieu de dire dans telle commune, n'est point une fausse énonciation, lorsqu'il n'y a dans la commune qu'une paroisse du nom indiqué, les deux mots paroisse et commune ayant vulgairement la même signification.

C'est ce qui a été jugé le 10 mai 1815, par arrêt de la Cour d'appel d'Orléans (*Col. Delan.*).

265. *Le capitaine d'un navire peut être valablement assigné à bord de son bâtiment.*

266. *Le tribunal du lieu où le navire est amarré, est compétent pour connaître de la demande que forment les propriétaires d'un navire, contre le capitaine pour le congédier et lui faire rendre compte.*

Les sieurs Grænewert et Frisch, propriétaires du navire *les Deux Frères*, qui était prêt à mettre à la voile dans le port d'Anvers, assignent le capitaine Gilles Desmedt devant le tribunal de cette ville, afin de le congédier et lui faire rendre compte. — Le capitaine soutient le tribunal incompétent et demande la nullité de l'assignation. Jugement qui le déboute; appel, et le 16 mai 1815, arrêt de la Cour d'appel de Bruxelles, par lequel : — « La Cour; Attendu, en ce qui concerne la compétence, que la demande des intimés, en tant qu'elle a pour objet le congé du capitaine, et que, comme tel, l'appelant ait à abandonner le navire dont il s'agit, prêt à sortir du port d'Anvers, où il était amarré, ainsi que le commandement de ce navire, est incontestablement une affaire d'une espèce urgente, et qu'elle est maritime ; — Attendu que l'article 419, C. P. C., permet, dans tous les cas, d'assigner à bord du navire, et que l'article 418 permet en outre d'assigner d'heure à heure, dans les affaires de cette espèce ; qu'il résulte évidemment de la brièveté de ce délai, que les tribunaux de commerce établis dans les ports où le navire est amarré sont, à l'instar des anciennes amirautés qu'ils remplacent en cette matière, nécessairement compétens en pareils cas, puisqu'il doit y être statué sur-le-champ. »

Nota. Voy. sur la première question, MM. B. S. P., p. 580, note 7 a, F. L., t. 1, p. 144, 2ᵉ col., vᵒ *Ajournement* § 5. Les auteurs du *Praticien français*, t. 1, p. 286, et J. A., t. 34, p. 315, un arrêt conforme de la Cour royale de Caen du 22 janvier 1827.

267. *Il n'y a pas nullité de l'acte d'appel, encore qu'il y ait erreur sur le véritable numéro de la maison de l'intimé, et que la copie soit laissée en parlant à l'épouse de l'assigné qui n'est pas marié (1).*

---

(1) Voy. *supra*, nᵒ 200, l'arrêt du 20 mai 1812.

Arrêt de la Cour d'appel de Bruxelles du 12 juillet 1815, ainsi conçu:
— « La Cour ; Attendu que l'exploit de signification de l'appel.... dont
s'agit, a été véritablement fait au domicile de l'intimé ; qu'il a été remis
à une parente y demeurant, et que de fait, il est parvenu à sa connaissance; d'où il suit qu'il est conforme au prescrit et à l'esprit du Cod. de proc.,
et qu'en dernier résultat il est valable, nonobstant que la désignation du
numéro de la maison, et celle de la qualité de la parente à qui l'exploit a
été remis, soient fautives et erronées ; puisqu'il est de principe et qu'aux
termes des lois, *falsâ demonstratione mutari substantiam veritatis mi-
nimé posse. L. 5, Cod. de juris et facti ignorantiâ;* — Qu'ainsi, peu
importe à la validité de l'exploit de signification de l'appel en question que
l'huissier ait donné à la maison où l'intimé avait son domicile, le nᵒ 1225,
au lieu de celui de 1221, et à la parente à laquelle il remettrait son exploit,
la dénomination d'épouse, au lieu de celle de mère de l'intimé, puisqu'il
est vrai que cette erreur de l'exploitant, qui peut n'être pas volontaire de
sa part, ne peut pas empêcher que la personne à qui l'exploit a été remis
ne fût parente de l'intimé, et la maison où l'exploit a été remis, le véritable domicile ; ce qui, aux termes des lois sur la procédure, et notamment à ceux des art. 61 et 68, suffit pour valider la signification de l'appel
et déclarer l'intimé non-recevable ni fondé dans l'exception de nullité qu'il
allègue contre l'acte d'appel ; — Sans égard à l'exception de nullité. »

268. *L'acte d'appel est-il valablement signifié par une
seule copie au domicile élu en commun par plusieurs
parties poursuivant ensemble l'exécution du même jugement ?* (1)

Première espèce. — Arrêt contraire du 14 juillet 1815, par lequel la Cour
de Bruxelles statue en ces termes entre Goossens, Boel et consorts: — « La
Cour; Attendu que les intimés ayant un intérêt commun, il n'échéait de faire
au domicile élu qu'un seul et unique exploit pour tous les intimés, que,
par conséquent, l'appel est recevable ; sans avoir égard à la fin de non-recevoir proposée par les intimés et dont il sont déboutés; Met l'appellation
au néant. »

Deuxième espèce. — Arrêt semblable de la même Cour, en date du 6 octobre 1815, ainsi conçu : — « La Cour ; Attendu que l'acte d'appel désigne
suffisamment que copie en a été laissée à Ferdinand Lippeus; — Qu'ainsi,
cet acte contient la mention qu'exige l'art. 61 C. P. C.; — Attendu que, si,
d'après les dispositions du Code de procédure, il doit être fait mention dans
l'original et dans la copie des personnes auxquelles l'exploit a été laissé, à
peine de nullité, et qu'on doive en conclure qu'il faut autant de copies

______

(1) Voy. *supra*, nᵒ 219, un arrêt du 19 août 1812.

qu'il y a de personnes distinctes et séparées à ajourner, cependant l'on ne rencontre aucune disposition de loi qui prescrive de laisser différentes copies lorsque les individus que l'on assigne, comme dans l'espèce les intimés (qui sont en grand nombre), ont plaidé conjointement et en masse, ont élu tous un même domicile, et ont tellement mis en commun leurs intérêts, qu'eux-mêmes n'ont fait tous ensemble qu'un seul et même exploit à chacun des appelans; en sorte que ce serait inutilement multiplier les actes et augmenter les frais, que de laisser au même domicile vingt-trois copies pour autant d'individus qui p'aident, en masse et dans des intérêts communs; — Par ces motifs, sans prendre égard aux conclusions en nullité d'appel, etc. »

Troisième espèce. — Ainsi jugé le 10 juin 1817, par la Cour de Grenoble, dont l'arrêt suit : « — La Cour; Considérant qu'il résulte de la disposition de l'art. 456 C. P. C., que, quoique l'appel soit signifié à un domicile élu, il faut remettre à ce domicile autant de copies qu'il y a d'intimés, à peine de nullité. »

Quatrième espèce. — Arrêt de la Cour de Grenoble, du 28 juin 1822, ainsi conçu : — « La Cour; Attendu que d'après l'art. 456 C. P. C., l'acte d'appel doit être signifié à personne ou domicile, sous peine de nullité, et qu'il doit être laissé autant de copies qu'il y a de personnes intéres-ées, puisque, sans copie, il n'y a pas de signification valable; — Attendu que, bien que l'art. 584 du même Code permette la notification de l'appel au domicile élu par le commandement, afin de saisie, il ne déroge pas aux dispositions de l'art. 456; qu'il n'introduit de différence qu'en ce qu'il autorise la signification de l'appel à un domicile élu; d'où il suit que toutes les dispositions prescrites par l'art. 456 ne doivent pas moins être observées, sous peine de nullité; — Attendu que les consorts Novat n'ont signifié qu'une copie de leur appel aux co-héritiers Roy au domicile par eux élu chez De'acroix, leur avoué, dans leur commandement préalable à saisie-immobi'ière; qu'une pareille signification est infectée de nullité; qu'il sera toujours vrai de dire, en effet, lorsqu'il n'aura été donné qu'une seule copie pour tous, que ceux auxquels une copie n'aura pas été laissée, n'auront pas eu connaissance légale de l'acte signifié; qu'une seule copie laissée pour tous, ne pouvant s'appliquer individuellement à l'un plutôt qu'à l'autre, ne peut être utile pour aucun d'eux; que l'unité de domicile des personnes auxquelles la signification doit être faite ne change rien à la chose, puisque, dans cette espèce, comme dans celle d'un domicile séparé, chacune d'elles ne peut avoir eu connaissance légale de l'acte signifié que par la copie qui lui en a été remise personnellement; — Attendu d'ailleurs que les co-héritiers Roy ont tous des domiciles séparés, et que la copie d'appel signifiée au domicile élu, remise à l'un d'eux seulement, laisserait les autres dans l'ignorance de ce même appel; — Déclare nul l'acte d'appel dont il s'agit. »

269. *Est nul l'acte d'appel signifié au domicile élu dans l'exploit de signification d'un jugement, si cet exploit ne contient pas en même temps commandement afin de saisie-exécution (Art. 443, 583, C. P. C.)* (1)

La cour de Bourges a rendu, le 19 décembre 1815, l'arrêt suivant : — « La Cour ; Considérant qu'aux termes de droit, l'appel doit être signifié à personne ou domicile ; que ce dernier mot ne s'entend que du domicile réel, toutes les fois que la loi ou une convention précise n'y sont pas contraires ; que, dans l'espèce, l'intimée demeure à Paris, et que l'acte d'appel lui a été notifié au domicile de son régisseur à Mareuil ; — Qu'en vain on excipe de ce que ce domicile avait été élu par l'acte de signification du jugement ; que l'appel peut bien être signifié au domicile élu par le commandement qui précède la saisie-exécution ; mais que, dans l'espèce, l'exploit de signification du jugement ne contient pas de commandement ; — Que, d'un autre côté, un commandement doit contenir élection de domicile dans la commune où doit se faire l'exécution, si le créancier n'y demeure ; que, dans l'espèce, l'intimée n'y demeure pas ; qu'ainsi cet exploit de signification n'ayant aucun des caractères distinctifs de commandement qui précède l'exécution, l'appel n'a pu être notifié au domicile qui se trouvait élu ; — Déclare l'appel nul, et condamne l'appelant en l'amende et aux dépens. »

270. *Des significations peuvent être faites au domicile que le défendeur a pris dans des actes judiciaires* (2).

Ainsi jugé par arrêt de la Cour de cassation, section des requêtes, le 28 décembre 1815 : — « La Cour ; Considérant qu'il ne s'agit, dans l'espèce, que de la validité des actes judiciaires faits au sieur Gaudechart en son domicile à Querrieux ; — Considérant que quoiqu'il résulte de ces actes produits par le sieur Gaudechart, qu'il est qualifié domicilié à Paris, il résulte également des actes produits par les défendeurs, que, dans différens actes de procédure faits au nom du sieur Gaudechart, tant en demandant qu'en défendant, il a été qualifié domicilié à Querrieux, sans que jamais cette qualification ait été désavouée ; que, par jugement contradictoire du tribunal civil d'Amiens, du 4 juin 1813, confirmé par arrêt de la cour d'appel d'Amiens, le sieur Gaudechart avait été domicilié audit Querrieux ; qu'il ne s'est point pourvu contre ces jugement et arrêt auxquels il a acquiescé for-

---

(1) Voy. *suprà*, n° 96, l'arrêt du 26 décembre 1807.

(2) Voy. *infra*, n° 284, l'arrêt du 27 juillet 1816.

mellement, en prenant depuis *la qualification de domicilié à Querrieux*; qu'il résulte de tous ces actes une notoriété publique que ledit Gaudechart avait, de son aveu, son domicile *litigieux* à Querrieux ; qu'ainsi les actes judiciaires dont il s'agit ont pu être valablement faits à ce domicile, — Rejette, etc. •

271. *L'exploit d'appel signifié au domicile élu dans le commandement, doit observer le délai à raison du domicile réel (1).*

272. *Lorsque l'appel est interjeté contre un étranger, il faut observer le délai prescrit par l'art 73, C. P. C.*

Un jugement est signifié par le sieur Beraux, demeurant à Lille, au sieur Hauw, demeurant à Bruges.—Un commandement est fait avec élection de domicile; le sieur Hauw interjette appel le 15 septembre 1815, et assigne à comparaître au 30 octobre suivant devant la cour supérieure de Bruxelles. La nullité de cet acte d'appel est demandée, et le 29 décembre 1815, arrêt de la cour de Bruxelles par lequel : — « La Cour; Attendu que d'après l'art. 456, C. P. C., l'acte d'appel doit contenir l'assignation dans les délais de la loi, à peine de nullité, sans aucune distinction, si la signification est faite à un domicile réel ou à un domicile élu; — Attendu que le délai de la loi pour un étranger demeurant dans un pays limitrophe de la Belgique, est de deux mois, d'après l'art. 73, C. P. C.; — Attendu que dans l'acte d'appel dont il s'agit, ce délai n'a pas été observé; — D'après ces motifs, déclare nul l'acte d'appel. etc. »

273. *Quoique l'art. 456, C. P. C., exige que l'acte d'appel contienne ajournement, et qu'aux termes de l'article 61, tout ajournement, pour être valable, doive énoncer l'objet de la demande et l'exposé sommaire des moyens ; ces formalités ont été suffisamment remplies dans un acte d'appel qui porte que l'on appelle du jugement rendu pour les torts et griefs que l'on en ressent et que l'on déduira en temps et lieu, ce qui indique assez que l'appelant se plaint du jugement comme n'ayant pas admis les moyens par lui produits en première instance ; qu'il fonde ses réclamations, •sur les mêmes moyens, et énonce, en conséquence, l'objet de la demande, ou la réformation de ce jugement, l'exposé sommaire de ces moyens, c'est-à-dire ceux employés*

---

(1) Voy. *suprà*, n° 21, l'arrêt du 1 prairial an 10.

en première instance ; il est d'autant plus inutile de les répéter dans l'acte d'appel même que l'art. 462 accorde à l'appelant le délai de huitaine, depuis la constitution d'avoué de la part de l'intimé, pour les signifier, et dispense dès-lors de les détailler auparavant.

274 et 275. *Si l'art. 3 de la loi du 29 vendemiaire an 5, défend aux agens des communes de suivre aucune action en justice sans y être autorisés, cette défense ne s'étend pas, et ne pourrait même s'étendre sans des consé-quences fâcheuses aux actes conservatoires de cette ac-tion, tel qu'à un acte d'appel. Ainsi l'appel émis par le maire d'une commune, le 11 mars, et qui a été auto-risé le 3 juillet suivant, avant qu'aucun acte n'ait eu lieu sur cet appel, est valable.*

C'est ce qui a été jugé le 10 février 1816, par arrêt de la cour royale de Besançon, (*Besanç.*)

Nota. Voy. ce que nous avons dit sur la première question, J. A., v° *Appel*, n°s 122 et 253, et MM. Haut., pag. 76, *in fine* et 263; Pr Fr., tom. 1, pag. 129; Delap., tom. 2, pag. 16; D. C., pag. 527; Carr., t. 2, p. 197, n° 1646, et Pig., Comm., t. 2, p. 31.

Quant à la seconde question, V. *infrà*, n° 337, l'arrêt du 17 novembre 1819 et *la note.*

276 et 277. *Lorsque deux époux ont figuré dans une pour-suite de saisie-immobilière, conjointement, mais en leur nom personnel, comme ayant des intérêts distincts, l'appel interjeté contre eux doit leur être signifié par copies séparées. (Art. 61 et 68, C. P. C.) (1).*

Cette décision n'est pas spéciale en matière de saisie immobilière, mais elle s'applique à tous les cas où deux parties ont figuré dans un jugement attaqué par la voie de l'appel. (Corr.)

Ainsi décidé le 8 mai 1816 par la cour royale de Limoges : — « La Cour; Considérant que les intimés ont agi dans la procédure en saisie immobi-lière, conjointement et en leurs noms propres et privés, comme ayant des intérêts séparés; que l'appel a été émis par Marie Bonnet, veuve Couty, vis-à-vis de l'un et de l'autre des époux Raboisson; qu'il est cependant constant, et qu'il résulte même de la note écrite par l'huissier qui a ex-

____

(1) Voy. *suprà*, n°s 12 et 118, les arrêts des 13 juin 1807 et 7 septembre 1808.

ploité l'acte d'appel, qu'il n'a été laissé qu'une seule copie aux intimés, ce qui est contraire aux dispositions des art. 61 et 68 C. P. C., et à la jurisprudence; — Déclare l'appel nul, fait main-levée de l'amende, et condamne l'appelant aux dépens. »

278. *L'assignation devant un tribunal incompétent fait courir les intérêts.*

Ainsi jugé par arrêt de la Cour d'appel de Paris, en date du 27 juin 1816.

279. *Le but de l'art. 68, C. P. C., est de s'assurer que la copie a été donnée au cité, lorsque en son absence elle est laissée en son domicile; c'est pourquoi il exige qu'alors elle soit remise à un de ses parens ou de ses serviteurs; il en résulte qu'un exploit d'appel ne serait pas nul, parce que la copie ayant été portée au domicile de l'intimé, aurait été laissée à un homme qui a paru pour lui en qualité d'homme d'affaire dans l'instruction de l'instance, et qui, par conséquent pouvait être considéré comme attaché à son service, surtout lorsque l'intimé a reçu cette copie et la représente.*

C'est ce qui a été décidé, le 28 juin 1816 par arrêt de la Cour d'appel de Besançon. (Besanç.)

280. *On ne peut se plaindre qu'une assignation n'est pas suffisamment motivée, lorsque l'objet de la réclamation a été précédemment débattu devant l'autorité administrative* (1).

281. *Lorsqu'il y a contestation sur le fond du droit, la régie des domaines doit constituer un avoué dans son assignation, à peine de nullité* (2).

282. *On n'est pas fondé à demander la nullité d'un jugement pour incompétence, à raison d'un conflit négatif entre l'administration et les tribunaux, lorsque l'autorité judiciaire a été saisie par les deux parties, postérieurement à la décision administrative, de laquelle on veut faire résulter le conflit négatif.*

----

(1) Voy. *infrà*, n° 356, l'arrêt du 3 décembre 1820, et MM. Carr,, t. 1 , p. 178 , à la note, et F. L., t. 1, p. 142.

(2) V. J. A,, t. 5 , p. 350, v° *Avoué*, n° 84.

La régie décerna , le 9 messidor an 9 , contre le sieur Brisset , une contrainte en paiement des arrérages d'une rente foncière , assise sur un domaine dont il s'était rendu acquéreur. — L'opposition formée à cette contrainte , ayant donné lieu à une discussion sur le fond du droit réclamé , un jugement du tribunal de Limoges , sous la date du 30 messidor an 12 , renvoya la cause et les parties devant le conseil de préfecture : mais , par un arrêté du 3 ventose suivant , ce conseil s'étant déclaré incompétent , renvoya à son tour la contestation devant le tribunal de Limoges. — En conséquence, la régie reprit ses poursuites par une assignation du 24 germinal de la même année , et obtint, le 13 juin 1809 , un jugement par défaut , qui condamnait le sieur Brisset au paiement des arrérages réclamés. — Celui-ci se pourvut en opposition , et assigna à son tour la régie devant le même tribunal, pour voir statuer sur le mérite de cette opposition. — Bientôt après , il renonça à cette voie, et trouva plus convenable d'interjeter appel du même jugement.—Devant la Cour royale de Limoges , saisie de son appel, le sieur Brisset excipa d'abord de l'incompétence du tribunal, résultant du conflit négatif établi par l'arrêté du conseil de préfecture , et ensuite , de la nullité de l'assignation de la régie , soit comme n'étant pas suffisamment motivée, soit comme ne contenant pas constitution d'avoué. — Le 5 juillet 1816 , arrêt ainsi conçu : — « La Cour ; Considérant , en ce qui concerne le conflit négatif, que les deux parties s'étant respectivement assignées devant le tribunal civil , depuis l'arrêté du préfet , elles ont suffisamment reconnu que le tribunal était compétent ;—Considérant que les appelans connaissaient suffisamment les motifs de la demande, d'après tout ce qui s'était passé , et leur défense au conseil de préfecture , pour qu'ils ne puissent se plaindre que la dernière demande n'était pas assez expliquée. — Mais, considérant que cette demande étant formée au nom de la régie des domaines, et y ayant contestation sur le fond du droit , l'affaire n'était plus de nature à être jugée en bureau ouvert, mais par les règles ordinaires ; que dès lors la régie devait constituer avoué, et que cette omission entraine nullité ; — Met l'appel et ce dont est appel au néant ; émendant , déclare le jugement dont est appel , et l'assignation sur laquelle il a été rendu , nuls et de nul effet , compense tous les dépens , et fait main-levée de l'amende. »

283. *L'exploit d'appel dans lequel l'appelant déclare agir tant pour lui que pour son frère, n'est pas régulier pour celui-ci.* (Art. 61, C. P. C.) (1)

____

(1) Voy. nᵒˢ 121 et 310 , les arrêts des 21 novembre 1808 , et 17 décembre 1812.

La Cour de Rennes a rendu le 17 juillet 1816 , un arrêt ainsi conçu :
— « La Cour ; Considérant sur la fin de non-recevoir, proposée par l'intimée contre les appelans , et notamment en ce qui touche Joseph Houssays , que les appels relevés par Jean Briand et par Jean Baptiste Houssays , en privé nom , ont été notifiés dans les délais prescrits par la loi ;
— Mais que Joseph Houssays n'est pas porté personnellement aux qualités ni dans l'exploit d'appel du 17 avril 1816 , ni dans les conclusions devant la Cour , où Jean-Baptiste Houssays déclare seulement agir tant en privé nom que comme faisant pour son frère ; que cette formule ne peut pas constituer un acte d'appel de la part dudit Joseph Houssays, dont la profession et le domicile n'ont pas été exprimés , comme le prescrit l'article 61 C. P. C. ; que si cette formule ne vicie pas l'exploit d'appel en ce qui concerne Jean-Baptiste Houssays , agissant en privé nom , il est non-recevable dans la déclaration qu'il a faite d'agir pour son frère. — Par ces motifs , déclare Jean Briand , et Jean-Baptiste Houssays, en privé nom , recevables dans leurs appels , et , quant à l'appel relevé par Jean-Baptiste Houssays , se disant faire pour son frère Joseph Houssays , déclare ledit appel non-recevable. »

284. *Une signification n'est pas nulle pour avoir été faite à un ancien domicile, lorsque la partie assignée qui en avait pris un nouveau, a continué à indiquer son ancien domicile dans plusieurs actes subséquens* (1).

Par arrêt du 27 juillet 1816 , la Cour de Limoges l'a ainsi jugé, en ces termes : — « La Cour ; Considérant qu'en admettant avec la dame Villontraix quelques vices d'énonciation et quelques légères imperfections dans la notification du jugement du 6 avril 1813 , il n'en paraîtrait pas moins que les dispositions de la loi ont reçu leur exécution ; que d'ailleurs la conduite tenue par la dame de Villontraix, dans l'ordre de la procédure , la place dans une position d'autant moins favorable , que toutes ses opérations , quant à la forme , se trouvent en contradiction avec elle-même ;
— Que, si , d'un côté, elle déclare à la municipalité de Limoges son changement de domicile , le 29 janvier 1813, déclaration qu'elle réitère à Bordeaux , le 8 février suivant , de l'autre, elle agit au procès en sens opposé ; — Citée le 10 février 1813 devant le juge de paix de Limoges,

---

(1) Voy. *suprà* , nos 47, 39 et 270 , les arrêts des 16 messidor an 11 , 13 germinal an 12, et 28 décembre 1815 , et *infrà* , no 296, celui du 29 mars 1817.

division du sud , sur une action personnelle , elle s'y fait représen'er par un fondé de pouvoirs, comme domiciliée à Limoges , rue des Combes ; — Appelée au tribunal civil de Limoges , par acte du 23 février 1813, posé rue des Combes , reçu par une femme qui se dit sa servante, elle y plaide sans réclamer ni décliner ; au 5 avril elle y prend des conclusions motivées , les y défend le 6 avril jour du jugement , de manière que, par son fait , elle a établi elle-même l'illusion de son prétendu changement de domicile ; — Que , dans ces circonstances , c'est le cas de maintenir la notification du 8 octobre 1814 , et d'admettre la fin de non-recevoir, opposée par le sieur Reculez à la dame de Villontraix , qui, par ce moyen , sera tenue d'exécuter le jugement dont est appel vis-à-vis d'eux. »

285. *L'appel ne peut être signifié au domicile élu dans la saisie faite en vertu de permission du président du tribunal de commerce.* (Art. 456, 584, C. P. C. 417 , C. comm.)

C'est ce qni a été jugé le 14 août 1816 , par arrêt de la Cour royale de Rennes, entre les sieurs Leroux et Carra , conçu en ces termes : — « La Cour ; Considérant qu'aux termes de l'art. 456 , C. P. C. , l'acte d'appel d'un jugement doit être notifié à personne ou domicile à peine de nullité ; qu'il est de jurisprudence constante que les expressions de cet article s'entendent du domicile réel de celui contre lequel l'appel est relevé ; que ce principe n'admet d'autres exceptions que celles qui résulteraient soit d'un consentement contraire et spécialement exprimé de la part de l'individu au profit duquel le jugement attaqué aurait été rendu , soit d'une disposition expresse de la loi ; — Qu'à la vérité , l'art. 584 C. P. C. , précité, autorise la partie contre laquelle une saisie-exécution serait poursuivie , à notifier l'acte d'appel du jugement rendu en faveur du saisissant au domicile par lui élu dans le commandement fait en exécution de l'article 583 ; — Mais considérant que , dans l'espèce , la saisie établie sur les meubles de Jacques Leroux , en vertu de l'article 417, C. Com. est essentiellement différente de la saisie-exécution dont les règles se trouvent tracées au titre 8 du liv. 5, C. P. C.; que le cas prévu par l'article 417, est celui où un individu, avant d'avoir obtenu jugement contre celui qu'il prétend être son débiteur , se fait autoriser par la justice à établir une sorte de sequestre ou saisie provisoire, sur les meubles de ce dernier , dans la seule vue d'empêcher qu'il ne les détourne, et ne rende ainsi illusoire la condamnation sollicitée contre lui ; — Qu'au contraire , dans le cas de l'art 584 , le créancier déjà porteur d'un titre exécutoire poursuit en vertu de ce titre la vente du mobilier de son débiteur, ce qui constitue la saisie-exécution proprement dite, que c'est pour ce cas seulement que l'article cité déroge au principe général établi par l'art. 456, en autorisant la partie saisie à notifier son appel du jugement en vertu duquel elle est poursuivie au domicile élu dans le commandement fait par le saisissant ; qu'enfin on ne pourrait étendre l'exception portée par l'art. 584, au cas prévu par l'art. 417, sans supposer la faculté d'interjeter un appel dans la personne de celui contre lequel il n'existe encore aucune condamnation ; — Par ces motifs, déclare nul l'acte d'appel des jugemens des 6 octobre et 15 décembre 1814, notifié le 30 décembre de la même année, à requête de Jacques Leroux, au domicile élu par Carro et compagnie, chez Mᵉ Cotillard, leur avoué ; ordonne en conséquence que lesdits jugemens sortiront leur plein et entier effet. » .

286. *Il suffit, pour remplir les formalités exigées par les art. 61 et 447 C. P. C. qu'un exploit soit notifié à une veuve, tant pour elle que pour ses enfans, comme héritiers de leur père, avec lequel elle était commune en biens, lorsque la liquidation de la communauté n'a point encore été opérée, parce qu'il est de principe que les cohéritiers peuvent être assignés collectivement, et qu'il suffit de désigner l'un d'eux ou sa veuve qui a été en communauté avec celui auquel ils succèdent, tant qu'ils sont dans l'indécision, ou que la cessation de cet état n'est point connue.*

C'est ce qui a été décidé le 28 septembre 1816 par la Cour de Besançon. (Besanç.) Voy. *supra*, n° 258, l'arrêt du 6 septembre 1814.

286 bis. *L'état d'une cause est absolument fixé par les termes de l'acte d'appel, et on ne peut suppléer à l'insuffisance des termes par l'intention présumée de la partie. (Art. 456, C. P. C.)*

Ainsi jugé le 7 novembre 1816, par la Cour d'Orléans. (Col. Delann.)

287. *Il n'est pas nécessaire de laisser plusieurs copies de l'exploit à la personne qu'on assigne, tant en son nom personnel, que comme représentant une autre personne (1).*

____

(1) Voy. *supra*, nᵒˢ 222 et 226, les arrêts des 14 novembre 1812 et 25 mars 1813.

288. *Lorsqu'un arrêt d'admission de pourvoi n'énonce pas les diverses qualités sous lesquelles une partie a figuré dans l'instance, cette partie ne peut prétendre que l'arrêt contre lequel le pourvoi est dirigé, a acquis, à son égard, l'autorité de la chose jugée, relativement à la qualité qui ne lui a pas été attribuée par l'arrêt d'admission.*

289. *Lorsque la partie saisie interjette appel d'un jugement rendu dans le cours des poursuites, cet appel est toujours suspensif de l'adjudication définitive* (1).

Première espèce. — Arrêt du 20 décembre 1816 de la Cour de cassation, section civile, par lequel : — « La Cour ; Attendu que la dame Delaval, en sa qualité de mère et tutrice de son fils mineur, le représente légalement, et qu'elle a été suffisamment avertie par la copie qui lui a été remise en sa double qualité, d'où résulte l'inutilité d'une seconde copie qui ne serait qu'un surcroît de frais sans objet ; — Rejette la fin de non-recevoir. »

Deuxième espèce. — Une revente sur folle enchère était poursuivie contre le sieur Gravet. Déjà l'adjudication préparatoire avait eu lieu, et l'adjudication définitive avait été indiquée par jugement du 20 décembre 1815. Au jour fixé, Gravet se présente et sollicite un délai de trois mois ; un jugement, en date du 17 janvier 1816, lui accorde un délai de huit semaines ; Gravet en interjette appel, et, le jour fixé pour l'adjudication, il demande qu'il y soit sursis ; mais, le juge des criées ordonne qu'il sera passé outre. Ce jugement et les précédens ayant été confirmés par la Cour de Paris, Gravet se pourvoit en cassation pour violation de l'art. 457. Le sieur Marcy, l'un des défendeurs en cassation, opposa à ce pourvoi deux fins de non-recevoir ; la première résultait de ce qu'ayant figuré dans l'instance, en son nom personnel et comme tuteur, il aurait dû recevoir, en cette double qualité, deux copies de l'arrêt d'admission, ainsi que de l'assignation devant la section civile ; la deuxième était prise de ce que l'arrêt d'admission ne portant pas permission de l'assigner comme tuteur, à l'égard de cette dernière qualité, l'arrêt attaqué avait acquis l'autorité de la chose jugée. Mais un arrêt, en date du 7 janvier 1818, rejeta ces divers moyens, en voici les termes : — « La Cour ; Attendu qu'aucune loi n'exige qu'il soit donné plus d'une copie d'assignation à la partie qu'on assigne sous diverses qualités, dès lors, surtout, qu'il est déclaré, dans l'exploit, comme dans l'espèce, que cette partie est assignée sous les diverses qualités dans lesquelles elle procède ; —

---

(1) Ces deux dernières questions ont été jugées par l'arrêt du 7 janvier 1818, 2ᵉ espèce.

Sur la seconde fin de non-recevoir, attendu que le permis d'assigner, porté dans l'arrêt d'admission de la chambre des requêtes, se référant naturellement aux qualités énoncées dans l'arrêt attaqué, il s'ensuit, dans l'espèce, que la permission d'assigner le défendeur Marcy, portée dans l'arrêt de la Cour du 30 avril dernier, s'applique nécessairement à toutes les qualités dans lesquelles ledit Marcy avait procédé devant la Cour royale de Paris, et, par conséquent, à celle de tuteur de Geneviève-Françoise Louis, en sorte que le pourvoi est valablement dirigé et poursuivi contre cette dernière ; — Rejette les fins de non-recevoir, et, statuant au principal, vu l'art. 457 C. P. C.: — Attendu qu'aux termes de cet article, l'appel interjeté par le demandeur, le 12 mars 1816, des jugemens des 20 décembre 1815 et 7 janvier 1816, ne permettait pas au juge, tenant l'audience des criées, de passer outre à l'adjudication définitive de l'immeuble saisi ; et que c'est néanmoins au préjudice dudit appel, et sous le vain prétexte de sa non-recevabilité, qu'il n'appartenait qu'aux juges suprêmes d'apprécier, que ce juge a procédé à ladite adjudication, en quoi il a évidemment excédé ses pouvoirs, et violé l'article précité ; d'où il suit que l'arrêt attaqué, en confirmant cette décision irrégulière, s'en est approprié le vice et a contrevenu à la même loi ; — Casse, etc. »

290. *L'acte d'appel qui dans une de ses copies ne contient pas la mention du mois de sa signification, n'est pas nul, si l'omission de cette mention peut se suppléer par des énonciations contenues dans la copie de l'exploit.* (Art. 61, § 1, C. P. C.)

291. *L'acte d'appel qui ne contient pas la mention de la profession de l'appelant, n'est pas nul, si on peut suffisamment l'inférer des termes de l'exploit.* (Art. 61, § 1, C. P. C.)

292. *Le délai d'appel d'un jugement d'ordre qui statue en même temps sur une demande principale en nullité de contrat, est de trois mois.* (Art. 443, 762 et 763, C. P. C.)

C'est ce qui a été jugé par un arrêt de la cour royale de Rennes, en date du 29 janvier 1817, dont voici les motifs : — « La Cour ; Considérant que les différentes fins de non-recevoir et de nullité proposées par les intimés contre l'appel interjeté par Hervé, du jugement rendu par le tribunal de première instance de Rennes, le 27 août 1814, ne sont pas les mêmes pour chacun des intimés ; que les uns n'en ont proposé qu'une dans leur intérêt particulier, que d'autres en ont proposé plusieurs, et qu'il est par

16.

conséquent nécessaire de les examiner séparément, quoiqu'elles soient relatives à l'appel d'un même jugement, commun à toutes les parties;—Considérant, sur les conclusions primitives de Delarue, tendant à ce que l'appel de Hervé soit rejeté, attendu que l'exploit notifié audit Delarue ne contient point l'indication du mois de sa signification;—Qu'il est vrai que la copie qui lui a été délivrée porte seulement en tête ces mots : *le 28—1814*, et que l'indication du mois est restée en blanc; mais que cette omission n'a lieu que sur cette copie seule, et que la désignation du 'mois de novembre est référée sur toutes les autres et sur l'original même de l'acte d'appel; — Que dans le corps même de la copie signifiée à Delarue, on trouve en toutes lettres ces mots : *le jugement du 27 août 1814, signé, enregistré et signifié à avoué le 14 novembre* PRÉSENT MOIS; — Qu'il résulte de ces expressions que, malgré l'intention de l'huissier, Delarue a trouvé, dans la copie qui lui a été laissée, l'indication littérale de sa date; que l'objet de la loi a été rempli suivant la justice et la jurisprudence constante des tribunaux, et que, par conséquent, son exception particulière à cet égard ne peut pas être admise par la cour;—Considérant, *sur la seconde exception* proposée encore par Delarue et par Fremont, Cauyette, Clairembault et Gerbier, et résultant de ce que l'acte d'appel relevé par Hervé ne contient pas la mention de la profession de l'appelant; que l'original et toutes les copies de l'acte d'appel portent : *à la requête du sieur Louis Hervé et compagnie, agissant tant pour eux que pour M. Delaunay, rentier, demeurant à Paris;* — Qu'il en résulte évidemment que par rapport à Delaunay dont l'appel était commun à celui de Hervé, il ne pouvait exister aucune difficulté, mais que par rapport à celui-ci, elle n'est pas plus fondée; que par ces mots Hervé et compagnie, sa profession actuelle ou ancienne de banquier ou négociant, lors de l'origine du procès, était suffisamment désignée; que d'ailleurs, si la loi a prescrit par l'art. 61, C. P. C., une formalité rigoureuse et nécessaire pour qu'il ne puisse exister de doute sur la personne ou la profession du demandeur originaire, cette formalité n'est pas aussi indispensable, relativement à la partie qui appelle d'un jugement contradictoire rendu après de longues procédures, et dont le nom, la personne, les qualités ou la profession ne peuvent pas être ignorés par les parties adverses; — Considérant, *sur la troisième fin de non-recevoir* proposée par Cauyette, Clairembault et Gerbier, et résultant de ce qu'à leur égard le délai de l'appel relevé par Hervé était expiré, aux termes de l'art. 763, C. P. C.;—Que cet article porte que l'appel du jugement rendu sur le rapport du juge-commissaire, dans une instance d'ordre, ne sera reçu s'il est interjeté dans les dix jours de sa signification à avoué, outre un jour par trois myriamètres de distance du domicile réel de chaque partie; que le jugement du 27 août 1814 avait été signifié à Rennes, à l'avoué de

Hervé l e 14 novembre suivant, et que ce dernier demeurant à Paris, n'avait fait signifier son acte d'appel à Cauyette, Clairembault et Gerbier, demeurant aussi à Paris, que le 28 du même mois, c'est-à-dire quatre jours après le délai qui semblait fixé par l'art. 763, C. P. C. ; — Mais considérant que le jugement du 27 août 1814 ne peut pas être considéré comme un simple jugement d'ordre rendu sur le rapport seul du juge-commissaire, et susceptible de l'application de l'art. 763; que ce jugement a statué en même temps sur une demande principale en nullité de contrat de vente faite à Fremont, et de l'obligation consentie à Cauyette par Delarue, demande que Hervé avait cru devoir porter devant le tribunal de première instance de Paris, dont le jugement confirmé sur l'appel aurait renvoyé les parties à se pourvoir devant le tribunal de Rennes, attendu qu'elle était connexe à l'instance pendante d'abord devant lui; qu'un premier jugement de ce dernier tribunal a statué définitivement le 27 août 1814, non pas sur le rapport du juge-commissaire, mais après avoir entendu les avocats et avoués des parties; qu'il en résulte que soit que l'on considère ce jugement d'après la nature des deux différentes instances sur lesquelles il a statué, soit qu'on le considère d'après la forme même qui y a été suivie, il ne peut être mis dans la classe de ceux dont l'appel ne peut être reçu que dans les dix jours de la signification à avoué, aux termes des art. 762 et 763, C. P. C. ; — Considérant encore, dans l'espèce actuelle, que le délai de dix jours n'était pas expiré par rapport à Fremont, contre lequel la demande en nullité du contrat de vente du 31 janvier 1809 avait d'abord été dirigée; que Fremont est domicilié dans la ville de Rennes, éloignée de 34 myriamètres de celle de Paris, lieu du domicile de Hervé, et qu'il en résulte que ce dernier aurait été fondé, par analogie avec l'art. 175 du même Code, à réclamer un seul délai pour toutes les parties qui avaient été mises en cause dans une affaire connexe, délai qui aurait dû alors être réglé d'après la distance du lieu du domicile de la partie la plus éloignée; — Par ces motifs, déboute les intimés de leurs fins de non-recevoir et moyens de nullité contre l'appel relevé par Hervé du jugement rendu par le tribunal de première instance de Rennes, le 27 août 1814, et ordonne aux parties de plaider au fond. »

OBSERVATIONS.

M. CARR., tom. 1, pag. 152, à l'occasion de cet arrêt, examine si non seulement un acte d'appel, mais une assignation donnée à la requête *d'un tel et compagnie*, indique suffisamment la profession des demandeurs, et il pense que cette désignation ne peut laisser douter au défendeur qu'il est assigné par des négocians ou banquiers. Mais ces mots *un tel et compagnie* indiquent-ils les noms des demandeurs? C'est ce que M. CARR. n'examine point: et cependant il semble décider implicitement l'affirmative, puisqu'il approuve l'arrêt de la cour de Rennes. M. PIC., COMM., t. 1, p. 174, est d'un avis contraire; il veut que l'assignation porte non pas leur raison sociale, mais les noms de tous les associés responsables et solidaires, parce que le défendeur peut ne pas connaître tous les associés, et qu'on ne doit pas l'obliger à aller consulter à cet effet l'extrait, au tribunal de commerce. Cette opinion nous paraît erronée; il est de principe, en effet, que tout ce qui est fait au nom de la raison sociale, engage les associés solidaires; l'art. 22, C. comm., est formel à cet égard; qu'importe dès lors pour le défendeur de connaître individuellement les demandeurs? ce qui est nécessaire pour lui, c'est que les condamnations qui interviendront à son profit puissent être exécutées contre tous, et tel sera l'effet d'un jugement rendu contre la raison sociale. Ce sera à lui, lorsqu'il voudra le faire exécuter, à s'informer contre qui il pourra le faire individuellement; ce léger inconvénient, qui n'existera que lors de l'exécution du jugement, ne pourrait faire annuler l'exploit que tout autant qu'il y aurait violation de l'art. 61, C. P. C. Or, cet article exige les noms du demandeur : quel est le demandeur dans l'espèce? Ce ne sont pas les *individus* associés, c'est un corps moral, une société représentée dans tous ses actes par une raison sociale; les noms des associés sont compris dans cette dénomination commune; il est donc évident que la raison sociale indique suffisamment le nom du demandeur, et que de même que l'art. 69 permet d'assigner une société en la maison sociale (voy. *supra*, n° 121, l'arrêt du 21 novembre 1808), de même l'art. 61 permet de n'indiquer que le nom de cette maison sociale.

Voy. J. A., t. 26, p. 177, et t. 51, p. 227, des arrêts qui décident, comme celui de la cour de Rennes, que la profession et la qualité du demandeur peuvent être suppléées par la procédure qui a eu lieu en première instance, ou par le procès-verbal de non conciliation signifié en tête de l'exploit. Voy. aussi *supra*, n°s 9 et 123, les arrêts des 2 nivose an 9 et 8 décembre 1808.

293. *Lorsqu'un acte contient élection de domicile pour son exécution, on est dispensé de faire indication du domicile réel dans tous les actes de signification faits au domicile élu.* (Art. 61, C. P. C.) (1)

Ainsi décidé par arrêt de la Cour suprême, section des requêtes, le 12 février 1817, conçu en ces termes : — « La Cour; Attendu que, lorsqu'il y a élection de domicile pour l'exécution d'un acte, les significations, demandes et poursuites relatives à cet acte, peuvent, ainsi qu'on l'a pratiqué dans l'espèce, être faites au domicile convenu, sans qu'il soit besoin de suivre ou d'indiquer d'autre domicile; — Rejette. »

____

(1) Voy. *supra*, n° 83, l'arrêt du 14 juillet 1807.

294. *L'assignation donnée à un étranger ne peut être nulle, parce que le procureur du roi au domicile duquel elle a été signifiée, a omis d'en envoyer la copie au ministre des affaires étrangères (1).*

C'est ce que la Cour de cassation, section des requêtes, a décidé par arrêt du 11 mars 1817. — « La Cour, Attendu qu'il a été jugé en fait par l'arrêt attaqué, que Bellot, demandeur en cassation, avait son domicile à Mons, lors du procès-verbal de saisie immobilière des biens de la succession de défunt Bellot de Bussy son père ; et que cette ville ne faisant plus, à cette époque, partie du territoire français, la dame Aubry s'est conformée à l'article 69, C. P. C., n° 9, en faisant notifier ce procès-verbal au domicile du procureur du roi près le tribunal d'Abbeville où l'adjudication était poursuivie ; — Attendu que l'obligation d'envoyer la copie à lui signifiée, soit au ministère de la marine, soit à celui des affaires étrangères, est imposée par la loi au procureur du roi, et non à la partie, qui ne peut répondre des faits ou de l'omission de ce fonctionnaire ; — Rejette, etc. »

295. *L'exploit signifié un jour de fête, n'est pas nul, la loi ne prononçant point dans ce cas de nullité, mais l'huissier est passible d'une amende. (Art. 1030, C. P. C.)*

Première espèce. — C'est ce qu'a jugé la Cour de Grenoble, le 17 mars 1817, en condamnant l'huissier à une amende de 5 fr.

Deuxième espèce. — Jugé dans le même sens, par la même Cour, le 17 mai 1817, en ces termes : — « La Cour ; Considérant que l'exploit d'appel dont il s'agit a été signifié un jour de fête ; que, néanmoins, les art. 63 et 1037, C. P. C., ne prononcent pas la nullité des exploits notifiés un jour de fête légale ; qu'il est disposé, par l'article 1030 du même Code, qu'aucun exploit ou acte de procédure ne pourra être déclaré nul, si la nullité n'est expressément prononcée par la loi ; qu'il est disposé par le même article, que, dans le cas où la loi n'aurait pas prononcé la nullité, l'officier ministériel pourra, soit pour omission, soit pour contravention, être condamné à une amende qui ne pourra être moindre de 5 francs ni excéder 100 francs. — Rejette le moyen de nullité et condamne l'huissier à une amende de 25 francs. »

OBSERVATIONS.

Un grand nombre d'arrêts que nous avons rapportés, J. A., t. 29, p. 38, ont décidé que l'exploit contenant déclaration de surenchère, peut vala-

---

(1) Telle est l'opinion de MM. Carr., t. 1, p. 196, note 2, n° 6, F. L., t. 1, p. 144, 2° col., 5° alin., et B. S. P., p. 204, note 36, n° 1.

blement être signifié un jour de fête légale. Ne pourrait-on pas dire qu'il y a une grande différence entre cette signification et celle d'un exploit ordinaire, en ce que la signification de surenchère ne peut être faite que pendant un délai déterminé? Ce motif pourrait peut-être faire établir une distinction s'il avait été donné par la Cour de cassation dans ses décisions sur la notification de surenchère ; mais il n'en est pas ainsi ; dans son arrêt du 23 février 1825, la cour de cassation, section civile, ne se fonde de même que la Cour de Grenoble dont nous venons de rapporter l'arrêt, que sur ce que les articles 63 et 1037, C. P. C., ne prononcent pas de nullité ; ce motif est général et s'applique à tous les actes de procédure ; il faut donc tenir pour constant qu'aucun de ces actes n'est nul lorsqu'il est fait un jour de fête légale ; MM. Carr., t. 1, p. 168, n° 330, et Pig. Comm., t. 1, p. 185, ne partagent pas cette opinion : le premier donne pour motif que les art. 63 et 1030 sont une loi supérieure et tiennent au culte et à l'ordre public, comme si le législateur, s'il avait été frappé par un si grave motif, n'aurait pas eu soin d'appliquer la peine de nullité à une règle si importante, comme s'il aurait pu consentir à déroger à l'ordre public en permettant de faire l'acte avec ordonnance du juge pour ne pas blesser l'intérêt particulier d'un plaideur ; le motif donné par M. Pigeau est que le législateur s'est exprimé en termes prohibitifs, et que si l'acte fait contrairement à ces termes n'était pas nul, la prohibition serait inutile, puisqu'on pourrait l'enfreindre impunément. D'abord, il faut répondre que l'infraction ne serait pas impunie, puisque d'après l'article 1030, l'huissier peut être condamné à une amende ; ensuite, qu'importe que le législateur ait parlé d'une manière prohibitive ou impérative? depuis long-tems, la Cour de cassation a fait usage de ces subtilités, en décidant que la contravention à une loi prohibitive n'entraîne pas nullité lorsque la loi n'établit pas expressément cette peine et qu'il ne s'agit pas d'une formalité substantielle. Voy. M. F. L., t. 1, v° *Nullités*, § 1er, et ce que nous avons dit *infra*, n° 376; aussi la Cour royale de Bordeaux qui, dans un arrêt du 10 février 1827, avait décidé qu'un exploit signifié un jour férié était nul en donnant les motifs de MM. Carr. et Pig., s'est-elle depuis rangée à la jurisprudence de la Cour de cassation, par un arrêt du 16 juillet 1827. Voy. J. A., t. 31, p. 249, et t. 33, p. 247; voy. aussi ce qui a été dit sur la question de savoir si, lorsque le délai accordé à l'avoué, dernier enchérisseur pour déclarer l'adjudicataire, expire un jour de fête légale, et que la déclaration n'a lieu que le lendemain, elle ne peut être assujettie qu'au droit fixe de deux francs. J. A. t. 27, p. 275; voy. enfin, *infra*, nos 325, 330 et 369, les arrêts des 7 avril, 29 juin 1819, et 8 janvier 1824.

Si la permission pour signifier un jour de fête légale était donnée ce jour même, comme cela se pratique ordinairement, nul doute que l'huissier pourrait faire la signification avant d'avoir fait enregistrer l'ordonnance malgré la disposition de la loi du 22 frimaire an 7, qui lui défend de faire un acte en conséquence d'un autre acte non enregistré. L'huissier, en effet, agit dans ce cas, en vertu de l'ordonnance du président, et si la loi de frimaire devait être appliquée, il faudrait rayer la disposition de l'art. 1037, dont l'exécution deviendrait impossible.

296. *Quoiqu'il soit constant qu'une partie a légalement opéré depuis six mois son changement de domicile, elle n'est pas fondée à arguer de nullité l'assignation qui lui a été donnée à son domicile précédent, lorsque elle y avait conservé sa résidence, et qu'elle s'est présentée d'ailleurs sur l'assignation.* (1).

297. *Celui qui est propriétaire des bestiaux qui se trouvent placés à titre de cheptel dans un domaine saisi immobilièrement, peut les revendiquer, quoique le procès-verbal de saisie les ait considérés comme immeubles par destination.*

298. *L'action en revendication est recevable, quoique le propriétaire des bestiaux ait pris inscription sur l'immeuble pour une somme représentative de leur valeur, et ait requis sa collocation à l'ordre.*

Un domaine saisi immobilièrement avait été adjugé au sieur Sauty.

Les sieur et dame Arrestier, justifiant par des titres réguliers qu'ils étaient propriétaires des bestiaux placés à cheptel sur ce domaine, formèrent une demande en revendication contre l'adjudicataire.

Avant de former cette demande, ils s'étaient présentés à l'ordre pour réclamer le paiement de la somme représentative de la valeur de ces bestiaux ; mais ils n'y avaient pas été utilement colloqués.

L'adjudicataire excipa de cette circonstance et du paiement intégral de son prix, en exécution du jugement d'ordre, pour échapper à la demande en revendication.

Il argua aussi de la nullité de l'exploit d'ajournement, en ce qu'il lui avait été signifié à un ancien domicile, lorsqu'il avait acquis un domicile nouveau, en remplissant les formalités prescrites par la loi.

Un jugement du tribunal d'Ussel, sous la date du 21 mars 1817, ayant admis la demande en revendication, sans s'arrêter aux divers moyens de nullité et fins de non-recevoir proposés par l'adjudicataire, celui-ci s'est

____

(1) Voy. M. B. S. P., p. 212, not. 9, n° 2, et *supra*, n° 284, l'arrêt du 27 juillet 1816.

pourvu en appel devant la Cour royale de Limoges qui, par arrêt du 29 mars 1817, a statué en ces termes : — « La Cour ; Considérant, sur les moyens de nullité, que malgré que Sauty, appelant, eût légalement transféré son domicile de Clermont à le Bazot, depuis plus de six mois avant l'action intentée contre lui, néanmoins il a été reconnu comme constant à l'audience, qu'il avait conservé un logement à Clermont, et que l'exploit d'assignation donné à Clermont, parlant à sa domestique, indique suffisamment qu'il y tenait son ménage ; que dès lors les époux Arrestier ont dû croire qu'il avait coutume d'y conserver son domicile ; que d'ailleurs l'assignation donnée à ce domicile a été suivie de la présentation dudit Sauty devant le tribunal d'Ussel, en sorte qu'il n'en a éprouvé aucun préjudice, et que, d'après ces motifs, il a été bien jugé en rejetant les moyens de nullité ; — Considérant , au fond, que quand on admettrait que la saisie-immobilière a compris tacitement les bestiaux du domaine de Quiquerelle, comme immeubles par destination, quoiqu'il n'en soit fait aucune mention dans ladite saisie, cette circonstance ne porterait pas obstacle à la saisie-revendication des époux Arrestier , s'ils sont réellement propriétaires desdits bestiaux, puisque l'art. 731 C.-P. C. ne transmet à l'adjudicataire d'autres droits à la propriété que ceux qu'avait le saisi ; d'où il suit que les époux Arrestier ont pu réclamer lesdits bestiaux pendant dix ans, à compter de ladite adjudication ; Considérant, sur la propriété desdits bestiaux, 1° que cette propriété est constante depuis l'acte notarié du 29 décembre 1811, qui a établi qu'ils ont été achetés en foire, et donnés à cheptel à Étienne Laborde ; 2° qu'avant l'adjudication et la saisie du domaine de Quiquerelle, les bestiaux avaient été déjà saisis-revendiqués par Rose Bardon, aujourd'hui femme Arrestier, d'après ordonnance et exploit du 13 août 1812 ; et que même assignation en validité fut donnée le lendemain ; que , malgré que cette assignation soit demeurée sans suite, elle n'en indique pas moins que ladite Bardon se reconnaissait propriétaire desdits bestiaux , et agissait comme telle, de manière que le bail à cheptel du 19 décembre 1811 ne peut être considéré comme simulé ; — Considérant que Rose Bardon , en donnant ces bestiaux à cheptel par l'acte sus-énoncé, avait pris la précaution de faire hypothéquer spécialement le domaine de Quiquerelle pour la sûreté du montant dudit cheptel, et avait pris inscription ; qu'elle a été appelée à l'ordre, comme créancière inscrite, y a demandé sa collocation et n'est pas venue en temps utile ; mais qu'il ne dérive pas de cette circonstance une fin de non-recevoir contre la nouvelle saisie - revendication qu'ont fait faire les époux Arrestier, des bestiaux dont il s'agit, soit parce qu'on ne peut pas induire l'abdication d'une propriété certaine d'un fait aussi indirect, soit parce que les époux Arrestier, ayant deux actions pour la sûreté de leur cheptel, ont pu en exercer une sans abandonner l'autre, et recourir à celle-ci après avoir infructueusement tenté la première ; que l'adjudicataire d'un immeuble ne peut se faire un moyen du paiement de son prix aux créanciers colloqués, pour repousser la demande en revendication d'une partie de cet immeuble, postérieurement formée, parce que alors il a une action en restitution contre les créanciers derniers colloqués ; d'après ces motifs, ouïs les avocats et avoués, etc., sans avoir égard aux moyens de nullité et fins de non-recevoir proposés par la partie de Me Jouhaud, met l'appellation au néant ; ordonne que ce dont est appel aura son plein et entier effet, et condamne l'appelant en l'amende et aux dépens. »

299. *Le consignataire d'un bâtiment ou de sa cargaison, peut de même qu'un commissionnaire de commerce, assigner en son propre nom dans l'intérét de ses commettans et sans faire connaître leurs noms* (1).

300. *Quand la partie adverse a formé une demande reconventionnelle contre le consignataire personnellement, un tribunal ne peut déclarer le consignataire non recevable dans sa demande principale sur le fondement de la maxime :* Nul en France ne plaide par procureur.

C'est ce qui a été jugé le 9 juin 1817 par arrêt de la Cour de Rennes ainsi conçu : — « La Cour ; Considérant que le consignataire d'un bâtiment ou de sa cargaison est un véritable commissionnaire de commerce, ainsi qu'il résulte de plusieurs dispositions du Code de commerce, et notamment de l'art. 285, où ces deux qualifications sont assimilées et prises dans la même acception ; — Considérant que, suivant l'art. 91 du même Code, le commissionnaire de commerce est celui qui agit *en son propre nom* ou sous un nom social, pour le compte d'un commettant ; d'où il suit, que non seulement il a le droit d'exercer toutes actions dans l'intérêt et pour la conservation des objets confiés à ses soins, mais encore qu'à la différence du mandataire ordinaire, il peut le faire en son nom, et à plus forte raison en exprimant seulement la qualité de consignataire, sans être obligé de faire connaître les noms de ses commettans, s'il a agi dans les bornes de son mandat ; — Considérant, en fait, que Dugray, consignataire de la cargaison de la goëlette hollandaise *le Goëde wer waling*, après avoir loué en son nom de

---

(1) Voy. M. Carr., t. 1, p. 149, n° 289, qui est d'une opinion conforme, et *infr*, n° 310, l'arrêt du 17 décembre 1812, — Voy. aussi les observations jointes au n° 290 *supra*, pag. 245.

Henri de la Blanchetais, négociant à Lorient, des greniers pour y déposer les grains dont se composait cette cargaison, lui forma, le 10 mai 1816, devant le tribunal civil de Lorient, après essai de conciliation, une action en dommages et intérêts, résultant de l'assolement desdits greniers, arrivé dans la nuit du 29 au 30; qu'il s'y qualifia de consignataire, représentant en cette qualité les propriétaires de la cargaison; à quoi Henri de la Blanchetais répondit par une demande réconventionnelle dirigée contre Dugray personnellement, aussi à fin de dommages et intérêts pour indemnité de la chute de ses magasins, en y ajoutant seulement la demande d'une caution envers les propriétaires étrangers, dans le cas où Dugray ne serait pas considéré comme agissant en privé nom; — Considérant que les procédures étaient de part et d'autre régulières dans la forme, aux termes des articles du Code de commerce déjà cités; que le tribunal de Lorient paraissait l'avoir décidé ainsi, en écartant, par un premier jugement du 26 août, le second chef des conclusions de Henri de la Blanchetais, lequel, autant qu'il est possible d'en juger par la rédaction obscure et imparfaite de ce jugement, avait pour objet de faire déclarer Dugray non-recevable et sans qualité dans sa demande; — Que, dans cet état, le tribunal de Lorient ne pouvait, sans se contredire et sans contrevenir aux dispositions du Code de commerce ci-dessus relatées, déclarer, comme il l'a fait par le jugement dont est appel, Dugray non-recevable et sans qualité dans sa demande, et que, dans l'es-pèce particulière, il n'y avait pas lieu d'appliquer l'ancienne maxime *que nul en France ne pourra plaider par procureur, si ce n'est le roi;* — Par ces motifs, la Cour, faisant droit dans l'appel relevé par Dugray, en qualité de consignataire de la cargaison de la goëlette hollandaise *le Goëde wer wating*, du jugement rendu par le tribunal civil de Lorient, le 2 septembre 1816, sans qu'il soit besoin de s'arrêter à l'appel itérativement interjeté par le même Dugray, avec désignation des noms des propriétaires chargeurs, dit qu'il a été mal jugé par le tribunal de Lorient, en ce qu'il a déclaré Dugray non-recevable et sans qualité dans sa demande contre Henri de la Blan-chetais. »

301. *L'exploit d'appel dans lequel l'huissier énonce ses qualités par abréviation, n'est pas nul, comme ne con-tenant pas la mention régulière de son immatricule.* (Art. 61, C. P. C.)

Ainsi jugé par la cour de Grenoble, le 28 juillet 1817.

302. *L'assignation signifiée en parlant au propriétaire de la maison dont la personne assignée occupe une partie et le propriétaire l'autre, est nulle, encore que*

ce dernier se soit chargé d'en donner connaissance à la première (1).

303. *La nullité d'une signification d'exploit oblige à mettre hors de cause un particulier assigné en même temps, pour avouer ou contester des faits et être condamné solidairement au paiement de sommes demandées.*

Le 23 août 1817, la cour de Rennes a statué sur ces questions dans les termes suivans : — « La Cour ; Considérant que l'exploit d'ajournement donné à la demoiselle Mignot par Allaire a été notifié dans les termes suivans : « En parlant à la demoiselle Claret, trouvée au domicile susdit et propriétaire de l'appartement qu'occupe ladite demoiselle Mignot, laquelle s'est chargée de la copie du présent et de lui en donner connaissance ; » — Que quoiqu'il n'existe aucun doute sur la remise de cette copie à la demoiselle Mignot, et quoique l'omission de la formalité prescrite par la loi ne lui ait causé aucun préjudice, elle est tellement impérative à cet égard que les magistrats ne peuvent pas s'en écarter; — Que, si la jurisprudence a étendu l'acception ordinaire du mot *serviteurs* à des personnes attachées, sous quelque nom que ce soit, au service de la partie assignée, elle ne peut s'appliquer au propriétaire de la maison qu'elle occupe, et qui habite un appartement différent, quoique sous le même toit ; que cette qualité seule n'établit point entre ces deux personnes des relations d'affection ou d'intérêt assez habituelles, pour que la loi s'en soit rapportée exclusivement à l'exactitude ou à la fidélité présumée de l'un envers l'autre, et que le propriétaire d'une maison qui n'a point de relation de services journaliers avec les locataires ne peut être considéré que comme un voisin, dont la signature sur l'original de l'exploit est prescrite à peine de nullité ; — Considérant, par rapport à la mise en cause de m⁰ Gaultier, qu'il a été assigné conjointement avec la demoiselle Mignot, pour avouer ou contester les mêmes faits et pour être solidairement condamné aux mêmes restitutions, et que l'exploit donné à cette dernière étant nul, Gaultier doit dans l'état être mis hors de cause, sauf à Allaire à l'envisager de nouveau et sous la réserve de tous les droits, moyens et exceptions des parties ; — Par ces motifs, faisant droit sur l'exception proposée par la demoiselle Mignot, contre l'exploit d'ajournement lui signifié à la requête d'Allaire, le 2 août présent mois, déclare ledit exploit nul, met dans l'état Gaultier hors de cause. »

304. *Un exploit d'appel qui n'a été signifié, ni à personne, ni à domicile, est nul, quoiqu'il ait été fait un*

---

(1) Voy. *supra*, n° 232, l'arrêt du 4 mai 1815.

procès-verbal de perquisition. (Art. 69, § 8 et 456, C. P. C.)

305. *Un jugement n'est pas nul, s'il ne contient pas implicitement les noms, professions et demeure de toutes les parties.*

La cour de Rennes a résolu ces questions dans ce sens, par arrêt du 6 janvier 1818, ainsi conçu : — « La Cour : Considérant que l'acte d'appel relevé par Dupont, Degault et consorts, du jugement du tribunal de Paimbœuf du 25 novembre 1814, n'a été signifié ni à la personne, ni au domicile de Voras et de son épouse, de Rose et de Marie Baron ; que si leur domicile n'était pas connu des appelans, ils devaient se conformer au n° 8 de l'art. 69, C. P. C., et que le procès-verbal de perquisition qu'ils ont fait faire par un huissier, le 15 décembre 1814, était une formalité irrégulière qui ne pouvait produire aucun effet ;—Considérant que l'appel du même jugement a été régulièrement notifié à Veyron-Lacroix, et à Marie Catherine Baron, son epouse, et que si sa rédaction présente une contravention aux art. 141 et 142, C. P. C., en ce qu'elle ne contient point les noms, professions et demeures de toutes les parties, ces articles ne prononcent point formellement la nullité des jugemens qui ne sont pas conformes à leurs dispositions. »

Par ces motifs, déclare nul l'acte d'appel du jugement du tribunal de première instance de Paimbœuf du 25 novembre 1814, notifié à la requête des appelans, et faisant droit sur l'appel du même jugement notifié à Veron Lacroix et Marie-Catherine-Baron, son épouse, sans s'arrêter à l'irrégularité de la rédaction de ce jugement, dans la forme, dit qu'il a été bien jugé au fond, déclare les appelans sans griefs dans leur appel. »

306. *Un acte d'appel n'est pas valablement signifié au domicile élu devant un tribunal de commerce, dans le cas de l'art. 422, C. P. C.* (1)

307. *Est nul le jugement qui ne contient pas de motifs.* (Art. 7, loi du 20 avril 1810.)

308. *L'incompétence des tribunaux de commerce pour les matières civiles, peut être proposée en tout état de cause.*

Ces questions ont été ainsi décidées le 6 janvier 1818, par la cour de Besançon ; voici l'arrêt : — « La Cour ; Considérant que tout acte d'appel doit

____

(1) Voy. J. A., t. 35, p. 30, un arrêt du 25 mars 1828, et les observations.

être signifié à personne ou domicile; qu'il n'y a d'exception à cette règle que pour les cas spécialement prévus; que l'art. 422, C. P. C. n'a point compris la signification d'un acte d'appel au nombre de ceux qui doivent être faits au domicile d'élection; que Ragot s'étant borné à faire notifier celui qu'il a émis, il est par conséquent nul; que toutefois il y a suppléé en appelant à la barre, et que les parties sont toujours admissibles à appeler de cette manière, lorsque les délais ne sont point écoulés; — Considérant que les motifs d'un jugement en sont une des parties substantielles, qu'ainsi leur omission, lorsqu'elle est complète, le vicie et le rend nul; qu'on ne peut, en ce cas, se prévaloir de l'art. 1030, C. P. C., pour soutenir le contraire, parce qu'il ne concerne que les actes de procédure, et que l'art. 141 impose aux juges l'obligation de motiver leurs sentences; que celles soumises à la cour ne l'étant point, elles sont, par conséquent, nulles; — Considérant que les juges des tribunaux de commerce n'ont qu'une juridiction circonscrite, limitée au cas spécialement prévu par la loi qui a fixé leurs attributions et a réglé leur compétence; ils ne peuvent connaître que des contestations qui s'élèvent entre négocians à raison de leurs opérations commerciales, ou entre particuliers pour les actes de commerce qu'ils ont pu faire accidentellement; leur incompétence d'ailleurs est absolue, et peut être proposée en tout état de cause; ainsi le tribunal de commerce de Besançon n'a pu admettre Roux à la preuve testimoniale de la vente qui lui aurait été faite verbalement, qu'autant que Ragot serait négociant, et que sa créance pourrait être assimilée aux lettres ou billets de change; que Roux n'a point prouvé ni demandé à établir que l'appelant fît son état habituel du commerce; que l'entreprise isolée d'ouvrages d'art ou de réparations de grands chemins ne peut faire considérer comme négociant celui qui ne se livre pas habituellement à ce genre d'industrie; que Ragot n'a pas eu d'autre adjudication que celle pour laquelle il est créancier de valeurs dont on prétend qu'il aurait fait cession; que les créances sur l'état ne sont assimilées aux effets commerçables que lorsque cela a été décidé par une loi expresse, qu'il n'en existe point pour celles de la nature dont il s'agit; que les premiers juges, en admettant la preuve testimoniale sans commencement de preuve par écrit, ont formellement contrevenu au prescrit des art. 1341 et 1547, C. C. Par ces motifs, parties ouïes, et les conclusions de M. Genot substitut de M. le procureur général, déclare les jugemens dont appel incompétemment rendus, nuls et irréguliers, ainsi que l'acte d'appel, signifié au domicile élu; évoquant décharge l'appelant de toute condamnation.

309. *Un exploit d'appel régulier ne peut valider ceux signifiés précédemment et qui ne le sont pas.*

Ainsi jugé par la cour de Rennes, le 10 janvier 1818, en ces termes : — « La Cour ; Considérant que l'appel régulier du 22 juillet dernier n'a pu faire rencontrer dans ceux des 17 et 24 mai 1817, des formalités qui n'y étaient pas. »

OBSERVATIONS.

MM. Carr., t. 1, p. 169, n° 332, Pig. Comm., t. 1, p. 184, 2e alin., et F. L., t. 1, p. 159, examinent la question de savoir si on peut valider par une signification postérieure une assignation dans laquelle on aurait omis une formalité; MM. F.L. et Carr., décident formellement la négative; M. Pig. dit, au contraire, que l'assignation serait validée, mais à la condition, 1° que le demandeur, s'il réussit, ne pourra répéter les frais de l'assignation (arg. de l'art. 65); 2° que l'assignation n'interrompra qu'autant que la signification sera donnée avant la prescription; 3° que les intérêts ne courront que du jour de la signification, si elle est donnée après le mois de la non-conciliation ou non-comparution; enfin que le délai ne courra que du jour de la signification. Malgré ces restrictions, qui sont pleines de justice, nous ne balançons pas à préférer l'opinion de MM. Carr. et F. L. Les articles relatifs aux ajournemens, prononcent la nullité pour l'omission de certaines formalités; il faut donc que ce soit l'ajournement même qui les contienne, il n'est dit nulle part que les omissions puissent être réparées par des actes séparés. — Voyez *suprà*, n° 128, l'arrêt du 1er avril 1809.

310. *Est-il nécessaire pour la validité d'un exploit que le nom des mandants, parties au procès, précède celui du procurateur?* (Art. 61, C. P. C.)

311. *Une demande en communication de pièces couvre la nullité d'un exploit.* (Art. 173, C. P. C.)

312. *Un mandataire* ad negotia *qui en même temps régit comme avoué de son mandant, peut être contraint par corps au paiement de la somme qu'il doit* (1).

Première espèce. — Arrêt du 17 décembre 1812, rendu en ces termes par la cour d'appel de Rennes : — « La Cour ; Considérant que les appelans ont procédé en première instance, et sans nulle réclamation, contre les Le Bihan de Pennelé, leurs cohéritiers, sous les qualités établies par Droguiou, leur procurateur; et que, sous l'appel, les mêmes intimés procèdent *directement et en leur nom*, sans l'entremise d'aucun mandataire; que d'ailleurs la règle invoquée pour annuler les premières suites et le jugement entre-

---

(1) les 2 et 3e questions n'ont été décidées que par le second arrêt.

pris n'a point été violée, puisque Droguiou était le procurateur de ceux pour qui il s'est dit agir ; que ceux-ci n'ont désavoué aucun de ses agissemens et actes de procédure; que parce que Droguiou a exprimé son nom et sa qualité avant les noms et qualités des parties qu'il représentait dans l'instance, on ne pouvait, avec raison, en conclure que les parties *plaidaient par procureur* contre la règle bien entendue, et appliquée dans son véritable sens; que telle ne peut pas être l'importance de faire *suivre* ou de faire *précéder* le *nom* des parties du *nom* de celui qu'elles ont réellement chargé de les représenter en justice; — Par ces considérations, déboute les parties de Gaultier (les salines) de toutes leurs fins et conclusions, ordonne exécution du jugement, etc. »

Deuxième espèce. — Le 6 août 1813, la cour de Rennes a décidé que les procédures faites à la requête du mandant, poursuite et diligence du mandataire, sont valables. M. Carr., t. 1, p. 150, not. 2, cite cet arrêt.

Troisième espèce. — Les questions posées ont été décidées, le 16 janvier 1818, par la cour de Rennes, dont voici l'arrêt : — « La Coca ; Considérant que l'exploit d'ajournement donné à Letuzo le 5 juillet 1817, a été fait à la requête de Babeau-Castel fils comme procurateur des sieurs Babeau, Castel et Prax, suivant un acte notarié du 11 mars précédent, et que les deux jugemens des 2 août et 17 décembre de la même année ont été rendus entre les parties agissant sous les mêmes qualités; — Considérant que ces qualités n'ont jamais été incertaines, et qu'on ne peut attacher, dans ce cas, aucune importance à ce que le nom du procurateur précède ou suive celui des personnes qu'il est chargé de représenter, lorsque toutes les formalités prescrites par la loi ont été d'ailleurs régulièrement remplies; — Considérant enfin que des demandes en nullité du jugement, fondées sur ce motif, ont déjà été rejetées plusieurs fois, dans des circonstances semblables, par la Cour de cassation et par la Cour royale de Rennes; que la nullité de procédure aurait même été couverte dans la cause actuelle, par la demande en communication de pièces, faite par Letuzo le 12 juillet 1817. — Par ces motifs, la Cour déboute Letuzo de sa demande en nullité., etc. »

OBSERVATIONS.

Les auteurs sont partagés sur la question de savoir si le nom du mandant doit dans l'exploit précéder celui du mandataire ; MM. Pig., t. 1, p. 52, et Th. Desm., pag. 20, tiennent rigoureusement à la maxime que nul en France ne plaide par procureur, et qu'il faut agir à la requête du mandant; MM. Carr., t. 1, p. 149, n° 290, B. S. P. p. 196, not. 9, et Merl. Rép., v° *Plaider par procureur*, et Q D., vo *Prescription*, t. 4, p. 96 et suiv., pensent que le mandataire peut agir en cette qualité. Les uns et les autres invoquent des arrêts à l'appui de leur opinion. Les motifs donnés de part et

XIII.

17

d'autre tiennent au plus ou moins de force qu'il faut attribuer à la maxime. MM. Cabr., B. S. P. et Mrbl., ne lui donnent point force de loi, et le premier soutient même que la maxime n'est pas violée toutes les fois que le mandataire déclare agir au nom du mandant. M. F. L., t. 1, p. 136, dit que l'exploit doit être fait requête du mandant, poursuite et diligences du mandataire ; mais il ajoute : Il faut du moins que l'acte exprime clairement que le représentant agit en cette qualité, ce qui fait penser que cet auteur incline vers l'opinion de MM. Cabr., B. S. P., et Mrbl., voy. J. A., vº *Appel*, nºˢ 15, 26 et 66, t. 25, p. 217, et nºˢ 162, 310, 299, 283 et 259, les arrêts des 19 novembre 1810, 6 août 1813, 9 juin 1817, 17 juillet 1816 et 7 septembre 1814. On peut voir ce que nous avons déjà dit, vº *Appel*, p. 171, n° 66 ; et nous ajouterons seulement que s'attacher rigoureusement à faire commencer l'exploit par les noms du mandant serait une vaine argutie et une subtilité qui ne sont pas dignes de la justice.

M. Cabr., t. 1, p. 153, nₒ 297, pense que dans un exploit donné par le procurateur, le domicile de la partie est exigé à peine de nullité, mais qu'il n'en est pas ainsi du domicile du mandataire. — Ce dernier nous paraît cependant très nécessaire.

313. *L'exploit est nul lorsque le prénom du demandeur n'est qu'en lettre initiale* (1).

314. *L'opposition à un jugement par défaut est suffisamment motivée lorsqu'il est dit que c'est pour nullité de l'ajournement.*

C'est ce qui a été jugé le 27 janvier 1818, par arrêt de la Cour de Bruxelles, conçu de la manière suivante : — « La Cour ; Considérant que l'acte d'opposition, en date du 11 octobre 1816, au jugement par défaut du 22 août même année, énonce pour moyens de l'opposant, la nullité du jugement et de l'exploit d'ajournement du 16 août susdit, moyens que l'appelant a ensuite développés devant le premier juge ; qu'ainsi cette opposition est, à cet égard, conforme au prescrit de l'article 437, C. P. C., d'où il suit que le premier juge a erré en déclarant l'opposition non-recevable ; — Considérant que l'exploit d'ajournement du 16 août porte seulement : à la requête de N. Colson, sans désignation de prénom ; — Que d'après l'art. 61, C. P. C., les exploits d'ajournement doivent contenir les noms du demandeur, à peine de nullité ; — Par ces motifs, met l'appellation et ce dont est appel au néant ; émendant, déclare recevable l'opposition que l'appelant a formée le 11 octobre 1816 au juge-

---

(1) Voy. *suprà*, n° 263 *bis*, l'arrêt du 17 mars 1815.

ment par défaut rendu à sa charge le 22 août précédent; déclare nul l'exploit introductif d'instance. »

315. *Un exploit d'ajournement peut être valablement si-gnifié à un étranger, dans la personne ou au domi-cile en France de son mandataire spécial* (1).

316. *On peut signifier un acte d'appel au domicile élu dans le commandement.* (Art. 583, 584, C. P. C.)

Ainsi jugé le 13 mars 1818, par la Cour de Rennes, dont voici l'arrêt : — » La Cour; Considérant que l'appel d'un jugement, ainsi qu'un exploit d'ajournement, peut être valablement signifié à un étranger, dans la personne ou au domicile en France de son mandataire spécial;—Qu'en matière de commerce, particulièrement, un négociant est représenté, en vertu d'une simple lettre, par son correspondant, pour tout ce qui est relatif à l'objet de réclamation qu'il peut être fondé à exercer, et que, dans l'intérêt même des étrangers, des formes établies pour prévenir un nouveau procès et faciliter des moyens de conciliation entre les citoyens d'un même état, ne doivent pas être étendues à ceux d'une autre nation, dont le domicile peut être incertain ou fixé à de grandes distances, qui exigeraient, pour la consommation d'affaires toujours célères, des délais incompatibles avec la nature même des affaires ; — Considérant que le jugement dont est appel avait été signifié à Bourrichon, le 18 octobre 1816, avec sommation d'y obéir dans les délais de la loi, *sous peine d'y être con-traint par corps;* — Qu'une pareille sommation peut être considérée comme une véritable injonction ou commandement de payer la somme de 30,187 fr. 86 c., énoncée dans le jugement signifié, puisqu'elle en a tous les caractères, et contient des termes équivalents ; qu'il en résulte encore que, sous ce rapport, Bourrichon a pu, conformément aux articles 583 et 584, C. P. C., notifier son appel au domicile élu par les intimés, dans le commandement qui lui avait été fait à leur requête ; — Par ces motifs, déboute les intimés de leur demande en nullité de l'appel relevé par Bourrichon, du jugement du tribunal de commerce de Nantes, du 18 octobre 1816, et ordonne aux parties de plaider au fond.

317. *L'acte d'appel dans lequel l'appelant se qualifie d'employé dans les hôpitaux militaires de la Martini-*

---

(1) Voy. M. Carr., t. 2, p. 195, *nota*, qui dit qu'il faut que le manda-taire ait pouvoir spécial pour répondre à l'action, qu'autrement on doit se conformer au § 9 de l'art. 69.

17.

nique, est nul, quoiqu'il n'y ait que deux hôpitaux militaires à la Martinique, de l'un desquels l'appelant est directeur général ; cette énonciation n'indique pas suffisamment le domicile de l'appelant. (Art. 61, C. P. C.) (1)

C'est ce qu'a décidé la Cour de Grenoble, le 22 avril 1818.

318. *Est nul l'exploit d'appel dont la copie a été laissée à un voisin de l'intimé, qui a déclaré ne savoir signer, au lieu de la remettre au maire, conformément à l'article 68, C. P. C.*

C'est ce qu'a jugé la Cour de Rennes, le 15 juillet 1818.

319. *L'acte respectueux peut être laissé à domicile, à d'autres personnes qu'à celle à laquelle il s'adresse (2). (Art. 135, C. C.)*

Ainsi jugé le 1er décembre 1818, par la Cour de Grenoble, dont voici l'arrêt : — « La Cour ; Considérant que la notification d'un acte respectueux peut être faite de la même manière que celle de tout autre acte, si ce n'est qu'elle doit l'être par deux notaires, ou par un notaire et deux témoins ; d'où il suit que si la notification d'un acte respectueux ne peut être faite personnellement à l'ascendant, elle n'en est pas moins valable, si elle est faite à son domicile, et que la copie soit laissée à l'une des personnes habitant le même domicile, en conformité de l'article 68, C.P.C. ; — Que l'art. 154, C. C., qui dispose qu'il sera fait mention de la réponse de l'ascendant, dans le procès-verbal de notification de l'acte respectueux, doit être entendu en ce sens : que si la notification est faite à l'ascendant, en personne, et qu'il fasse une réponse, le procès-verbal doit constater cette réponse, et non pas qu'il faille nécessairement, et à peine de nullité, que l'acte respectueux soit notifié à l'ascendant, en personne ; — Que s'il en était autrement, ce serait exposer le fils, qui sollicite le consentement de son père, à des entraves et à des longueurs qui seraient évidemment opposées à la pensée du législateur ; — Que l'ascendant peut d'autant moins s'élever contre la notification d'un acte respectueux, faite à son domicile, que ce n'est qu'après le délai d'un mois, à dater du jour de cette notification, que, sur la représentation de cet acte, il peut être passé outre à la célébration du mariage (art. 153, C. C.);

------

(1) Voy. *suprà*, n° 64, l'arrêt du 27 mars 1807.
(2) Voy. J. A., t. 34, p. 359, l'arrêt du 8 avril 1825.

et que , par conséquent, l'ascendant peut toujours, pendant ce délai, faire connaître les motifs de son refus , et donner des conseils à son fils ; déclare la notification valable. »

320. *La qualification donnée à l'appelant de* marchand patenté par acte délivré à , *n'indique pas suffisamment son domicile , encore que ce soit le lieu de son domicile* (1).

C'est ce qui a été jugé le 7 décembre 1818 par arrêt de la Cour de Bruxelles, ainsi conçu : — « LA COUR ; Attendu que d'après les articles 456 et 61, C. P. C., combinés , les actes d'appel doivent , comme les exploits d'ajournement, contenir le domicile de l'appelant, à peine de nullité ; qu'ainsi, puisque les formes des ajournemens sont de rigueur, il ne peut être suppléé à la mention du domicile par une relation à un autre acte non joint à celui d'appel ; — Attendu que dans l'espèce, le domicile de l'appelant n'est mentionné dans l'acte d'appel que par relation à sa patente dont il ne conste pas ; — Par ces motifs , déclare nul l'acte d'appel. »

321. *Un seul acte d'appel suffit , à l'égard de plusieurs parties intimées dans une même instance , lorsqu'il a été régulièrement notifié ou reporté à chacune d'elles.* (Art. 456,C. P. C.)

322. *Des exceptions qui se rattachent au fond même de la cause , peuvent y être jointes.*

Ainsi jugé le 4 janvier 1819, par la Cour de Rennes.

323. *L'exploit n'est pas nul , lorsque l'huissier , au lieu d'indiquer la résidence qui lui a été assignée par le tribunal près lequel il exerce, indique sa demeure réelle* (2).

Nullité d'un commandement fait à la requête du sieur Rochefort , était demandée par le sieur Ribagnas , parce que l'huissier s'était dit demeurant à Privas , tandis que sa résidence légale était à Villeneuve-de - Berg. — Jugement du tribunal de Privas qui accueille le moyen de nullité, et invite M. le procureur du roi à pourvoir au remplacement de l'huissier. — Sur l'appel, arrêt de la Cour de Nîmes, du 20 janvier 1819, ainsi conçu : — « LA COUR, attendu qu'en exigeant

(1) Voy. *suprà*, n° 171, l'arrêt du 15 avril 1811, et les *observations.*
(2) Voy. *suprà*, n° 243 , l'arrêt du 10 août 1813.

la mention de la demeure de l'huissier dans les exploits d'ajournement, l'art. 61 du C. P. C. ne dit pas si c'est de la demeure légale, ou de la *demeure réelle* qu'il faut l'entendre ; qu'il faut croire que c'est la demeure réelle que le législateur a eu en vue, avec d'autant plus de raison que le décret du 14 juin 1813, qui veut que les tribunaux assignent à ces officiers ministériels la résidence qu'ils doivent avoir, est très postérieur en date à l'émission du Code ; — Attendu d'ailleurs que ce décret se contente de prononcer une peine personnelle contre l'huissier qui se permet de changer sa résidence, sans s'occuper des actes par lui faits, où il a mentionné une demeure différente de celle qui lui était assignée, et sur le sort desquels il s'abstient de prononcer ; — Attendu qu'en invitant le procureur du roi à faire remplacer l'huissier M..., le tribunal de Privas a fait une juste application de l'article 16 du décret cité ; mais qu'il a donné à sa disposition une extension dont il n'est pas susceptible, en créant une nullité qui n'est ni dans son esprit ni dans son texte ; — A mis et met l'appellation et ce dont est appel au néant ; émendant, et sans s'arrêter à la demande en cassation du commandement, en date du 16 juillet 1817, formée par Pierre Ribagnas, déclare que ledit commandement a bien et régulièrement procédé ; ordonne néanmoins qu'à la diligence du procureur du roi près le tribunal de Privas, il sera pourvu au remplacement de l'huissier M..., etc. »

323 bis. *La copie d'un exploit ne peut être remise à celui qui a un intérêt notoirement opposé à l'assigné ; et particulièrement, des significations faites par l'acquéreur d'un immeuble pour arriver à la purge légale de l'hypothèque de la femme, ne peuvent être laissées au domicile du mari en parlant à celui-ci* (1).

Le sieur de Letang vendit au sieur de la Ribordière, son beau frère, un domaine sur lequel portait l'hypothèque légale de sa femme. L'acquéreur remplit les formalités nécessaires à la purge légale, mais il notifia l'acte du contrat d'acquisition à la dame de Letang, au domicile de son mari, en parlant à la personne de ce dernier. — La dame de Letang, séparée de fait de son mari, ne reçut pas cette signification. Lorsqu'elle en eut connaissance, elle demanda la nullité de la procédure, qui fut prononcée en ces termes, par arrêt de la Cour royale de Paris, du 25 février 1819 : — « La Cour, Attendu que dans la procédure relative à la purge

______

(1) Telle est l'opinion de M. Carr., t. 1, p. 187, *nota.*

légale de la femme, celle-ci a pour adversaire et même, à proprement parler, pour unique adversaire son mari, seul intéressé à dégrever l'héritage pour en toucher le prix ou le faire servir à sa libération; qu'il est contre toute raison et justice de vouloir que la notification puisse être faite à la femme en parlant au mari, qui a intérêt non de remettre, mais de supprimer l'exploit; qu'il est clair qu'en pareil cas lorsque la femme n'a point d'autre représentant à son domicile, elle n'en a point, et que la notification doit lui être faite dans l'une des formes supplétives indiquées par la loi; qu'au surplus, il résulte assez de toutes les pièces et circonstances de la cause, que la notification ainsi opérée n'est que l'effet d'un concert et d'une collusion entre les deux beaux-frères, met l'appellation au néant. »

324. *De ce qu'en matière correctionnelle, le jugement de condamnation est annulé, par le motif qu'il n'y a pas eu trois jours d'intervalle entre le jugement et la citation, il ne s'ensuit pas que la citation soit nulle.*

Ainsi décidé par arrêt de la cour de cassation, section criminelle, le 25 février 1819 : — « LA COUR; Vu l'art. 184 du Code d'instruction criminelle; — Attendu que les tribunaux ne peuvent prononcer d'autres nullités que celles établies par la loi; que si l'art. 146 du Code d'instruction criminelle, veut qu'en matière de simple police, la citation ne puisse être donnée à un délai moindre que vingt-quatre heures, outre un jour par trois myriamètres, à peine de nullité, tant de la citation que du jugement qui serait rendu par défaut, l'art. 184 ne détermine plus, en matière correctionnelle, de délai pour la validité de la citation; que ce n'est qu'entre la citation et le jugement qu'il prescrit un intervalle de trois jours, à peine de nullité seulement de la condamnation prononcée par défaut; que cette nullité n'a pas été étendue, comme en matière de simple police, à la citation; d'où il suit que l'effet qu'elle a eu de saisir le tribunal, est maintenu, et que, par une autre conséquence, elle reste un acte de poursuite, qui a celui d'interrompre la prescription; que, cependant, le tribunal correctionnel de Châlons-sur-Saône a, dans l'espèce, déclaré la nullité, non seulement de la condamnation prononcée par défaut en première instance, mais encore de la citation même, comme donnée à un délai moindre que celui fixé par la loi; et, jugeant qu'en cet état, il s'était écoulé, depuis le dernier des autres actes de poursuite, plus de trois ans, il a déclaré la prescription acquise, et ordonné la mise en liberté du prévenu, par application des art. 637 et 638 du même Code; — Casse, etc. »

325. *Il n'est pas nécessaire que ce soit le président du tri-*

bunal du lieu où doit être faite la signification, qui donne la permission nécessaire pour signifier un jour de fête légale.

326. *Il n'y a pas nullité de la notification d'une surenchère, quoiqu'elle soit faite un jour de fête légale, en vertu de permission du président d'un tribunal autre que celui du lieu où elle a été faite.*

C'est ce qui a été jugé le 7 avril 1819, entre les sieurs Ferrand et Larroisade, par arrêt de la cour de cassation, section civile, ainsi conçu : — « LA COUR ; Attendu qu'il n'est pas contesté dans la cause que toutes les formalités prescrites par l'art. 2185 du Code civil ont été remplies, et que le demandeur a eu connaissance, dans les délais de la loi, de la notification et réquisition de la surenchère ; que l'unique point du litige a été de savoir si les notifications données un jour férié dans l'arrondissement de Cognac, en vertu de commission et d'autorisation du président du tribunal d'Angoulème, devaient être déclarées nulles ; — Considérant que l'art. 63 , C. P. C. s'exprime en termes généraux lorsqu'il dit : si ce n'est en vertu de permission du président du tribunal ; qu'ainsi il n'attribue pas une compétence exclusive et spéciale à tel ou tel président, mais qu'il exige seulement l'intervention du magistrat pour ne point laisser les officiers ministériels juges de la convenance et de l'urgence de ces actes ; — Attendu, en outre, que ce même article ne porte point la peine de nullité exprimée dans ceux qui le précèdent et le suivent, ce qui indique dès lors une intention différente de la part du législateur ; qu'il est vrai que le paragraphe premier de l'article 832 C. P. C. exigeait, dans l'espèce, que la commission donnée à l'huissier Richard provînt du président du tribunal de Cognac, dans l'arrondissement duquel les notifications devaient avoir lieu ; mais qu'il n'en résultait pas que l'irrégularité, en ce chef, de la commission donnée par le président du tribunal d'Angoulème, dût entraîner la nullité des actes qui en avaient été la suite ; que l'art. 832 se compose de deux paragraphes distincts ; qu'il est évident que le législateur n'a pas voulu attacher à la première partie de cet article la peine de nullité qu'il a formellement exprimée dans le second paragraphe pour l'offre de la caution ; qu'il était dès lors conforme à l'esprit et à la lettre de la loi d'appliquer à l'espèce la distinction établie dans l'art. 1030 du même Code, entre les simples irrégularités ou contraventions, et les nullités formelles ; que telle est aussi la marche suivie par l'arrêt attaqué ; qu'il reconnait, il est vrai, l'irrégularité en ce chef des actes par lesquels le défendeur a rempli les formes prescrites par l'art. 2185 ; qu'il n'a pas cru néanmoins pouvoir en prononcer la nullité, par le double motif que le paragraphe premier de l'art. 832 du même Code veut expressément que les tribunaux ne puissent déclarer nul aucun exploit ou acte de procédure, si la nullité n'en est pas formellement prononcée par la loi, et que, dans le cas où la nullité n'est pas prononcée, l'officier ministériel puisse seulement, soit pour omission, soit pour contravention, être condamné à une amende; d'où il résulte qu'en n'annulant pas ces actes, l'arrêt attaqué n'a violé ni l'art. 63, ni l'art. 852, C. P. C., et qu'il a fait, au contraire, à la cause, une juste application de l'art. 1030 du même Code; — Rejette, etc. »

OBSERVATIONS.

La cour de cassation a fait, à notre avis, une juste application des art. 63 et 1037 C. P. C., qui ne prescrivant pas, à peine de nullité, d'obtenir la permission du juge du lieu de la contestation, semblent par cela même autoriser le juge du lieu où l'exploit est signifié, à délivrer l'ordonnance. Vainement oppose-t-on que c'est déroger aux règles de la compétence; que l'ordonnance devant être donnée avec connaissance de cause. il n'y a que le juge de la contestation qui puisse décider s'il y a péril en la demeure : nous répondons que du moment que la nullité n'est pas prononcée, elle ne peut être appliquée, et que la loi n'a pas employé sans motifs ces expressions générales, *président du tribunal, le juge;* elle aura sans doute été frappée de l'impossibilité qu'il y aurait, lorsqu'une signification doit être faite à cent lieues de l'endroit du litige, et que des circonstances ont amené la nécessité de la faire un jour de fête, de recourir au président du lieu où s'est élevée la contestation ; telle est aussi l'opinion de M. F. L., tom. 1, p. 145. MM. Carr., t. 1, p. 167, n° 329, et Lep., p. 113, sont d'une opinion contraire. — Voy. *suprà*, n° 295, l'arrêt du 17 mars 1817.

327. *La manifestation de l'intention de changer de domicile, faite par des déclarations écrites, ne suffit pas pour opérer ce changement d'une manière légale. Il faut que cette mutation de domicile soit manifestée* facto *et* animo, *et que les conditions prescrites par l'art.* 104 *du Code civil, aient été remplies* (1).

C'est ce qui a été décidé le 23 avril 1819, par arrêt de la cour royale d'Orléans. (*Col. de Lan.*)

328. *L'exploit d'ajournement est valable quoiqu'il ne contienne pas l'exposé sommaire des moyens, si le procès-verbal de non-conciliation, copié en tête, indique l'objet, la cause et les motifs de la demande.*

______

(1) Voy. *suprà*, n° 245, l'arrêt du 1ᵉʳ septembre 1813.

La dame Collet fait donner assignation au sieur Martin ; copie entière du procès-verbal de non conciliation est donnée en tête, et l'original de l'exploit porte que *ce procès-verbal est employé pour plus ample libellé ;* cette mention est omise sur la copie. Le sieur Martin soutient l'assignation nulle, *faute d'exposé sommaire des moyens de la demande.* — Jugement du tribunal de Niort qui rejette ce moyen. — Appel, et le 12 mai 1819, arrêt de la cour royale de Poitiers, par lequel : — « La Cour , Considérant que si l'exploit d'ajournement ne détaille pas les motifs de la demande, il porte qu'il est signifié en tête d'icelui, copie entière du procès-verbal de non conciliation, dans lequel se trouvent expliqués d'une manière très précise l'objet, la cause et les motifs de la demande; — Que par conséquent l'appelant n'a pu ignorer quel était l'objet et quels étaient les moyens de la demande contre lui formée; que dès lors le but et l'intention de l'art. 61 du Code sont suffisamment remplis ; — Met l'appel au néant. etc. »

Nota. MM. Carr., t. 1, p. 160, n° 312, et Pig., Comm., t. 1, p. 182, 2° al., professent cette doctrine, qu'on peut étayer encore d'un arrêt du 9 février 1828 (J. A., t. 34, p. 157); on peut également invoquer un arrêt du 7 novembre 1821, rapporté J. A., t. 23, p. 321. Voy. aussi *suprà*, n°° 64, 199 et 216, les arrêts des 10 décembre 1806, 23 avril et 5 août 1812.

Comme le dit M. Carr., t. 1, p. 106. n° 222, il n'est pas indispensable que la citation en conciliation contienne l'exposé des moyens, mais ce serait plus régulier.

Un de nos confrères rapporte l'arrêt de Poitiers sous la date du 12 mai 1817; nous pouvons assurer que c'est une erreur, car c'est nous qui l'avons donné, le premier, dans le Journal de la Cour de Poitiers.

329. *Une veuve , assignée en première instance , comme tutrice de sa fille mineure , ne doit pas être intimée , sous l'appel, si sa fille s'est mariée dans l'intervalle, et l'exploit qui lui est signifié est nul à l'égard de sa fille* (1).

La Cour de Rennes a résolu cette question , dans l'arrêt suivant , du 25 mai 1819 : — « La Cour ; Considérant sur le premier chef des conclusions des intimés , que , par l'acte d'appel, et assignation en conséquence notifiée à requête de Mathurin Lemercier, le 3 avril 1818 , Marguerite-Françoise Nechet , veuve Querro , a été intimée en nom qualifié de tutrice légale de sa fille ; que cependant il était constant, à cette époque, qu'Isabelle Querro, qui avait figuré aux qualités du premier procès comme mineure , sous l'autorité de sa mère , avait changé d'état et était

---

(1) Voy. *suprà* , n° 2 , l'arrêt du 23 fructidor an 3 , et *la note.*

émancipée par son mariage avec Isidore Lepotier ; que ce changement avait même été signifié à Mathurin Lemercier , par l'acte de notification du jugement de première instance , en date du 27 février 1818 ; que c'est donc à tort et irrégulièrement que Marguerite-Françoise Nechet , veuve Querro , a été assignée sous l'appel , et qu'elle doit être mise hors de cause ; — Considérant, relativement à Isabelle Querro , femme d'Isidore Lepotier , que l'assignation vicieuse donnée à sa mère , sous la fausse qualité de sa tutrice , ne peut être regardée comme une assignation donnée à elle-même, d'où il suit qu'elle n'a pas été assignée sous l'appel , et qu'elle ne peut demeurer aux qualités ; — Par ces motifs , faisant droit sur l'appel relevé par Julien Lemercier , en ce qui touche Marguerite-Françoise Nechet , veuve Querro , et Isabelle Querro , femme Lepotier , les met hors de cause ; en ce qui touche les autres intimés , met l'appel au néant, ordonne que le jugement dont est appel sorte son effet. »

330. *L'art. 1037, C. P. C., qui dispose qu'aucune signification ne doit être faite avant et après certaines heures , ne doit pas être observé à peine de nullité ; en conséquence les tribunaux peuvent refuser d'admettre une partie à prouver que la signification d'un exploit a été faite hors des heures déterminées par cet article.*

331. *Lorsque de plusieurs parties assignées , une d'elles fait défaut, les tribunaux de commerce peuvent, comme les tribunaux civils, joindre le profit du défaut au fond, pour être statué sur le tout à une autre audience.*

332. *La disposition de l'art. 435 C. P. C., relative à l'élection de domicile dans le lieu où se fait la signification d'un jugement par défaut, ne s'applique pas à la signification d'un jugement de défaut, profit joint.*

La Cour de cassation, section des requêtes, l'a ainsi décidé par un arrêt en date du 29 juin 1819 , et dont voici les termes : « La Cour; sur le premier moyen , Attendu que les articles 642 et 643 du Code de commerce, en renvoyant, pour la forme de procéder devant les tribunaux de commerce, à certains articles du Code de proc., n'excluent aucunement l'application des autres articles de ce Code , qui n'ont rien d'incompatible avec l'organisation ou la compétence de ces tribunaux; et qu'ainsi les jugemens attaqués ont pu , sans excès de pouvoirs, appliquer dans la cause l'article 153 du Code de procédure civile , et , conformément à cet article , prononcer contre une partie assignée avec d'autres , et défaillante, une jonction du défaut au fond ; — Attendu, sur le second moyen, que l'article 455 du Code de procédure civile , qui veut que la signification d'un jugement par défaut contienne élection de domicile dans le lieu où cette signification est faite , n'a eu en vue que les jugemens par défaut dont parle l'article 435 qui précède , qui contiennent une condamnation quelconque contre la partie défaillante, et auxquels il importe à cette partie d'être mise à portée de former opposition, dans le délai de la loi ; qu'ainsi, le tribunal de commerce de Romorantin a pu sans violer cet article 435 , refuser d'en faire l'application à un jugement portant une simple jonction du défaut au fond , jugement qui ne prononce aucune condamnation contre la partie défaillante, et lui réserve tous ses droits ; — Attendu enfin , sur le troisième moyen, que l'article 1037 du Code de procédure civile , en disposant qu'aucune signification ne peut être faite à certaines heures , n'attache pas cependant la peine de nullité à l'inobservation de cette disposition ; que, suivant l'art. 1030 du même Code , aucun acte de procédure ne peut être annulé que dans les cas pour lesquels la nullité en est formellement prononcée par la loi ; qu'il suit de là que le tribunal de commerce de Romorantin a pu, dans l'espèce , refuser d'admettre le demandeur à la preuve testimoniale du fait ; que le protêt signifié à la requête du sieur Perault, le 2 janvier 1817, l'avait été après six heures du soir, fait qui, en le supposant prouvé, n'aurait pas entraîné la nullité du protêt , objet de sa réclamation ; que si l'inobservation de l'article 1037 peut donner lieu à l'application de quelque peine contre l'officier ministériel qui contrevient à sa disposition, le tribunal de commerce de Romorantin n'a eu sous aucun rapport à en faire l'application ; — Rejette, etc. »

Nota. MM. Carr., t. 1, p. 146, n° 283, et Pig. Comm., t. 1, p. 173, sont d'avis qu'il n'est nullement prescrit d'indiquer l'heure de l'exploit. Cependant nous conseillons à MM. les huissiers d'insérer cette mention dans leurs actes, parce qu'elle peut être fort importante dans beaucoup de cas. — On peut voir *suprà*, n° 295 , l'arrêt du 17 mars 1817.

MM. D. C. , p. 64, et Pig. Comm. , t. 1 , 173, pensent qu'avec la permission du juge, un exploit peut être signifié la nuit, c'est-à-dire après les heures déterminées dans l'art. 1037, C. P. C. ; mais M. B.S. P. , p. 144, notes 2 et 3 , ne partage pas cette opinion.

333. *L'appel contre un militaire absent n'est pas vala-blement dirigé contre le procureur fondé de son cura-teur.*

C'est ce qu'a décidé la Cour royale de Rennes, le 17 juillet 1819, par arrêt ainsi conçu : — « La Cour ; Considérant sur la fin de non-rece-voir proposée par Coquaire, contre l'appel relevé par Frottin, en fait, que l'appel dont il s'agit a été relevé non contre Jacques Gesloux, mili-taire absent, ni même contre Jean-Marie Coquaire, curateur dudit mi-litaire, contradictoirement avec lesquels avait été rendu le jugement du tribunal de première instance de Montfort, en date du 2 thermidor an 11, dont est appel ; mais seulement contre Jean-Marie Gesloux, procurateur dudit Coquaire, curateur de l'absent ; —Considérant que la maxime qu'on ne plaide point par procureur en France, reçoit dans l'espèce sa juste application, puisqu'au lieu d'intimer sur son appel le militaire absent, dans la personne de son curateur ou le curateur lui-même, Frottin a intimé directement le procurateur du curateur de l'absent ; — Déclare Frottin non-recevable dans son appel. »

334. *L'assignation donnée à la partie contre laquelle on veut faire entendre des témoins, est nulle à défaut de la signature de l'huissier sur la copie de l'exploit. (Art. 61 et 261, C. P. C.) (1)*

335. *La comparution de la partie assignée, et sa présence à l'audition des témoins produits contre elle, ne cou-vrent pas l'irrégularité de l'assignation, quand cette partie n'a aucun dire, aucun acte dont on puisse induire un acquiescement exprès ou tacite, mais au contraire a déclaré formellement se réserver de faire valoir ses moyens de nullité (2).*

336. *L'huissier qui a signifié un exploit, est responsa-ble de la nullité résultant de l'omission de sa signature sur la copie. (Art. 71 et 1031, C. P. C.) (3)*

Un jugement interlocutoire du tribunal de Loudun a, dans une contesta-tion entre le sieur Duchastenier et la veuve Guerry, autorisé celle-ci à prou-ver, tant par titres que par témoins, les faits par elle articulés, sauf à Du-

---

(1) Voy. *supra*, n° 9.
(2) Voy. t. 12, p. 464, v° *Exceptions*, n° 41.
(3) Voy. *supra*, n°, 77, 89 et 137 bis.

chastenier à donner la preuve contraire. En conséquence, et conformément à l'art. 261 C.P.C., la veuve Guerry a fait donner à Duchastenier assignation pour être présent à l'enquête. Dans l'original de l'exploit, toutes les formalités prescrites par l'art. 6 C.P.C. étaient exactement observées; mais dans la copie, la signature de l'huissier avait été omise. Le sieur Duchastenier a comparu à l'enquête, sans y prendre aucune part active, avec déclaration qu'il se réservait de faire valoir ses moyens de nullité. — Après la signification de l'enquête, le sieur Duchastenier en a demandé la nullité, par le motif que la copie de l'exploit à lui signifié pour y assister, ne portait point la signature de l'huissier. — La veuve Guerry a répondu que, dans l'espèce, l'omission faite dans la copie de l'exploit, l'original étant régulier, n'emportait pas nullité; qu'en tous cas, la nullité a été couverte par la comparution de Duchastenier à l'enquête. — Le 8 juillet 1818, jugement du tribunal de Loudun qui, sans s'arrêter au moyen de nullité qui est déclaré non recevable, a ordonné que la cause fût plaidée au fond. — Appel de la part de Duchastenier devant la Cour de Poitiers, et le 13 août 1819, arrêt par lequel : — « La Cour; — Considérant qu'il est constant en fait que l'assignation donnée aux parties de Boncenne pour comparaître à l'enquête de celle de Bréchard, n'a point été signée par l'huissier; — Considérant qu'une assignation non revêtue de la signature de l'huissier, est une assignation nulle puisqu'elle manque du caractère le plus essentiel à son existence légale; — Considérant que les parties de Boncenne, en comparaissant à l'enquête de la partie de Bréchard, n'ont pas déclaré y comparaître en vertu de l'assignation qui leur avait été donnée; qu'elles se sont contentées de déclarer qu'elles comparaissaient sous la réserve de faire valoir leurs moyens de nullité et autres en temps et lieu; — Considérant que le juge-commissaire qui a procédé à l'enquête n'était pas compétent pour statuer sur la nullité de l'assignation donnée pour y assister; que le tribunal seul avait le pouvoir d'y statuer; que, dès lors, il était inutile de signaler au juge-commissaire quels moyens on entendait proposer; qu'il a suffi de se réserver le droit de proposer ses moyens de nullité pour avoir été recevable à les proposer devant les premiers juges; — Considérant que les parties de Boncenne en prenant assignation volontaire au jour où l'enquête s'est continuée, n'ont pas pour cela, renoncé aux moyens de nullité qu'elles s'étaient réservé de faire valoir, ni approuvé l'assignation qui leur avait été donnée pour comparaître à l'enquête; — Considérant qu'il suit de là qu'il n'y avait aucune fin de non-recevoir à proposer contre la nullité, proposée par la partie de Boncenne, de l'assignation qui leur avait été donnée pour comparaître à l'enquête de la partie de Bréchard; — Considérant qu'étant reconnu que l'assignation donnée aux parties de Boncenne pour assister à l'enquête de celles de Bréchard, n'est pas signée de l'huissier, et qu'ainsi elle est nulle; c'est comme si lesdites parties de Boncenne n'avaient pas été assignées pour comparaître à cette enquête, ce qui entraîne la nullité de ladite enquête, aux termes de l'art. 261 C. P. C., qui prescrit, à peine de nullité, l'assignation de la partie pour être présente à l'enquête au domicile de son avoué, trois jours au moins avant l'audition des témoins; — Considérant que la nullité dont il s'agit est du fait de l'huissier qui a donné l'assignation, et que l'art. 1031 C. P. C. dispose que les actes nuls seront à la charge des officiers ministériels qui les auront faits, lesquels, suivant l'exigence des cas, seront, en outre, passibles des dommages et intérêts de la partie; qu'ainsi il y a lieu de réserver à la partie de Bréchard, ainsi qu'elle y a conclu, tout recours contre l'huissier, si elle s'y croit fondée à raison de ladite nullité; — Faisant droit de l'appel, déclare nulle et de nul effet, tant l'assignation donnée aux appelans pour comparaître à l'enquête de l'intimé, que ladite enquête; ordonne, etc. »

337. *L'appel interjeté par une femme non autorisée, n'est pas nul si l'autorisation est donnée postérieurement avant toute contestation sur l'appel* (1).

C'est ce qui a été jugé le 17 novembre 1819, par arrêt de la Cour de Rennes, conçu en ces termes : — « La Cour; Considérant qu'en règle générale, fondée sur les art. 215, C. C., et 861, C. P. C. la femme, même séparée de biens, ne peut ester en jugement sans l'autorisation de son mari, ou de la justice sur le refus de son mari, mais que cette règle souffre exception, lorsqu'avant toute contestation en cause, le mari donne à sa femme l'autorisation qui lui était nécessaire; — Considérant que Marie Juhel, femme séparée de biens de Mathieu Pougeolle, a, à la vérité, relevé appel du jugement du 11 août 1818, sans l'autorisation de son mari; mais que Pougeolle a, par un acte formel, et avant toute contestation sur cet appel, donné à sa femme l'autorisation qui lui était nécessaire, et qu'il a ainsi validé l'acte d'appel qu'elle avait interjeté sans sa participation; — Par ces motifs, déboute de la fin de non-recevoir. »

338. *Il n'est pas nécessaire que l'acte d'appel interjeté par la régie, contienne constitution d'avoué* (2).

339. *La prescription en matière criminelle n'est point interrompue par une contrainte.*

---

(1) La Cour de cassation a décidé que l'appel n'était qu'un acte conservatoire. — Voy. ce que nous avons dit à cet égard, J. A., t. 33, p. 58, 65 et 351.

(2) Voy. J. A., t. 5, p. 236 et 247, v° *Avoué*, n°° 7, 10, et les observations.

340. *La contrainte pour le paiement d'une amende doit être décernée au nom du procureur du roi.*

Ainsi jugé le 16 décembre 1819 par arrêt de la Cour royale de Rennes, rendu en ces termes entre le sieur Audicq et la régie de l'enregistrement et des domaines : — « La Cour ; Considérant, sur la seconde fin de non-recevoir proposée par le sieur Audicq, que l'art. 17 de la loi du 27 ventose an 9, dispose que dans l'instruction des instances que la régie aura à suivre pour toutes les perceptions qui lui sont confiées, le ministère des avoués ne sera pas nécessaire ; que les expressions de cet art., quoiqu'il fasse partie d'une loi relative à l'enregistrement, sont tellement générales et absolues, qu'on ne peut s'empêcher de le considérer comme établissant une règle commune et n'admettant aucune exception ; que de ces observations il résulte tout à la fois, que la voie de l'appel était ouverte à la régie puisque l'objet de la contestation excède 1,000 fr., et que l'exploit par lequel elle a notifié cet appel n'est pas nul, faute de constitution d'avoué ; — Considérant, au fond, que la prescription en matière criminelle est réglée par une législation spéciale, et qu'on ne peut lui appliquer des lois d'un ordre différent, ni argumenter des principes qui régissent la prescription en matière civile ; que l'art. 636 C. I. C. qui est seul applicable en disposant que les peines portées par les arrêts ou jugemens rendus en matière correctionnelle, se prescriront par cinq années révolues, à compter de la date de l'arrêt ou jugement rendu en dernier ressort, sans ajouter que cette prescription pourra être interrompue par un acte de poursuite, suppose nécessairement qu'elle ne pourra être empêchée que par l'exécution, ou au moins, par un commencement d'exécution du jugement, c'est-à-dire relativement à la peine d'emprisonnement, par la détention ou l'arrestation, et relativement à la peine pécuniaire, par le paiement de l'amende, ou du moins par l'exercice de la contrainte par corps, ou par une saisie apposée sur les biens du condamné ; qu'en effet, si telle n'a pas été l'intention du législateur, et s'il eût voulu qu'un simple acte de poursuite, tel qu'une contrainte décernée par la régie, pût interrompre la prescription de la peine, il s'en fût formellement expliqué, ainsi qu'il l'a fait, relativement à la prescription de l'action résultant d'un crime ou d'un délit, dont l'interruption a lieu par un acte d'instruction ou de poursuite, aux termes des art. 637 et 638 C. I. C. ; — Considérant que la contrainte signifiée au domicile de l'intimé le 22 janvier 1818 est nulle, faute d'avoir été décernée au nom du procureur du roi, ainsi que l'exige impérieusement l'art. 197, C. I. C., dans les poursuites faites par la régie pour le recouvrement des amendes ; — Par ces motifs, déclare la régie de l'enregistrement et des domaines recevable. »

341. *La copie de l'exploit d'un acte d'appel n'est pas* *nulle, quoiqu'elle ne contienne pas l'indication du domicile de l'appelant, mais celui de la résidence, parce que le mot résidant est synonyme du mot demeurant; l'un et l'autre indiquent le domicile, lorsqu'il n'est pas démontré que le domicile n'est pas autre que la résidence (1).*

342. *Il n'y a également point de nullité dans un acte d'appel, parce que l'exploit original porterait la date erronée de 1719 au lieu de 1819, lorsque cette erreur est réparée par l'acte lui-même, d'abord par la date du jugement dont appel et ensuite par le visa signé du maire intimé qui l'a daté de 1819 (2).*

Arrêt de la cour d'appel de Besançon, du 28 décembre 1819.

343. *Lorsque l'huissier ne trouve ni parens ni serviteurs de la personne assignée, et que le voisin refuse de recevoir la copie d'un acte d'appel, cette copie peut être remise à l'adjoint, dans l'absence du maire. (Art. 68, C. P. C. (3).*

344. *Lorsqu'il a été fait erreur sur la date du jugement, l'acte d'appel n'est pas nul, si l'intimé n'a pas pu équivoquer sur le jugement dont il s'agissait.*

Ainsi jugé le 22 janvier 1820, par la cour de Besançon, dont l'arrêt suit :
— « La Cour; Considérant, sur la première nullité présentée contre l'acte d'appel, résultant de ce que la copie en a été laissée à l'adjoint du maire d'Issoire; que l'huissier, dans son procès-verbal, constate que s'étant présenté au domicile du fils Monroz, il ne l'a pas rencontré, ni aucun de ses parens ou serviteurs; qu'il s'est adressé à un voisin qui a refusé de recevoir la copie et de viser l'original; que dès-lors il a été forcé de s'adresser à l'adjoint du maire d'Issoire, en l'absence de ce dernier; — *Sur la seconde nullité* qu'il résulte de ce que l'appel porte sur un jugement rendu entre les parties, par le tribunal de Vésoul, en date du 20 juillet 1819, au lieu du 28 du même mois, qui est le seul qui les concerne; — Considérant que le but de la loi a été rempli, si celui qui a été assigné n'a pas pu équivoquer, ni

---

(1) Voy. *supra*, n° 113, l'arrêt du 5 août 1808, et les observations.

(2) Voy. *supra*, n° 53, l'arrêt du 8 nivose an 11.

(3) Voy. *supra*, n° 29, l'arrêt du 13 frimaire an 11, et J. A., t. 3, v° *Appel*, n°s 102 et 243.

XIII. 18

être trompé sur le but de l'exploit ; que peu importe alors si l'huissier a commis une erreur de date dans sa copie, puisqu'elle porte appel d'un jugement rendu entre les parties par le tribunal de Vesoul ; que cette erreur n'a pu porter aucun préjudice à l'intimé, ni l'induire en erreur, puisque c'est le seul jugement qui ait existé entre les parties ; — Par ces motifs, parties ouïes, ordonne l'exécution du jugement dont est appel.»

345. *L'exploit est valablement remis au domicile de l'assigné en parlant à une femme qui s'est faussement qualifiée de sœur de celui-ci* (1).

Ainsi jugé le 3 février 1820, par arrêt de la cour d'appel de Bruxelles, conçu en ces termes : — « La Cour ; Attendu qu'il résulte de l'exploit de signification du jugement dont est appel, que copie en a été laissée au domicile de l'appelant à une personne qui, de ce interpellée par l'huissier exploitant, a déclaré être sa sœur ou belle-sœur ; — Attendu qu'il est constaté par l'enquête que la personne à laquelle copie du jugement a été remise demeurait chez l'appelant depuis plus de douze ans ; que soit qu'on envisage cette personne comme sœur ou belle-sœur, soit comme demeurant chez l'appelante en qualité de servante, il restera vrai que copie du jugement a été remise à une des personnes qui composaient son ménage ; d'où il suit qu'il a été satisfait au vœu des art. 61, n°, 2 et 443, C. P. C. ; qu'ainsi la signification dont il s'agit a été faite valablement ; — Attendu que cette signification est du 8 novembre 1811, et que l'appel n'a été interjeté que le 28 février suivant ; par conséquent après l'expiration du délai fixé par la loi, M. le pr. av. gén. Delohamaide entendu, et de son avis, déclare l'appel non-recevable comme fait tardivement, condamne l'appelant à l'amende et aux dépens. »

346. *Est nul l'acte d'appel signifié à une personne faussement qualifiée de procurateur de l'intimé, ou à l'ancien avoué des créanciers d'une succession bénéficiaire.* (Art. 456, C. P. C.)

Ainsi jugé le 21 février 1820, par arrêt de la cour de Rennes, ainsi conçu : — « La Cour ; Considérant, sur l'appel du sieur Pihan, contre le sieur Langevin, que l'art. 456 C. P. C., porte que l'acte d'appel sera signifié à personne ou domicile à peine de nullité ; que celui dont est cas l'a été à la personne du sieur Lormier, demeurant à Nantes, qualifié de procurateur du sieur Langevin, sans que rien justifie qu'il en eût la qualité ; qu'on voit même au jugement dont est appel, en date du 10 mars 1814, que ce jugement a été rendu, non sur les suites et diligences du sieur Lormier, mais

---

(1) Voy. *supra*, n° 200, l'arrêt du 20 mai 1812.

sur celles du sieur Scheult, procurateur dudit sieur Langevin, dont la qualité est constatée par un acte notarié du 21 pluviôse an 10; qu'il suit de là que la signification faite au sieur Lormier est vaine, comme telle frappée de nullité, aux termes de l'art. 456, ce qui rend le sieur Pihan non-recevable dans son appel à l'égard du sieur Langevin. — Considérant, sur l'appel dudit sieur Pihan contre Barré, avoué ancien des créanciers du bénéfice d'inventaire du sieur Augustin Petit, que si le sieur Barré a eu qualité de figurer dans le jugement dont est appel, cette qualité n'a pu se perpétuer sous l'appel, et s'est éteinte dès le moment que l'instance a été terminée au premier tribunal; qu'il importe peu qu'il soit établi au jugement dont est appel, que ledit M. Barré était autorisé à exercer les droits des héritiers bénéficiaires Petit, parce que cette autorisation ne pouvait s'entendre que de l'instance principale, dès que rien n'exprimait qu'elle dût s'étendre au-delà; que d'ailleurs le jugement dont est appel ayant été rendu dans l'intérêt du créancier et non dans ceux de l'avoué ancien, il n'y avait pas de raison de relever appel contre cet avoué, au lieu de le faire contre les créanciers, qui n'avaient pas délégué de pouvoirs pour les représenter sous l'appel : d'où il suit que l'appel dirigé contre Barré n'est qu'un appel illusoire, qui ne peut produire aucun effet, et que conséquemment cet appel est encore non-recevable. — Par ces motifs, faisant droit sur l'appel relevé par le sieur Pihan contre les sieurs Langevin et Barré le déclare non-recevable dans son appel. »

347. *La copie d'un exploit est valablement laissée à un employé de l'assigné, trouvé au domicile de celui-ci.*

C'est ce qui a été jugé le 23 février 1820 par arrêt de la cour de Metz, ainsi conçu : — « La Cour; Considérant que le code de procédure veut que tous exploits soient faits à personne ou domicile, mais que dans le cas où l'huissier ne trouve pas la partie à son domicile, il est autorisé à laisser la copie à l'un de ses parens ou serviteurs; que les employés de la partie en son domicile sont évidemment et à plus forte raison que les simples serviteurs capables de recevoir ladite copie; que, dans l'espèce, l'acte d'appel a été fait au domicile de l'étranger, en parlant à la personne du sieur Vauchez, employé, qu'ainsi les irrégularités qu'on lui reproche sont sans fondement, etc. »

348. *Est nul l'exploit d'appel dont l'original contient le parlant à, laissé en blanc sur la copie.* (Art. 61 , C. P. C.) (1)

---

(1) Voy. *supra*, n° 9, les nombreux arrêts rapportés sous ce numéro, et *infra*, n°s 353 et 363, ceux des 11 août 1820 et 7 février 1822.

18.

Ainsi jugé le 14 mai 1820, par arrêt de la cour de Rennes, en ces termes : — « La Cour ; Considérant que l'art. 61 C. P. C. exige, à peine de nullité, que tout exploit d'ajournement contienne mention de la personne à laquelle copie de l'exploit sera laissée ; — Considérant qu'il est bien vrai que l'original de l'exploit d'appel du 16 septembre 1819 constate la notification de l'acte d'appel de Pierre Trotu et autres, au sieur Rion de Khallet, en sondit domicile, à Brest, *parlant à sa personne*, mais qu'il est également constant que cette mention a été omise et laissée en blanc sur la copie par lui représentée et qui lui tient lieu d'original ; — Par ces motifs, déclare nul ledit exploit d'appel, et par suite déclare les appelans non-recevables dans leur appel. »

349. *Les dispositions de la loi relative à la signification de l'acte d'appel, quelque générales qu'elles soient, ne sont point d'ordre public ; introduites dans l'intérêt particulier des justiciables, les parties peuvent y déroger.* (Art. 456, C. P. C.) (1)

C'est ce qu'a décidé la cour d'Orléans, le 7 juin 1820. (Col. Delan.)

350. *Dans les affaires où il s'agit du domaine de l'état, la déclaration faite par l'exploit d'appel, que le procureur général y soutiendra les intérêts du gouvernement, équivaut à une constitution* (2).

351. *L'élection de domicile pour le domaine de l'état, au parquet du procureur général, est de droit.*

352. *Le jugement du tribunal de première instance doit, pour faire courir les délais de l'appel, être notifié à la personne, ou au domicile du préfet, et non au procureur du roi.* (Art 443, C. P. C.)

C'est ce qu'a décidé la cour de Rennes, par arrêt du 10 août 1820, ainsi conçu : — « La Cour ; Considérant, sur le moyen de nullité opposé par le sieur Billette, que le procureur du roi et les procureurs généraux sont chargés, par des lois spéciales, d'occuper, pour le domaine de l'état, dans toutes les causes qui le concernent ; que d'ailleurs la déclaration insérée dans l'exploit d'appel, signifié au sieur Billette, que le procureur général

____

(1) En serait-il de même pour l'expiration des délais ? Voy. J. A., t. 3, p. 58 , v° *Appel*, n° 51. Voy. *supra*, n° 224, l'arrêt du 19 décembre 1812, où , malgré le consentement des parties, la Cour s'est déclarée incompétente.

(2) Voy. J. A., t. 34, p. 511 *et la note.*

près la cour royale de Rennes y soutiendra les intérêt du gouvernement, équivaudrait à une constitution expresse, si on pouvait la juger nécessaire ; — Considérant, sur le second moyen de nullité, que l'élection du domicile, au parquet du procureur général, était de droit, comme elle est de droit chez l'avoué constitué dans les affaires contre particuliers, aux termes de l'article 61 C. P. C. ; — Considérant sur la fin de non-recevoir proposée dans l'intérêt des autres héritiers Pluchon intimés, et qu'on prétend faire résulter de ce que l'appel leur a été notifié plus de trois mois après la signification du jugement, que cette signification n'a pu faire courir en leur faveur le délai de l'appel, puisqu'au lieu d'être fait à l'état, en la personne ou au domicile du préfet, véritable partie dans l'instance, elle l'a été en la personne du procureur du roi chargé seulement par la loi d'occuper pour le domaine, comme l'avoué constitué dans les cas ordinaires ; or, il résulte des termes de l'article 443 C. P. C., qu'il n'y a que la signification à personne ou domicile qui fasse courir le délai de l'appel, et que la signification à l'avoué ne peut produire cet effet ; qu'en vain objecte-t-on que par la requête d'intervention du 1er août 1818, élection de domicile était faite, pour le préfet du Finistère, au parquet du procureur du roi de Brest, pour la notification, y est-il dit, de tous actes et arrêts relatifs à la présente ; qu'en effet cette élection de domicile doit être, en tout point, assimilée à celle qui est faite chez l'avoué, conformément à l'article 61, et qui n'a d'effet que pour la procédure à suivre devant les premiers juges ; — Par ces motifs, déboute le sieur Billette, son épouse, et autres, de leurs moyens de nullité et fin de non-recevoir ; ordonne de plaider au fond, dépens compensés, et sur la demande du ministère public, renvoie les plaidoiries au fond après les vacances. »

353. *Est valable l'exploit qui fait mention de la personne à laquelle la copie a été laissée, sans désigner celle à laquelle l'huissier a parlé.* (Art. 61, C. P. C.) (1)

C'est ce qu'a décidé, le 11 août 1820, la Cour de Grenoble, en ces termes : — « LA COUR ; Attendu que l'article 61 C. P. C. exigeant simplement la mention de la personne à laquelle copie de l'exploit sera laissée, sans exiger qu'il y soit dit à quelle personne il a été parlé ; et attendu que, quoique dans la copie dont il s'agit, il soit dit : *J'ai à mon dit sieur le procureur général, donné et laissé la présente copie,* sans faire mention de la personne à qui l'huissier a parlé, le désir de la loi est suffisamment et textuellement rempli ; — Attendu que, quoiqu'il soit ajouté dans l'original ces mots : *Parlant à son secrétaire, qui y a fait apposer son visa ;* il

____

(1) Voy. *supra*, n° 348, l'arrêt du 14 mars 1820, et *infra*, n° 363, celui du 7 février 1822.

ne résulte pas de cette addition qu'il y ait, dans la copie une omission qui la rende illégale, soit parce que la copie tenant lieu d'original à la partie à qui elle est adressée, cette copie doit être appréciée indépendamment de l'original, et que cette copie renferme en elle-même tout ce qui est nécessaire à sa validité, soit parce que l'addition faite sur l'original, peut être considérée comme superflue, puisque la loi n'exige autre chose que de mentionner la personne à laquelle la copie est laissée, sans expliquer à qui l'huissier a parlé : d'où résulte la validité de l'acte d'appel ; — Faisant droit à la demande en nullité, formée par la partie de Faure Durif, relativement à l'exploit de l'acte d'appel, fait le 15 octobre 1819, à la requête des parties de Cret, au domicile élu chez Faure Durif, déclare ledit exploit nul et de nul effet ; néanmoins, sans s'arrêter à la demande en nullité, formée par ladite partie de Faure Durif contre l'exploit de l'acte d'appel, fait le 18 du même mois d'octobre, à la personne du procureur général, déclare ledit exploit régulier ; en conséquence, ordonne que les parties continueront à procéder pardevant elle. »

354. *Un exploit d'appel portant que la copie a été remise* à la personne de l'épouse du cité, ainsi déclarée, *lorsqu'il est prouvé que celui-ci n'a jamais été marié, est valable néanmoins, si cette fausse déclaration ne provient point de la faute de l'officier ministériel, celui-ci n'étant garant que de ses faits personnels et non des fausses indications qu'on lui donne* (1).

Ainsi jugé le 23 août 1820, par arrêt de la Cour royale d'Orléans (Col. Delan.)

355. *Un acte d'appel est nul s'il n'a point eté signifié au bureau de l'hospice, mais seulement à son receveur, qui ne représente pas légalement l'administration de l'hospice, pour recevoir cette signification.* (Art. 69, C. P. C.) (2)

C'est ce qui a été jugé le 29 août 1820, par arrêt de la Cour royale de Besançon.

356. *Les formalités de l'art. 64, C. P. C., ne sont pas*

---

(1) Voyez *supra*, nos 187 et 200, les arrêts des 16 septembre 1811 et 20 mai 1812.

(2) Voy. J. A., t. 3, p. 276, v° *Appel*, n° 137, et t. 5, p. 82, v° *Autoris. femm.*, n° 58.

nécessaires lorsqu'il est constant que les parties étaient fixées sur l'objet du litige (1).

Arrêt de la Cour d'appel de Liége, du 8 décembre 1820, rendu en ces termes, entre les sieurs Lehaen et Melis : — « La Cour ; Attendu quant à la nullité qui résulterait de ce qu'aux termes de l'art. 64, C. P. C., l'exploit introductif d'instance n'a point énoncé les tenans et aboutissans des pièces de terre revendiquées par les intimés, la loi, en exigeant l'accomplissement de cette formalité, a évidemment pour but de prévenir les erreurs qui pourraient résulter d'une indication fausse ou inexacte des objets de la demande, et de les faire connaître précisément à l'assigné ; que, dans l'espèce, aucune erreur sur l'objet de l'assignation n'a pu avoir lieu, puisque l'appelant, en comparaissant au bureau de paix, a tout de suite reconnu de quelles portions de terre il s'agissait dans la demande des intimés, et qu'il a fait même l'offre de les leur abandonner, moyennant la seule condition qu'il conserverait les fruits perçus ; — Attendu que par cette reconnaissance formelle, il a virtuellement renoncé d'avance à l'exception d'une nullité que la loi ne prononce point irrévocablement, puisqu'aux termes de l'article 173 du même Code, toute nullité d'exploit peut être couverte ; — Met l'appellation au néant. »

357. *L'erreur dans les noms et qualités de l'appelant ne vicie pas un acte d'appel, s'il a agi en première instance sous les mêmes noms et qualités* (2).

Ainsi jugé le 21 décembre 1820, par la cour de Grenoble : — « La Cour ; Attendu que dans l'acte d'appel du 25 janvier 1819, argué de nullité, les parties de Gunimaud ont agi sous les mêmes noms et qualités, que sous ceux qu'elles avaient agi dans l'instance introduite devant les premiers juges, et terminée par le jugement du 9 juillet 1818, dont elles se sont rendues appelantes ; qu'il en résulte que les parties d'Accarier et de Cret ne pouvaient se tromper sur l'identité des personnes qui formaient l'acte d'appel ; qu'ainsi cet acte d'appel, dont il s'agit, étant régulier, il est inutile d'examiner toutes les autres questions agitées ; — Sans s'arrêter au moyen de nullité proposé contre l'acte d'appel du 25 janvier 1819, ordonne que les parties continueront de contester au principal. »

358. *Lorsqu'aux termes de l'art. 68, C. P. C., la copie d'un exploit d'appel est remise au maire, la mention*

---

(1) Voy. *suprà*, n° 64, l'arrêt du 10 décembre 1806.

(2) Voy. J. A., t. 28, p. 157, et t. 31, p. 227.

sur cette copie du visa du maire sur l'original, n'est pas exigée à peine de nullité. (Art. 68, C. P. C.)(1)

359. *L'opposition à un jugement rendu faute de plaider, doit être signifiée à la partie également condamnée, mais contradictoirement.*

360. *L'opposition formée par un garant doit être signifiée au demandeur en garantie.*

La Cour de Rennes a statué sur ces questions, le 21 décembre 1820, en ces termes : — « LA COUR ; Considérant, sur le moyen de nullité proposé dans l'intérêt des époux Cillart, contre l'appel relevé par le sieur de Bellingant, du jugement du 8 juin 1819, que l'huissier chargé de notifier cet appel n'ayant trouvé personne au domicile desdits intimés, et aucun voisin n'ayant voulu recevoir la copie, s'est, conformément à l'article 68, C. P. C., retiré vers le maire de la commune, et lui a remis cette copie ; — Que la remise de l'exploit à la personne même du maire, est expressément mentionnée tant sur l'original que sur la copie ; — Que, d'un autre côté, l'original est représenté revêtu de la formalité du visa, apposé en marge par le maire ; — Considérant, qu'à la vérité, l'huissier n'a pas ajouté dans la copie que l'original avait été visé, mais que cette omission ne saurait entraîner la nullité de l'acte d'appel, d'ailleurs parfaitement régulier ; — Qu'en effet, si la remise de l'exploit au maire, dans les cas prévus par l'art. 68, C. P C., est une formalité essentielle de la notification sans laquelle elle n'existerait pas, et dont l'accomplissement doit, par conséquent, à peine de *nullité*, se trouver mentionné sur l'original et sur la copie, il n'en est pas de même du visa, qui n'est qu'une formalité extrinsèque, mais qu'on ne doit pas confondre avec la mention de cette remise, et dont l'observation est suffisamment constatée, relativement à la personne assignée, par la représentation de l'original dûment visé : — Qu'il résulte de ces observations que la copie de l'exploit d'appel notifiée aux sieur et dame Cillart, le 6 octobre 1819, est régulière et conforme à l'article 68 précité, sainement entendu ; qu'ainsi, le moyen de nullité présenté doit être rejeté ; — Considérant, sur *la fin de non-recevoir opposée contre l'appel* du sieur de Bellingant, par les autres intimés, et aussi subsidiairement par les mêmes sieur et dame Cillart : — Que le premier jugement du 27 janvier 1819 a été rendu contradictoirement entre le sieur de Bellingant et lesdits intimés ; que, quant au sieur de Bellingant, ce jugement était définitif ; que s'il croyait avoir à s'en plaindre, il n'avait d'autres voies pour le faire réformer, que celle de l'appel dans le délai de la loi ; que ne s'en étant pas rendu appelant, la con-

____

(1) Voy. *supra*, n° 163, l'arrêt du 16 janvier 1811.

damnation énoncée contre lui personnellement, au profit des demandeurs originaires, a irrévocablement acquis, à son égard, l'autorité de la chose jugée ; Considérant que les sieur et dame Sterlin, aussi condamnés par ledit jugement envers Demur de Kigonan et autres, et même pour une portion solidairement avec le sieur de Bellingant, avaient bien droit d'y former opposition, ainsi qu'ils l'ont fait, puisque, relativement à eux, la condamnation n'avait été prononcée que par défaut faute de plaider ; — Mais que sur cette opposition, au jugement de laquelle le sieur de Bellingant devait nécessairement être appelé, le tribunal de Saint-Brieux, qui en était saisi, ne pouvait statuer que sur la question de savoir si les opposans étaient fondés, c'est-à-dire s'il y avait lieu ou non de maintenir les condamnations prononcées contre eux au profit des demandeurs originaires, et encore sur l'action en garantie réservée par le premier jugement au sieur Bellingant, vers lesdits sieur et dame Sterlin, et par lui exercée incidemment à l'opposition ; — Qu'aussi, par son second jugement du 8 juin 1819, le tribunal de Saint-Brieux n'a-t-il fait autre chose que de débouter les sieur et dame Sterlin de leur opposition, et d'adjuger au sieur de Bellingant les fins de sa demande en garantie ; que la conséquence de ce jugement, qui déclarait l'opposition mal fondée, était de rendre définitive la condamnation que le premier avait énoncée contre les sieur et dame Sterlin ; qu'en répétant, en tant que besoin, cette condamnation, et en expliquant de quelle manière elle devait se réfuter contre lesdits sieur et dame Sterlin, le jugement du 8 juin n'a pas dû condamner de nouveau, et n'a pas réellement condamné le sieur de Bellingant, à l'égard de qui, pour ce qui concernait Demur de Kigonan et autres, tout était consommé par le jugement du 27 janvier ; qu'enfin les condamnations prononcées contre le sieur de Bellingant, au profit dudit Demur de Kinogan et autres ne sont rappelées dans le dernier jugement du 8 juin, que comme fondement de l'action en garantie sur laquelle il a obtenu gain de cause ; — Que, par suite des jugemens rendus et faute à lui d'avoir interjeté appel de celui du 27 janvier, le sieur de Bellingant, d'une part, est demeuré sous le coup de la condamnation personnellement énoncée contre lui par le premier, au profit des demandeurs originaires, et d'autre part, a obtenu par le second, dont les sieur et dame Sterlin n'ont pas relevé appel, sa libération vers eux ; — Considérant que, d'après cela, il est évident que la fin de non-recevoir opposée à son appel unique du jugement du 8 juin est bien fondée, et doit être accueillie dans l'intérêt de Demur de Kigonan et autres ; — Qu'en effet, le sieur de Bellingant ne peut être reçu à appeler d'un jugement qui n'énonce contre lui aucune condamnation, et qui, loin de lui causer aucun grief lui a adjugé les conclusions qu'il avait prises ; — Qu'il est encore non-recevable à attaquer, à l'aide de cet appel, un jugement antérieur de condamnation contre lequel il ne s'est pas pourvu, et qui est désormais passé en force de chose jugée ;

— Que la prétendue indivisibilité sur laquelle il s'est appuyé, est d'autant moins admissible pour écarter la fin de non-recevoir, que les sieur et dame Sterlin n'ont point interjeté appel du jugement du 8 juin, par lequel ils ont été condamnés, tant envers Demur de Kinogan et autres, qu'envers le sieur de Bellingant lui-même, et que le résultat des deux jugemens ne présente rien d'inconciliable ; — Par tous ces motifs, faisant droit en premier lieu, donne par répétition défaut contre les sieur et dame Sterlin, intimés défaillans, et pour être fait droit au fond, entre lesdits sieur et dame Ster in et le sieur de Bellingant, ordonne à celui-ci d'établir ses griefs si bon lui semble ; en second lieu, et sans s'arrêter au moyen de nullité proposé par les sieur et dame Cillart, dont ils sont déboutés ; déclare le sieur de Bellingant non-recevable vers les intimés Demur, Kinogan et autres, dans l'appel par lui interjeté du jugement du 8 juin 1819; ordonne en conséquence que ledit jugement, pour ce qui les concerne, sortira son plein et entier effet. »

361. *Il n'est pas nécessaire que l'acte d'appel indique la demeure de l'intimé, lorsqu'il est signifié à personne.*

Arrêt de la cour de Bruxelles du 24 janvier 1821, ainsi conçu : — « La Cour; Attendu que l'acte d'appel dont il s'agit a été signifié, au vœu de l'art. 456, C. P. C., à la personne de l'intimé, y désignée dans les termes les plus clairs; savoir : « Le sieur Eugène Séraphin Desonghe, se disant débitant de la loterie des Pays-Bas, trouvé au palais de justice du tribunal de première instance de l'arrondissement de Malines, y parlant à sa personne, qui se dit être tel, de ce sommé et interpellé ; » — Attendu que, bien que le n° 2 de l'art. 61, C. P. C., dispose en termes formels que l'exploit d'ajournement contiendra les noms et domicile du défendeur, et que l'acte d'appel soit assujéti aux formes prescrites pour l'exploit d'ajournement, toutefois il est évident que l'acte d'appel, étant signifié à personne, il ne doit pas renfermer le domicile de l'intimé, d'autant qu'il est sensible que l'objet de la disposition consignée dans le n° 2 de l'art. 61 sus-énoncé du Code de proc., est qu'il y ait une certitude morale que l'exploit parviendra à la connaissance de l'individu assigné, laquelle raison cesse dans toute son étendue lorsqu'il a été fait à la personne même clairement désignée, et par conséquent il y a lieu d'appliquer la maxime, *cessante in totum ratione legis cessat et ipsa lex ;* — Par ces motifs, etc.

362. *L'exploit de demande qui, en matière réelle, n'énonce pas la nature des héritages, leur situation et leurs tenans et aboutissans, n'est pas nul, lorsqu'il énonce d'ailleurs que copie a été signifiée en tête de l'exploit d'un acte dans lequel chacun des héritages est suffisamment désigné.* (Art. 64, C. P. C.)

Ainsi jugé entre le sieur Glatigny et les sieurs Dubois et Truc, par arrêt de la cour de Metz, en date du 24 juillet 1821, ainsi conçu : — « La Cour ; Attendu, en ce qui concerne la nullité prétendue de l'exploit introductif d'instance du 16 juillet 1818, que cet exploit contient la preuve que Glatigny, demandeur en désistement, a donné en même temps copie à Dubois, défendeur, tant de l'adjudication du 30 janvier 1817, que de la rétrocession du 6 mai suivant, en sorte qu'il n'a pu se méprendre sur l'objet de la réclamation ; aussi a-t-il contesté au fond, en annonçant que les héritages revendiqués n'étaient pas la propriété de Glatigny, mais bien celle du notaire Truc de qui il les tenait à bail ; — Attendu que Truc, en intervenant dans l'instance sur la demande de son fermier, a également connu l'objet de celle de Glatigny, et quels étaient les héritages qu'il réclamait, et qu'ainsi, au lieu de se prévaloir d'une nullité d'exploit qui ne lui portait aucun préjudice, il eût dû, en suivant les erremens de l'instance, défendre au fond de la demande, d'où il suit que c'est mal à propos que les premiers juges ont annulé cet exploit introductif d'instance et tout ce qui s'en est suivi.

Nota. Voy. *suprà*, n° 64, l'arrêt du 10 décembre 1806. — Les 2 ventôse an 7 et 14 ventôse an 8, la cour suprême avait jugé que sous l'empire de l'ordonnance, les exploits de demande ayant pour objet la propriété de quelqu'héritage devaient contenir l'indication des tenans et aboutissans. »

363. *L'exploit est valable, dans lequel l'huissier dit avoir parlé à la partie assignée, quoiqu'il n'ait pas fait mention de la personne à laquelle il a remis la copie.*

Le sieur Sibert fils fait signifier un acte d'appel à la veuve Sibert ; mais l'huissier ne fait pas mention de la personne à qui il a remis la copie ; il dit seulement avoir parlé à la veuve Sibert, intimée. Cette dernière demande la nullité de l'appel, en se fondant sur les art. 61 et 456, C. P. C. — Le 7 février 1822, arrêt de la cour royale de Grenoble, par lequel : — « La Cour ; Attendu que le vœu des art. 456 et 61, C. P. C., ayant été suffisamment rempli dans l'exploit d'appel dont il s'agit, c'est le cas de rejeter la fin de non-recevoir ; rejette ladite fin de non-recevoir. »

Nota. Cet arrêt a validé un exploit qui ne nous paraît pas remplir les conditions exigées par l'art. 61. Il ne suffit pas, en effet, d'après cet article, de signifier à la partie en parlant à sa personne, il faut aussi que copie lui soit laissée de l'exploit, puisqu'il dit que l'exploit doit contenir *mention de la personne à laquelle copie de l'exploit sera laissée.* Aussi M. B. S. P., p. 202, not. 32, n° 2, dit que « la remise se fait au domicile, non pas en plaçant la copie dans le domicile, mais en la remettant à une personne trouvée au domicile, ce qu'on indique par l'expression *parlant à,* après laquelle l'huissier écrit le nom de cette personne ; » de sorte que d'a-

près cet auteur il faut et mention de la remise, et mention du *parlant à...* ;
Cependant, un arrêt du 11 août 1820, *suprà*, n° 353, a décidé que la
mention de la personne à laquelle copie avait été laissée, sans *indication*
de celle à laquelle l'huissier avait parlé, suffisait. Cet arrêt, qui semble s'appuyer sur les termes de l'art. 61, 2°, peut être combattu par ceux qui exigent le *parlant à*, à peine de nullité, *supra*, n°' 12 et 137. — Voy. aussi
infrà, n° 154, l'arrêt du 2 juillet 1810. — Quant aux citations devant le juge
de paix, voy. MM. Carr., t. 1, p. 6, n. 4 ; F. L., t. 1, p. 490, et Comm.,
t. 1, p. 12.

364. *Lorsqu'il a été rendu sur le même objet du litige,
un jugement sur la compétence et un autre par défaut
sur le fond, l'appel dirigé contre le premier ne peut
être signifié au domicile qui a été élu dans la signification avec commandement du second* (1).

C'est ce qui a été jugé le 1 mars 1822, par arrêt de la cour de Bruxelles,
ainsi conçu : — « La Cour ; Attendu que l'art. 456, C. P. C., établit comme
principe général que l'acte d'appel doit être signifié à personne ou domicile, sous peine de nullité ; — Attendu que l'exception admise par l'article 584 du même Code, et qui autorise à signifier l'appel au domicile élu
par un commandement fait en vertu d'un titre dûment notifié, doit être
restreinte au cas où l'appel est dirigé contre le jugement formant le titre en
vertu duquel on fait le commandement, parce qu'alors l'appel a, comme
les offres réelles auxquelles ledit article l'assimile, pour but d'arrêter l'exécution dudit jugement ; — Attendu que, dans l'espèce, c'est en vertu d'un
jugement par défaut du tribunal de commerce de Bruxelles que l'intimé a
fait faire commandement à l'appelant de payer le montant des condamnations y portées, et a fait élection de domicile, aux fins des poursuites, chez
l'avoué d'Hondt à Ypres ; — Attendu que c'est à ce domicile élu que le
sieur Rabaud a fait signifier un appel dirigé non pas contre le jugement par
défaut qui servait de titre au commandement afin d'exécution, mais contre
un jugement distinct et séparé par lequel le tribunal de commerce, sans
avoir égard aux conclusions dudit sieur Rabaud, s'était déclaré compétent
pour connaître de l'affaire ; — Attendu que dès lors cet appel n'étant pas de
nature à arrêter les effets du commandement fait par l'intimé, ne pouvait être signifié au domicile élu, mais rentrait dans la règle générale établie par l'art. 456, C. P. C. ; — Par ces motifs, M. l'avocat général
Spruyt entendu, et de son avis, déclare nul l'acte d'appel dont s'agit ;
condamne l'appelant en l'amende et aux dépens. »

____

(1) Voy, *suprà*, n° 96, un arrêt du 26 décembre 1807.

365. *Il y a nullité de l'acte d'appel dirigé contre une commune , si l'appelant ne représente l'original de l'exploit contenant le visa , surtout si la copie ne mentionne pas l'accomplissement de cette formalité.*

Ainsi jugé le 18 avril 1821, par arrêt de la cour de Bruxelles, conçu en ces termes : — « La Cour; Attendu qu'au vœu de l'art. 69, n° 5, C. P. C., les communes doivent être assignées en la personne ou au domicile de leurs maires respectifs, et que l'original de l'acte contenant assignation doit être visé par celui à qui copie de l'exploit est laissée, et, en cas d'absence et de refus, par le juge de paix ou par le procureur du roi près le tribunal de première instance; et que, d'après l'art. 70 du même code, le défaut d'un pareil visa rend nul l'acte d'assignation ; — Attendu que l'appelant ne produisant pas, ne pouvant même pas produire l'original de son acte d'appel, ainsi qu'il le déclare, et la copie remise à l'intimé ne faisant aucune mention que l'original aurait été visé conformément à la loi, rien n'établit au procès que cette formalité du visa aurait été remplie dans l'espèce ; qu'ainsi elle doit être censée ne pas avoir eu lieu en effet, d'après la maxime : *Idem est in jure non esse, aut non apparere;* — Par ces motifs, déclare nul l'appel dont il s'agit, condamne l'appelant à l'amende et aux dépens. »

366. *L'exploit d'appel énonce suffisamment l'objet de la demande lorsqu'il porte des conclusions tendantes à ce que l'appellation et ce dont est appel soient mis au néant (1).*

Ainsi jugé le 4 mai 1822, par la cour de Bruxelles, dans l'arrêt suivant : — « La Cour; Sur la nullité de l'acte d'appel, attendu que l'appelant a, par son acte d'appel, soumis à la réformation du juge supérieur le jugement *à quo,* porté sur les conclusions respectives des parties ; — Attendu que ces conclusions, connues des deux parties, contiennent l'objet de la demande de l'une, et les exceptions de l'autre partie contre cette demande ; — D'où il suit que d'après la maxime : *Certioratus non est certiorandus,* l'acte d'appel ne doit pas, comme l'exploit d'ajournement en première instance, contenir ultérieurement l'objet de la demande de l'appelant; qu'ainsi l'appel, dans l'espèce, ne peut être argué de nullité pour ne mentionner que le but de l'appelant, de faire mettre l'appellation et ce dont est appel au néant. »

367. *Lorsque la femme a procédé conjointement avec son mari devant le tribunal de première instance, sur*

---

(1) Voy. J. A., t. 3, p. 253, 275 et 400, v° *Appel,* n°° 122, 135 et 258.

*une demande en partage de la succession de ses père
et mère, l'acte d'appel doit être signifié au mari et à la
femme* (1).

La dame Garisson, conjointement avec son mari, assigna les sieur et
dame Richard, ses frère et sœur, en partage de la succession de leurs
père et mère communs. Le partage fut ordonné. Les sieur et dame Richard en interjetèrent appel, mais n'intimèrent que la dame Garisson
seulement. Alors la dame Garisson, autorisée par son mari, assigna les
appelans devant la Cour de Montpellier, pour voir prononcer la nullité
de leur appel, ou subsidiairement le voir déclarer non-recevable au fond.
En recevant cette copie, l'une des parties prit acte de ce que M. Garisson autorisait son épouse à ester en jugement devant la Cour sur le
fond de l'appel. Celui-ci intervint sur l'appel et se réunit à son épouse.
— Par arrêt du 6 août 1822, la Cour de Montpellier annula l'acte d'appel, et rejeta en ces termes les exceptions que tiraient les appelans de
l'autorisation donnée par M. Garisson à sa femme d'ester en appel tant
sur la forme que sur le fond. — « La Cour ; Attendu que le sieur Garisson, quoique maître des biens dotaux, n'avait point agi en cette qualité, et qu'il ne l'a pas même fait connaître en plaidant devant le premier
juge ; mais que ledit sieur Garisson et la dame son épouse avaient agi
conjointement dans l'instance en partage, la femme étant autorisée de
son mari ; que c'est conjointement à leur requête que le jugement du tribunal de Villefranche, du 29 janvier 1822, avait été signifié aux parties
de Grenier, les 16 et 22 février suivans ; que l'appel n'a été signifié, le
30 avril même année, qu'à la dame Garisson, et nullement à son mari ;
qu'aucune signification n'a été faite depuis cette époque audit sieur Garisson, et qu'il n'est intervenu au procès, plus de trois mois après le 30
avril 1822, que pour appuyer la demande en nullité de l'exploit d'appel
proposée par son épouse, et l'autoriser à cet effet d'ester en jugement ;
que si, dans l'exploit du 18 juin 1822, ledit sieur Garisson a déclaré autoriser son épouse à ester en jugement, même sur l'appel au fond, ce
n'a été que par subsidiaire, et comme plaidant à toutes fins devant la
Cour ; que dès lors, on ne peut pas se prévaloir contre lui, ni contre
son épouse, d'une autorisation qui n'a eu pour objet que la régularité
de la procédure ; — Attendu que, d'après l'article 443, C. P. C., l'appel doit être signifié dans les trois mois du jour de la signification du ju-

---

(1) Voy. *suprà*, n° 118, l'arrêt du 7 septembre 1808.

gement, pour tout délai ; que l'exploit d'appel doit, dès lors, être légal, régulier, et contenir toutes les formalités ordonnées par les lois sur cette matière, pour pouvoir produire effet ; que, d'après les art. 215, 218 et 225, C. C., la femme ne peut ester en jugement, sans être autorisée par son mari, ou, à son refus, par la justice ; que, pour ester en jugement, il faut donc que la femme soit citée avec son mari, et qu'en admettant qu'elle puisse l'être par un exploit séparé, il faut du moins que la citation soit donnée au mari dans le délai de trois mois, délai fatal pour l'appel ; qu'il n'en est pas d'un appel comme d'une demande originaire, pour la validité de laquelle il peut suffire que la femme soit autorisée avant le jugement ; tandis que pour la validité de l'appel, qui ne peut être émis que dans les trois mois de la signification du jugement, il faut nécessairement que dans le délai fatal l'appel ait été régularisé par la notification faite au mari ; que c'est ainsi que les commentateurs l'ont enseigné, et que la jurisprudence des Cours l'a entendu, et principalement celle de la Cour de cassation, par ses arrêts des 7 octobre 1810, 14 brumaire an 9, 27 mars 1812, 7 mars 1815, et 14 juillet 1819 ; qu'on ne saurait admettre de différence entre la régularité du pourvoi et celle de l'appel, la même règle devant être appliquée à ces deux genres de procédure, comme dérivant du même principe, qui est la nécessité de l'autorisation maritale, pour que la femme puisse ester en jugement ; et que si la femme, qui est sous la dépendance du mari, ne peut se défendre sans lui, il faut bien que celui qui doit l'autoriser soit cité en jugement, si non en même temps et par un même exploit, du moins dans le délai fatal pendant lequel l'action doit être exercée ; — Par ces motifs, tenant l'intervention du sieur Garisson, reçue par son arrêt du 8 juillet dernier, et l'autorisation par lui donnée à son épouse ; sans s'arrêter aux exceptions des parties de Grenier, dont elle les a démises et démet, déclare nul l'exploit d'appel, du 30 avril 1822, signifié à la dame Garisson seulement, et non notifié au sieur Garisson dans les trois mois de la signification du jugement dont est appel ; et, par suite, rejette l'appel desdites parties de Grenier ; les condamne en l'amende et aux dépens. »

368. *L'exploit d'appel peut être signifié au domicile élu dans le commandement, lors même que le jugement porte condamnation des* intérêts échus et à échoir jusqu'au jour du paiement, *Cette condamnation étant certaine et liquide* (1).

____

(1) Voy. *suprà*, n° 96, l'arrêt du 26 décembre 1807.

Les frères de Carrière font signifier à la veuve Begon de Blandas un jugement qui la condamnait à leur payer, 1° la somme de 60,000 fr., montant de la dot qui avait été constituée à feu leur tante, dans son contrat de mariage avec feu de Sunère, dont la veuve de Blandas était héritière; 2° les intérêts de cette somme légitimement courus depuis le 18 février 1814, époque du décès de feu de Sunère, et à courir jusqu'à l'effectif paiement; 3° la somme de 3,000 f. de l'augment dotal que le feu sieur de Sunère, au cas de prédécès, avait donné à son épouse; 4° les intérêts courus depuis le 18 février 1814, et à courir jusqu'à l'effectif paiement. La signification contenait commandement et élection de domicile. La veuve Begon de Blandas signifie l'appel au domicile élu, et un arrêt de la Cour de Nîmes déclare cet appel régulier. Pourvoi en cassation; et le 20 août 1822, arrêt de la Cour de cassation, section des requêtes, par lequel: — « LA COUR; Attendu, en droit, que d'après la disposition formelle de l'art. 584 C. P. C., le débiteur peut faire, au domicile élu par son créancier dans le commandement qui précède la saisie-exécution, toutes les significations, même d'offres réelles ou d'appel; — Et attendu qu'il est constant et reconnu en fait, que le commandement dont il s'agit a été fait par les demandeurs en cassation à la veuve Begon de Blandas, à la suite d'un jugement portant contre elle des condamnations en des sommes *certaines et liquides*, et exécutoire nonobstant appel et même sans caution; qu'il contenait sommation de satisfaire et d'obéir au même jugement et élection de domicile de la part des mêmes demandeurs; — Que, dans ces circonstances, en décidant que ce commandement n'était pas une simple sommation d'obéissance, mais bien un commencement d'exécution coactive dudit jugement, et un commandement pour procéder à la saisie exécution; et que, par conséquent, l'appel signifié par la veuve Bagon de Blandas aux demandeurs en cassation, au domicile par eux-mêmes élu dans ledit commandement, était valable; l'arrêt attaqué, loin de violer ledit art. 584, C. P. C., en a fait une juste application; — Rejette. »

369. *Lorsque la copie ne porte point la date du mois sans qu'aucune énonciation ne puisse y suppléer, il y a nullité de l'exploit, encore que l'original soit régulier, ainsi que plusieurs copies signifiées à d'autres intimés.*

370. *Le délai à raison des distances ne se calcule que du domicile de l'appelant à celui des divers intimés sans avoir égard à la distance qui sépare entre eux les domiciles de ceux-ci.*

371. *Il n'y a lieu à augmentation de distance que lorsqu'il y a trois myriamètres entiers.*

372. *Il n'y a pas de prorogation du délai d'appel encore qu'il expire un jour de fête légale.*

373. *Le délai d'appel d'un jugement d'ordre court contre la partie à la requête de laquelle le jugement a été signifié et cet appel doit être interjeté dans les dix jours.*

Le sieur Monteil fait signifier, le 7 août 1822, à tous les avoués de la cause un jugement d'ordre, rendu le 9 mars précédent. — Il en interjette appel par un exploit signifié le 16 août au sieur Andraud seul, et, le 19 du même mois, aux autres parties domiciliées dans des communes différentes. La co_ pie signifiée au sieur Broguin ne contenait pas la date du mois. — La Cour de Riom a rendu sur cet appel l'arrêt suivant, en date du 8 janvier 1824 : — « La Cour ; En ce qui touche l'appel contre Antoine Broguin, et dont celui-ci rapporte la copie à lui signifiée, de laquelle il induit qu'il y a eu violation de l'une des formalités prescrites par l'art. 61 C. P. C., à peine de nullité ; — Considérant, en effet, que dans cette copie la date du mois est en blanc ; que rien dans la copie de l'acte n'énonce ou ne fait connaître d'une manière quelconque le mois dans lequel est interjeté l'appel du jugement rendu à Murat le 9 mars 1822 : qu'en vain Monteil excipe-t-il de sa part d'un original d'exploit portant la date du 19 août 1822, et de l'enregistrement fait le 20 août 1822, ledit original d'exploit contenant un appel commun à diverses parties; qu'en effet, la copie de l'exploit signifié tient lieu d'original à celui à qui la signification est faite ; que cette pièce est la chose qu'il doit consulter, et par laquelle il doit se déterminer à agir selon que son intérêt et ses droits le demandent; qu'il ne doit point aller rechercher ailleurs ce qu'il a intérêt de connaître ; qu'ainsi, la nullité prononcée par l'art. 61 C. P. C., est encourue par Monteil, partie d'Allemand ; en ce qui touche ledit exploit, attaqué sous un autre rapport (celui de son émission hors le délai donné par la loi), et contre lequel, en conséquence, est élevée une fin de non-recevoir, tant de la part dudit Antoine Broguin que de la part de la dame Contamine, femme Bougues, des représentans Besson et de Pierre Estieu ; — Considérant que le jugement d'ordre dont il s'agit, rendu par le tribunal de Murat, le 9 mars 1822, a été signifié le 7 août suivant, à la diligence de Monteil, partie d'Allemand, et d'avoué à avoué, comme le prescrivait l'art. 763 C. P. C.; — Considérant qu'il n'y a point lieu, en cette matière, à admettre la maxime que nul ne se forclot soi-même, et à distinguer entre le cas où c'est celui qui veut appeler, qui signifie le jugement, et le cas où il est signifié par toute autre partie en la cause; qu'il y a, à cet égard, une règle spéciale et uniforme, tracée en matière d'ordre par l'art. 763 C. P. C., et que ce fut dès lors, du 7 août expiré, que commençait à courir le délai ou espace de dix jours durant lequel tout appel

XIII. 19

du jugement d'ordre doit intervenir, sauf une augmentation de délai à raison des distances ; — Considérant que, hors ce cas d'exception résultant des distances, la journée du 17 août eût été le terme fatal, passé lequel il n'y avait plus possibilité légale d'appeler ; — Considérant en fait et au cas particulier, que si Monteil était domicilié au village de la Griffoule, commune de Lagarde ; que si Broguin l'était au village de Nastas, commune de Marchastel, les Besson au village de Lagarde, même commune de Marchastel ; et les mariés Bougues et Contamine au village de Charcyra, commune de Condat, et tous enfin domiciliés à peu de distance les uns des autres et dans le même canton (celui de Mascenat, arrondissement de Murat), Pierre Estieu était également un des intimés, et était domicilié en la ville de Murat ; que de ce domicile à celui de Monteil, appelant (la commune Lagarde), le tableau des distances, dressé par l'autorité administrative, indique que la distance est de trois myriamètres cinq kilomètres ; — Considérant, en droit, que l'article précité, 763 C. P. C., est seul à consulter ici ; qu'il forme une législation spéciale et particulière aux ordres, ce qui rend inapplicable l'art. 1033 dudit Code, qui se réfère aux matières restées sous la règle commune et générale ; — Considérant que l'art. 763 disposant en termes absolus « que l'appel en matière d'ordre n'est pas recevable s'il n'est interjeté dans les dix jours de la signification du jugement , outre un jour par trois myriamètres de distance du domicile réel de chaque partie. » Le sens et l'esprit de cette loi comportent et veulent, non pas un délai variable calculé inégalement et selon la distance qu'il y a de l'appelant à l'intimé et à tel autre intimé, mais un délai uniforme pour l'appelant, calculé selon la distance qu'il a à parcourir pour aller au domicile du plus éloigné de ceux qu'il assigne, et contre lesquels il interjette appel ; que, d'après ce principe et la distance réelle de la ville de Murat à la commune de Lagarde (trois myriamètres cinq kilomètres), l'appelant avait droit à une augmentation de délai ; mais que cette augmentation prescrite par l'art. 763 du Code, étant seulement d'un jour par trois myriamètres, et l'article n'allouant aucune augmentation des dix jours, s'il n'y a qu'une fraction, et non trois myriamètres entiers, il n'y avait lieu, au cas présent, et dans le système de la loi, qu'à augmentation d'un jour seulement ; — Considérant que le délai spécial de dix jours expirant le 17 août, l'augmentation pour la distance en reportait l'expiration au 18 ; — Considérant (en ce qui touche le moyen pris de ce que ce jour, 18 août, était férié) que, d'une part, l'article précité du Code, qui indique la procédure et les délais, est spécial et absolu ; que là où le législateur, dans les matières spéciales, a voulu que les dimanches et autres jours légalement fériés, fissent renvoyer au lendemain l'acte qui était à signifier, il l'a dit en termes exprès, comme on le voit, par exemple, dans l'art. 162 C. C. ; que, d'autre part, et pourrait-on, dans une matière toute spéciale, recourir aux principes généraux portés par les art. 63 et 1037 C. P. C., on ne saurait y trouver que la signification à faire par Monteil, appelant, dût être nécessairement renvoyée au lendemain 19 août, puisque les articles du Code mettent à côté de l'interdiction de faire une signification un jour de fête, un moyen légal de se garantir du péril en la demeure (celui d'exposer l'urgence au juge et d'obtenir une permission que ne saurait et ne pourrait refuser le magistrat) d'un péril existant, tel, entr'autres, que celui résultant de la faculté d'un délai spécial expirant le jour même de fête légale ; que Monteil, en calculant mal ces délais, ou négligeant d'user de la faculté que lui offrait la loi de recourir au juge, doit s'imputer la déchéance encourue ; — Considérant que cette déchéance devant profiter à la Contamine, femme Bougues, comme aux Besson, Broguin et Estieu, il n'y a plus lieu, dès lors, à s'occuper de ses conclusions tendantes à un sursis pour s'inscrire en faux contre la date du 19 août, donnée à l'exploit d'appel, qu'elle prétend ne lui avoir été signifié que le 20, et non le 19 ; — Par ces motifs, déclare l'appel non-recevable à l'égard de toutes les parties, et encore nul à l'égard de Broguin. »

OBSERVATIONS.

Les auteurs sont divisés sur la question de savoir si le délai doit être augmenté d'un jour pour une fraction de trois myriamètres ; MM. Carr., t. 1, p. 12, n° 21, Pig., t. 2, p. 55, Lep., p. 69 et 118, et Pardessus, *Cours de droit commercial*, t. 2, p. 513, n° 429, soutiennent l'affirmative ; MM. Toullier, t. 1, p. 45, les auteurs du Pr. Fr., t. 1, p. 130, 5e alin., et F. L., t. 1, p. 145 et 495, n° 6, ont embrassé l'opinion contraire. Il serait trop long d'énumérer les raisons qui sont données à l'appui de l'une et l'autre opinion ; mais nous arrêtant à celles qui ont été développées par M. Carré, nous pensons que la loi ayant voulu qu'il fût donné un jour à la partie lorsqu'elle est *dans la distance* de trois myriamètres, et que ce délai fût augmenté lorsque la partie est domiciliée *au-delà* ; il faut qu'une augmentation soit accordée lorsque ce cas arrive ; or quelle augmentation faut-il accorder ? *un jour à raison de trois myriamètres*, ou *par trois myriamètres*, disent les art. 5 et 1033 C. P. C. ; c'est là une manière de compter que le législateur a établie. Pour le suivre, il faudrait donc établir une règle proportionnelle entre la fraction des myriamètres et la fraction du jour qu'il faudrait accorder pour l'augmentation ; mais comme pour les exploits d'ajournement les délais se comptent par jour et non par heure, l'assigné doit jouir du bénéfice du jour entier du moment qu'il est à une distance *au-delà* de trois myriamètres. — Voy. les arrêts qui ont été rendus sur cette question, J. A., t. 30, p. 115, t. 31, p. 128, et t. 33, p. 117.

Voy. *suprà*, n° 295, l'arrêt du 17 mars 1817 pour la quatrième question décidée par l'arrêt que nous venons de rapporter.

374. *L'exploit d'appel est valable quoiqu'il ne contienne pas le nom de l'appelant si l'intimé n'a pu se méprendre* (1).

375. *Une saisie-arrêt ne peut être annulée par cela seul qu'il y a erreur dans l'énoncé de la date du titre.*

375 bis. *Un arrêt est suffisamment motivé lorsqu'en rejetant un moyen de nullité*, il le déclare mal fondé.

Le sieur Barré fait pratiquer une saisie-arrêt sur le prix de la charge du notaire Scaillette; son titre était du 5 mai 1821, il l'énonce dans la saisie comme étant du 7 mai; Scaillette s'appuya sur cette erreur pour demander la nullité de la saisie; elle est prononcée; appel de la part du sieur Barré; la copie de l'exploit omet le nom de *Barré*, Scaillette oppose la nullité de cet appel, arrêt par lequel la Cour rejette ce moyen, attendu que l'original de cet acte d'appel est parfaitement régulier; que si, par la faute du copiste, il s'est glissé une omission dans la copie, il faut reconnaître qu'elle n'est d'aucune importance, cet acte contenant de tels détails que le nom omis y est d'avance suffisamment indiqué, et qu'il a été impossible à Scaillette de se méprendre; ainsi la nullité opposée n'a rien de réel, et il n'y a point lieu de s'y arrêter; — Au fond attendu que les premiers juges ont mal-à-propos annulé la saisie-arrêt dont il s'agit, en accueillant une prétendue nullité qui n'est nullement relevante; — « La Cour, etc. »

Pourvoi en cassation, et, le 6 avril 1824, arrêt de la section des requêtes, ainsi conçu : — « La Cour ; Attendu qu'en déclarant que le nom du sieur Barré, omis dans l'acte d'appel du 31 juillet 1821 y était suffisamment indiqué, et qu'il était impossible de se méprendre, la cour d'appel a usé du droit qui lui était accordé par la loi, et qu'il résulte de cette déclaration que la nullité proposée contre cet acte d'appel n'est pas fondée; — Attendu que le jugement et l'arrêt confirmatif en vertu desquels la saisie dont il s'agit a été faite, ont été suffisamment indiqués, et qu'il n'existe aucune contravention à l'article 559, C. P. C.; — Attendu enfin que l'arrêt attaqué contient des motifs suffisans pour satisfaire à la loi du 20 avril 1810; — Rejette. »

376. *Les formalités des art.* 1 *et* 4, *C. P. C., sont-elles prescrites à peine de nullité ?*

377. *Doit-on faire une distinction entre les nullités substantielles et celles qui ne le sont pas?*

Si l'on décidait cette question d'après les termes de l'art. 1030, C. P. C., on dirait que les art. 1 et 4, C.P.C., ne portant pas la peine de nullité pour

---

(1) Voy. sur le *système des équipollences*, J. A., t. 32, p. 240 et la note et t. 33, p. 131.

l'inobservation des formalités qu'ils indiquent, et l'art. 1030 défendant de déclarer un exploit ou acte de procédure nul si la nullité n'en est formellement prononcée par la loi, ce serait ajouter aux art. 1 et 4, C. P. C., que d'attacher la peine de nullité à leur inobservation ; mais l'art. 1030 doit-il être entendu en ce sens qu'il ne puisse être prononcé d'autres nullités que celles qui sont formellement dans la loi ? Sans doute cet article a eu en vue de mettre un terme à ces distinctions si subtiles et qui nous avaient été transmises par le droit romain, entre les dispositions de lois prohibitives, les dispositions impératives, et les dispositions facultatives ; on n'a plus voulu que des termes dont s'était servi le législateur pût dériver une nullité ; on a pensé avec raison que pour que des termes prohibitifs seuls on pût faire résulter cette peine, il faudrait supposer que le législateur a eu toujours en vue la règle qui la ferait prononcer ; mais les auteurs, d'accord avec la jurisprudence, en reconnaissant que de l'art. 1030 découle la conséquence que nous venons de signaler, adoptent une autre distinction plus sûre puisqu'elle tient à la nature de la formalité prescrite. Ils disent tous que les formalités *substantielles*, celles qui sont indispensables pour qu'un acte remplisse le but de son institution, emportent nullité, encore bien que cette peine ne soit pas expressément prononcée par la loi, et qu'il en est autrement des formalités qui ne sont qu'accidentelles : et si quelques doutes peuvent s'élever dans la pratique, sur la question de savoir si telle formalité est substantielle, comme les nullités sont de droit étroit, les magistrats doivent s'abstenir de prononcer la nullité ; telle est la doctrine enseignée par MM. F. L., t. 3, v° *Nullité*, § 1er; CARR., t. 3, n° 3392 ; B. S. P., p. 139, § 2 ; MERL. RÉP., t. 8, p. 658, v° *Nullité*; MM. PIG. COMM., t. 1, p. 591, et DELAP., t. 2, p. 492, soutiennent cependant que l'art. 1030 ne peut s'appliquer aux dispositions prohibitives, parce que tout acte fait contre la défense de la loi est nul ; mais ne peut-on pas leur dire avec une égale raison que tout acte contraire à ce que la loi ordonne est nul ? car ordonner une chose, c'est défendre le contraire. On ne pourrait donc établir une différence entre les lois prohibitives et les lois impératives ; il est donc plus sûr de s'arrêter à la règle des formalités substantielles ou accidentelles que M. PIGEAU admet d'ailleurs pour les dispositions impératives.

Cette règle une fois établie, elle doit servir à la solution de la question que nous avons posée ; ainsi la citation devant le juge de paix aura-t-elle omis le nom du demandeur, ou du défendeur, ou de l'huissier, ou les causes de la demande, laissera-t-elle ignorer sa date, le jour de la comparution, le tribunal devant lequel il faut comparaître, aura-t-elle été signifiée par un individu sans pouvoirs, n'indiquera-t-elle pas à qui la copie a été laissée, nul doute que dans ces divers cas il faudra décider que le défendeur n'a pas été suffisamment averti, ou que même l'acte ne donne aucune preuve qu'il ait

été averti du tout ; le juge de paix ne pourrait donc, en l'absence du défendeur, prononcer sur une pareille citation ; telle est la conséquence à laquelle
conduit la règle adoptée par les auteurs ; il semble qu'ils devraient tous l'a-
dopter, et cependant M. Carr., t. 1, p. 6, n° 5, après avoir reconnu que
les formalités que nous venons d'énumérer sont *intrinsèques*, et tiennent
à la substance de l'acte, ajoute : « Comme l'art. 1er, C. P. C., ne prononce
pas a nullité, l'omission ne peut avoir d'autre effet que celui d'autoriser le
juge de paix à ordonner, *suivant les circonstances*, c'est-à-dire lorsqu'il est
démontré que le défendeur souffrirait préjudice, si la citation irrégulière
n'était pas remplacée par une nouvelle, un réassigné dont l'huissier, auteur
de l'irrégularité, supporterait les frais : ainsi, et à plus forte raison, le juge
de paix ne serait pas tenu d'annuler la citation » ; ce qui implique évidemment contradiction avec les principes que nous avons exposés plus haut,
d'après M. Carré lui même ; aussi MM. Pig. Comm., t. 1, p. 3, et D. C.,
p. 16, 3e et 4e alin. pensent-ils contrairement à M. Carré que l'inobservation des formalités des art. 1 et 4, C. P. C., entraîne nullité.

Voy. aussi ce que nous avons dit des nullités qui peuvent vicier un rapport d'expert, quoique l'art. 317 ne soit pas prescrit à peine de nullité, J.
A., t. 12, p. 705-709 ; v° *Expertise*, n₀ 48.

378. *Est-ce le juge de paix compétent pour connaître de
la contestation ou celui dans le ressort duquel la citation
est donnée, qui doit délivrer la cédule pour abréger les
délais ?*

379.... *Ou qui doit commettre l'huissier en remplacement
de celui qui est empéché ?*

Ces deux questions doivent recevoir une solution différente parce que les
deux formalités qu'elles ont en vue diffèrent entièrement. La citation à bref
délai ne peut être donnée que dans les cas urgens ; il faut donc que le juge
examine l'affaire, et il semble dès-lors que ce doit être celui qui connaîtra
de la contestation. Il en est autrement pour commettre un huissier ; la notification doit être faite par l'huissier du domicile du défendeur, quelquefois
bien éloigné du lieu où se trouve le juge de paix qui doit connaître de l'affaire ; on ne peut pas prévoir si l'huissier de la justice de paix du domicile du
défendeur sera empéché, il faut donc qu'à l'instant même qu'on découvre
l'empéchement, on puisse obtenir une commission pour un autre huissier ; il
serait trop long d'avoir recours au juge qui doit connaître de la contestation.
Il est bon d'ailleurs que le juge qui commet un huissier le connaisse.
La commission doit donc être donnée par le juge de paix du domicile du
défendeur.

Mais pour l'une et l'autre question, il est à croire que quel que soit le juge de paix qui délivre la cédule, ou qui commette l'huissier, les termes des art. 4 et 6, C. P. C., ne permettraient pas d'annuler les citations.

Voy. MM. Carr., tom. 1, pag. 10 et 14, n°s 12 et 22, et Lep., pag. 69 et 70.

380. *Lorsque la copie de la citation a été remise au défendeur en parlant à sa personne, dans le lieu même où juge le juge de paix, faut-il augmenter le délai ordinaire à raison de l'éloignement de son domicile conformément à l'art. 1033 ?*

Il n'y a nul doute qu'il faut observer le délai à raison de la distance du domicile. L'art. 1033 parle de l'augmentation aussi bien pour les significations à personne que pour celles qui se font à domicile. D'ailleurs le défendeur peut avoir besoin de retourner à son domicile pour y trouver les titres à l'appui de sa défense. Vainement opposerait-on l'art. 74, C. P. C., qui dispose que lorsqu'une assignation à une partie domiciliée hors de France, est donnée à sa personne en France, elle n'emportera que les délais ordinaires; cet article ne concerne que les personnes dont il parle, et d'ailleurs il permet de prolonger les délais s'il y a lieu, disposition qui prévient l'inconvénient dont nous avons parlé, et qui ne pouvait être invoquée pour le le cas où une assignation ou des citations seraient données à une personne domiciliée en France et trouvée hors de son domicile; il faut donc que, pour ce cas, l'augmentation à raison de la distance soit observée dans l'exploit. — Voy. MM. Carr., t. 1, p. 12, n° 19, et p. 201, n° 379; B. S. P., p. 212, note 13; D. C., p. 69, et Delap., t. 1, p. 89, 3e alin. — Voy. aussi *suprà*, n° 21, l'arrêt du 1er prairial an 10.

381. *Le demandeur qui élit un autre domicile que celui de l'avoué constitué, peut-il choisir ce domicile hors du lieu où siége le tribunal ?*

L'art. 61, C. P. C., ne disant pas, comme les art. 422 et 559 du même Code, que l'élection de domicile doit être faite au lieu où siége le tribunal, on pourrait soutenir avec quelque raison que l'exploit ne serait pas nul si le domicile était élu hors du lieu où se trouve le tribunal. Cependant, MM. Carr., t. 1, p. 156, n° 304, Pig., t. 1, p. 125, note 7, Pig., Comm., t. 1, p. 177, et Haut., p. 76, 2e alin., disent que l'élection doit être faite au lieu où siége le tribunal, afin de se conformer au vœu de la loi, qui est de faciliter les communications entre les parties, de hâter, d'accélérer autant que possible la marche de l'instruction, et d'économiser les frais. Nous adoptons ces motifs, pour dire qu'il est convenable de faire l'élection comme le pensent ces auteurs ; mais ces motifs ne suffiraient pas pour faire prononcer la nullité de l'exploit.

382. *S'il y a plusieurs demandeurs comment doivent-ils constituer avoué et élire domicile ?*

S'il y a plusieurs demandeurs par le même exploit, il est évident qu'ils doivent constituer un seul et même avoué ; s'ils le sont par des exploits différens, et qu'ils aient constitué avoués différens, si l'objet est indivisible, le défendeur pourra demander la jonction des demandes et leur réunion en un seul procès, qui sera suivi par un seul avoué, sur le choix duquel ils doivent s'accorder. — Il en est de même si l'objet est divisible, et que tous les demandeurs aient le même intérêt ; telle est l'opinion de M. Pig., Comm., t. 1, p. 175 et 176, qui ajoute même, par argument des art. 556 et 667, que si les demandeurs ne s'accordent pas, le défendeur pourra faire ses significations à l'avoué le plus ancien.

383. *Un exploit d'ajournement peut-il être valablement signifié à la personne, en quelque lieu qu'on la trouve?*

La jurisprudence qui s'était établie sous l'ordonnance de 1667, et qui avait admis quelques exceptions au principe que l'exploit pouvait être remis à la personne de l'assigné *partout* où il était trouvé, a fait penser à M. Pig., t. 1, p. 126, n° 16, à la note, et Pig., Comm., t. 1, p. 191, dernier alin., que la copie d'un exploit ne peut être remise à la personne trouvée dans les lieux publics destinés au culte, aux heures des offices, dans le lieu et pendant les séances des autorités constituées, dans les bourses pendant leur tenue ; cet auteur, dont l'opinion est suivie par MM. Comm., t. 1, p. 13, n° 18, et p. 139, art. 5, Delap., t. 1, p. 76, 4ᵉ alin., et les auteurs du Pr. Fr., t. 1, p. 313, s'appuie sur l'art. 781, C. P. C., dont il veut étendre la disposition à tous les exploits, parce que les mêmes motifs de respect pour les lieux que cet article énumère existent, et que la remise d'un exploit, quoique moins désagréable qu'un emprisonnement, peut exciter la partie au mécontentement et la porter à le manifester d'une manière contraire à ce respect. Ces motifs font penser à M. Pigeau que l'exploit devrait être annulé. Nous ne croyons pas qu'en présence de l'article 1030, C. P. C., ces motifs puissent suffire pour faire prononcer une nullité qui n'est pas dans la loi ; le projet du Code portait un article qui avait précisément pour objet de faire déclarer les exploits nuls dans le cas dont parle M. Pigeau, mais cet article fut supprimé ; d'où résulte la conséquence que le législateur n'a pas voulu que la nullité pût être prononcée, il a maintenu, au contraire, la disposition de l'art. 781 pour la contrainte par corps, et il a gardé le silence dans les dispositions générales du Code, ce qui prouve qu'il n'a voulu appliquer la nullité qu'au cas particulier de l'article 781; telle est aussi l'opinion de MM. Carr., t. 1, p. 177, n° 346, et t. 1, p. 10, n° 14, F. L., t. 1, p. 141, v° *Ajournement*, § 3, et Merl., Rép., v° *Ajournement*, n° 22, p. 158. Nous croyons cependant qu'il est convenable et prudent de s'abstenir de faire toute signification dans les lieux dont parle l'art. 781, et surtout dans ceux destinés au culte; car, si, par suite de la remise de l'exploit, naissaient quelques troubles, quelques désordres, l'huissier serait menacé d'être poursuivi comme les ayant occasionnés, et il pourrait être exposé, selon les circonstances, à voir demander contre lui l'application de l'art. 13 de la loi du sacrilége. — Voyez ce que nous avons dit pour l'emprisonnement, J. A., t. 8, p. 704, v° *Contrainte par corps*, n° 212.

384. *Est-il des cas où une personne puisse être indifféremment citée dans un lieu ou dans un autre, parce qu'elle serait censée avoir deux domiciles ?*

D'après les dispositions du Code civil, art. 102 et suivans, il serait difficile qu'un individu pût être censé avoir deux domiciles. En effet, l'article 102 dit que le domicile de tout Français est au lieu où il a son *principal établissement*, ce qui signifie *sa demeure, sa famille, le centre de ses affaires, le siège de sa fortune,* le lieu d'où l'on ne s'éloigne qu'avec le désir et l'espoir d'y revenir dès que la cause de l'absence aura cessé. Or, toutes ces circonstances ne peuvent point se trouver réunies à l'égard de deux lieux différens; aussi M. Toullier, t. 1, p. 259, n° 367, et M. de Maleville sont-ils d'accord sur ce point, que l'art. 102 établit l'unité du domicile. Dans le cas où il y aurait changement de résidence, et que l'intention de transférer le domicile ne fût pas constatée, ainsi que le prescrit l'art. 104, C. C., il faudrait consulter les circonstances dont parle l'art. 105, et alors faire la signification au lieu où le défendeur acquitte ses contributions personnelles, où il exerce ses droits politiques, où il fait le service de la garde nationale. Voy. d'ailleurs ce que nous avons dit *suprà*, n° 284, arrêt du 27 juillet 1816; telle est aussi l'opinion de M. Carr., t. 1, p. 180, n° 350, et des auteurs du Pr. Fr., t. 1, p. 284, 2° alinéa.

385. *Peut-on signifier un exploit à la prison où l'assigné est détenu ?*

Ainsi que nous l'avons dit v° *Contrainte par corps*, n° 226, le prisonnier est présumé libre entre les deux guichets, et c'est là qu'il peut recevoir toutes significations; elles ne seraient pas valablement faites en parlant au geôlier; telle est aussi l'opinion de MM. Carr., t. 1, p. 185, n° 358 t. 1, p. 143, Pig., t. 1, p. 126, not. 16, n° 1.

386. *Lorsque plusieurs personnes sont assignées sur la même demande, faut-il leur donner copie des pièces, ou suffit-il de la fournir à une seule en sommant les autres d'en prendre communication dans ses mains?*

Cette question se réduit à celle de savoir s'il doit être donné à chaque défendeur une copie de l'exploit ; comme cette question ne fait aucun doute (Voy. ce que nous avons dit, *supra*, n°226) , et que l'art. 65 C. P. C. , exige qu'il soit donné , avec la copie de l'exploit, copie des pièces, nous pensons que chaque défendeur a droit à cette copie, qu'il pourrait ne pas avoir égard à la sommation de prendre communication, et que lorsque le demandeur serait forcé, dans le cours de l'instance, de donner copie des pièces, cette copie n'entrerait pas en taxe ; telle est aussi l'opinion de MM. Carr. , t. 1, p. 171, n° 337, et F. L. , t. 1, p. 139, n° 8. Cependant MM. Delap. , t. 1, p. 73, 4ᵉ alin., et Comm., t. 1, p. 132 dern. alin., pensent d'après Jousse, sur l'ordonnance de 1667, que pour éviter des frais on pourrait faire la sommation de prendre communication.

387. *Comment les extraits des pièces doivent-ils être conçus?*

MM. Carr., t. 1, p. 171, n° 336, et F. L., t. 1, p. 139, n° 8 s'accordent à dire que cet extrait doit contenir tout ce qui concerne la forme des actes, c'est-à-dire le préambule, la date, le nom et la qualité des parties contractantes, la clause qui concerne la demande, les noms des témoins et du notaire, et la relation de la signature et de l'enregistrement. Il faut en un mot, comme le veut l'art. 65 C. P. C. , que le défendeur puisse voir sur quoi la demande est fondée.

388. *Quand il est trop difficile de faire un extrait des pièces, peut-on en offrir communication par la voie du greffe?*

Nous ne pouvons admettre cette prétendue difficulté dont parlent certains auteurs de faire un extrait des pièces. L'art. 65 C. P. C. ne la prévoit pas, et dès lors il y a nécessité de se conformer à sa disposition. La communication, par la voie du greffe, peut donc être refusée par le défendeur. M. F. L. , t. 1, p. 139, n° 8, dit que les termes de la loi sont trop impératifs pour que l'offre de communication puisse remplacer la copie qui doit être donnée à la partie. M. Comm., t. 1, p. 132, en rappelant une déclaration de 1564, sur l'ordonnance de Roussillon, art. 3, qui autorisait la communication par la voie du greffe, ajoute que le Code de procédure n'autorisant ni ne prescrivant cette mesure, on pourrait l'employer suivant la circonstance. Nous pensons, au contraire, qu'il suffit que le Code ne l'autorise pas pour qu'elle ne puisse être employée, si ce n'est du consentement des parties.

389. *Si les pièces dont il faut donner copie étaient en langue étrangère, faudrait-il en donner la traduction?*

M. Pig. Comm., t. 1, p. 189, examinant cette question, dit que la loi n'ayant pas établi d'interprètes près les tribunaux, la traduction que ferait faire le demandeur n'aurait aucune authenticité, et le défendeur pourrait demander une copie qu'il ferait traduire lui-même, sauf le renvoi devant un interprète nommé par le tribunal dans le cas où les parties ne s'accorderaient pas sur le sens. Nous pensons en effet qu'il vaut mieux donner copie des pièces dans leur langue, la loi ne s'expliquant pas sur la nécessité de la traduction.

390. *En cas d'absence du maire ou de l'adjoint, ou du refus de leur part de viser l'original, que doit faire l'huissier?* (Art. 4 et 68, C. P. C.)

S'il y a absence, c'est au membre le plus ancien du conseil municipal qu'il doit s'adresser, et si enfin il ne trouvait aucun fonctionnaire municipal, il devrait avoir recours au procureur du roi, par argument de l'art. 1039, et lui laisser la copie; il en serait de même dans le cas du refus de visa; telle est la marche tracée par MM. Carr., t. 1, p. 11, n° 16, Pr. Fr., t, 1, p. 122 et 123, et F. L., t. 1, p. 495, 1re col. n° 5.

391. *L'art. 68 ne déroge pas aux lois commerciales sur la forme à observer pour les protêts.*

En citant l'avis du conseil d'état du 3 janvier 1807, M. Carr., t. 1, p. 193, n° 570 dit : « Ainsi le Code de commerce exigeant seulement (art. 76) que la copie soit *laissée à domicile*, nous pensons qu'elle y peut être remise à toute personne, et que l'huissier ou le notaire sont dispensés de la remettre au voisin ou à défaut au maire. » Voy. J. A., t. 6, p. 660, v° *Code de procédure*, n° 2, cet avis du conseil d'état; voy. aussi M. Haut., p. 78.

392. FORMULE (1) D'EXPLOIT (2)

L'an mil huit cent vingt-neuf et le deux janvier, (3 et 4) à la requête du sieur François Boivin, (5) avocat, domicilié à Chinon (département d'Indre et Loire), rue Valois, n° 10 (6), et y demeurant, lequel constitue pour son avoué M° Jules Pacaud, avoué près le tribunal de première instance de Chi-

---

(1) Il est essentiel de remarquer ici qu'en tête de l'exploit on doit donner copie, soit du procès-verbal de non conciliation, soit des pièces qui servent de fondement à la demande ; il a été jugé, 1° qu'il suffit d'un extrait du procès-verbal (n° 4) ; 2° que l'omission sur la copie de la date du procès-verbal n'est pas une nullité (n° 167) ; quant aux extraits et copies de pièces, on peut consulter les n°° 386, 387, 388 et 389, et l'on y verra comment ils doivent être conçus et ce qu'on doit faire, si les pièces sont écrites en langue étrangère.

Nota. Voy. J. A., t. 3, p. 485, la formule du mot appel, et pag. 1 et suivantes le sommaire du même mot.

(2) Cette formule a été faite sur le plan suivi par M. Pigeau, dans son cours de procédure civile. Ce savant professeur a donné le motif de chaque disposition de la loi, et nous traçons le tableau des diverses décisions auxquelles a donné lieu l'interprétation des mêmes articles. Nous conseillons à nos lecteurs de lire cumulativement ces deux formules, et ils acquerront ainsi une connaissance exacte de la doctrine et de la jurisprudence sur cette partie fondamentale de notre procédure. (Voy. part. 1re *de la Demande*, tit. 2, ch. 7, tom. 1er, p. 124-129 de l'édition de 1819.)

(3) L'exploit doit énoncer la date du jour (n° 178), mais il n'est pas nécessaire qu'elle soit en toute lettre (140). Y a-t-il nullité si la date omise peut être suppléée ? (n°° 33 et 342.)

(4) L'exploit signifié un jour de fête légale est-il nul ? (n°° 93 et 295.) Peut-il être donné *la nuit* avec permission du juge ? (n° 330 *à la note.*) — Voy. aussi les n°° 325 et 330.

(5) L'acte d'appel est valable, quoiqu'il ne contienne pas le nom de l'appelant, si l'intimé n'a pu se méprendre, (n° 374 ; v. aussi n° 357) ; dans une assignation, à la requête d'un maire, la désignation de son nom est inutile (n° 134) ;... il en est ainsi d'un agent du trésor, (n° 138) ; le prénom est-il exigé à peine de nullité? (n°° 263 *bis* et 513).

L'acte d'appel est-il nul s'il ne donne aucune profession à l'appelant (n°° 123 et 291) ; la qualité de propriétaire suffit-elle ? (n°° 158 et 201.)

(6) Le domicile doit-il être énoncé? (n°° 117 et 126); l'indication de la de-

non, y demeurant(1), et élit domicile en l'étude de cet avoué(2).

Je, Jean Mallet, huissier, patenté, le 15 janvier dernier, sous le n° 45, et attaché au tribunal de première instance de Chinon, y demeurant et soussigné (3),

---

meure ou de la résidence suffirait-elle ? (n°s 111, 113, 201 et 341); Voyez aussi pour l'indication du domicile les n°s 26, 74, 84, 108, 109, 115, 165, 171, 172, 216, 317 et 320.

L'acte d'appel dans lequel l'appelant déclare agir tant pour lui que pour son frère n'est pas valable pour ce dernier (n° 283); est-il nécessaire que le nom des mandans précède celui du mandataire? (n° 310); l'assignation donnée à la requête d'une personne décédée est-elle nulle? (n°s 240 et 75); l'appel interjeté par un maire non autorisé est valable, si l'autorisation est donnée postérieurement (n° 274);... il en est de même pour la femme (n° 337). — Voy. aussi les n°s 259, 299 et 300.

(1) Il faut une constitution et non pas une simple élection (n° 260).—Voy. aussi n°s 81 et 249); quelles personnes sont dispensées de constituer avoué, (n°s 281, 338 et 350); y a-t-il nullité si l'avoué est décédé? (n° 262); ou si l'avoué est désigné comme avocat ? (n° 225), ou s'il a cessé ses fonctions? (n° 112).

(2) Le demandeur qui élit un autre domicile que celui de l'avoué constitué peut-il choisir ce domicile hors du lieu où siége le tribunal? (n° 381); l'acte d'appel est nul, si l'appelant a déclaré élire domicile dans sa maison d'habitation, sans désigner le lieu où cette maison est située (n° 120).

S'il y a plusieurs demandeurs, comment doivent-ils constituer avoué et élire domicile ? (n° 382).

(3) Les énonciations sur l'immatricule de l'huissier peuvent ne pas être écrites par lui (n° 238).

L'immatricule de l'huissier est suffisamment énoncée par l'indication du tribunal près lequel il exerce (n° 235).

La mention de l'immatricule peut être faite par abréviation (n° 301).

Une fausse énonciation dans l'immatricule et le défaut du visa sont des nullités (n° 163); il faut, à peine de nullité, que l'énonciation de la qualité d'huissier s'y trouve (n° 139).

L'omission de la demeure de l'huissier n'est pas une nullité lorsque le domicile est indiqué (n° 243).

L'indication de la demeure réelle suffit (n° 323).

La signature de l'huissier équivaut à l'indication de son nom (n° 161). Mais il faut que la signature existe sur la copie (n°s 30 et 334).

La qualification d'officier ministériel près les tribunaux de Paris, prise par un huissier dans un exploit, satisfait à la loi (n° 23).

Ai, au sieur François Laurent, marchand de vins, demeurant à Chinon, département d'Indre-et-Loire, rue St.-Denis,
n° 18 (1), en son domicile (2), et parlant à.... (3). (*L'exploit*

---

(1) § 1er Le nom de la personne à laquelle l'exploit est signifié peut n'être
pas écrit de la main de l'huissier (n° 45); et il n'y a pas nullité dans l'omission
du nom, si ce nom est plusieurs fois répété dans l'exploit (n° 148); le défaut de prénoms n'est pas une nullité (n° 179); la demeure de l'intimé est
inutile lorsque l'acte d'appel est signifié à personne (n° 361); l'erreur sur le
numéro n'est pas une nullité (n° 267). — Voy. aussi n° 264.

§ 2. *A la personne de qui les exploits peuvent-ils être donnés?*

Nous ne pourrions ici que répéter les différentes espèces qui sont détaillées
au chap. 8 du sommaire, *supra*, p. 15.

Il en est ainsi des décisions qui ont été rendues sur la question de savoir
comment l'exploit peut et doit être signifié au défendeur, et qui sont rapportées *supra*, p. 16 (chap. 9 du sommaire).

(2) Mais si l'exploit n'est pas signifié au domicile du défendeur, et au contraire, à un domicile élu, faudra-t-il se conformer à l'art. 68 C. P. C.?
(n° 174); l'élection de domicile dans un acte n'empêche pas de signifier
l'exploit au domicile réel (n° 20); l'assignation à domicile élu doit elle indiquer le domicile réel? (n°s 83 et 293); l'exploit doit énoncer qu'il est
laissé au domicile lorsqu'il n'est pas signifié à la personne (n° 40); un exploit peut être signifié à un domicile élu dans un acte, et quoiqu'il y ait eu
changement de domicile (voyez les n°s 54, 90, 145, 85, 270, 101, 38, 213
et 257); l'assignation peut être donnée au domicile indiqué pour le paiement d'une lettre de change (n° 134, voyez aussi n° 206); l'exploit peut-
il être signifié à un domicile élu pendant une instance, ou dans un acte extra-
judiciaire? (39, 47, 57, 96, 97, 176, 196, 220, 269, 285, 316 et 368.)

A quel domicile peut être assigné un étranger? (87, 131 et 315.)

Les significations faites à l'ancien domicile sont-elles valables lorsqu'il y
a eu changement, et dans que lcas? (Voyez les n°s 49, 245, 284, 296 et 327.)

Est-il des cas où une personne puisse être indifféremment citée dans un lieu
ou dans un autre, parce qu'elle serait censée avoir deux domiciles? (n° 384).

Voyez pour d'autres questions de domicile les n°s 8, 32, 43, 62, 66, 106,
159, 144, 170, 175, 175 *bis*, 177, 289, 192, 193, 218, 265, 306 et 364.

(3) L'exploit doit-il énoncer, à peine de nullité, les rapports qui existent entre la personne assignée et celle à qui la copie est remise? (n° 12);
l'indication du nom de la personne à qui l'huissier a parlé est-elle nécessaire?
(n° 141); l'huissier doit-il énoncer la réponse de celui à qui il remet la
copie? (n° 146); le parlant à rempli au crayon est une nullité (n°s 76 et 137);
voy. aussi les n°s 82, 263 et 363.

peut être laissé à un parent ou à un serviteur du défen-
deur.) (1) (*La copie peut être laissée à un voisin*) (2), (*au*
maire ou à l'adjoint) (3), déclaré que le requérant a à se

---

(1) L'exploit ne peut être laissé à un parent de l'assigné trouvé accidentellement dans son domicile (n° 95)

Lorsque deux personnes habitent ensemble, la copie laissée au domestique de l'une d'elles suffit (n° 91).

La copie d'une signification ne peut être remise à celui qui a un intérêt
opposé à celui de l'assigné (n° 5a3 *bis.*)

Il n'est pas nécessaire que l'exploit remis à un serviteur indique son nom
(n° 141).

La signification du jugement en appointement de preuves peut être remise au clerc de l'avoué (n° 207).

L'exploit est nul, s'il ne mentionne pas que le domestique de l'assigné
a été trouvé à son domicile (n° 102 et 150).

(2) L'huissier qui déclare avoir remis la copie au voisin, doit, à peine de
nullité de l'exploit, énoncer qu'il s'est présenté au domicile de la partie et
qu'il n'y a trouvé ni celle-ci, ni aucun de ses parens ou serviteurs (n° 194).

Il n'y a pas nullité, si l'exploit étant remis à un voisin, la copie énonce
qu'on s'est transporté au domicile de l'assigné, et si l'original porte qu'on
n'a trouvé ni parent, ni serviteur (n° 227).

L'exploit ne peut être remis au domestique du voisin (n° 59).

Si la copie est laissée au locataire de l'assigné, ou à celui qui habite la
même maison, faut-il remplir les formalités des copies laissées à un voisin ?
(n° 104).

La copie ne peut être laissée à un voisin, lorsqu'il déclare ne savoir signer
(n° 5i8).

Avant de remettre l'exploit au maire, il faut dire s'il a été présenté à un
voisin, et pourquoi il a été refusé (n° 88)... Il faut aussi dire la demeure du
voisin (n° 152); ..... ou qu'il n'y avait aucun voisin (n° 214).

Il est inutile de dire le nom du voisin (n° 254).

(3) L'exploit d'appel peut être remis au maire, lorsque la personne n'est
pas trouvée au domicile indiqué (n° 78).

Ou à l'adjoint du maire, lorsque l'huissier n'a pas trouvé de voisin (n° 343).

La copie peut être laissée à un employé de la mairie, après que l'original a été visé par le maire (n° 255).

L'exploit peut ne pas indiquer le nom du maire à qui il est remis
(n° 88 *bis.*)

En cas d'absence du maire ou de l'adjoint, ou du refus de leur part de
viser l'original, que doit faire l'huissier? (n° 390).

plaindre d'une usurpation de terrain, que le fermier du sieur Laurent a commise sur une pièce de terre appartenant au requérant et située dans le terroir des Bretaux, commune de Vendœuvre, arrondissement de Chinon, département d'Indre-et Loire; ladite pièce de terre touchant, d'un côté, à Pierre Marechal, d'un autre, à Louis Moreau, d'un troisième, à Jean Lefèvre, et enfin du quatrième au sieur Laurent; qu'il doit, avant que de plus longues années aient consacré l'usurpation commise sur son terrain, obtenir des tribunaux un jugement qui constate ses droits; que, d'après un acte de partage, en date du 20 avril 1787, la pièce de terre ci-dessus mentionnée lui a été attribuée et a été énoncée comme contenant vingt ares dix centiares, et qu'il est constant que Louis Durieu, fermier du sieur Laurent, en a ensemencé la quantité d'au moins un are, lors des semailles dernières (1).

En conséquence, je lui ai donné assignation pour comparaître dans le délai de huitaine franche. (*Si le défendeur n'était pas domicilié dans le lieu où siége le tribunal, il faudrait ajouter ces mots :* Augmentée d'un jour par trois myriamètres de distance) (2). Pardevant MM. les président et juges com-

(1) Lorsque le procès-verbal de non-conciliation est copié en tête, l'objet et les moyens de la demande sont suffisamment indiqués (no 328); ... Il en est ainsi, lorsque l'exploit est donné, afin de voir adjuger les fins d'une requête, dont copie est donnée en tête (no 199);.... Ou s'il a été donné copie du titre qui contient les indications nécessaires (no 362); ... Ou si le défendeur n'a pu ignorer de quels biens il s'agissait (nos 64 et 356).—Voy. aussi les nos 41, 280, 156 et 99.

Quant aux actes d'appel, il faut consulter les pages 483 et 485, au mot Appel, nos 310, note 7, et *supra*, les nos 243, 286, 366, 29, et 347.

(2) § 1er. Y a-t-il nullité de l'exploit, si le délai donné est plus court que celui de la loi? (nos 211 et 221); ou s'il est plus long (no 1); ou s'il ne comprend que le délai ordinaire (no 210); ou s'il est ainsi exprimé : *dans le délai, dans les délais de la loi, après les délais expirés, pour comparaître à la première audience de vacations ,.... après vacations* (nos 142, 190, 164, 191 et 247); — Voyez aussi les nos 160, 231, 46, 48 et 44.

§ 2. 1o Quand y a-t-il lieu au délai extraordinaire d'un jour par trois my-

posant le tribunal de première instance de Chinon (1) à dix heures du matin (2), au jour ordinaire des audiences du tribunal, pour voir dire qu'il sera tenu de défendre à son fermier de cultiver dorénavant la quantité de terre ci-dessus désignée et qui appartient au requérant, et pour être condamné à une somme de 5o fr. de dommages-intérêts représentative du préjudice qu'a souffert le requérant, et à tous les dépens de l'instance. Et j'ai, au susnommé, domicile et parlant comme dessus, délaiss copie (3) du présent acte dont le coût est de.....(4).

Signature de l'huissier (5) (6 et 7).

---

riamètres et comment doit-il se calculer (nos 37o, 38o, 2o4, 371, 1o, 272, et 58) ? 2o Quand l'exploit est donné au domicile élu, faut-il observer l'augmentation des délais, à raison de l'éloignement du domicile réel ? (nos 21, 271, 133, 65 et 221 bis.)

§ 3. Quant aux assignations à bref délai, on peut consulter les nos 42, 2o3, 2o5, 79 et 173.

On peut voir aussi les nos 56, 61, 378, 379 et 98, pour des délais particuliers.

(1) L'huissier doit-il indiquer si c'est un tribunal civil ou un tribunal de commerce devant lequel il assigne (n° 127 à la note)?

L'acte d'appel doit énoncer la cour devant laquelle l'assignation est donnée (n° 127); voy. une exception, (n° 198).

(2) Il n'est pas nécessaire, à peine de nullité, que l'exploit d'assignation indique l'heure de la comparution, (n° 35).

L'exploit est-il nul lorsqu'il donne assignation pour un jour férié ? (nos 119 et 372.)

(3) 1o On peut voir *suprà*, pag. 22, ch. 14 du sommaire, en combien de copies l'exploit doit être signifié.

2o Les imperfections de la copie de l'exploit entraînent-elles nullité, quoique l'original soit régulier? (nos 5, 7, 9, 36, 107, 23o, 241, 29o et 369.)

(4) Voyez ce que nous avons dit v° *Appel*, p. 486 et *suprà*, p. 1o, not. 2; —l'art. 68, § 1er, n° 5o, de la loi du 22 frimaire an 7, détermine un droit fixe d'enregistrement et les art. 27 et 66 du tarif sont applicables, pour les honoraires de l'huissier.

(5) La signature de l'huissier équivaut à l'indication de son nom (n° 161), mais il faut que la signature existe sur la copie (nos 3o et 334).

(6) Il y a des cas où l'exploit doit être visé (nos 212, 163 *bis*, 155, 67 et 365); mais il n'est pas nécessaire que la copie de l'exploit contienne la mention du visa de l'original (n° 358).

(7) L'exploit doit être enregistré dans le délai de quatre jours et les auteurs du Praticien français, tom. 1, pag. 113 et 114, pensent que le défaut d'enregistrement serait une cause de nullité de l'exploit.

393. *Indication des auteurs qui ont parlé de l'Exploit.*

On peut consulter MM. Carr. t.1, p. 126-201; t. 2, p.194-200; Pig. Comm. t. 1, p. 157-205; t. 2, p. 30-33; D. C. p. 54-70, 327; Delap. t. 1, p. 55-90; t. 2, p. 16, 17; Pr. Fr. t. 1, p. 277-324, t. 3, p. 125-131; Lep. p. 100-120; Haut. p. 72-83, 263-264; Th. Desm. p. 63-70; F.L. t. 1, p. 131-148, 104-106; B. S. P. p.194-209; Pig. t.1, p. 124-129; Merl. Rép. t.1, p. 173-182, t. 5. p. 31-33; M. Q. D. t. 1, p. 176-191; t. 3, p. 57-65; et Comm. t. 1, p. 127-148.

TABLE CHRONOLOGIQUE

DES ARRÊTS ET DÉCISIONS

CONTENUS DANS LE MANUEL DE L'EXPLOIT.

Jours	mois	années	numéros	pag.
13	prairial	an 2	1	27.
23	fructidor	an 3	2	28.
4	thermidor	an 5	3	29.
2	nivose	an 7	362	282.
7	nivose	an 7	235	210.
16	pluviose	an 7	4	29.
7	ventose	an 7	5	30.
7	ventose	an 7	235	210.
18	ventose	an 7	235	210.
26	vendémiaire	an 8	7	48.
14	nivose	an 8	362	282.
21	prairial	an 8	8	29.
2	nivose	an 9	9	31.
21	pluviose	an 9	235	210.
1	floréal	an 9	235	210.
23	floréal	an 9	235	210.
22	prairial	an 9	10	39.
12	messidor	an 9	11	39.
11	thermidor	an 9	235	210.
23	thermidor	an 9	235	210.
4	brumaire	an 10	9	31.
14	brumaire	an 10	235	210.
25	brumaire	an 10	12	40.
23	ventose	an 10	20	54.
6	floréal	an 10	23	58.
20	floréal	an 10	9	31.
27	floréal	an 10	24	58.
1	prairial	an 10	21	54.
29	fructidor	an 10	235	210.
3	frimaire	an 11	235	210.
13	frimaire	an 11	29	61.
9	frimaire	an 11	26	60.
16	frimaire	an 11	32	62.
8	nivose	an 11	33	63.
4	ventose	an 11	34	65.
24	ventose	an 11	12	40.
27	germinal	an 11	37	66.
20	floréal	an 11	35	65.
7	messidor	an 11	38	66.
11	messidor	an 11	12	40.
16	messidor	an 11	39	67.
26	fructidor	an 11	40	68.
27	fructidor	an 11	41	68.
25	vendémiaire	an 12	42	69.
24	brumaire	an 12	43	70.
29	frimaire	an 12	12	40.
13	germinal	an 12	47	71.
24	germinal	an 12	45	70.
18	nivose	an 12	12	40.
3	prairial	an 12	46	71.
23	fructidor	an 12	50	76.
10	fructidor	an 12	235	210.
16	fructidor	an 12	49	72.
1	brumaire	an 13	9	31.
7	brumaire	an 13	51	77.
22	brumaire	an 13	235	210.
17	floréal	an 13	53	81.
6	messidor	an 13	9	31.
5	thermidor	au 13	12	40.
3	fructidor	an 13	54	82.
6	fructidor	an 13	55	82.
4	brumaire	an 14	56	82.
9	janvier	1806	57	83.
19	février	1806	59	83.
29	avril	1806	235	210.
2	juin	1806	60	85.
3	juin	1806	61	85.
4	juin	1806	21	54.
24	juin	1806	62	86.
10	décembre	1806	64	86.
28	février	1807	65	87.
6	mars	1807	67	88.
11	mars	1807	71	90.
27	mars	1807	74	91.
30	mars	1807	134	137.
1	avril	1807	21	54.
4	avril	1807	12	40.
23	avril	1807	75	91.
25	avril	1807	76	92.
30	avril	1807	9	31.

Jours	mois	années	numéros	pag.	Jours	mois	années	numéros	pag.
8	mai	1807	78	93.	27	juin	1809	131	133.
15	mai	1807	79	93.	8	juillet	1809	109	114.
10	juin	1807	80	95.	12	juillet	1809	42	69.
23	juin	1807	12	40.	7	août	1809	12	40.
14	juin	1807	81	95.	12	septembre	1809	132	134.
24	juin	1807	71	90.	25	novembre	1809	133	134.
26	juin	1807	82	96.	29	novembre	1809	134	137.
14	juillet	1807	83	97.	22	décembre	1809	137	142.
22	juillet	1807	84	97.	8	janvier	1810	154	137.
3	août	1807	85	98.	11	janvier	1810	138	143.
5	août	1807	9	31.	15	janvier	1810	9	31.
5	août	1807	87	99.	22	janvier	1810	12	40.
12	août	1807	88	100.	25	janvier	1810	29	61.
15	août	1807	91	103.	7	février	1810	139	144.
25	août	1807	71	90.	22	février	1810	140	144.
27	août	1807	93	105.	14	février	1810	104	111.
27	août	1807	91	103.	15	février	1810	12	40.
3	novembre	1807	235	210.	21	février	1810	144	145.
17	novembre	1807	94	105.	26	février	1810	134	137.
14	décembre	1807	95	105.	3	mars	1810	145	146.
26	décembre	1807	96	106.	10	avril	1810	146	147.
20	janvier	1808	96	106.	24	avril	1810	172	164.
4	février	1808	21	54.	21	mai	1810	148	147.
5	février	1808	98	106.	2	juin	1810	129	131.
11	février	1808	99	107.	25	juin	1810	210	194.
26	février	1808	21	54.	27	juin	1810	150	148.
1	mars	1808	21	54.	28	juin	1810	152	150.
28	mars	1808	235	210.	30	juin	1810	153	151.
30	mars	1808	104	111.	2	juillet	1810	154	153.
5	avril	1808	104	111.	2	juillet	1810	155	153.
3	mai	1808	106	113.	11	juillet	1810	134	137.
18	mai	1808	107	113.	28	juillet	1810	113	118.
25	mai	1808	108	114.	31	juillet	1810	156	155.
7	juin	1808	109	114.	1	août	1810	88	100.
20	juin	1808	12	40.	1	août	1810	96	106.
29	juin	1808	112	116.	17	août	1810	158	156.
5	août	1808	113	118.	18	août	1810	12	40.
26	août	1808	116	121.	21	août	1810	160	157.
7	septembre	1808	118	123.	22	août	1810	161	158.
9	novembre	1808	120	124.	24	août	1810	9	31.
8	novembre	1808	53	63.	25	août	1810	134	137.
17	novembre	1808	119	124.	28	août	1810	12	40.
21	novembre	1808	121	125.	19	novembre	1810	162	159.
26	novembre	1808	21	54.	3	décembre	1810	40	68.
8	décembre	1808	123	127.	29	décembre	1810	9	31.
15	décembre	1808	1	27.	16	janvier	1811	163	159.
28	décembre	1808	51	77.	18	janvier	1811	164	160.
25	janvier	1809	126	129.	19	janvier	1811	121	125.
8	février	1809	9	31.	30	janvier	1811	49	72.
17	février	1809	127	129.	4	février	1811	88	100.
22	février	1809	123	127.	4	février	1811	165	160.
22	mars	1809	88	100.	6	février	1811	12	40.
1	avril	1809	128	130.	15	février	1811	29	61.
30	mai	1809	190	181.	27	février	1811	167	161
20	juin	1809	126	129.	9	avril	1811	168	161.
21	juin	1809	129	131.	15	avril	1811	171	164.
26	juin	1809	130	132.	2	mai	1811	173	165.

Jours	mois	années	numéros	pag.
29	mai	1811	174	168.
1	juin	1811	176	171.
3	juin	1811	177	172.
10	juin	1811	104	111.
31	juillet	1811	178	174.
20	août	1811	131	133.
3	septembre	1811	183	176.
11	septembre	1811	186	179.
16	septembre	1811	187	179.
4	novembre	1811	12	40.
11	novembre	1811	157	142.
15	novembre	1811	188	180.
18	novembre	1811	12	40.
22	novembre	1811	189	180.
24	novembre	1811	129	131.
27	novembre	1811	190	181.
28	janvier	1812	191	183.
4	février	1812	192	183.
11	mars	1812	193	183.
25	mars	1812	194	184.
1	avril	1812	195	184.
7	avril	1812	196	185.
17	avril	1812	197	186.
20	avril	1812	198	186.
23	avril	1812	199	187.
6	mai	1812	190	181.
20	mai	1812	200	188.
21	mai	1812	201	188.
22	mai	1812	202	189.
25	mai	1812	203	189.
2	juin	1812	206	190.
2	juin	1812	207	191.
10	juin	1812	208	191.
13	juin	1812	210	194.
3	juillet	1812	211	196.
8	juillet	1812	9	31.
24	juillet	1812	12	40.
24	juillet	1812	212	197.
28	juillet	1812	213	197.
28	juillet	1812	33	63.
29	juillet	1812	214	198.
1	août	1812	215	199.
5	août	1812	216	199.
5	août	1812	217	200.
5	août	1812	218	201.
19	août	1812	219	201.
27	août	1812	220	202.
22	octobre	1812	221	202.
14	novembre	1812	222	203.
23	novembre	1812	51	77.
25	novembre	1812	12	40.
2	décembre	1812	223	203.
7	décembre	1812	212	197.
17	décembre	1812	310	256.
19	décembre	1812	224	204.
28	décembre	1812	150	148.
30	décembre	1812	225	205.
25	mars	1813	226	205.
30	mars	1813	227	206.
31	mars	1813	228	206.
5 et 15	avril	1813	229	206.
8	avril	1813	230	207.
14	avril	1813	231	208.
16	avril	1813	150	148.
27	avril	1813	190	181.
4	mai	1813	232	208.
12	mai	1813	235	210.
13	mai	1813	238	215.
20	mai	1813	240	215.
21	mai	1813	241	215.
6	août	1813	310	256.
10	août	1813	243	217.
1	septembre	1813	245	218.
18	novembre	1813	246	218.
22	novembre	1813	208	191.
2	décembre	1813	247	221.
9	décembre	1813	123	127.
16	décembre	1813	248	221.
5	janvier	1814	12	40.
21	février	1814	249	221.
20	avril	1814	190	181.
22	avril	1814	51	77.
12	mai	1814	183	176.
13	mai	1814	12	40.
1	juin	1814	88	100.
8	juin	1814	251	223.
23	juin	1814	254	225.
13	juillet	1814	113	118.
13	juillet	1814	256	225.
22	juillet	1814	113	118.
30	août	1814	257	226.
6	septembre	1814	258	227.
7	septembre	1814	259	228.
23	novembre	1814	260	228.
6	décembre	1814	262	229.
8	décembre	1814	263	229.
27	décembre	1814	119	124.
17	mars	1815	263bis	229.
10	mai	1815	264	230.
16	mai	1815	265	231.
12	juillet	1815	267	231.
14	juillet	1815	268	232.
30	août	1815	257	226.
6	octobre	1815	268	232.
14	décembre	1815	12	40.
19	décembre	1815	269	234.
28	décembre	1815	270	234.
29	décembre	1815	271	235.
24	janvier	1816	88	100.
10	février	1816	273	235.
8	mai	1816	276	236.
25	mai	1816	12	40.
27	juin	1816	278	237.
28	juin	1816	279	237.

Jours	mois	années	numéros	pag.
5	juillet	1816	280	237.
17	juillet	1816	283	238.
24	juillet	1816	9	31.
27	juillet	1816	284	239.
14	août	1816	285	240.
12	août	1816	9	31.
28	septembre	1816	286	241.
7	novembre	1816	286 bis	241.
26	novembre	1816	12	40.
20	décembre	1816	287	241.
29	janvier	1817	290	243.
10	février	1817	208	191.
12	février	1817	293	246.
11	mars	1817	294	247.
17	mars	1817	295	247.
26	mars	1817	104	111.
29	mars	1817	296	249.
17	mai	1817	295	247.
18	mai	1817	211	196.
9	juin	1817	299	251.
28	juillet	1817	301	252.
4	août	1817	195	184.
23	août	1817	302	252.
6	janvier	1818	304	253.
6	janvier	1818	306	254.
7	janvier	1818	287	241.
10	janvier	1818	309	255.
16	janvier	1818	310	256.
27	janvier	1818	313	258.
13	mars	1818	315	259.
17	avril	1818	112	116.
22	avril	1818	317	259.
15	juillet	1818	318	260.
21	juillet	1818	113	118.
20	novembre	1818	254	225
1	décembre	1818	319	260
7	décembre	1818	320	261
14	décembre	1818	226	205
4	janvier	1819	321	261
20	janvier	1819	323	261
30	janvier	1819	123	127
25	février	1819	324	263
25	février	1819	323 bis	262
27	février	1819	112	116
13	mars	1819	210	194
2	avril	1819	246	218
7	avril	1819	325	263

Jours	mois	années	numéros	pag.
23	avril	1819	327	265
12	mai	1819	328	265
25	mai	1819	329	266
20	juin	1819	330	267
17	juillet	1819	333	269
9	août	1819	104	111
13	août	1819	354	269
19	août	1819	210	194
17	novembre	1819	337	271
16	décembre	1819	338	271
23	décembre	1819	113	118
28	décembre	1819	341	340
11	janvier	1820	211	196
3	janvier	1820	109	114
22	janvier	1820	343	273
8	février	1820	123	127
9	février	1820	345	274
21	février	1820	346	274
23	février	1820	347	275
14	mars	1820	348	275
7	juin	1820	349	276
14	juillet	1820	210	194
10	août	1820	350	276
11	août	1820	353	277
21	août	1820	59	83
23	août	1820	354	278
29	août	1820	355	278
9	septembre	1820	177	172
8	décembre	1820	356	278
21	décembre	1820	357	279
21	décembre	1820	358	279
24	janvier	1821	361	282
14	février	1821	119	124
24	juillet	1821	362	282
7	février	1822	363	283
1	mars	1822	364	284
18	avril	1822	365	285
4	mai	1822	366	285
28	juin	1822	268	232
6	août	1822	367	285
17	août	1822	76	92
20	août	1822	368	287
21	mars	1823	263	229
8	janvier	1824	369	288
6	avril	1824	374	292
18	avril	1824	246	218

TABLE DES MATIÈRES

CONTENUES DANS CE VOLUME.